Pouilles
Matera et Basilicate

Petite balade à Alberobello en Fiat 500.
P. Eastland/age fotostock

Les régions du guide :
(voir la carte à l'intérieur de la couverture ci-contre)

SOMMAIRE

milla1974/iStock

NOS INCONTOURNABLES

NOS COUPS DE CŒUR

NOS ITINÉRAIRES

DÉCOUVRIR LES POUILLES, MATERA ET LA BASILICATE

POUR CHAQUE SITE, RETROUVEZ NOS ADRESSES

COMPRENDRE LES POUILLES, MATERA ET LA BASILICATE

LES POUILLES ET LA BASILICATE AUJOURD'HUI

NATURE ET PAYSAGES

HISTOIRE

ARTS ET CULTURE

TERRE DE TRADITIONS

ORGANISER SON VOYAGE

ALLER DANS LES POUILLES ET EN BASILICATE

AVANT DE PARTIR

SUR PLACE DE A À Z

EN FAMILLE

MÉMO

NOS INCONTOURNABLES

★★★ Vaut le voyage ★★ Mérite un détour ★ Intéressant

★★★

MARTA

Les collections d'objets de la Grande Grèce du Musée archéologique de Tarente sont déjà une merveille, mais celle des bijoux en or laisse un souvenir inoubliable. **Voir p. 165.**

De Agostini/G. Dagli/De Agostini Editore /age fotostock

Funkystock/age fotostock

★★★

Castel del Monte

Mystérieux, fascinant, magique Castel del Monte, qui semble n'avoir été édifié que pour être la matérialisation sublime et parfaite du rêve d'un empereur. **Voir p. 61.**

J. Arnold Images/hemis.fr

★★★

Matera

L'une des plus anciennes cités au monde, Matera est un univers fascinant de grottes et de ravins qui nous ramène aux sources de notre passé le plus lointain. Capitale européenne de la culture en 2019. **Voir p. 244.**

★★

Gallipoli

La « jolie ville » des Grecs est une île baignée de lumière dont les remparts tombent à pic dans les eaux scintillantes de la mer ionienne. **Voir p. 221.**

nilla1974/iStock

Aflo/hemis.fr

★★★

La terre des trulli

Ces drôles de petites maisons rondes au toit conique parsèment une jolie vallée plantée de vignes et d'oliviers séparés de murets de pierres sèches. Le paysage des Pouilles par excellence. **Voir p. 136.**

★★★

Cathédrale de Trani

Comme un phare majestueux posé au bord de l'Adriatique, la sublime cathédrale San Nicola Pellegrino éblouit par l'élégance aérienne de son architecture. **Voir p. 46.**

Fabio_Mancino/iStock

★★★

Lecce

L' élégante « Florence du baroque » a donné naissance à un art plein de grâce et de légèreté, sculpté dans une pierre d'une finesse inouïe et d'une couleur exceptionnelle. **Voir p. 188.**

teresadiemme/iStock

Poike/iStock

Poike/iStock

★★

Ostuni

Surgie comme une île éblouissante au milieu d'une mer d'oliviers, la cité blanche entre toutes a gardé le charme éternel et vibrant des villes du Sud. **Voir p. 149.**

★★★

Le promontoire du Gargano

Une montagne blanche couverte de forêts façonne des paysages saisissants le long d'une des côtes les plus belles d'Italie. **Voir p. 96.**

lauradibi/Shutterstock.com

★★

Maratea

Au creux du splendide golfe de Policastro se niche un repaire d'habitués, une destination raffinée où les mots de *dolce vita* ont conservé tout le sens qu'ils avaient dans les années 1960. **Voir p. 271.**

Trabucco.
CSP_milla74/Fotosearch LBRF/age fotostock

TOP 5 **Villages**

Specchia.
Mi.Ti./Shutterstock.com

❤ **S'imaginer à Moscou** en se mêlant à la foule des pèlerins venus se recueillir devant les reliques de saint Nicolas. Le saint le plus vénéré de l'église byzantine, protecteur de la Russie, attire tous les jours des centaines de fidèles qui emplissent de chants et de prières aux sonorités slaves la crypte de la basilique San Nicola à Bari. **Voir p. 32.**

❤ **Sentir l'odeur âcre des olives** s'intensifier à mesure qu'on descend les marches du frantoio ipogeo, l'ancien pressoir à huile souterrain de Gallipoli. Caresser la pierre humide et rugueuse de ses murs, jusqu'à découvrir les marques gravées par une main anonyme pour tenir le compte des jours passés dans cet enfer vert. **Voir p. 223**

❤ **Faire sa star** et prendre un hélicoptère pour aller se baigner à San Domino, la plus grande des îles Tremiti. Le prix du trajet est abordable et c'est l'occasion de découvrir le spectacle rare du promontoire du Gargano et des Tremiti vus du ciel. À faire de Foggia ou aussi, l'été, de Vieste. **Voir p. 119**.

❤ **Dîner entre ciel et mer** d'un poisson pêché dans le filet d'un *trabucco*, à Peschici. Et s'étonner de la solidité de ces immenses araignées de bois qui résistent depuis presque 100 ans aux tempêtes et aux coups de vent de l'Adriatique. **Voir p. 100**.

Bari, la statue de San Nicola.
V. Valleta/AGF Foto/Photononstop

Vue sur Aliano.
Massimiliano Marino/Shutterstock.com

Soupirer d'aise en faisant la planche sur les eaux turquoise de la plage de Vignanotica, au sud de Vieste. Puis lever les yeux pour suivre le vol d'une mouette jusqu'à l'impressionnante falaise blanche qui tombe à pic sur l'une des plus belles plages du Gargano. **Voir p. 99**.

Lire « Le Christ s'est arrêté à Eboli », à Aliano. Et reconnaître les maisons et les rues du Gagliano du célèbre roman de Carlo Levi. Ce récit plein d'humanité a ouvert les yeux du monde entier sur la misère du Mezzogiorno dans les années 1930. **Voir p. 262**.

Gargano, plage de Vignanotica.
fotoember/iStock

TOP 5 Randonnées

1. Foresta Umbra (p. 103)
2. Sentier des orchidées au Monte Sacro (p. 98)
3. Parco Nazionale del Pollino (p. 276)
4. Parco Nazionale dell'Alta Murgia (p. 73)
5. Parco delle Piccole Dolomiti Lucane (p. 280)

La Foresta Umbra, dans le Parco Nazionale del Gargano.
A. Nardi/AGF Foto/Photononstop

❤ **Attendre le rayon vert** appuyé au parapet du rempart de Gallipoli, près de Santa Maria della Purità. Le spectacle du soleil qui scintille sur la mer et enflamme les façades des maisons juste avant de descendre derrière l'horizon attire habitants et touristes tous les soirs sur les remparts. **Voir p. 225**.

❤ **Voir les Courses d'Auteuil**, à Barletta. La pinacothèque Giuseppe de Nittis abrite une importante collection des œuvres de cet artiste majeur né à Barletta en 1846. L'occasion de découvrir le talent et l'élégance d'un peintre à la frontière du naturalisme et de l'impressionnisme. **Voir p. 54**.

❤ **Remercier Énée** d'avoir emporté avec lui la *frisa* en fuyant la ville de Troie. Ce petit pain sec est très répandu chez les marins depuis l'Antiquité. On le plonge dans l'eau salée avant de l'agrémenter de tomates et d'anchois. Un délice qui a une place de choix au menu des tables branchées de Lecce. **Voir p. 187**.

❤ **S'habiller comme le prince William** chez Gianni Inglese, à Ginosa. C'est dans ce village des Murge qu'Angelo Inglese a repris le flambeau de son père et réalise dans la plus grande tradition des chemises réputées dans le monde entier. **Voir p. 175**.

Gallipoli, Santa Maria della Purità.
milla1974/iStock

Le pont tibétain de Sasso di Castalda.
M. Marca/Michelin

Admirer le coup de main des femmes qui font des *orecchiette* devant le pas de leur porte le long de la Via Arco Alto à Bari. Ces pâtes à la jolie forme ronde sont la base de l'alimentation dans la région. Puis décider d'aller en déguster dans un petit restaurant de Bari Vecchia. **Voir p. 29**.

Orecchiette en vente dans les rues de Bari.
Sopotnicki/Shutterstock.com

Sentir une nette montée d'adrénaline en posant le pied sur la première marche du majestueux Ponte alla Luna, le pont tibétain le plus haut d'Italie, qui enjambe le ravin de Sasso di Castalda. Puis se lancer pour marcher dans les airs, au-dessus du paysage grandiose des Apennins. **Voir p. 282**.

Se découvrir une âme de botaniste en se baladant au Monte Sacro, le sommet le plus élevé du Gargano. Plus de 80 espèces d'orchidées y ont élu domicile et tapissent de rose, de jaune, de violet ce paysage si différent du reste des Pouilles. Au printemps. **Voir p. 98**.

TOP 5 Châteaux fédériciens

Château de Trani.
milla1974/iStock

❤ **Déguster une brochette** de *bombette* à l'étal d'un boucher de Cisternino. Composer soi-même son plat en choisissant les morceaux de viande que le boucher grillera ensuite **Voir p. 144**.

❤ **Travailler son déhanché** sur les rythmes effrénés de la *pizzica* au Concertone du Festival de la Notte della Taranta, à Melpignano. Cette variante de la tarentelle connaît un extraordinaire renouveau et son festival attire des dizaines de milliers d'adeptes passionnés. **Voir p. 235**.

❤ **Écouter sous le ciel étoilé**, un concert de musique baroque, lors du festival international della valle d'Itria, dans la cour du palais ducal de Martina Franca, après avoir admiré les peintures murales des étages nobles du palais. **Voir p. 140**.

Martina Franca.
Stefano_Valeri/Shutterstock.com

La Madonna della Scala à Massafra.

Descendre à flanc de ravin les 125 marches de marbre qui rejoignent le sanctuaire de la Madonna della Scala, à Massafra. Puis faire un tour à la pharmacie du Mage Greguro qui préparait au 11e s. des potions, peut-être magiques, dans la grotte juste en face. **Voir p. 169**

Se chouchouter après s'être perdu avec volupté dans les ruelles de Lecce pour en découvrir la beauté, en dégustant un typique *caffè leccese*, un expresso additionné de quelques glaçons et de lait d'amande. **Voir p. 188**.

Voir le paradis de Pistoletto depuis la terrasse du château de Gallipoli. Lorsque les 151 blocs de pierre de l'installation ont été retirés de la cour du Castello en 2015, leur marque est restée imprimée sur le sol et une nouvelle œuvre est née. **Voir p. 222**

Errer dans une ville fantôme à Craco. Victime de séismes et de glissements de terrain répétés, elle a été abandonnée et déclarée ville fantôme en 2010. Seuls subsistent les vautours qui volent en cercle autour de la tour de son château en ruines. **Voir p. 261**.

TOP 5 **Fêtes et festivals**

1. Notte della Taranta, Melpignano
2. Festa della Bruna, Matera
3. Festival della Valle d'Itria, Martina Franca
4. Notte delle Fanove, Castellana
5. Festa di Sant' Oronzo, Ostuni

Matera, Festa della Bruna.
S. Torrione/hemis.fr

La ville fantôme de Craco.
JoseCarlosAlexandre/iStock

Préparez votre voyage en retrouvant tous nos coups de cœur sur notre site internet ***voyages.michelin.fr***

Retrouvez-nous également sur Facebook® ***fr-fr.facebook.com/MichelinVoyage***

NOS ITINÉRAIRES

Escapade dans le Salento
en 4 jours

vololibero/iStock

En bref : 280 km à la pointe du talon de la Botte.

Conseil : évitez la période du 15 juillet au 20 août.

• J-1 Lecce

Départ de Brindisi. Avant Lecce, arrêt à l'abbaye de Santa Maria di Cerrate (**p. 197**). Visite du centre historique de Lecce (**p. 189**) (Santa Croce et Piazza Duomo). Soirée à Lecce.

• J-2 Otranto

Visite du Museo Provinciale Archeologico de Lecce et déjeuner, avant de partir pour Otranto. Selon vos envies, prenez la route de la côte pour les paysages des Laghi Alimini (**p. 207**), ou passez par Galatina, à l'intérieur des terres, pour voir les fresques de la basilica Santa Caterina di Alessandria (**p. 233**). Surveillez l'heure si vous voulez visiter la cathédrale d'Otranto (**p. 202**).

Port de Gallipoli.
savoia/iStock

• J-3 La côte ionienne

Descente le long de la côte ionienne. Arrêts plage à Porto Badisco (**p. 213**) ou Castro Marina (**p. 214**). Déjeuner à Tricase (**p. 214**) avant une autre baignade à Pescoluse. Essayez d'arriver à Gallipoli à temps pour le coucher du soleil (**p. 221**).

• J-4 Gallipoli

Visite de Gallipoli avant de prendre le chemin de Brindisi. Si vous êtes en avance, allez voir Santa Maria del Casale (**p. 179**) derrière le parking de l'aéroport.

Le plein de nature dans le Gargano
en 7 jours

Stefano_Valeri/Shutterstock.com

En bref : 660 km de paysages uniques au monde.

Conseil : évitez la période du 15 juillet au 20 août. Si vous ne trouvez pas de vols pratiques pour Bari, essayez Naples, plus proche que Brindisi.

• J-1 Lucera
Départ de Bari. Juste avant d'arriver à Lucera (150 km), arrêt à Troia (**p. 129**) pour visiter la cathédrale. Après-midi et nuit à Lucera (**p. 124**).

• J-2 Monte Sant'Angelo
Cap sur le promontoire du Gargano (**p. 96**) par la SP 20 et la SS 272. Halte à San Giovanni Rotondo (**p. 102**) pour faire connaissance avec Padre Pio, avant d'arriver à Monte Sant'Angelo. Visite du Sanctuaire San Michele Arcangelo (**p. 110**).

• J-3 Peschici
Visite du château de Monte Sant'Angelo. Pique-nique dans la Foresta Umbra (**p. 103**) et après-midi à la plage de Zaiana. Dîner dans un *trabucco*. Nuit à Peschici (**p. 101**).

• J-4 Vieste
Journée découverte de la côte la plus belle des Pouilles jusqu'à la Testa del Gargano par la SP 52. Nuit à Vieste (**p. 100**).

• J-5 Tremiti ou farniente
Aller/retour dans la journée par hélicoptère à San Domino (**p. 116**). Sinon, journée farniente à la plage de Vignanotica ou de Pugnochiuso, au sud de Vieste (**p. 99**). Soirée et nuit à Mattinata (**p. 98**).

• J-6 Mattinata
Excursion au Monte Sacro, à la chasse aux orchidées (**p. 98**). L'après-midi, visite du château de Manfredonia et de la basilique Santa Maria di Siponto (**p. 97**). Nuit à Manfredonia.

Conseil : les orchidées fleurissent au printemps, mais la mer est plus chaude en septembre !

• J-7 Bari
Retour à Bari (130 km).

Les mille visages des Pouilles
en 10 jours

Siempreverde22/iStock

En bref : 400 km magiques au cœur des Pouilles.

J-1 Bari

Arrivée à Bari (**p. 28**). Visite du centre historique (Bari Vecchia, San Nicola et San Sabino) et du quartiere Murattiano. Nuit à Bari.

J-2 Bitonto-Trani-Barletta

Le matin, visite de la cathédrale de Bitonto (**p. 37**). Excursion à Trani (**p. 45**), avec déjeuner sur le port. Visite de la cathédrale et du château. Fin d'après-midi à Barletta et nuit sur place (**p. 52**).

J-3 Castel del Monte

Excursion à Castel del Monte (**p. 61**). Traversée du Parco Nazionale dell'Alta Murgia. Soirée et nuit à Altamura (**p. 67**).

Conseil : pensez à réserver un guide pour Gravina in Puglia.

J-4 Matera

Visite de Gravina in Puglia le matin (**p. 71**). Puis, après-midi et nuit à Matera (**p. 244**).

J-5 Matera

Visite de Matera.

J-6 à 9 Valle d'Itria

Quatre jours pour découvrir Alberobello (**p. 136**), Locorotondo (**p. 144**), Martina Franca (**p. 140**), Cisternino (**p. 144**) et Ostuni (**p. 149**).

Conseil : Alberobello est une destination prise d'assaut au mois d'août. À éviter si possible à cette période. Les villages de la Valle d'Itria sont proches les uns des autres. Il est plus confortable de rayonner à partir de Locorotondo ou Martina Franca.

J-10 Bari

Sur le chemin de l'aéroport de Bari, visite des grottes de Castellana (**p. 82**) ou de Polignano a Mare (**p. 84**).

Trois mers, trois univers
en 12 jours

lucamato/iStock

En bref : 1 200 km d'une côte à l'autre.

• J-1 Maratea
Arrivée à Naples et cap sur Maratea (200 km, **p. 271**). Visite de Maratea Borgo et ses environs.

• J-2 La côte tyrrhénienne
Journée plage sur la côte tyrrhénienne (**p. 274**).

• J-3 Le parc du Pollino
Traversée du Parco Nazionale del Pollino (**p. 266**). Arrêt à Aliano (**p. 262**). Nuit à Tursi (**p. 263**).

• J-4 La route des ravines
Visite de Craco (**p. 261**). Déjeuner à Pisticci (**p. 260**) ou Bernalda (**p. 254**). Nuit à Matera (**p. 244**).

• J-5 Matera
Visite de Matera et du Parco delle Chiese Rupestri della Murgia Materana (**p. 252**). Nuit à Tarente (**p. 160**).

• J-6 & 7 Taranto et Gallipoli
Visite de Tarente puis cap sur Gallipoli. Nuits à Gallipoli (**p. 221**).

• J-8 & 9 La côte ionienne
Deux jours pour découvrir les plages et les grottes de la côte ionienne (**p. 218**). Nuits à Santa Maria di Leuca (**p. 217**) puis Otranto (**p. 202**).

• J-10 La côte adriatique
Visite d'Otranto et départ le long de la mer adriatique jusqu'à San Cataldo avec arrêt à Roca Vecchia (**p. 207**). Nuit à Lecce (**p. 188**).

• J-11 Lecce
Visite de Lecce puis cap sur Bari (150 km) avec arrêt à Polignano a Mare (**p. 84**). Nuit à Bari (**p. 28**).

• J-12 Bari ou Naples
Visite de Bari ou retour à Naples (270 km).

DÉCOUVRIR LES POUILLES, MATERA ET LA BASILICATE

La ville d'Ostuni.
cedicocinovo/iStock

Bari, la côte et l'Alta Murgia 1

Cartes Michelin Régional Italie 564 et Local Italie 363

Le port de Molfetta.
MrKornFlakes/iStock

BARI, LA CÔTE ET L'ALTA MURGIA

BARI, LA CÔTE ET L'ALTA MURGIA
DUBROVNIK, IGOUMENITSA
MARE ADRIATICO
N
Giovinazzo
Bari
Bitonto
Ognissanti di Cuti
Mola di Bari
Palo del Colle
Bitetto
Noicàttaro
Rutigliano
S. Maria dell'Isola
Polignano a Mare
Sannicandro di Bari
Conversano
Monopoli
S. Stefano
Casamassima
Turi
Acquaviva delle Fonti
Marchione
CASTELLANA
Loggia di Pilato
Sammichele di Bari
Putignano
Monte Sannace
Gioia del Colle
LECCE
MASSAFRA, TARANTO
TARANTO
S 16 Bis
S 16
S 96
P 236
P 80
P 133
P 90
P 84
S 100
P 111
P 121
P 102
P 237
S 172
P 125
P 212
P 146
S 172 Dir
S 134
P 235
S 236
A 14
S 271
S 7
C
D
1
2
3

Grand angle

Les **Pouilles impériales** regorgent de châteaux et de cathédrales qui comptent parmi les chefs-d'œuvre mondiaux de l'art roman – que l'on pense au duomo de Trani ou à la basilique San Nicola de Bari *(voir p. 32)*. Ce surnom souligne combien elles doivent à **Frédéric II** (1194-1250), empereur aux 200 palais et châteaux *(voir p. 306)*, concepteur du mystérieux **Castel del Monte**. Mais leur charme réside autant dans les multiples cités médiévales (Bisceglie, Ruvo di Puglia, Minervino Murge, Gravina in Puglia…) où se perpétuent un art de vivre et une sociabilité de village épargnés par le tourisme de masse : la foule à la sortie de la messe et les ruelles désertées à l'heure de la sieste, les cafés d'habitués dépourvus d'enseignes, le rituel de la *passeggiata*, les fêtes patronales, l'animation des jours de matchs… Les occasions de rencontres et d'immersions abondent, la gastronomie constituant à elle seule une excellente porte d'entrée. Mais l'attrait de la région tient aussi à la nature, qui offre moult opportunités de baignades – dans les eaux bleues de l'**Adriatique** –, de randonnées – dans le **parc naturel des Murge** – ou d'observation de la faune – comme celle des flamants roses des **salines de Margherita di Savoia.**

LES NOURRITURES TERRESTRES : PAYSAGES, VINS, METS

Des salines de Margherita di Savoia, au nord-ouest, à Monopoli, au sud-est, les 120 km de la côte adriatique dessinent un littoral le plus souvent rocailleux et en pente douce. Plus à l'est, à Monopoli et Polignano a Mare, elle dévoile cependant quelques belles plages lovées au fond de criques et des falaises spectaculaires. D'immenses oliveraies entrecoupées de vignes façonnent le paysage de la plaine côtière, la **Terra di Bari**, qui s'étend de la rivière Ofanto (principal cours d'eau des Pouilles) à Fasano.

Ici, l'histoire et la géographie s'abreuvent à l'huile d'olive et au vin. On y produit des nectars mondialement réputés, comme les huiles DOP Castel del Monte et Terra di Bari, obtenues à partir du cultivar *coratina*. Andria se vante d'être la capitale de cette production. La **vallée d'or des Pouilles**, entre Noicàttaro, Rutigliano et Adelfia, est quant à elle fameuse pour son raisin Vittoria. Mais l'on produit un peu partout un vin sec de qualité, en particulier le DOC Castel del Monte, à la réputation internationale. Les rouges de Canosa et Barletta, le blanc de Gravina et le muscat de Trani ont aussi leurs lettres de noblesse. D'autres produits du terroir font la fierté de la région, comme la cerise Ferrovia, célébrée à Conversano et Turi.

À mesure que l'on s'éloigne de la côte s'impose un paysage plus sauvage. L'arrière-pays est dominé par les **Murge**, un haut plateau karstique ne dépassant pas 700 m d'altitude qui chevauche à l'ouest la Basilicate et redescend au sud vers Tarente. Ce relief couvert de forêts, de maquis et de champs pierreux plus ou moins stériles, victimes de l'érosion, est resté relativement préservé. Les sentiers de son parc naturel offrent la promesse de belles randonnées, tandis que, dans les **masserie** perdues au milieu des pâturages, l'on sert une cuisine à base de produits « 0 km », sans concession à la modernité. Minervino Murge, à l'ouest du parc, est la terre d'élection du fameux *cardoncello* (pleurote). Les *lampascioni* (bulbes de jacinthes sauvages, *voir encadré p. 326)* sont aussi très prisés.

En matière gastronomique, la région est une terre bénie, avec des spécialités locales, comme la *zampina* de Sammichele di Bari (saucisse de viandes mélangées avec tomate, fromage, persil, piment… servie grillée), les *orecchiette alle*

Spécialités des Pouilles.
D. Donadoni/Marka/age fotostock

cime di rapa (pâtes en forme d'oreille, préparées avec les sommités de petits brocolis), la fameuse *mozzarella* de Gioia del Colle et la célèbre *burrata*, cette boule de fromage au cœur crémeux inventée à Andria…

UNE HISTOIRE À FLEUR DE PIERRE

Si le plus ancien témoignage humain, **l'homme d'Altamura**, date de 187 000 ans, les premières traces d'habitat remontent à 6 500 ans. Utilisées comme lieux de culte, de mystérieuses constructions souterraines **(hypogées)** apparaissent environ 1 700 ans avant notre ère sur les rives de l'Ofanto, en même temps que les **dolmens** (entre Bisceglie et Corato).
Au 8e s. av. J.-C., les **Peuces**, venus d'Illyrie, se fixent autour de Bitonto et Canosa. Dans la vallée de l'Ofanto, près d'Andria, un passionnant parc archéologique évoque la victoire totale remportée par les armées d'**Hannibal** sur Rome (260 av. J.-C.). À l'instar du reste des Pouilles, la région inaugure ainsi ce qui sera son destin pendant près de 2 000 ans, jusqu'à la défaite des Turcs à Lépante (1571) : être le lieu de rencontre ou d'affrontement par excellence entre l'Orient et l'Occident. Au 11e s., l'arrivée des Normands, qui chassent les Byzantins, va de pair avec l'éclosion de l'**art roman apulien**. Ce style s'impose pendant deux siècles et produit de somptueux édifices dans presque chaque ville de la côte et de l'intérieur. Cet âge d'or artistique se poursuit sous le règne de l'empereur bâtisseur **Frédéric II**. Consciente de ce patrimoine, la région mise aujourd'hui sur l'exploitation de son potentiel touristique pour assurer son développement économique.
Les deux provinces de **Bari** et **Barletta-Andria-Trani**, qui constituent les Pouilles impériales, comptent 1,65 million d'habitants, soit 40 % de la population de la région (sur 27 % de sa superficie). Outre le tourisme, l'économie locale est portée par le commerce, l'industrie mécanique et agroalimentaire. Principale porte d'entrée et de sortie, grâce à son port et son aéroport, l'agglomération de **Bari, la capitale des Pouilles**, recense à elle seule 600 000 habitants, loin devant Andria, Barletta, Altamura, Molfetta et Trani.

Bari

★

324 200 habitants – Province de Bari

Si vous dites à un Barésien que vous êtes français, il vous répondra sûrement, une lueur de fierté dans les yeux : « Si Paris avait la mer, ce serait une petite Bari ! » en désignant les élégants palazzi qui bordent les rues rectilignes du centre de la ville, conçu par Murat en 1813. Mais le quartier Murattiano est relativement récent. Au nord s'étend l'autre Bari, successivement messapienne, romaine, lombarde, byzantine, berbère, normande et souabe, ainsi que principal port d'embarquement des Croisés en route vers la Terre sainte ; et depuis lors, elle est restée le point de passage majeur des voyageurs transitant vers le Moyen-Orient. La ville en a gardé la trace au travers d'un charme tout particulier lié à une grande ouverture sur le monde, une forte vocation commerçante et une formidable activité portuaire ; elle est actuellement le plus grand port de passagers de la mer adriatique. Enfin, Bari est un haut lieu de l'Église orthodoxe : c'est ici que sont conservées les reliques de saint Nicolas, le très vénéré protecteur de la Russie, qui attirent toute l'année des foules de pèlerins venus de tous les coins d'Europe de l'Est. Curieusement, Bari est rarement incluse dans les circuits touristiques. Une raison de plus d'y faire halte, loin de la foule.

NOS ADRESSES PAGE 39
Hébergement, restauration, achats, activités, etc.

S'INFORMER

Puglia Promozione – *Aéroport (à droite des Arrivées) - ✆ 080 53 61 350 - 8h-22h. En été, également deux kiosques, à la gare (Piazza Aldo Moro) et Piazza del Ferrarese - 9h-13h et 15h-19h.*

SE REPÉRER

Carte de région C2 (p. 24-25) - plan de ville II (p. 31) et plan de ville I (p. 34). La capitale des Pouilles se situe sur la côte orientale du talon de la Botte italienne, à mi-chemin entre le promontoire du Gargano et Lecce *(env. 150 km)*.

SE GARER

Le centre historique est impraticable en voiture. Dans le quartier Murattiano, la plupart des rues sont en stationnement payant *(2 €/h)*. Les parkings les plus recommandés sont Autopark Piccinni *(Via Niccolò Piccinni, 111)* et Silopark *(Corso Sideny Sonnino, 25A)*. Comptez 18 à 20 €/j.

À NE PAS MANQUER

Les ruelles de la Bari Vecchia, San Nicola et San Sabino.

ORGANISER SON TEMPS

Une journée minimum.

Se promener Plans de ville

La cité se compose d'une vieille ville serrée sur une péninsule et d'un quartier moderne aux larges avenues.

Plus tardif, le développement du front de mer est jalonné d'édifices issus de l'héritage fasciste.

Bari, Basilica di San Nicola.
alxpin/iStock

★★ BARI VECCHIA Plan II

Circuit 1 au départ de la Piazza del Ferrarese, tracé en vert sur le plan de ville II p. 31, à faire de préférence l'après-midi. Comptez une demi-journée.
Dédale de ruelles tortueuses débouchant sur des cours privées ou passant sous des maisons aux couleurs délavées par le soleil, la Bari Vecchia surprend par son décor où l'on se sent à tout moment dans un film d'Ettore Scola. Ici , chacun semble se connaître et se salue depuis son balcon. Le linge pend aux fenêtres, les hommes se retrouvent dans des cafés sans enseignes, les cours intérieures sont précédées d'un autel fleuri de roses en plastique et festonné de satin qui gonfle sous le vent… le centre historique de Bari a conservé son charme populaire et l'élégance un peu décadente des villes du sud de l'Italie.

Piazza del Ferrarese B2

Avec en toile de fond le chevet et ses trois absidioles de la petite **église de la Vallisa**, l'esplanade, envahie par les terrasses des restaurants, ouvre vers la mer. C'est ici que les Barésiens se retrouvent à l'heure de la *passeggiata,* ou le soir après dîner, pour manger une glace assis sur le muret qui la ferme côté mer. Sur la droite, le **Palazzo Starita** (1840), ancien marché aux poissons, est actuellement en rénovation ; il accueillera dans un avenir proche des restaurants de rue et des manifestations culturelles. De l'autre côté se dresse le **Spazio Murat**, un ancien marché potager démoli et rebâti pour accueillir des expositions d'art contemporain *(www.spaziomurat.it).*
Quittez la Piazza del Ferrarese vers le sud et prenez la Via Vallisa, puis la Strada de' Gironda à droite. Prenez ensuite à gauche Vico della Torretta et un peu plus loin, à droite, la Strada Lamberti.

Palazzo Simi B2

Strada Lamberti, 1 - ✆ 080 52 75 451 - 9h30-18h30 - gratuit.
Cette ancienne demeure seigneuriale du 16e s. est le siège du Centro Operativo per l'Archeologia, qui organise d'intéressantes expositions temporaires.

UNE VILLE AUX AVANT-POSTES DE L'ORIENT

Les origines de Bari sont mal connues. On sait que la ville se développe à partir du 3e s. av. J.-C. avec la construction de la Via Trajana qui la relie à Rome et à Brindisi. Au cours du 1er millénaire, l'alternance entre Byzantins et Lombards est brièvement interrompue par un émirat berbère (9e s.). Ultime possession byzantine en Italie, la ville est conquise en 1071 par les Normands, qui l'incluent dans le royaume de Sicile ; mais ils la détruisent complètement en 1156, en représailles à la suite d'une révolte des nobles contre Guillaume Ier.

Principal port d'embarquement pour les croisades du 12e au 14e s., Bari connaît alors une période faste sous le règne de Frédéric II. S'ensuit un très long isolement sous la domination des Angevins et des Espagnols. Jusqu'au début du 19e s., quand Joachim Murat, roi de Naples, fait entrer Bari dans la modernité. Sa population passe alors de 18 000 à 94 000 habitants en moins d'un siècle.

Sa position stratégique vaut au port de Bari d'être durement touché pendant la Seconde Guerre mondiale. En 1943, un bombardement allemand détruit 17 navires (dont l'un rempli de gaz moutarde) et fait 2 000 morts. En avril 1945, l'explosion accidentelle du navire américain *Henderson* cause la perte de 370 hommes. Le 21 août de la même année, c'est de Bari que part le premier navire clandestin de migrants juifs vers le futur état d'Israël. Ironie de l'Histoire, la capitale des Pouilles connaît depuis 25 ans le mouvement inverse : il s'est amorcé le 8 août 1991, avec l'arrivée à bord du *Vlora* de près de 20 000 Albanais fuyant le chaos de leur pays. Les images feront le tour du monde.

Les fouilles réalisées dans le sous-sol du palais ont mis au jour des restes d'une église médiévale (12e s.) et un four du 16e s.

La Strada Lamberti puis la corte Colagualano vous mènent au Largo San Sabino, qui contourne la cathédrale. Vous la reconnaîtrez aux éléphants, sphinx et drôles de chapiteaux des fenêtres de l'abside. Longez le flanc nord de la cathédrale jusqu'à la Piazza.

★ Cattedrale di San Sabino A2

Piazza dell'Odegitria - ✆ 080 5210605.

La haute silhouette de la cathédrale frappe par l'aspect monolithique de sa façade à la belle pierre blanche, où l'on sent l'influence du style roman des Pouilles à l'époque de sa construction (fin du 12e s.) : tour, contrefort extérieur, galeries. L'édifice se dresse à l'emplacement de plusieurs églises successives, dont une basilique du 11e s. détruite par Guillaume Ier de Sicile, en 1156. Le chantier s'éternisant, une touche de style gothique, nouvellement introduit dans les Pouilles par les Souabes, fut imprimée à la façade avec la rosace entourée dans sa partie supérieure d'animaux fantastiques. Au-dessus du portail, la Vierge est entourée de San Sabino et San Nicola représentés dans des attitudes étonnamment similaires. Consacrée en 1292, la cathédrale a connu de profonds remaniements au 16e et surtout au 18e s., période dont date sa décoration baroque. Ce n'est que dans les années 1950 qu'elle a retrouvé la pureté de ses lignes romanes. Sur le flanc gauche s'élève un insolite édifice cylindrique appelé *Trulla*, probablement l'ancien baptistère de l'église byzantine, faisant maintenant office de sacristie.

Intérieur – La solennité du lieu est accentuée par l'élégant ciborium, dressé à la croisée du transept surélevé. Les colonnes qui séparent les trois nefs

SE LOGER		SE RESTAURER			
B&B Corte Zeuli	1	Biancofiore	4	Mastro Ciccio	8
Il Trespolo degli Angeli	5	Borgo Antico	5	Osteria delle Travi	
La Muraglia	3	La Tana del Polpo	9	"Il Buco"	2

proviennent probablement de la basilique byzantine détruite par Guillaume Ier. Au sol, remarquez la rosace en marqueterie de marbre qui reprend le dessin de celle de la façade. Si vous êtes là le jour de l'équinoxe d'été, ne ratez pas le moment (vers 17h10) où les deux rosaces se superposent parfaitement.

Descendez dans la **crypte** par l'escalier de droite. Observez la première colonne et vous verrez comment on a habillé les 24 fûts originels de marbres polychromes pour les rendre résolument baroques. Au centre de l'autel apparaît la très vénérée Vierge Odegitria (du grec « *qui montre la Voie* », car elle désigne de la main l'Enfant Jésus), la patronne de Bari, avec saint Nicolas. Juste à côté, à 5 m sous la cathédrale, des fouilles (Sito archeologico) ont révélé un fascinant enchevêtrement de pièces, le *succorpo*, mêlant un ancien ossuaire, les

restes de plusieurs églises, une grande mosaïque paléo-chrétienne, dite de Timoteo (6e s.) et des fondations romaines. *Sito archeologico - ✆ 080 521 06 05 - 9h15-12h30 (mai-oct. : dim.-merc. jusqu'à 16h) - fermé vend. - 3 €.*
En sortant de San Sabino, prenez à gauche la Via dei Dottula. L'entrée du Museo Diocesano est au bout de la rue à gauche.

Museo Diocesano A2

Via dei Dottula - ✆ 080 52 10 064 - lun., jeu. et dim. : 10h-13h, sam. 10h-13h, 17h-19h - contribution libre.
Installé dans le palais archiépiscopal et rénové en 2015, il conserve des restes lapidaires, une pinacothèque, le Trésor de la cathédrale, des parements liturgiques et, surtout, quatre rouleaux de l'**Exultet**★ (1025), sur les 28 qui existent dans le monde : ces pièces rares d'origine byzantine, manuscrits des chants pascals, étaient déroulées depuis la chaire lors des messes de Pâques. Remarquez la belle écriture ronde, bénéventaine, des textes avec ses drôles de a, e, c, r, et notez comme les images enluminées ont été positionnées la tête en bas par rapport au texte, de manière à pouvoir être vues par les fidèles situés en contrebas de la chaire. Dans la salle du Trésor, la pièce la plus précieuse est une **staurothèque** (reliquaire contenant un fragment de la Vraie Croix), du 12e s., qui passe inaperçue à côté du spectaculaire buste en argent de saint Sabin, réalisé en 1674 par un atelier d'orfèvrerie napolitain.
Retournez Piazza Odegitria et prenez à gauche Piazza Federico II di Svevia.

★ Castello Normanno Svevo A2

Piazza Federico II di Svevia, 4 - ✆ 080 52 13 704 - 8h30-19h - fermé mar. - 3 € - salles du 1er étage fermées pour travaux au moment de la rédaction de ce guide.
Posté en vigie à l'angle nord-ouest du centre historique et entouré de larges douves, sauf sur son côté nord qui à l'origine plongeait dans la mer, cet ouvrage massif est le symbole de l'histoire tourmentée de la cité. Du noyau originel, élevé par Roger le Normand en 1131, subsistent une cour et deux tours carrées. Totalement restructuré par Frédéric II en 1233, il fut à nouveau remanié au 16e s. par Isabelle d'Aragon. Celle-ci y introduisit le faste de la Renaissance et fit renforcer le système de défense face aux armes à feu. On passe sous un délicat portail gothique pour accéder au vestibule (regardez les têtes qui soutiennent la lésène) et à la cour. De là, on atteint la **gypsothèque**, une vaste salle abritant une collection de moulages de bas-reliefs et de sculptures romanes apuliennes. Puis le parcours passe en surplomb de vestiges datant de l'époque byzantine, avant de déboucher dans la **salle souabe**, rythmée par de massives arcades en ogive d'époque angevine, qui ouvraient autrefois sur la cour.
En sortant du château, faites un petit détour par l'entrée de **Via dell'Arco Basso**, juste en face, pour y faire provision d'*orecchiette* auprès de l'une des femmes qui les préparent dans la rue.
Retournez Piazza Odegitria pour prendre, à gauche de la cathédrale, la Strada del Carmine qui remonte vers San Nicola.
Avant de rejoindre San Nicola, ne ratez pas la façade da la minuscule église **San Marco dei Veneziani** *(Strada San Marco 7)*, érigée par une colonie de marchands vénitiens au 12e s.

★★ Basilica di San Nicola B1

Largo Elia Abate 13 - www.basilicasannicola.it - ✆ 080 57 37 111 - 7h-20h30.
Cette basilique resplendit dès les premiers rayons du soleil. Commencée en 1087 pour abriter les reliques de saint Nicolas, elle fut élevée à l'emplacement de l'ancien Palazzo del Catapano, du nom du gouverneur byzantin de la ville. De **l'extérieur**, l'édifice, parmi les plus représentatifs de l'art roman des Pouilles,

62 MARINS POUR UN SAINT

Sur les fresques et les icônes, on le reconnaît à sa mitre et sa crosse d'évêque, avec parfois trois sacs d'or à la main. Saint Nicolas est né à Patare en 270 et mort à Myre (actuelle Turquie) le 6 décembre 345. La résurrection des trois enfants coupés en morceaux n'est qu'un parmi les nombreux miracles qui lui sont attribués. Toute sa vie, il a protégé les faibles, les innocents, les enfants (les trois sacs d'or sont la dot de trois jeunes filles qu'il a sauvées de la prostitution). Il est devenu très vite le saint le plus vénéré de l'église byzantine. À tel point que, quand les musulmans ont pris la ville de Myre, les reliques du saint ont fait l'objet d'une véritable compétition entre Bari et Venise pour aller les récupérer et les mettre en sécurité en terre chrétienne. Ce sont 62 marins barésiens qui ont eu l'avantage : les reliques arrivènt à Bari le 9 mai 1087, faisant de la ville un haut lieu des Églises byzantine et catholique.

Au 18e s., la tradition du saint Nicolas hollandais, Sinter Klaas, traverse l'Atlantique et devient peu à peu celle du Santa Claus nord-américain ; sa fête se confond avec celle de Noël. En France, saint Nicolas est fêté le 6 décembre. À Bari, c'est bien sûr le 9 mai. Il est le patron des enfants, des écoliers, des marins, des célibataires, mais aussi des prêteurs sur gages, des notaires et des avocats du barreau de Paris !

s'impose au regard comme un vaste monolithe de pierre blanche, flanqué de deux tours et percé d'arcs aveugles et de baies géminées. Seul le portail sculpté, aux colonnes portées par des taureaux (dont les cornes recouvertes d'or ont disparu depuis longtemps) rompt avec la sobriété de la façade. Son flanc gauche s'ouvre sur le riche **portail des Lions** (12e s.). Regardez de près la façade. Les colonnes du portail portent encore les entailles faites par les épées des milliers de chevaliers qui, pendant 200 ans, y ont été bénis avant d'embarquer vers la Terre sainte, tandis que les croix, les noms de lieux et les prénoms ont été gravés par les dizaines de milliers de pèlerins en partance pour la même grande aventure. Aujourd'hui, ce lieu sacré, si cher aux Barésiens, accueille plus de pèlerins russes, polonais, grecs et ukrainiens que de touristes occidentaux.

Intérieur – En pénétrant dans la basilique, on est frappé par son atmosphère solennelle et familière à la fois. Les murs, totalement dépouillés, contrastent avec le foisonnement doré du plafond à caissons (17e s.). La nef et ses bas-côtés sont dominés par un élégant **ciborium★** (1110) derrière lequel se tient le mausolée de Bona Sforza, duchesse de Bari (1494-1557) et, malheureusement un peu caché, le **trône épiscopal★** en marbre blanc de l'abbé Elias, évêque de Bari au moment de l'édification de la basilique. Ce meuble spectaculaire est considéré comme l'un des plus beaux exemples de l'art médiéval dans les Pouilles. Remarquez l'attitude harassée des esclaves sarrasins qui portent le poids du siège, en contraste avec la sérénité du pèlerin, au centre, qui marche librement. Le transept est isolé par trois arcs, comme une iconostase. Les arches de la nef, en revanche, ont été ajoutées au 15e s., à la suite d'un tremblement de terre, afin de renforcer la structure de l'édifice.

Crypte – Bien protégées sous un autel décoré par les nombreux cadeaux offerts par les tsars au cours des siècles, les reliques du saint le plus important de l'Église orthodoxe, déposées là en 1089, sont l'objet de la vénération de fidèles venant de toute l'Europe de l'Est. Se trouver dans la crypte au moment de la prière chantée en russe par les pèlerins massés devant la grille de l'autel, un cierge brun à la main, est un moment particulièrement émouvant. *Messe du rite orthodoxe mar. et jeu. à 10h30.*

SE LOGER	
Adria Hôtel	1
B&B Zuppetta16	9
Hôtel Boston	2
Hôtel Imago	4
Oriente Hotel	6

SE RESTAURER	
Caffè Borghese	1
La Bul	10
Pizzeria da Enzo e Ciro	2
Terranima	3

Avant de quitter le parvis de San Nicola, n'oubliez pas d'aller voir la statue du saint offerte par Vladimir Poutine en 2003.

Non loin *(Piazza 62 Marinai)* se dresse **San Gregorio** (9e-10e s.), charmante église byzantine dont l'intérieur, très élégant, conserve de beaux chapiteaux.

★ Museo Nicolaiano B1

Largo Papa Urbano II, près de l'arc menant au front de mer - ✆ 080 52 31 429 - www.basilicasannicola.it - tlj 11h-18h - 3 €.

Ce musée contient de nombreuses pièces appartenant à la basilique, dont certaines d'une grande valeur historique ou artistique. En particulier, la couronne

de fer de Roger II de Sicile (1139), un parchemin portant le sceau intact de l'empereur Frédéric II – ce qui est rare –, le bâton de pèlerin de l'abbé Elias (1089) et quelques beaux tableaux, dont un *Saint Jérôme* de José Ribera (1591-1652). Regardez aussi le parchemin (12e s.) recensant les noms des 62 marins qui rapportèrent les reliques de saint Nicolas à Bari.
En sortant, passez sous l'arc qui mène à la mer et remontez à gauche le Lungomare Augusto Imperatore jusqu'à un imposant bastion surmonté d'une arcade, sur votre gauche.

Museo Archeologico Provinciale Santa Scolastica B1

Piazzale Cristoforo Colombo - ✆ 080 54 12 596 et 349 750 96 56 - visites guidées ttes les h de 10h15 à 16h15 (dim. jusqu'à 13h15) - 5 €.
Le musée occupe l'emplacement de l'ancienne abbaye de Santa Scolastica. Outre quelques objets, on y découvre le site archéologique de l'église byzantine San Giovanni e Paolo et, attenant au musée, celui de l'église médiévale San Pietro. Le parcours multimédia *(durée 30mn)* recrée l'histoire du site depuis l'âge du bronze jusqu'à nos jours.
À quelques pas du musée, sur la Piazza Santa Maria del Buonconsiglio, s'élèvent à ciel ouvert huit colonnes sur un sol de marbre : ce sont les seuls vestiges de l'église éponyme bâtie au 8e-9e s.
Revenez au musée et redescendez le long de la mer. À 100 m sur la droite, prenez les escaliers pour atteindre la Via Venezia.

1

Via Venezia

Cette promenade très agréable longe les remparts de la vieille ville et descend doucement vers Piazza del Ferrarese, offrant une belle vue sur la mer. La balade est particulièrement belle en fin d'après-midi.

★ Piazza Mercantile B2

Cette jolie place doit son ancienne vocation commerçante à la proximité du port. Elle est bordée par le **Palazzo del Sedile**, un bâtiment Renaissance flanqué d'une tour-clocher où siégeait autrefois le conseil municipal (Consiglio dei Nobili e dei Primari). Sur un côté se dresse la **Colonna della Giustizia**, précédée d'un lion : les débiteurs insolvables y étaient attachés et condamnés à s'asseoir nus à cheval sur le lion, pour y être exposés à la vindicte populaire.

QUARTIERE MURATTIANO Plan I

Circuit 2 au départ de la Piazza Garibaldi, tracé en vert sur le plan de ville p. 34. Comptez une demi-journée.
Le contraste est total avec le dédale du centre historique. Ici, le plan en damier conçu en 1813 par Joachim Murat, roi de Naples, semble parfaitement adapté aux contraintes de la vie urbaine, et c'est jusqu'au rapport au temps qui s'en trouve bouleversé : passant d'un quartier à l'autre, on a très nettement le sentiment de changer de rythme et d'époque.

Corso Vittorio Emanuele II AB2

Avec son tracé rectiligne à plusieurs voies et ses palmiers, le Corso s'affirme comme une avenue typiquement méditerranéenne qui aligne quelques beaux édifices néoclassiques et éclectiques comme le **Palazzo Fizzarotti★** *(n° 193)*, à l'étonnante façade vénitienne, et le **Teatro Comunale Piccinni** *(n° 84)*, ainsi nommé en l'honneur du très prolifique « prince de l'opéra » Niccolò Piccinni, né à Bari en 1728. En face, le **Palazzo del Governo** abrite les bureaux de la préfecture.

Via Sparano da Bari AB2
Principale rue commerçante du Murattiano, c'est l'adresse chic de Bari. Les boutiques se succèdent au rez-de-chaussée de *palazzi* chargés de colonnes, frises, festons, balcons de pierre et pilastres, dont le **Palazzo Mincuzzi** (1928, *n° 98*), couronné d'une rotonde, est un bel exemple. La rue débouche sur le jardin de la **Piazza Umberto I** et l'université de Bari.
De l'autre côté de la place, prenez à gauche la Via Petroni.

Corso Cavour B2
Ici culmine la pompe barésienne. Vous verrez d'abord l'hôtel Oriente *(n° 32)* et le Palazzo Atti *(n° 24)*, avant d'arriver au prestigieux **Teatro Petruzzelli** *(n° 12)*. Construit en 1903 puis restauré après l'incendie qui l'a dévasté en 1991, il est le haut lieu de la vie culturelle de la ville.
Prenez à droite la Via Salvatore Cognetti.
Vous passerez devant l'étonnant **Palazzo dell'Acquedotto★** *(n° 33)*, une construction de 1932 aux allures de château-fort qui présente un curieux mélange de style roman et constructiviste. Un peu plus loin (Largo Adua), juste avant d'arriver à la mer, se dresse sur votre gauche le bâtiment de l'ancien théâtre **Kursaal Santa Lucia**, de style Liberty.

Lungomare
Cette balade sur le front de mer, appréciée des cyclistes et des joggeurs, délivre une belle vue sur la baie et les édifices publics imposants construits à l'époque fasciste.
Empruntez le lungomare vers la gauche.

Teatro Margherita B2
La réalisation sur pilotis en bordure du port de cet édifice Liberty (1914) permit de contourner astucieusement l'interdiction de construire un théâtre sur le territoire de Bari pendant 30 ans après l'inauguration du Petruzzelli, interdiction imposée par… les Petruzzelli ! Théâtre de variétés puis siège du musée de l'Histoire, il a été occupé par l'armée américaine pendant la Seconde Guerre mondiale, avant de devenir un cinéma. Il est actuellement en rénovation dans le but d'accueillir des manifestations culturelles.
En face, le **Mercato del Pesce** (marché aux poissons), qui se tient tous les matins sur le Molo San Nicola. L'animation y est à son comble le dimanche.
En descendant le Lungomare sur 700 m environ, on rejoint la pinacothèque Corrado Giaquinto (voir ci-dessous).

À voir aussi

Pinacoteca Corrado Giaquinto Hors plan I par B2
Lungomare Nazario Sauro 27 - ✆ 080 54 12 420 - www.pinacotecabari.it - mar.-sam. 9h-19h, dim. 9h-13h (fermeture de la billetterie 30mn av.) - 3 €.
Installée au 4ᵉ étage de l'imposant **Palazzo della Provincia**, la pinacothèque conserve une intéressante collection de peintures allant du Moyen Âge au 20ᵉ s. Parmi les œuvres les plus représentatives, la *Pietà* d'**Antonio Vivarini** (1415-1476) et le *San Pietro martire* (fin 15ᵉ s.) de **Giovanni Bellini** (1430/35-1516) : regardez derrière le tableau le beau dessin de l'homme et son cheval que Bellini a griffonné… peut-être en vue d'un autre panneau en préparation. À remarquer également une *Trinité* du maniériste **Marco Pino** (1517-1579) et quelques tableaux de **Luca Giordano**, dont la sombre *Déposition* (1660) et le *modelletto* de la *Déposition de la Croix* (1665) peinte pour Santa Maria del

Pianto, à Venise. Mais aussi des œuvres de Paris Bordone, un Véronèse, un Tintoret, et des tableaux de l'École napolitaine (17e-18e s.), avec notamment Corrado Giaquinto. **Giuseppe de Nittis** et **Francesco Netti**, deux peintres majeurs des Pouilles au 19e s., complètent le panorama. Une belle collection qui mériterait d'être mieux mise en valeur.

Stadio di San Nicola Hors plan I par A2

Via Torrebella, à 5 km au sud du centre.

Érigé en 1990 par l'architecte Renzo Piano, ce stade de 58 000 places a accueilli des matchs de la Coupe du Monde de 1990 et une finale de Ligue des champions, perdue par l'Olympique de Marseille face à l'Étoile rouge de Belgrade, en 1991.

À proximité Carte de région

★ Ognissanti di Cuti

Strada Capurso Ceglie, à 10 km au sud de Bari et à 2 km au nord-est de Valenzano. ✆ 080 46 75 490 - sam. 18h-20h, dim. 10h-13h, 18h-20h.

Petit joyau irradiant de lumière en pleine campagne, l'**église**, du 11e s., constitue l'un des exemples les mieux conservés d'église à trois coupoles où le style byzantin n'a pas été altéré par des modifications ultérieures. Elle appartenait à un monastère détruit au 18e s. Trois élégants portails rehaussés de décorations en grains de chapelet ponctuent la façade, également flanquée d'un porche. La sobriété de l'intérieur fait ressortir la pureté de son plan.

1

Sannicandro di Bari C2

À 17 km au sud de Bari par la P 236.

La visite de ce village se justifie pour son joli **château** (11e-13e s.). Fruit de l'intervention des Byzantins, Normands, Souabes puis Angevins, maîtres successifs des lieux, il fait l'effet d'un enchevêtrement de cubes de pierre brute. *✆ 080 99 36 317 ou 329 73 85 174.*

Bitetto C2

À 15 km au sud-ouest de Bari par la S 96

L'étincelante façade en pierre blanche de la cathédrale de **San Michele Arcangelo★** (11e-12e s.) présente une rare harmonie de styles. Le roman s'y affiche en majesté sur le magnifique portail central doté d'une archivolte flanquée de petites colonnes posées sur des lions, tandis que la rosace, qui préfigure le gothique, voisine avec un clocher baroque. Le décor sévère et épuré de l'intérieur, dont les nefs se distinguent par leur hauteur et leur étroitesse, est le fruit d'une restauration effectuée au siècle dernier.

★ Bitonto C2

À 17 km à l'ouest de Bari par la SS 96 puis la SP231 à hauteur de Modugno.

Piazza Cavour, 8 - ✆ 0803 73 99 12 - 10h-12h, 17h-19h.

En venant de Bari, on aperçoit de loin un ensemble d'immeubles sans âme formant un prélude peu accueillant. Mais l'essentiel est ailleurs ; le centre historique de Bitonto abrite en effet un trésor : sa cathédrale, qui à elle seule mérite une halte. On accède à la vieille ville par la **Porta Baresana** (17e s.), à côté de la Piazza Aldo Moro. Surmontée d'une horloge et d'une statue de l'Immaculée Conception, elle est flanquée d'une puissante **tour angevine** (14e s.). Traversez la Piazza Cavour et prenez la Via Giandonato Rogadeo, le long du **Palazzo Sylos-Calò** (16e s.) que vous reconnaîtrez à sa galerie d'arcades.

Bitonto, la cathédrale.
photovideostock/iStock

Galleria Nazionale della Puglia – *Palazzo Sylos-Calò - Via Rogadeo 14 - ✆ 080 09 97 08 - 9h-20h - fermé merc. - gratuit.* Elle abrite une intéressante collection de peintures et de dessins du 16e au 20e s., dont plusieurs œuvres de peintres français : François Verdier *(Christ tenté par Satan)*, Nicolas Régnier, Nicolas Poussin, un petit Delacroix. Regardez également la *Maddalena penitente* de Simone Pignoni.

Poursuivez votre chemin le long de Via Rogadeo.

Vous passerez devant les squelettes armés de faux qui flanquent l'entrée de la Chiesa del Purgatorio (17e s.) avant d'atteindre, plus loin sur votre droite, la Via Beccherie Lisi qui mène à la cathédrale.

★★ **San Valentino** – C'est en progressant le long de son flanc droit jusqu'au parvis que l'on prend la mesure de sa splendeur. On ne se lasse pas de détailler les motifs qui la décorent : la galerie de colonnes, les fenêtres, le magnifique Christ du tympan de la **porte de l'excommunication**. C'est depuis cette porte que le pape Grégoire IX a excommunié Frédéric II en 1227, l'accusant publiquement de pactiser avec le sultan Al Kamil (que de son côté l'Empereur admirait sincèrement). Des trois portails de la façade ouest, celui du centre est splendide : richement décoré de bas-reliefs, entouré de sirènes et de harpies, il est surmonté d'un oiseau énigmatique (aigle ou pélican ?).

L'**intérieur** est d'une élégante et lumineuse sobriété. Peu de décorations, mais de très belles pièces sculptées. En particulier l'**ambon**★, dont on peut lire le nom de l'auteur (le prêtre Nicolaus) et la date d'exécution (1229) en dessous de sa base. Ce Nicolaus est le même artiste qui exécuta le campanile de la cathédrale de Trani. Ce chef-d'œuvre de l'art médiéval se distingue par le bas-relief ornant le flanc de son petit escalier, qui représenterait Frédéric I Barberousse, son fils Henri VI, son petit-fils Frédéric II et son arrière-petit-fils Conrad. Notez enfin la charpente, aux poutres décorées de couleurs vives.

Une forêt de 30 colonnes surmontées de babouins, de boucs et d'aigles émaille la **crypte**. De là on accède au parcours qui permet de découvrir les vestiges d'une église paléochrétienne (5e-6e s.), avec de belles mosaïques, dont celle du griffon ailé. *10h-12h30, 15h30-18h (ouvre à 12h le dim.) - fermé jeu. - 3 €.*

Occupant le centre de la place, une flèche baroque a été érigée en l'honneur de l'Immaculée Conception après le séisme de 1731 qui a épargné Bitonto.

NOS ADRESSES À BARI

Plans I (p. 34) et II (p. 31)

ARRIVER/PARTIR

En avion

Aéroport Karol-Wojtyla (Bari-Palese) - *www. seap-puglia. it.* Situé à Palese, à 10 km à l'ouest du centre de Bari. Comptez 23 € en taxi pour rejoindre le centre-ville. Les navettes **Tempesta** assurent la liaison avec la gare de Bari *(www.autoservizitempesta.it - de 5h à minuit - comptez 30mn - 4 €, achat auprès du chauffeur).*

La ligne 16 de la compagnie de bus **Amtab** *(terminal à la gare de Bari)* circule de 5h à 23h et marque plus d'arrêts *(www.amtab. it - comptez 45mn - 1,50 € auprès du chauffeur ou 1 € au guichet - service réduit les jours fériés).*

La compagnie **Pugliairbus** relie l'aéroport de Bari au promontoire du Gargano, aux aéroports de Brindisi et Foggia, à Matera et à Tarente *(www.aeroportidipuglia. it/bus-pugliairbus-).*

Depuis 2013, l'aéroport est doté d'une **gare**. *www. ferrovienordbarese.it - dép. ttes les 30mn - 5h-23h - durée 20mn - 5 €.*

En bus

La plupart des bus partent de la Via Capruzzi, près de la gare. Ils relient des villes non desservies par le train.

SITA – *www.sitasudtrasporti.it.* Cette compagnie de bus est spécialisée dans les liaisons avec la Campanie et la Basilicate.

Ferrovie Appulo Lucane – *www.ferrovieappulolucane.it.* Pour rejoindre Altamura, Gravina di Puglia, Matera, Potenza.

Ferrotramviaria – *www.ferrovienordbarese.it.* Dessert les villes au nord de Bari.

Ferrovie del Sud-Est (FSE) – *www.fseonline.it.* Cette compagnie dessert la vallée d'Itria et le Salento.

En train

La **Stazione Centrale** est au sud du quartier Murattiano, Piazza Aldo Moro. Quatre compagnies desservent les Pouilles au départ de Bari.

Trenitalia – www.trenitalia. com. La compagnie nationale dispose du meilleur réseau dans la province, à l'exception du Salento.

FSE – www.fseonline.it - Cette compagnie dessert la vallée d'Itria et le Salento.

En bateau

Principal port de ferries italien dans l'Adriatique, Bari est relié à Venise, Ancône, la Grèce, l'Albanie, la Croatie et le Monténégro www. directferries.it/bari-traghetto.htm.

TRANSPORTS

Il est exclu d'utiliser une voiture dans le centre historique, mais dans la ville moderne, le plan en damier et les voies à sens unique facilitent la circulation. Les distances permettent d'effectuer à pied la plupart des trajets.

En bus – *www.amtab.it.* Un billet acheté dans un bureau de tabac ou chez un marchand de journaux coûte 1 € *(1,50 € auprès du chauffeur, validité 75mn)* ou 2,50 € *(valable 1 j.).*

À vélo – *Veloservice - Strada Vallisa 81 - ✆ 080 23 74 039 et 349 62 07 353 - www.veloservice.org - 10h-19h.* Pour louer un vélo à la journée *(15 €/j)* ou vous déplacer en rickshaw *(18 €/pers. env.).*

HÉBERGEMENT

PREMIER PRIX

Il Trespolo degli Angeli – Plan II C1 - *Piazzetta 62 Marinai 15 - ✆ 349 395 60 89 - iltrespolodegliangeli.jimdo.com -*

4 ch. 70/90 € ☕. L'atout de la maison est le petit déjeuner servi sur le toit, avec une vue sur la vieille ville. À 100 m de la basilique San Nicola, elle dispose de quatre chambres, dans deux bâtiments séparés. Préférez les anciennes, plus chaleureuses que les récentes. Escalier raide.

B & B Corte Zeuli – Plan II D2 - *Via Zeuli 20 - ✆ 080 52 17 646 ou 34 87 94 19 44 - www.cortezeuli.it - 3 ch. 70/90 €* ☕. On accède à ce grand appartement atypique par une jolie cour. Son désordre ambiant de livres et d'objets anciens est l'œuvre du propriétaire, un ancien archiviste. Les chambres, très différentes, s'ornent de poutres apparentes et d'étonnantes fresques des 16e-17e s. Petit déjeuner servi dans une bibliothèque décorée de tableaux, avec un balcon fleuri.

B & B Zuppetta 16 – Plan I B2 - *Via Luigi Zuppetta 16 - ✆ 32 83 43 30 83 - 4 ch. 75 €* ☕ - 🅿 *13 €/j.* Dans un immeuble 19e s. près de la gare, deux appartements spacieux, refaits par un architecte. Parquet ou carrelage ancien et déco minimaliste originale. On apprécie la subtile équation des styles. Le propriétaire, anglophone, propose un copieux petit déjeuner.

BUDGET MOYEN

La Muraglia – Plan II D1 - *Strada Annunziata 2 - ✆ 080 52 10 053 - www.lamuraglia-beb.it - 3 appart. 75/110 €.* L'une des plus belles adresses de la vieille ville, située paisiblement à la pointe est, derrière les murailles. Trois spacieux appartements colorés, dont un avec vue sur mer. Grande terrasse sur le toit pour profiter de la vue. Petit déjeuner sur demande.

Hôtel Boston – Plan I A1 - *Via Piccinni 155 - ✆ 080 52 16 633 - www.bostonbari.it - 69 ch. - 90/175 €* ☕ - 🅿 *17 €/j.* Cet hôtel de Murattiano propose des chambres confortables, à défaut d'avoir du charme. La proximité du quartier historique en fait un point de chute idéal. Il fonctionne avec une clientèle d'affaires et applique des prix plus bas le week-end.

Adria Hôtel – Plan I B2 - *Via Zuppetta 10 - ✆ 0805 246 699 - www.adriahotelbari.com -* 🅿 *- 38 ch. 95 €* ☕ - ✕ Chambres très confortables dans cet hôtel près de la gare. Certaines ont un balcon avec vue sur les voies ! Terrasse arborée sur le toit, sauna et salle de sport.

Hôtel Imago – Plan I A2 - *Via Altamura 24/28 - ✆ 080 52 16 403 - www.hotelimago.it - 11 ch. 110 €* ☕. Design contemporain épuré (et un peu froid), bibliothèque, expositions de photographies… ce 4 étoiles soigne son style et cultive une certaine originalité. Les chambres sont confortables et le service est à la hauteur.

UNE FOLIE

Oriente Hotel – Plan I B2 - *Corso Cavour 32 - ✆ 080 52 55 100 - http://orientehotelbari.com - 75 ch. 150/200 €* ☕. Restauré en 2010, cet élégant hôtel de 1928 perpétue sa vocation de palace. Le style rococo-kitsch du hall contraste avec des chambres classiques et élégantes. Certaines ont un balcon sur le Corso Cavour. Bar-terrasse panoramique sur le toit.

Bitonto

PREMIER PRIX

Il Basilisco – *Piazza Cattedrale 5 - ✆ 080 99 03 117 et 393 58 18 863 - www.ilbasilisco.com - 3 ch. - 60 €.* Une bonne adresse pour séjourner à Bitonto. Des chambres fraîches et calmes, joliment décorées, avec salle de bains privative et vue sur l'abside de la cathédrale.

RESTAURATION

PREMIER PRIX

Mastro Ciccio – Plan II D2 - *Corso Vittorio Emanuele 15 - ✆ 339 85 56 464 - www.mastrociccio.it - 10h-2h - 8-10 €.* Une formule fast-food (on se sert au comptoir et on cherche une place dans la salle), mais « de luxe », qui propose uniquement des spécialités des Pouilles utilisant des ingrédients de première qualité. Accueil souriant. Le pain et la *focaccia* des excellents sandwiches sont fabriqués sur place.

Borgo Antico – Plan II D1 - *Strada Palazzo di Città 46 - ✆ 389 91 79 771 - www.ristoranteborgoanticobari.it - 15/20 €.* Une grande salle animée, fréquentée par familles et habitués, et quelques tables dressées dans la ruelle. L'ambiance est typique et la cuisine, simple, ne trahit pas. Un bon rapport qualité-prix.

BUDGET MOYEN

Osteria delle Travi « Il Buco » – Plan II C2 - *Largo Ignazio Chiurlia 12 - [pas de cartes de crédit] - fermé lun., dim. soir et août - 10/25 €.* Ce bistrot du centre historique prétend au titre de plus ancienne taverne de la ville. On y sert des produits de la mer… ou des *orecchiette* à la viande de cheval, dans le respect des traditions régionales.

La Tana del Polpo – Plan II D2 - *Via Vallisa 50-51 - ✆ 080 975 33 38 - 25/35 €.* On prend son repas sous un énorme poulpe fixé au plafond, ou bien dans la petite salle située un peu plus loin dans la rue. Thon rouge de Sicile, crevettes de Gallipoli, poulpe de Bari, le poisson et les fruits de mer sont à l'honneur. Laissez-vous guider par les conseils du patron et pensez à réserver si vous y allez le week-end.

Caffè Borghese – Plan I A1 - *Corso Vittorio Emanuele II 122 - ✆ 080 52 42 156.* Une bonne option pour dîner ou déjeuner dans le quartier Murattiano. Le cadre est agréable avec sa voûte en pierre et, dans l'assiette, petites pizzas à pâte épaisse, *bruschette*, salades, *orecchiette*… Il fait bar le soir.

Pizzeria da Enzo e Ciro – Plan I B2 - *Via Imbriani 79 - ✆ 080 55 41 535 - fermé lun.* L'endroit comprend deux salles lambrissées, sans fenêtre, mais à l'atmosphère agréable. Une clientèle d'habitués mêlée à des touristes vient y déguster pizzas et antipasti locaux. Vaste choix.

POUR SE FAIRE PLAISIR

Terranima – Plan I A2 - *Via Putignani 213/215 - ✆ 080 52 19 725 - www.terranima.com - fermé dim. soir - 30/40 €.* Cette adresse séduit par son service et son décor chaleureux. La carte change régulièrement, mais les produits de saison ainsi que la cuisine traditionnelle sont toujours à l'honneur. Menu terre ou mer.

Biancofiore – Plan II B2 - *Corso Vittorio Emanuele II 13 - ✆ 080 523 5446 - www.ristorantebiancofiore.it - 35/45 €.* Une des meilleures adresses de fruits de mer de Bari. La salle est agréable, mais il n'y a pas de terrasse.

La Bul – Plan I A1 - *Via Villari 52 - ✆ 080 52 30 576 - fermé lun. et à midi sf dim. - 35/50 €.* Au cœur du centre historique, une cuisine moderne et inventive. Le Bul est réputé pour être l'une des meilleures tables de Bari.

Bitonto

BUDGET MOYEN

Il Plancheto – *Piazza Cattedrale 14 - ✆ 080 99 03 117 - www.ilplancheto.com - 25/30 €.*

Une bonne adresse pour déjeuner au frais dans une salle voûtée, ou dîner dehors au pied de la cathédrale. Une cuisine soignée et un décor simple mais raffiné. Les spécialités de Lucia, patronne et chef de cuisine : les spaghetti alla San Giovanni et le filet d'âne.

PETITE PAUSE

Gelateria Piccinni – Plan I A1 - *Via Piccinni 131.* Un bon glacier du quartier Murattiano.
Bacio di Latte – Plan I B2 - *Via Sparano 178 et 25/A - ✆ 080 52 33 384 - www.baciodilattebari.it - 7h-21h.* Il est très difficile de résister à l'envie de tout goûter dans cette pâtisserie/salon de thé. En particulier l'énorme Bacio Perugina que l'on coupe comme un gâteau et qui vous fera fondre de plaisir.
Martinucci – Plan II D2 - *Piazza Mercantile 3 - ✆ 080 52 11 142.* Un café élégant et soigné qui propose une belle palette de spécialités sucrées mais, avant tout, les légendaires *pasticciotti* farcis à la crème, au chocolat, à la ricotta…

ACHATS

La Via Sparano et le Corso Cavour sont les principales voies commerçantes.
Salumeria Nino – Plan I B2 - *Via Vallisa 30 (Piazza del Ferrarese) - ✆ 080 52 19 851.* Célèbre bazar de la gastronomie apulienne.
Prosciutteria salumeria Matteo di Lucarelli Donato – Plan II D2 - *Piazza Mercantile - ✆ 080 52 37 934.* Une sélection du meilleur de la gastronomie apulienne !
Vinarius De Pasquale – Hors plan I par A2 - *Viale Europa 16/C - ✆ 080 926 0200.* Œnothèque avec un grand choix de vins locaux.
Maglio – Plan I A1 - *Via Piccinni 87 - ✆ 080 57 39 722 - www.cioccolatomaglio.it.* Une annexe de l'excellent chocolatier de Maglie.
Masserie Amiche – Plan I B2 - *Via Cardassi 39 - ✆ 080 52 11 636 - www.querceta.com.* Le meilleur des Pouilles (pâtes, huile, vin, fromage). Boutique en ligne.
Puglia Design Store – Plan II D2 - *Piazza del Ferrarese - ✆ 080 99 04 680 - 11h-20h30 - fermé dim. de 13h à 16h.* Un concept store avec une bonne sélection de créations des meilleurs designers des Pouilles.

Bitetto

Beato Food – *Via A. Patrono 3 - ✆ 080 99 21 358 - fermé dim.* Huile extra-vierge à base de variétés d'olives apuliennes et toute une sélection de conserves gourmets.

ACTIVITÉS

Plages

Pane e Pomodoro, la plage la plus proche du centre historique *(2 km au sud-est par le Lungomare Nazario Sauro)* présente moins d'intérêt que la très populaire **Torre Quetta** *(2 km après Pane e Pomodoro).*

AGENDA

Semaine sainte – Procession des *Misteri* le vendredi saint.
Fête de saint Nicolas – *7-9 mai.* Processions, cortèges en costume d'époque, feux d'artifice et messe honorent le saint patron de Bari.
Metropolitan Festival Bari in Jazz – *De déb. juin à déb. juil.* Concerts en plein air, avec des artistes européens et américains.

Bitonto

Fiera di San Leone – *6 avr.* Défilé historique référencé dans le *Décaméron* de Boccace (14e s.).

Molfetta

59 870 habitants – Province de Bari

Premier port d'importance lorsque l'on quitte Bari par la route côtière en direction de l'ouest, Molfetta ne semble pas avoir pâti de cet encombrant voisinage. Au Moyen Âge, marchands, chevaliers et pèlerins s'y croisent sur la route de la Terre sainte et, jusqu'au 20e s., elle est le port d'attache de l'une des principales flottes de pêche de l'Adriatique. Aujourd'hui encore, charpentiers de marine et forgerons y perpétuent la tradition des chantiers navals. De cette riche histoire, la cité a conservé un patrimoine qui mérite amplement une halte.

NOS ADRESSES PAGE 44
Hébergement, restauration, achats, activités, etc.

S'INFORMER
IAT Molfetta– *Via Piazza 27 - ✆ 338 73 58 404 - www.visitmolfetta.it.*

SE REPÉRER
Carte de région B1 (p. 24-25).
De Bari (32 km au sud-est), accès par la S 16.

À NE PAS MANQUER
Le Duomo di San Corrado et la vue du port.

ORGANISER SON TEMPS
Comptez une demi-journée.

Se promener

Postée sur un promontoire bordé par la mer, à l'ombre du Duomo di San Corrado, la **vieille ville** semble un peu endormie, mais son décor reste inaltéré. Piazza Municipio, la **salle des Templiers** (12e s.) et le **Palazzo Giovene** (16e s.) témoignent de ce passé.

À bien des égards, la mer reste l'épicentre de la ville, comme on peut l'observer au **port de pêche** et au **marché aux poissons**, toujours animés et composant un très bel ensemble. *Banchina San Domenico 6.*

Cattedrale di Santa Maria Assunta

Corso Dante Alighieri et Piazzetta Giuseppe Maria Giovene.

Une grandiose façade baroque signale la cathédrale (17e-18e s.) dans la rue descendant au port. À l'intérieur, la seconde chapelle de droite et la première de gauche forment une incursion du *barocco leccese (voir encadré p. 192)* dans le style local. *L'Assunta* qui orne le transept droit passe quant à elle pour l'une des plus belles œuvres du peintre local **Corrado Giaquinto** (1703-1765).

★ Duomo Vecchio (Duomo di San Corrado)

Largo Chiesa Vecchia, sur le port.

Entièrement en pierre (y compris le toit) et formant une masse trapue qu'allègent deux hautes tours carrées, l'église campait autrefois à la lisière de l'eau, comme une invitation faite aux navires croisés au loin à jeter l'ancre. Tel était bien son objectif et l'une de ses tours servait d'ailleurs de vigie. L'édifice (seconde moitié du 12e s.), doit son nom à Conrad, un prince allemand qui s'était retiré en ermite non loin de là, au retour d'un pèlerinage en Terre sainte. De style roman, il offre une synthèse des édifices à coupole et voûtes en demi-berceau et du plan basilical inspiré de San Nicola de Bari. Trois dômes pyramidaux

recouverts de *chiancarelle* – petites plaques de pierre des Pouilles – coiffent le bâtiment. L'influence à la fois byzantine, romane et musulmane en fait un monument réellement singulier : quatre piliers en forme de croix partagent l'intérieur en trois nefs, la principale étant surmontée de trois coupoles. Notez les chapiteaux ornés de figures végétales et animales.
Située à l'extrémité ouest du port, à 2 km du centre historique, la **Basilica della Madonna dei Martiri** (12e s.) a subi une refonte radicale dans le style néoclassique au 19e s. Elle conserve la *Madonna Glykophilousa* (« Vierge de la Tendresse »), icône byzantine qui proviendrait d'un butin de croisade. *Piazza Basilica 1.*

À proximité Carte de région

Pulo di Molfetta B1

À 2 km au sud-ouest de Molfetta - www.pulodimolfetta.it. Pour les visites, contactez l'Associazione Consortile Polje - ✆ 080 88 50 402 ou 340 88 07 038.
Cette remarquable dépression naturelle, de 30 m de profondeur et 170 m de diamètre, a servi d'habitation à l'époque du néolithique.

Giovinazzo C1

À 8 km à l'est de Molfetta par la Via Giovinazzo, qui longe la mer.
Passé l'aéroport de Palese, ce coquet petit bourg portuaire perché sur un promontoire s'enorgueillit d'un quartier historique où quelques palais ont été essaimés. Le portail de la cathédrale **Santa Maria Assunta** (12e s.), surmonté d'un tympan, est le seul élément originel. La **Chiesa dello Spirito Santo** a quant à elle conservé ses trois coupoles en pierre et son autel de 1492.

NOS ADRESSES À MOLFETTA

RESTAURATION

BUDGET MOYEN

Isola di Sant'Andrea – *Corso Dante Alighieri 98 - ✆ 080 33 54 312 - 20/30 €.* Une cuisine traditionnelle à base de produits frais, servie dans une splendide salle voûtée en pierre brute : risotto à l'encre de seiche, carpaccio de morue à l'écrevisse, poisson en croûte, oursins… les produits de la mer sont à l'honneur !
La Tavernetta – *Via Domenico Picca 5 - ✆ 080 90 22 901 - fermé merc. - 25/35 €.* Un jeune chef talentueux propose une cuisine de la mer savoureuse et des pizze croquantes. Une adresse agréable à deux pas du port.
La Rosa Marina – *Via San Girolamo 48 - ✆ 080 39 73 498 - 15/20 €.* Entre l'arrière du Duomo et la mer, une trattoria très simple, bonne et économique dans un cadre idyllique.

PETITE PAUSE/ACHATS

Pasticceria Al Duomo – *Banchina San Domenico 17 - ✆ 080 237 87 76 - fermé lun.* Goûtez une *molfettana*, à base d'amandes, figues sèches, sucre et chocolat.

AGENDA

Pâques – *Semaine sainte.* Processions dans les rues.
Madonna dei Martiri – *8 sept.* De la basilica della Madonna dei Martiri, la statue de Marie est portée en procession sur un bateau. Festivités hautes en couleur et feux d'artifice.

La cathédrale de Trani, un chef-d'oeuvre du roman apulien.
Dante1969/Shutterstock.com

Trani

★

56 100 habitants – Province de Barletta-Andria-Trani

Prospère cité marchande au Moyen Âge et place forte des Templiers sur la route de la Terre sainte, Trani a conservé de cette période un riche patrimoine urbain ainsi qu'un lien profond avec la mer. Si elle doit principalement sa renommée à son imposant château et sa formidable cathédrale qui compte parmi les chefs-d'œuvre de l'art roman italien, elle bénéficie de bien d'autres atouts que l'on a tôt fait de découvrir en arpentant les ruelles du centre historique. Le charme de son port animé et de ses rues commerçantes et ses bonnes tables en font une destination très prisée.

NOS ADRESSES PAGE 50
Hébergement, restauration, achats, activités, etc.

S'INFORMER

Ufficio del turismo Trani – *Palazzo Palmieri - Piazza Trieste 10 - ✆ 088 35 88 830.*
Agenzia Puglia Imperiale Turismo – *Via Ognissanti 5 - ✆ 088 35 86 136.*

SE REPÉRER

Carte de région B1 (p. 24-25) - plan de ville (p. 47). De Bari (53 km au sud-est), accès par la S 16.

SE GARER

Parking (payant, non gardé) au bout du port, près de Piazza Trieste.

À NE PAS MANQUER

La cathédrale de Trani, le quartier historique de Bisceglie.

ORGANISER SON TEMPS

Profitez de Trani une journée et consacrez une demi-journée à Bisceglie.

Se promener Plan de ville

★★★ Cattedrale di San Nicola Pellegrino B1

☏ 0883 50 02 93 - www.cattedraletrani.it - 8h30-12h30, 15h30-18h30 (dim. 9h-12h30, 16h-20h30) - réserv. obligatoire pour groupe de plus de 7 pers. sur le site - offre libre, 5 € pour la montée au campanile.

Gracieuse et monumentale, lumineuse et épurée… telle apparaît la cathédrale de Trani, chef-d'œuvre de l'art roman dans les Pouilles. Affranchie de tout édifice parasite et flanquée d'une haute tour-clocher qui semble veiller sur elle, sa silhouette se détache sur l'horizon bleuté de l'Adriatique, pareille à un vaisseau échoué. Elle est dédiée à saint Nicolas le pèlerin, un jeune dévot mort d'épuisement sur les marches de l'église qui s'élevait à cet emplacement. Sa construction, étalée sur deux siècles (12e-13e s.), offre la synthèse miraculeusement harmonieuse des styles qui se sont succédé durant cette période. Tandis que sa rivale, San Nicola di Bari, était construite sous le patronage des Normands, celle-ci fut placée à l'origine dans l'orbite de Constantinople. La **façade**, percée d'une rosace et de baies et ponctuée de figures et d'animaux sculptés, est précédée par une terrasse surélevée que rythme une rangée d'arcs aveugles à colonnes encastrées. Le **portail**, soutenu par deux animaux, encadre une copie de la **porte de bronze★** signée Barisano da Trani dont l'original est à l'intérieur de la cathédrale. Sur le flanc droit de l'édifice, la **tour-clocher** est allégée à sa base par un percement et, à chaque niveau, de bas en haut, par une fenêtre à baie unique, puis des fenêtres géminées, trilobées et bigéminées. De l'extérieur, ce sont pourtant les trois hautes **absides** semi-cylindriques, en forme de tuyaux d'orgue, qui marquent l'esprit.

Intérieur – Sous les escaliers menant à la terrasse, un accès de plain-pied sur l'esplanade conduit à l'église inférieure **Santa Maria**, qui succède à la première église paléochrétienne. Ce dispositif particulier d'église en soubassement offre l'avantage de protéger le sanctuaire principal des assauts de la mer, très proche. Elle est rythmée par une double colonnade et renferme des fragments de fresques des 14e-15e s. Située tout au bout, à l'aplomb du transept de l'église supérieure, la **cripta di San Nicola** est saturée de colonnes aux chapiteaux tous différents. La plus ancienne partie de la cathédrale fut réalisée dans l'urgence, de manière à pouvoir disposer d'un lieu où déposer les reliques du saint.

Grâce aux restaurations effectuées au 20e s., l'intérieur de l'**église supérieure** a retrouvé la simplicité et le dépouillement qui font le charme du style roman. Deux rangées de colonnes divisent l'espace en trois nefs, coupées par un transept à peine marqué. Même sobriété dans la charpente qui s'offre à l'œil nu, sans décoration.

Le mobilier et les ornements de la cathédrale sont exposés au **Museo Diocesano** On y admire notamment une peinture byzantine et un petit **autel** bourguignon en ivoire et ébène du 14e s. *Palazzo Ladispospoto - Piazza Duomo 8/9- ☏ 0883 58 2470 - www.fondazioneseca.it - 9h30-12h30, 16h-19h, sam.-dim. 10h-13h - fermé lun. - 5 €.*

★ Castello Svevo A1

Piazza Re Manfredi 16 - ☏ 0883 50 01 17 - www.castelloditrani.beniculturali.it - 8h30-19h30 - 5 €.

Posté lui aussi au bord de la mer, à l'autre bout de l'esplanade, l'imposant château bâti (1233-1249) par l'empereur Frédéric II de Souabe semble défier la cathédrale. Manfred, son fils, y célébra ses secondes noces avec Hélène d'Épire. C'est l'un des châteaux souabes les mieux conservés dans son état d'origine,

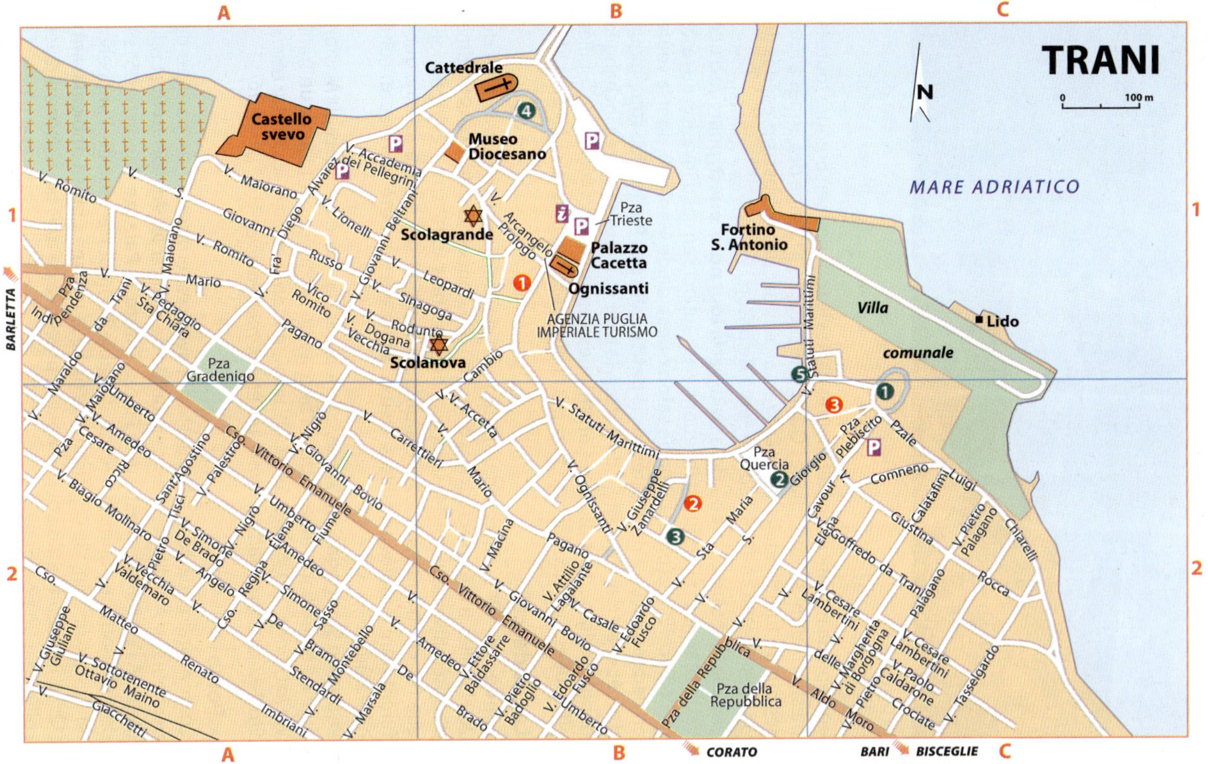

SE LOGER

- Albergo Lucy 1
- B&B Portadámare 3
- Hotel Regia 4
- Hotel San Paolo Al Convento 5
- Maré Resort............ 2

SE RESTAURER

- Corteinfiore............ 1
- Pescandalo 3
- Pizzeria Il Nabucco 2

Le port de Trani.
P. Adams/Agency Jon Arnold Images/age fotostock

en dépit de modifications ultérieures. Faites le tour pour en prendre toute la mesure. Au 16e s., sous Charles Quint, il fut adapté à l'usage des armes à feu : ses quatre tours angulaires furent renforcées par des remparts précédés de douves. De 1842 à 1975, l'édifice servit de prison.
Passé la tour carrée, on aborde la visite par la **tour nord-ouest**, pourvue d'une vaste citerne, et qui pouvait fonctionner en autarcie en cas d'invasion du reste de l'édifice. Elle se poursuit par le **salon ouest** (dit de Manfred), dont la voûte en berceau est un ajout postérieur, la **petite salle des Paons**, lieu stratégique d'où était actionnée la grille du portail, la **tour sud-ouest**, restée inchangée depuis l'origine. La **salle des Céramiques** expose les trouvailles de fouilles effectuées sur place. Ne manquez pas la **maquette** en bois du château (1795).

La Giudecca B1

Fondée au 12e s., la communauté juive de Trani, qui comptait plus de 200 familles, a été un acteur important du développement de la ville. Victime d'antisémitisme aux 13e-14e s. par les Angevins, puis au 16e s. par les Espagnols, elle fut contrainte à la conversion ou à l'exil, et ses quatre synagogues furent transformées en églises. Deux d'entre elles ont été rendues au culte hébraïque.
Le **Museo Sinagoga Sant'Anna**, à l'origine Scola Grande (1247) puis transformée en église Sant'Anna, retrace l'histoire de la communauté juive de Trani. *Via la Giudea, 24 - ✆ 0883 58 24 70 - www.fondazioneseca.it - visites sur réserv. 9h30-12h30,15h30-18h30 - fermé lun. et apr.-midi en hiver - 3 €.*

★ Porto B1-2

Cœur névralgique de la cité historique, avec ses terrasses et ses barques de pêcheurs au mouillage, le port est bordé de vénérables édifices civils et religieux. À l'extrémité ouest, sur la Piazza Trieste, le **Palazzo Caccetta** (15e s.), de style gothique tardif, est reconnaissable à son portail ogival et ses belles fenêtres. Non loin, Via Ognissanti, se niche la romane **Chiesa di Ognissanti** (12e s.), l'ancienne église des Templiers, précédée de trois portails architravés coiffés par un portique.

Déambulez sur les quais jusqu'au **Fortino Sant'Antonio** (16ᵉ s.). Il offre une **vue** splendide sur la rade et la cathédrale. De là, gagnez la **Villa comunale★**, un très rafraîchissant jardin public en bord de mer.

À proximité Carte de région

Abbazia di Santa Maria di Colonna B1

À 3 km au sud-est de Trani par la S 16.

Posée sur un promontoire surplombant l'Adriatique, cette coquette église de pierre arbore une belle façade romane. Le portail à l'archivolte sculptée et la rosace sont de la fin du 11ᵉ s., tout comme les nefs latérales. La nef centrale fut en revanche refaite au 13ᵉ s.

★ Bisceglie B1

À 8 km au sud-est de Trani par la S 16 en direction de Molfetta.

Via Ottavio Tupputi 1 - ✆ 080 39 68 554.

Sardines, maquereaux, anchois et morues ont fait la fortune de la cité fondée par les Normands en 1042 et qui prospéra avec les Souabes comme avec les Angevins. Escale commerciale importante, elle fut dotée par les Angevins (fin 15ᵉ s.) de murailles en grande partie conservées.

Quartier historique – Très ramassé derrière ses enceintes, il est parcouru de ruelles étroites et ombragées formant un décor immuable, mais parfois fragile, si l'on en juge par le nombre d'échafaudages. Ici ou là, une église ou un palais splendide viennent rappeler le faste passé de la cité, comme le **Palazzo Tupputi** *(angle Via Cardinale dell'Olio et Via O. Tupputi)*, reconnaissable à sa façade en pointes-de-diamant et ses balcons en fer forgé (16ᵉ-18ᵉ s.).

À un jet de pierre, le Convento di Santa Croce (16ᵉ-17ᵉ s.) abrite le **Museo Archeologico Saverio Maiellaro** qui renferme un panier en fibres végétales de plus de 7 500 ans. *Via Frisari 5 - ✆ 080 3957576 - 8h45-12h30 - fermé w.-end - entrée libre.*

Malheureusement fermé à la visite, le **château souabe** *(Piazza Castello)*, bâti au 13ᵉ s., suit un plan carré, avec quatre tours d'angle et un pont-levis. Juste derrière *(Via Porto)* s'élève la **Torre Maestra** (13ᵉ s.), haute de 24 m, commencée par les Normands et achevée par les Souabes. Côté mer, la vieille ville est bordée par une terrasse qui domine le **port** et délivre une jolie vue sur les barques de pêcheurs et les voiliers au mouillage.

★ **Cattedrale di San Pietro** – L'une des plus grandes églises romanes de la terre de Bari. Elle surgit au détour d'une ruelle, sans parvis, coiffée d'une haute tour-clocher. Entamés par les Normands, les travaux ne furent achevés, par les Souabes, que deux siècles plus tard, au 13ᵉ s. Après moult transformations au cours des siècles, une rénovation lui a redonné son allure médiévale dans les années 1970. En façade, le portail est encadré par un triple bandeau de pierre délicatement travaillé et un fronton porté par des griffons se tenant sur des colonnes de marbre. L'intérieur, d'une grande sobriété, s'inspire de San Nicola di Bari, avec une structure à trois nefs séparées par des piliers à pilastres et surmontées de tribunes. Le chœur en bois sculpté est de style Renaissance.

Dolmen della Chianca B1

À 5 km au sud de Bisceglie sur la P 85, vers Ruvo di Puglia.

Niché au milieu d'oliviers, le dolmen, vieux de 3 500 ans, passe pour l'un des plus beaux et les plus importants d'Europe. Un couloir mène à la structure principale composée de trois grandes dalles *(chianche)* plantées, supportant une pièce de 2,4 m sur 3,8 m. Les objets (couteaux en silex, plats, bijoux…) et les ossements humains retrouvés trahissent sa vocation funéraire.

NOS ADRESSES À TRANI

Plan p. 47

HÉBERGEMENT

PREMIER PRIX

Albergo Lucy – C2 - *Piazza Plebiscito 11 - ✆ 088 34 81 022 - www.albergolucy.com - 🅿 - 11 ch. 75 €.* Ce *palazzo* du 19e s., doté de vastes chambres au charme monacal, est situé au calme, non loin du port, près du parc Villa Comunale. Pas de petit déjeuner, mais un bon rapport qualité-prix.

PRIX MOYEN

B & B Portadámare – B2 - *Via Zanardelli 11 - ✆ 088 34 81 976 - www.portadamare.it - 5 ch. 85 €* ☕. Un joli choix de chambres, réparties dans deux édifices, mêlant rustique et design, avec murs blanchis à la chaux et poutres apparentes. On y apprécie la terrasse sur le toit pour se détendre, avec vue sur le port. Gare aux escaliers raides !

POUR SE FAIRE PLAISIR

Hotel San Paolo Al Convento – B/C1-2 - *Via Statuti Marittimi 111 - ✆ 088 34 82 949 - www.hotelsanpaoloalconventotrani.it - 33 ch. 125/140 €* ☕. Le plus grand hôtel de Trani occupe un couvent dominant le port. Les chambres sont spacieuses et de style classique. Certaines ont vue sur la mer. Le petit déjeuner servi dans l'ancienne chapelle déconsacrée donne une note supplémentaire au cachet des lieux.

Hotel Regia – B1 - *Piazza Addazi 2 - ✆ 088 35 84 444 - www.hotelregia.it - 10 ch. 130 €* ☕ - ✕. Ce bel hôtel installé dans le Palazzo Filisio (18e s.) jouxte la cathédrale. Entre la vue sur l'édifice ou la vue sur la mer, choisissez la seconde, au même prix.

UNE FOLIE

Maré Resort – B2 - *Piazza Quercia 8 - ✆ 088 34 86 411 - www.mareresort.it - 🅿 - fermé nov.-avr. - 13 ch. 180/280 €* ☕ - ✕. L'adresse la plus *select* de Trani occupe un palais du 18e s., proche du port. Le décor soigné des chambres, dans les tons beiges, mêle la pierre et le bois. De la terrasse du restaurant, la vue est imprenable.

Bisceglie

PRIX MOYEN

Palazzo Bonomi – *Largo Castello 7 - ✆ 080 97 22 535 - www.palazzobonomi.it - 8 ch. 80/100 € -* ☕ *5 € -* ✕. Des chambres spacieuses et confortables ont été aménagées dans cet ancien monastère. N'étaient les couleurs un peu vives, l'alliance modernité et tradition est plutôt réussie. Lounge bar et restaurant avec terrasse sur le toit.

RESTAURATION

PREMIER PRIX

Pizzeria Il Nabucco – B2 - *Via Fabiano 21 (Piazza Teatro) - ✆ 0883 48 69 11 - fermé à midi - 10 €.* Cette institution populaire de Trani attire une clientèle de familles, de jeunes et de touristes. L'affluence est à son comble le samedi soir où le service dure jusqu'à 3h du matin.

POUR SE FAIRE PLAISIR

Pescandalo – C2 - *Piazza Plebiscito 6 - ✆ 088 34 87 09 - fermé lun. - 30 €.* Située à l'écart du port et pourtant tournée vers la mer, une des meilleures adresses de Trani pour déguster poissons ou crustacés. Décoration moderne et service professionnel.

Corteinfiore – B1 - *Via Ognissanti 18 - ✆ 0883 50 84 02 - www.corteinfiore.it - fermé dim. soir* *et lun.* Dans un palais du centre historique, une adresse pleine d'attraits avec son délicieux jardin d'hiver. Sur la carte, beaucoup de poissons. Un grand soin est porté à la sélection des produits (huile, légumes, vins, fruits de mer…).

Bisceglie

BUDGET MOYEN

Osteria del Seminario – *Corso Umberto 165 - ✆ 080 39 91 519 - www.osteriadelseminario.it - fermé mar. et dim. soir. - 25/35 €.* Spécialités régionales de produits de la mer, servies sous une belle voûte en pierre. Un bon rapport qualité-prix.

PETITE PAUSE

Bisceglie

Bisceglie s'enorgueillit d'une pâtisserie fameuse, le *Sospiro* (une génoise avec de la crème pâtissière), conçue, selon la légende, par des religieuses à l'occasion du mariage de Lucrèce Borgia qui ne se présenta jamais à la cérémonie… suscitant maints soupirs *(sospiri).*

Chocolat – *Via Ottavio Tupputi 7 - ✆ 080 392 2488.* Quand tout est fermé à l'heure de la sieste, ici on assure l'essentiel : glaces, chocolats et crêpes sucrées.

Pasticceria San Pietro Pantaleo – *Via Giuseppe di Vittorio 84 - ✆ 080 392 16 16.* L'adresse (un peu excentrée) pour déguster des *sospiri di Bisceglie.*

ACHATS

Delizie Pugliesi – B2 - *Via Mario Pagano 174 - ✆ 088 38 87 599 - www.deliziepugliesi.com - 9h15-13h, 17h-21h.* Outre ses propres produits, le producteur d'huile Di Meco propose une sélection de vins, pâtes, miels…

Pane Rusticano – B2 - *Piazza Marconi 29/30 - ✆ 088 35 07 867 - www.panerusticano.it - 8h-20h - fermé jeu.* Une pâtisserie avec un bon choix de pâtes et de biscuits.

ACTIVITÉS

Baignade – Il n'y a guère de plages entre Bisceglie et Trani, mais des sites de baignade dans les rochers ou les galets. Au pied de l'abbazia di Santa Maria di Colonna, une petite plage publique de sable dispose de cabines.

À Trani même, il y a également des cabines installées sur les rochers, sous les jardins de la Villa Comunale (C1).

AGENDA

TraniFilmFestival – *Juil.-août - www.tranifilmfestival.it.* Festival de cinéma.

Bisceglie

Marché aux puces – Le bourg accueille le dimanche un marché aux puces très animé.

Barletta

★

94 720 habitants – Province de Barletta-Andria-Trani

Barletta est située au bord de l'Adriatique, mais on n'y sent pas beaucoup la présence de la mer. C'est que les trésors de Barletta sont ailleurs. Dans son immense château et, surtout, dans le délicieux palais de la Marra, au cœur de la vieille ville, siège de la pinacothèque De Nittis. L'ancienne voisine de Canosa et de Canne, où a eu lieu la sanglante bataille qui a opposé les Romains à Hannibal en 216 av. J.-C., s'est développée à partir du 11e s. avec le déclin de ses voisines et l'arrivée des Normands. Après une période glorieuse sous Frédéric II, qui en a fait une étape importante des Croisades, puis sous Charles Quint, elle a connu une longue période de déclin. Ce n'est qu'au 19e s. que la ville a vécu une véritable renaissance et vu s'ériger les palazzi qui bordent les rues paisibles de son centre historique.

NOS ADRESSES PAGE 57
Hébergement, restauration, achats, activités, etc.

S'INFORMER
IAT – *Corso Garibaldi 204, angle Via Cavour, Barletta - ✆ 088 333 13 31 - www.centrostoricobarletta.it - 9h-14h, 16h19h (fermé w.-end et lun. apr.-midi en hiver).*

SE REPÉRER
Carte de région A1 (p. 24-25) - plan de ville ci-contre. Barletta se trouve sur la côte de l'Adriatique, à 65 km au nord de Bari par la SS 16.

SE GARER
Le centre historique est une ZTL. Le parking le plus proche du centre se trouve Via Consalvo da Cordova, en face du commissariat de police (payant à certaines heures de la journée).

À NE PAS MANQUER
La cathédrale, le château et la pinacothèque Giuseppe de Nittis.

ORGANISER SON TEMPS
Comptez une journée pour Barletta et ses environs.

AVEC LES ENFANTS
Le Museo Storico della Salina di Margherita di Savoia, le Museo del Confetto di Andria.

Se promener Plan de ville

★ Colosso Eraclio B2

Corso Vittorio Emanuele, angle Corso Garibaldi.

Du haut de ses 5 m de bronze, le **Colosse** garde derrière son regard opaque et ses lèvres closes le secret de son identité. Est-ce Valentinien ? Théodose ? ou un autre empereur ? Et comment est-il arrivé là ? A-t-il vraiment été rapporté de Ravenne par Frédéric II ou, comme certains le pensent, l'a-t-on retrouvé échoué sur la plage un matin de 1204 ? Nul ne le sait et le mystère qui l'enveloppe est entier, mais c'est ce qui fait son charme… Ce dont on est sûr, c'est que la statue date du 5e s. et que, ses jambes ayant été fondues au 14e s. pour façonner les cloches de l'église de Siponto, la statue ne récupéra ses membres inférieurs qu'au 15e s.

SE LOGER

- B&B Al Centro Storico . . 2
- B&B De Nittis 4
- Eolo B&B. 1
- Itaca Hotel 3
- La Disfida di Barletta . . . 5

SE RESTAURER

- Al Vecchio Forno 4
- Antica cucina 1983 3
- Antica Pizzeria del Corso 1
- Il Posticino 5
- Risto Pizza Il Calamaro. . 2

Basilica del Santo Sepolcro B2

Derrière le Colosse se dresse la basilique du Saint Sépulcre (13e s.). L'extérieur ne laisse pas deviner l'élégance de son intérieur de style gothique, divisé en trois nefs précédées d'un narthex, avec des voûtes sur croisées d'ogives. Elle recèle quelques fresques des 13e et 14e s. (regardez le ciel étoilé au-dessus des fonts baptismaux) et un beau **reliquaire★** de la Vraie Croix, revêtu d'émaux de Limoges, appartenant au Trésor de la basilique.

Prenez la Via Mariano Sante, de l'autre côté du Corso, pour rejoindre la Via Cialdini.

★ Pinacoteca Giuseppe de Nittis B1

Via Cialdini 74 - ✆ 088 35 38 372 - www.barlettamusei.it/denittis.html - tlj sf lun. 10h-20h - 4 €.

Impossible de manquer la façade du **Palazzo della Marra** (17e s.), avec son portail baroque, malheureusement très abîmé par l'érosion. Le porche, au plafond joliment décoré, permet d'accéder à une petite cour lumineuse bordée sur un côté par quatre niveaux de galeries. Il fallait bien ce bel écrin pour abriter la **pinacothèque** consacrée au grand peintre impressionniste Giuseppe De Nittis (1846-1884), né à Barletta. Après des études artistiques à Naples, il gagne Paris où il fréquente Manet et Degas. Il est l'un des premiers à expérimenter la technique du pastel dans des œuvres de grand format. Forain, Caillebotte, Daudet, Zola et Goncourt font également partie de ses amis. C'est alors qu'une hémorragie cérébrale le fauche à 38 ans, en pleine gloire. Aussi habile à peindre les paysages des Pouilles que la vie mondaine parisienne *(Dans le monde)*, l'artiste possède une très large palette, comme en attestent les 150 peintures et 65 gravures magnifiquement exposées. Le musée présente de nombreux portraits de sa femme Léontine, avec un attrait particulier pour les scènes d'hiver (*Giornata d'inverno*) et pour les Parisiennes toilettées aux courses hippiques *(Le corse di Auteuil sulla seggiola)*.

En sortant du musée, remontez à gauche la Via Cialdini vers l'est.

Vous trouverez, nichée dans le sous-sol d'une demeure du 14e s., la **Cantina della Sfida**. C'est le lieu où, dit-on, fut lancé le fameux **défi de Barletta** *(voir encadré)*. Sous un haut plafond en ogive, une cheminée en pierre avec des ustensiles d'époque, une statue d'Ettore Fieramosca et La Motte, des armures et des mannequins en costume campent le décor. *Via Cialdini, 11 - ✆ 088 35 3 22 04 - tlj sf lun. 10h-14h, 16h-20h - gratuit.*

Cattedrale di Santa Maria Maggiore C1-2

Piazza Duomo - 8h-12h, 16h-20h.

À l'entrée de la vieille ville, la cathédrale fait face au château auquel on accède par la rue qui passe sous le clocher, comme à Trani. L'église porte la marque de son édification en plusieurs phases. La façade date du 12e s. tandis que l'abside est de style gothique : elle a été réalisée au 14e s., probablement par

LE DÉFI DE BARLETTA

C'est le 13 février 1503 que 13 chevaliers italiens affrontèrent 13 chevaliers français à la lance et à l'épée, relevant le défi lancé par le Français Guy la Motte qui les avait accusés de couardise lors d'un banquet dans une auberge de la ville. La victoire des chevaliers italiens sur les représentants d'une nation puissante et arrogante, alors que l'Italie n'était qu'une mosaïque de petits États, reste comme un événement mythique du patriotisme italien. Et Ettore Fieramosca, leur capitaine, est considéré comme un héros national.

Le mystérieux Colosso Eraclio.
Dario Lo Presti/iStock

Pierre d'Angicourt, un architecte français alors au service du roi de Naples Charles d'Anjou. Avant d'entrer, levez les yeux pour regarder les personnages mi-hommes mi-animaux qui habillent les archivoltes des portails latéraux. Remarquez le Christ à la colonne (16e s., *nef de gauche*) et le buste tout souriant de Ferdinand d'Aragon : c'est ici qu'il a été couronné roi de Naples le 4 février 1459.

Un escalier issu de la nef de gauche donne accès au site archéologique d'une **église paléochrétienne** (6e s.) qui conserve quelques restes de sols en mosaïques polychromes. Les fouilles ont révélé également des tombes creusées dans le sol datant du 3e s. av. J.-C.

En direction du château, faites le tour de la cathédrale. La colonne, le bateau, les croix, les noms que vous voyez sur le mur de l'abside ont été gravés par les pèlerins avant leur départ pour la Terre sainte.

★ Castello Svevo C1

Piazza Castello - ✆ 088 35 78 621 - tlj sf lun. 10h-20h (9h-19h l'hiver) - 6 €.

Avec ses hauts murs en pierre et ses larges douves le long desquelles il fait bon déambuler, cette magnifique construction en impose. Le noyau de l'édifice date des Normands (11e s.). Cependant tous leurs successeurs l'ont remanié et renforcé : entre 1225 et 1228 Frédéric II de Hohenstaufen en fit un palais ; en 1291, les Angevins édifièrent la tour et la chapelle ; mais c'est Charles Quint, au 16e s., qui en a fait la forteresse que vous voyez aujourd'hui.

Les superbes salles voûtées du château accueillent, au rez-de-chaussée, le **Museo Lapideo** où est exposé un buste qui passe pour être celui de l'empereur Frédéric II. Au 1er étage, le **Museo Civico** abrite une riche collection de **peintures** du 15e au 20e s. (Andrea Vaccaro, Luca Giordano, Giovambattista Tiepolo et, plus près de nous, Raffaele Girondi et Vincenzo de Stefano…). Récemment ouvert au public, l'immense et rafraîchissant dédale des **souterrains** est ponctué de spectaculaires casemates voûtées, dont l'une sert de salle de concert.

UNE LEÇON MAGISTRALE DE TACTIQUE MILITAIRE
2 août 216 av. J.-C… À proximité de Canne se prépare une bataille qui va opposer les Romains et les Carthaginois pour mettre fin à la 2e guerre punique. Hannibal sait que les Romains sont deux fois plus nombreux que les Carthaginois : 80 000. Alors il prend un risque fou ; il étire au maximum sa ligne de front et fait reculer ses troupes face à l'avancée des Romains qui pensent arriver à percer la ligne ennemie et ne voient pas qu'ils sont en train d'être encerclés par les Carthaginois. 47 000 romains seront massacrés, contre 6 000 Carthaginois. Mais ce triomphe, inexploité, restera sans conséquence stratégique et Hannibal perdra la guerre. Cette tactique a été utilisée par les Allemands pour envahir l'Union Soviétique en 1941. Aujourd'hui encore, elle est étudiée dans les écoles militaires.

À proximité Carte de région

Andria B1

À 10 km au sud de Barletta par la S 170.
Piazza Vittorio Emanuele II - 088 32 61 605.
Moins coquette que Barletta et située en retrait de la mer, Andria affiche un certain dynamisme économique et démographique, grâce à la culture des oliviers et de la vigne, ainsi qu'à une industrie textile. Son histoire est étroitement liée à Frédéric II de Souabe ; en témoigne, à l'entrée ouest de la cité historique, la **Porta Sant'Andrea** (11e s.) fameuse pour son épigraphe : *Imperator Federicus ad Andrianos - Andria fidelis nostris affixa medullis,* « L'empereur Frédéric aux habitants de Andria - Andria fidèle, liée à nos cœurs ».
Site de la fameuse foire du mois d'avril, la **Piazza Vittorio Emanuele II**, bordée par le **Palazzo Ducale** (14e s.), est un bon point de départ pour visiter la ville.
Cattedrale di Santa Maria Assunta – *Piazza Duomo 25 - 9h-12h45, 16h-18h45, fermé lun.* N'était le plan basilical à trois nefs, il ne reste plus grand-chose de l'église romane originelle édifiée par les Normands (11e s.). Elle a été profondément remaniée dans le style gothique tardif, comme en témoignent l'avant-porche et l'arc ogival du 15e s. séparant la nef centrale du chœur. La tradition attribue aux impératrices Yolande de Brienne et Isabelle d'Angleterre, épouses de Frédéric II, les vestiges de deux tombeaux visibles dans la **crypte**.
Museo Diocesano – *Piazza Vittorio Emanuele II 23.* Le palais épiscopal (17e s.) expose diverses œuvres provenant de la cathédrale et d'autres églises de la ville. On y contemple notamment une *Madone à l'Enfant* (13e s.) qui passe pour l'une des plus importantes icônes byzantines des Pouilles, le buste en pierre d'un noble, sculpté par Francesco Laurana (1472), un crucifix en bois du 14e s. et trois panneaux peints par Antonio Vivarini (15e s.).
La ville compte aussi le **Museo del Confetto**, qui occupe une ancienne usine de dragées de style Art nouveau où sont présentés les moules, presses, rouleaux… utilisés pour la fabrication. *Musée de la Dragée - Via Museo del Confetto 12 - 088 35 91 871 - www.museodelconfetto.it - 8h30-13h, 17h-21h, dim. 10h-13h - 3 €.*

Santa Maria dei Miracoli A1

Piazza San Pio X 7 - à 3 km à l'ouest du centre d'Andria. 7h-12h, 16h-19h.
Cette basilique a la particularité de compter trois niveaux. L'église rupestre de Santa Margherita (9e s.) fut redécouverte en 1576. Au-dessus, la Chiesa

della Crocifissione, en forme de croix grecque, est ornée de fresques. Enfin, la basilique du 17e s., conçue par l'architecte Cosimo Fanzago, de Bergame, abrite des toiles du maître napolitain Alessio d'Elia (18e s.).

Canne della Battaglia A1

À 12 km au sud-ouest de Barletta par la S 93.
Théâtre de l'une des plus célèbres batailles de l'Antiquité *(voir encadré ci-contre)*, le site, au sommet d'une colline, jouit d'un charme bucolique et d'une vue exceptionnelle embrassant la plaine jusqu'à la mer adriatique. On y arpente aujourd'hui les rues en ruine d'une citadelle fortifiée du Moyen Âge, avec par endroits des vestiges d'habitat romain. Le **musée** à l'entrée du site présente les trouvailles archéologiques des différentes périodes d'occupation, du néolithique au Moyen Âge (ornements en bronze et ambre, céramiques, vases peints, pièces byzantines…). *8h30-19h (lun. 13h30)- 2 €.*

Saline di Margherita di Savoia A1

À 28 km au nord-ouest de Barletta par la S 159. www.margheritadisavoia.com.
D'une étendue d'environ 4 000 ha, la saline maritime de Marguerite de Savoie est la plus grande d'Italie. Classée réserve naturelle d'État et zone humide à valeur internationale, elle constitue un site de première importance pour l'observation ornithologique (échasse blanche, flamant rose). On peut emprunter en voiture la route littorale qui la traverse sur 20 km ou effectuer à pied le parcours guidé de 10 km qui permet de découvrir le site et ses montagnes de sel à la blancheur irradiante *(comptez 2h)*. Le **Museo Storico della Salina** organise un laboratoire de petits chimistes pour les enfants. *Via Africa Orientale 50 - 088 36 57 519 - www.museosalina.it - été : 19h-23h ; reste de l'année : lun.-vend. 10h-12h.*

Parco Archeologico degli Ipogei di Trinitapoli A1

À 7 km à l'ouest de Margherita di Savoia. 088 36 30 117 - sur demande - 2,50 €.
Ces importantes structures de l'âge du bronze (env. 1 700 av. J.-C.), auxquelles on accédait par une rampe, étaient creusées dans la roche afin d'y célébrer certains rites et d'y procéder à des inhumations. Les deux hypogées, celui des Bronzes et celui des Ivoires, ont révélé chacun près de 200 sépultures. Dans celui dit de la Dame des Ambres a été mis au jour un riche trousseau funéraire contenant des objets en ambre, tandis que la tombe du « Géant de Trinitapoli » a dévoilé les restes d'un homme mesurant 1,85 m !

NOS ADRESSES À BARLETTA

Plan p. 53

HÉBERGEMENT

PREMIER PRIX

Eolo B & B – C2 - *Via Brancaleone 19 - 328 25 44 429 - www.eolobb.it - 6 ch. 45/60 €.*
Une belle adresse, dans un immeuble central du 18e s. donnant sur une petite place tranquille. Toutes les chambres n'ont pas le même charme, mais la plus belle dispose d'un parquet et d'une baie vitrée. Petit déjeuner servi dans une salle voûtée aux allures de caveau.

B & B Al Centro Storico – B2 - *Via Samuelli 83 - 088 38 81 768 - www.bbcentrostoricobarletta.it - 3 ch. 65 €.* Cet appartement refait avec goût propose un confort moderne digne d'un hôtel, avec literie large et confortable, kitchenette escamotable, balcon… Bref, un bon rapport qualité-prix. Le petit déjeuner est servi dans un café proche.

Itaca Hotel – C1 - *Viale Regina Elena 30 (route côtière orientale) - ✆ 088 33 47 741 - www.itacahotel.it - P - 41 ch. 70/80 €* ☕ *- ✕.* Hôtel moderne très confortable situé en front de mer, mais un peu excentré, à une vingtaine de minutes à pied du centre historique.

La Disfida di Barletta – C2 - *Via Duomo 1 - ✆ 388 44 41 895 - www.ladisfidadibarletta.it - 8 ch. 55/80 €.* Un B & B en face de la cathédrale, au centre de la *movida* de Barletta. Chambres spacieuses, refaites à neuf. On prend son petit déjeuner au bar d'à côté. Bicyclettes disponibles gratuitement.

BUDGET MOYEN

B & B De Nittis – B2 - *Vico del Lupo 9 e Via Roma 83 - ✆ 0883 57 13 10 - www.bbdenittis.it - P - 11 ch. 80/100 €* ☕. Deux maisons dans le centre historique à 100 m l'une de l'autre. Accueil familial et bon rapport qualité-prix. Certaines chambres disposent d'une terrasse.

RESTAURATION

PREMIER PRIX

Antica Pizzeria del Corso – C2 - *Via Cavour 55 - ✆ 088 33 47 494 - fermé le midi - 25 €.* Cette salle voûtée agréable, tout en longueur, dispose d'une entrée Via Cavour et d'une autre, avec terrasse, Via Fieramosca. Un bon choix de pizzas classiques ou blanches et de produits de la mer (risotto, poisson, pâtes…).

BUDGET MOYEN

Risto Pizza Il Calamaro – B1 - *Piazza Marina 50 - ✆ 088 38 83 577.* Pizzas et fruits de mer au programme de cette petite trattoria familiale à l'atmosphère balnéaire. Quelques tables sont disposées en terrasse.

POUR SE FAIRE PLAISIR

Antica Cucina 1983 – B1 - *Piazza Marina 4/5 - ✆ 088 35 21 718 - www.anticacucina1983.it - fermé lun. - 30/45 €.* Adresse renommée et élégante, voire un peu guindée, du centre historique. On y sert une cuisine traditionnelle revisitée qui ne déçoit pas.

Al Vecchio Forno – B1 - *Via Cialdini 61 - ✆ 088 35 21 718 - www.anticacucina1983.it - fermé lun. - 30/45 €.* Cette table très courue, tenue par trois frères, attire les amateurs de poissons et de fruits de mer. La décoration, design et verre, contraste habilement avec les vieux murs en pierre. Un service pas toujours au cordeau, mais un bon rapport qualité-prix.

Il Posticino – B2 - *Via Baldacchini 32 - ✆ 0883 88 86 18 - 35/45 €.* Une cuisine créative (le *magnum di baccalà*) et très savoureuse (la *parmigiana di mare)*, réalisée avec passion et servie dans un agréable petit restaurant niché dans un coin de la vieille ville.

ACHATS

À Barletta

Beviamoci Su – C2 - *Via Pappalettere 16a - ✆ 088 38 91 507 - www.beviamocisu.it - fermé dim.* Choix de vins.

AGENDA

Disfida di Barletta – *1er dim. de sept.* Évocation historique du défi de Barletta *(voir p. 54)*.

Andria

Foire d'avril – *Piazza Vittorio Emanuele II - 23-30 avr.* Depuis 1438, une grande foire commerciale, agroalimentaire et artisanale. Visites guidées, reconstitutions historiques et expositions.

Canosa di Puglia

30 200 habitants – Province de Barletta-Andria-Trani

La visite de Canosa di Puglia pourrait déconcerter par l'absence d'un centre historique au charme immédiat. Pourtant, l'antique cité daunienne, florissante dès le 7e s. av. J.-C., prétend au titre de plus ancienne ville des Pouilles. Canosa présente une physionomie singulière, fruit d'une histoire très ancienne, qui offre l'occasion d'un voyage dans le passé, de sa cathédrale aux styles divers à ses tombeaux antiques, en passant par ses vestiges médiévaux. Centre de production de céramiques réputé à l'époque hellénistique et surtout de laine d'excellente qualité dès le 3e s. av. J.-C, elle s'imposa comme un interlocuteur incontournable pour les Romains qui cherchaient à s'introduire dans la région. En bref, une étape incontournable pour les amateurs d'histoire et d'archéologie.

NOS ADRESSES PAGE 60
Hébergement, restauration, achats, activités, etc.

S'INFORMER

IAT Canosa di Puglia – *Piazza Vittorio Veneto 2 - ✆ 088 36 12 423.*

SE REPÉRER

Carte de région A1 (p. 24-25).

À 23 km au sud-ouest de Barletta par la S 93 et 80 km à l'ouest de Bari par l'A 14.

À NE PAS MANQUER

Le panorama de Minervino Murge.

ORGANISER SON TEMPS

Prévenez pour visiter les hypogées.

AVEC LES ENFANTS

La grotta di San Michele à Minervino Murge.

Se promener

Cattedrale di San Sabino

Corso San Sabino 92 - 8h-13h, 17h-21h.

Du style roman mâtiné d'influence byzantine, l'édifice originel (11e s.) n'a conservé que les deux dernières travées des nefs, le transept, l'abside majeure et les cinq coupoles. Le reste a été reconstruit à la suite d'un séisme (17e s.), tandis que la nef et la façade étaient remaniées au 19e s. À l'intérieur, notez la **chaire** et le **trône épiscopal** en marbre (11e s.) et la statue de Jean-Paul II. L'église est flanquée sur son côté droit d'un mausolée cubique à coupole, qui abrite le **tombeau★** de Bohémond, fils de Robert Guiscard, mort en 1111.

Museo Archeologico di Palazzo Sinesi

Via J.-F. Kennedy 18 - ✆ 0883 66 40 43 - www.canusium.it - 9h-13h, et aussi 17h-20h les mar. et vend. - fermé lun.

Siège de la Fondation archéologique de Canosa, ce palais accueille une exposition dédiée à la **tombe Varrese** (4e-3e s. av. J.-C.), un hypogée découvert en 1912. L'ensemble comprend plus de 400 pièces, dont des céramiques et d'exceptionnels vases polychromes.

Ipogei

Visite sur demande au ✆ 0883 66 40 43 - www.canusium.it.

La ville compte une multitude d'hypogées perdus dans le tissu urbain. Datés du 4e s. av. J.-C., ils furent utilisés jusqu'à l'époque romaine. Trois hypogées creusés dans le tuf, les **Ipogei Lagrasta** *(Via Cadorna)* constituent l'ensemble le plus important de ces caveaux où les aristocrates et les dignitaires se faisaient inhumer. On accède par une rampe à des chambres funéraires ornées des colonnes ioniques, autrefois décorées de fresques. La parenté avec les tombeaux édifiés en Grèce et en Macédoine à la même époque est évidente.

Vestiges romains

Pour info sur la visite : ✆ 0883 66 40 43 - www.canusium.it.
À la sortie est de la ville, la route de Cerignola est bordée d'importants vestiges. L'**Arco Traiano** (*1 km de la ville*) est sans doute une ancienne entrée monumentale de Canosa, par la voie Trajan, mais certains y voient un monument funéraire. Un peu plus loin, le **mausolée Barbarossa** (1er s. av. ou apr. J.-C.) comptait à l'origine deux étages, mais n'a conservé que son socle carré. On distingue encore la forme du **mausolée Bagnoli** et son revêtement de brique. Poursuivant vers Cerignola, la route enjambe le fleuve Ofanto d'où l'on aperçoit un **pont romain** (1er s.), un ouvrage de la voie Trajan refait au Moyen Âge.

Basilica di San Leucio

Strada Vicinale Santa Lucia, à 2 km, dans les collines au sud de Canosa di Puglia.
De cette basilique paléochrétienne (4e s.) bâtie sur un temple dédié à Minerve ne subsistent que des ruines. Toutefois, son plan carré coiffé d'une coupole, avec quatre absides, donne une idée de ses dimensions. Les chapiteaux et les restes de pavement en **mosaïque** suffisent à évoquer la splendeur d'origine. L'**Antiquarium** adjacent présente une partie des objets découverts sur le site. Avec le **Parco Archeologico**, comprenant le baptistère San Giovanni (6e s.) et les basiliques du Salvatore et de Santa Maria (4-6e s.), le visiteur aura une vision complète de la cité paléochrétienne. *Via Piano Giovanni, au nord.*

À proximité Carte de région

Minervino Murge A2

À 20 km au sud, par la S 93 et la P 231.
C'est en arrivant par la Mediana Murgiana que l'on a la plus belle vue sur le « Balcon des Pouilles ». Au sud-est du bourg, de la colline où pointe le **phare** érigé à la gloire des héros du fascisme (1932), le panorama embrasse la vallée de l'Ofanto, la plaine du Tavoliere et l'Appennino dauno.
Si le site est habité depuis la préhistoire, le noyau urbain de Minervino daterait du 8e ou 7e s. av. J.-C. Le quartier du centre, **Scesciola**, forme un véritable dédale où l'on se perd avec plaisir. Le bourg compte aussi une **cathédrale** du 16e s. et un **château souabe** dont la partie la plus ancienne remonte au 11e s. Dans les environs, la **Grotta di San Michele**, ancien temple dédié à Minerve, recèle une petite chapelle dédiée au saint, à laquelle on accède par un escalier vertigineux. *✆ 088 36 91 036 - 1,50 €.*

NOS ADRESSES À CANOSA DI PUGLIA

RESTAURATION

BUDGET MOYEN

Locanda di Nunno – *Via Balilla 2 - ✆ 088 36 15 096 - fermé dim. soir et lun. 32/50 €.* Un peu excentré et peu visible de la rue, ce restaurant propose une cuisine terre et mer délicate, avec un goût prononcé pour les mélanges de saveurs (crustacés à la fleur de courgette, langoustines au riz noir et fèves).

Castel del Monte, classé au Patrimoine mondial par l'UNESCO.
manx_in_the_world/iStock

Castel del Monte

★★★

Province de Barletta-Andria-Trani

On aperçoit de loin le Castel del Monte, émergeant au sommet d'une colline, au-dessus d'une forêt de pins du massif des Murge. Bientôt, l'étrange silhouette de pierre, dépourvue de toiture et de crénelage, comme étêtée, se dessine. Pavillon de chasse ? Temple humaniste ? Château fort faisant partie du réseau de défense de l'empereur ? Lieu de détente et de délassement ? Les questions restent sans réponses, mais une évidence s'impose : l'équilibre parfait de l'ensemble. Depuis des siècles, l'édifice bâti par l'empereur Frédéric II fascine et questionne. Ses qualités esthétiques et architecturales remarquables lui ont valu d'être classé par l'Unesco sur la liste du Patrimoine mondial.

NOS ADRESSES PAGE 63
Hébergement, restauration, achats, activités, etc.

SE REPÉRER
Carte de région B2 (p. 24-25).
De Bari, prenez la P 231 *Via* Ruvo di Puglia (55 km) ; de Barletta, accès par la P 189 puis la S 170 *Via* Andria (33 km).

SE GARER
En haute saison, le parking le plus proche est vite saturé. Il existe un autre parking payant à 3 km. Un bus fait la navette *(www.autolineeandriesi.it - avr.-nov. : dép. d'Andria -Park Hotel - ttes les 15mn - 1 €).*

ORGANISER SON TEMPS
Comptez 45mn de visite.

Une aura de mystère

Les origines de Castel del Monte, le plus emblématique des édifices dus à Frédéric II (1194-1250), sont mal connues. Sa fonction même reste mystérieuse, le dispositif des escaliers et des meurtrières semblant écarter l'hypothèse d'une forteresse. Il aurait pu servir à la surveillance et au contrôle du territoire ou être partie intégrante d'un système de communication visuelle. Le choix de ces terres qui s'étendent à perte de vue répond à la passion de Frédéric II pour la chasse au faucon, à laquelle il pouvait ainsi s'adonner sur ce site. C'est ici qu'il rédigea son fameux traité, encore utilisé de nos jours, sur l'art de chasser avec des oiseaux.

UN CHÂTEAU AUX FONCTIONS MULTIPLES

Son existence n'est attestée par un document qu'en 1240, alors que les travaux de construction étaient déjà bien avancés. On ne sait s'ils étaient achevés lors des noces de la fille naturelle de l'empereur, célébrées en ces lieux en 1249, ni même à la mort de celui-ci, l'année suivante. En 1266, Charles Ier d'Anjou y fait enfermer les fils de Manfred, inaugurant un usage fréquent les siècles suivants. Lors de l'épidémie de peste de 1656, la noblesse y trouve asile.

Le château tombe à l'abandon au 18e s., perdant ses meubles et ses marbres. Bergers, brigands ou réfugiés politiques y demandent occasionnellement l'hospitalité. En 1876, il est racheté par l'État, qui y mène des restaurations de 1928 aux années 1980.

LA FORCE DU SYMBOLE

Homme éclectique et cultivé, Frédéric II fit édifier dans les Pouilles quantité de châteaux et de forteresses, dont il suivit de près la construction (Bari, Barletta, Brindisi, Gioia del Colle, Trani, Oria). Synthèse unique de l'Antiquité classique, de l'Orient musulman et du gothique cistercien d'Europe du Nord, Castel del Monte devait exprimer les idées humanistes chères à l'empereur.

Le plan même du bâtiment est porteur d'une symbolique numérique forte, à laquelle on conférait, au Moyen Âge, une valeur magique. Le carré et le cercle étaient considérés comme les symboles des deux forces vitales de la terre et du ciel, de l'homme et de Dieu. Avec Castel del Monte, les bâtisseurs parviennent à une synthèse « pratique et magique », car l'octogone était apprécié comme un juste compromis entre le carré et le cercle, réunissant l'humain et le divin. Le huit est un chiffre qui revient sans cesse dans cet édifice : huit côtés, huit tours d'angle, huit pièces à chaque étage.

UN TERROIR TRÈS APPRÉCIÉ

Pour les amateurs de vin, le nom de Castel del Monte évoque celui d'un nectar à la réputation internationale. Le rouge provient principalement du cépage uva di Troia, le blanc s'obtient à partir du pampanuto (ou pampanino), dont la culture est limitée aux environs de Corato et de Ruvo di Puglia, le rosé est surtout issu du bombino nero.

Visiter

✆ 0883 56 99 97 - www.casteldelmonte.beniculturali.it - avr.-sept : 10h-19h45 ; oct.-mars : 9h-18h30 (fermeture de la billetterie 30 mn av.) - 5 €, audioguide 3,5 €.
De la colline du château, le visiteur jouit d'une **vue★** couvrant la plaine jusqu'à la mer adriatique et la péninsule du Gargano. Cette position surélevée fut l'une des raisons qui commandèrent au choix stratégique de ce site.

Extérieur

De par sa structure en octogone régulier (10,30 m de côté), flanqué à chaque angle d'une tour octogonale (7,90 m de diamètre), Castel del Monte se distingue des 200 autres constructions du souverain dans son royaume. La rigueur du plan se manifeste sur chaque façade, percée d'une fenêtre à baie unique dans la partie inférieure et d'une autre, géminée, dans la partie supérieure. La seule fenêtre ornée de 3 arcs est tournée vers le nord et sa « fidèle Andria ». Une corniche marque la séparation entre les deux étages. Seule la façade ouest se distingue par son **portail** combinant une structure à la romaine et un arc ogival à la légèreté gothique. Subtil raffinement, l'édifice combine trois types de pierre : la pierre calcaire incrustée de quartz brillant, le marbre blanc, qui subsiste par endroits dans la décoration intérieure, et la brèche coralline, rouge avec des fragments blancs.

Intérieur

Chacun des deux étages de l'édifice comprend huit salles trapézoïdales, distribuées autour d'une cour intérieure et desservies par des escaliers et passages creusés dans les tours angulaires. Les salles présentent, au rez-de-chaussée, une voûte en croisée d'ogives supportée par des semi-colonnes, et une voûte gothique plus légère au premier étage. Chaque clef de voûte est ornée d'un motif floral, zoomorphe ou anthropomorphe.
Les rapines ont dépouillé les salles de leur mobilier et de leur décor, mais à l'étage, les bancs en marbre courant le long des parois, les colonnes encastrées et, dans certaines salles, les hautes cheminées, donnent une idée assez précise du lustre d'antan. Le réseau des conduites révèle un autre raffinement pour l'époque : l'eau tombée sur les toits et dans les citernes des tours était ensuite canalisée vers les différentes pièces. Dans la cour, évidemment octogonale, les arcs aveugles et les nombreuses fenêtres aux formes variées adoucissent l'impression un peu martiale que l'on a au premier regard. Sur l'un des murs subsiste le fragment d'un bas-relief figurant un cortège de cavaliers.

NOS ADRESSES À CASTEL DEL MONTE

HÉBERGEMENT/RESTAURATION

BUDGET MOYEN

Il Pino Grande – *SP 23 km 20, località Citulo (env. 3 km à l'ouest du château) - ✆ 0883 56 98 64 - www.ilpinogrande.it - 15/20 € - 5 ch. 50/80 €.* Dans cette ferme du 17e s., le mobilier en bois crée une atmosphère à l'ancienne. Le restaurant mérite le détour *(réserv. conseillée le soir)*. On y sert une cuisine rustique réputée, concoctée avec les ingrédients bio de la production (vin, huile, etc.). Membre du réseau Slow food.

AGENDA

Festival internazionale di Andria Castel dei Mondi – *Fin août -http://casteldeimondi.com.* Le château accueille différents événements de ce festival d'art, de musique et de spectacles.

Ruvo di Puglia

25 530 habitants – Province de Bari

Porte d'entrée de la région des Murge, la bourgade possède un caractère rural affirmé. Au sortir de la messe du dimanche, on y croise une petite foule qui déserte prestement les rues, avant de réapparaître, plus nombreuse encore, en fin d'après-midi sur les bancs des boulevards, casquette vissée sur le crâne et canne à la main, cheveux grisonnants… pour sacrifier au rituel social de la « passeggiata ». Bari et les stations de la côte ne sont pas loin, mais paraissent à des années-lumière.

NOS ADRESSES PAGE 66
Hébergement, restauration, achats, activités, etc.

S'INFORMER

Pro Loco – *Via Vittorio Veneto 48 - ✆ 080 36 15 419 - www.prolocoruvodipuglia.it.*
IAT Ruvo di Puglia– *Via Vittorio Veneto 44 - ✆ 080 36 28 428.*

SE REPÉRER

Carte de région B2 (p. 24-25).
De Bari (35 km à l'est) ou Andria (25 km à l'ouest), prenez la P 231.

À NE PAS MANQUER

Le Museo Nazionale Jatta, les ruelles du centre-ville et la cathédrale.

ORGANISER SON TEMPS

Comptez une demi-journée.

AVEC LES ENFANTS

Le parc de Selva Reale.

Se promener

VIEILLE VILLE

Principale place de Ruvo, la **Piazza Castello** (ou Piazza Matteotti) est la porte d'entrée du centre historique, au charme immuable, lequel forme un quadrilatère irrégulier entouré de boulevards animés. Deux petites **tours de défense** aragonaises (*Via Fornello* et *Via Rosario*) se dressent à l'angle sud-est, près du Museo Nazionale Jatta.
Le village est plein de vie et les commerces du centre-ville ont bien résisté, mais la population la plus jeune semble bizarrement avoir déserté les lieux. De fait, Ruvo di Puglia nourrit une ancienne tradition de migration, en particulier vers Lyon et Grenoble. Malgré les années, les migrants ont maintenu le lien avec leur cité d'origine et, aujourd'hui encore, il existe une ligne de bus directe entre la capitale de l'Isère et la cité apulienne.

★ Duomo

Largo Cattedrale. 9h-12h, 16h-20h.
Comme souvent dans les Pouilles, la cathédrale (12e-13e s.) surgit sans crier gare au détour d'une ruelle. Sa formidable **façade** romane, où perce déjà le gothique, est pourvue d'une rosace, d'un portail très ouvragé (avec aigle, griffons et lions soutenus par deux télamons ou atlantes) et, au sommet, d'une frise d'arcs. Le personnage assis, trônant au-dessus de la rosace, est probablement Frédéric II de Souabe, qui finança en grande partie la construction de la cathédrale. À l'arrière, un élégant campanile flanque l'édifice.

En pénétrant à l'**intérieur**, on découvre des traces de fresques qui donnent une idée du décor originel. La nef, très élevée, est scandée par de hautes arcades que surmonte une épaisse corniche soutenue par des consoles sculptées. La **crypte** *(ouverte le matin - 2 €)* renferme des sépultures ainsi que les restes des fondations et des mosaïques de pavement d'une église paléochrétienne.

Chiesa del Purgatorio

Largo San Cleto.

Cette église est le produit de la fusion de deux églises, ce qui explique ses nefs non symétriques. Elle se dresse sur une ancienne citerne romaine encore visible dans la **crypte** (*demandez au sacristain ou à la Pro Loco*). Il s'agit d'une ancienne grotte où les premiers chrétiens se réunissaient autour de saint Cleto. Elle renferme un buste du saint et la mosaïque de pavement d'un temple ou d'un sauna romain.

★ Museo Nazionale Jatta

Piazza Bovio 35 - ✆ 080 361 28 48 - www.palazzojatta.org - tlj 8h30-13h30 (jeu. et sam. jusqu'à 19h30) - gratuit.

Lové dans une aile d'un palais du 19e s. toujours habité par ses propriétaires, ce musée expose 2 000 pièces de l'exceptionnelle collection de la famille Jatta, la plupart trouvées dans les environs de Ruvo. La profusion de **vases★** attiques, italiques et apuliens, aux formes et aux couleurs variées, et leur présentation dans des salles au décor suranné, relativement peu fréquentées, procurent une délicieuse impression de proximité et d'intimité avec les œuvres. La pièce maîtresse est le **cratère de Talos★★**, aux superbes figures rouges sur fond noir.

Pinacoteca Cantatore

Via Madonna delle Grazie 2 - ✆ 080 950 71 11 - 9h-13h, 18h-20 - fermé lun. apr.-midi.

Anciennement logée dans le Palazzo Caputi, la pinacothèque occupe depuis 2014 l'ancien couvent des dominicains, tout près du Museo Nazionale Jatta. Elle abrite les œuvres du peintre Domenico Cantatore (1906-1998), originaire de Ruvo di Puglia et l'une des grandes figures de la peinture italienne, qui fut membre du groupe Corrente, mouvement d'artistes antifascistes et avant-gardistes.

À proximité Carte de région

Terlizzi B2

À 6 km à l'est de Ruvo di Puglia par la P 2.

Si vous passez par le village de Terlizzi, fameux pour sa production de fleurs, ne manquez pas le portail du côté droit de la **Chiesa del Santissimo**, chef-d'œuvre de la sculpture médiévale réalisé par Rosario d'Anseremo da Trani (13e s.).

Corato B2

À 8 km au nord-ouest de Ruvo di Puglia par la P 2.

Centre majeur de production d'huile d'olive et de vin, ce gros bourg mérite une halte pour sa petite église **San Vito** (11e-12e s.), avec une nef unique à voûte en berceau et coupole centrale, d'influence nettement byzantine.

NOS ADRESSES À RUVO DI PUGLIA

HÉBERGEMENT

PREMIER PRIX

B & B Girasoli – *Via Crocifisso 27 - 080 36 14 954 - - 2 ch. et 1 appart. 55/65 €*. Cette agréable maison du centre-ville, avec terrasse sur le toit, est restée « dans son jus », grâce à son mobilier d'antan. Giuseppina, la chaleureuse et volubile propriétaire, fait preuve d'un vrai sens de l'accueil et concocte de copieux petits-déjeuners. Les chambres sont confortables, mais les escaliers un peu raides. Pas de Wi-Fi.

BUDGET MOYEN

Hotel Pineta – *Via Carlo Marx 5 - 080 36 11 578 - www.hotelpinetaruvo.com - - 39 ch. 75/100 € -* . Juste au nord de la vieille ville, dans un coin calme et isolé derrière l'église San Michele Arcangelo, cet hôtel moderne tout confort ne manque ni de style ni d'élégance. Préférez les chambres donnant sur la plaine qui offrent un superbe panorama.

RESTAURATION

BUDGET MOYEN

L'Angolo Divino – *Corso Giovanni Jatta 11 - 080 36 28 544 - fermé lun. - 20/30 €*. L'une des meilleures adresses de la ville, où l'on sert des produits de saison choisis avec soin (légumes, fromages, charcuterie, champignons). La *bruschetta* est mémorable. Accueil familial et chaleureux dans un cadre sans chichis, aux murs lambrissés. Laissez le patron choisir le vin qui accompagne chaque plat.

POUR SE FAIRE PLAISIR

Convivio – *Corso Gramsci 11 - 080 36 00 036 - fermé lun. - 30/40 €*. Des classiques préparés avec soin (pâtes, légumes fourrés, *calzone*).

U.P.E.P.I.D.D.E. – *Vico Sant'Agnese 2 (angle Corso Cavour) - 080 36 13 879 - www.upepidde.it - fermé lun. - 30/40 €*. Spécialités à la braise, saveurs traditionnelles et plats maison interprétés de façon très originale, le tout servi dans de petites salles aux plafonds en berceau et aux murs de pierre. Un bon choix de vins régionaux et italiens (si vous avez la chance de visiter la cave, vous comprendrez pourquoi). Une adresse réputée.

ACTIVITÉS

Selva Reale – *SP 238 Corato Altamura km 25,4 - 346 60 70 190 - www.selvareale.it - fermé en août*. Une réserve d'animaux (autruches, cabris, cerfs…) que l'on découvre à pied, un parc d'aventure et un parcours d'accrobranche pour petits et grands.

AGENDA

Settimana Santa – La Semaine sainte est l'occasion de festivités. Quatre processions costumées parcourent les rues derrière des statues de Jésus et de Marie.

Altamura

70 560 habitants – Province de Bari

Perchée sur un éperon rocheux à 450 m d'altitude, dans l'environnement rugueux de la haute Murgia, Altamura présente un autre visage des Pouilles, à mille lieues de la douce quiétude des villes de la côte. Son intérêt ne se limite pas aux jolies ruelles du centre historique. Fière de ses pierres, fière de son passé et fière de son pain, la vieille cité, chère à l'empereur Frédéric II (13e s.), se révèle riche en plaisirs culinaires et étonnamment animée, après l'heure de la sieste, quand une foule de jeunes envahit ses rues. L'homme le plus célèbre d'Altamura n'est pourtant plus de première jeunesse, lui, avec ses 187 000 ans…

NOS ADRESSES PAGE 69
Hébergement, restauration, achats, activités, etc.

S'INFORMER
Pro Loco Altamura – *Piazza Repubblica 11 - ✆ 080 31 43 930 - www.prolocoaltamura.it.*

SE REPÉRER
Carte de région B3 (p. 24-25).
À 50 km au sud-ouest de Bari et 15 km au nord-est de Gravina di Puglia, par la S 96.

SE GARER
Parking payant Piazza Matteotti.

À NE PAS MANQUER
La vieille ville.

ORGANISER SON TEMPS
Comptez une demi-journée.

AVEC LES ENFANTS
Le moulin Dibenedetto, le festival médiéval Federicus.

1

Se promener

VIEILLE VILLE

De la Porta Bari, au nord, le long et rectiligne **Corso Federico II di Svevia**, bordé d'églises et de palais, divise harmonieusement en deux parties le centre historique, selon un axe nord-sud.

San Nicola dei Greci

À l'angle de la Via San Luca, la façade de cette église dégage d'abord une impression de sobriété, mais en s'approchant, on découvre que les bas-reliefs du portail, qui narrent des épisodes de l'Évangile et de la Genèse, révèlent un splendide travail tout en délicatesse. Fondée à la fin du 13e s. par des Grecs appelés dans les Pouilles par l'empereur Frédéric II, l'église est restée de rite gréco-byzantin jusqu'au 17e s. L'intérieur s'avère moins intéressant.

★ Cattedrale di Santa Maria Assunta

Piazza Duomo. 7h-12h, 16h-20h.

Le plus important sanctuaire d'Altamura est l'une des quatre basiliques palatines des Pouilles, dépendant directement de l'empereur et du pape. Son édification fut commanditée par Frédéric II lors de la reconstruction de la ville, fondée plusieurs siècles plus tôt par les Sarrasins. Remaniée après le séisme de 1316, elle subit de nouvelles interventions au 16e s. (inversement de l'orientation avec placement de la rosace et du portail près de l'abside d'origine) et au 19e s. (décor intérieur). Les deux **clochers** à bulbe sont un ajout du 16e s., complété par des flèches en pointe deux siècles plus tard. La façade se distingue surtout par sa magnifique **rosace★** (14e s.) – à 15 rayons se terminant en petits arcs entrelacés – et par son **portail★** (14e-15e s.) de facture exceptionnelle, sculpté, entouré d'un arc et de petites colonnes précédées de lions, et surmonté d'une architrave décorée d'une *Vierge à l'Enfant* entre deux anges. C'est le **flanc droit** de l'édifice qui témoigne le mieux, cependant, du style romano-gothique d'origine, avec son arcade aveugle couronnée de fenêtres trilobées (16e s.) et sa **porte angevine** au décor sinueux ainsi que sa corniche soutenue par des consoles. À **l'intérieur**, de style baroque, seule la structure, à la nef centrale rythmée par des colonnes coiffées de fenêtres trilobées, est d'origine. Le riche décor en marbres et stucs colorés ainsi que le faux plafond sont du 19e s., tandis que le pupitre en marbre à l'entrée de la nef droite et le chœur en bois du presbytère datent du 16e s. L'une des chapelles du côté droit contient une jolie **crèche** en pierre sculptée (1550).

À voir aussi

Les « Claustri » de la Via Santa Lucia

Fruit de la fusion entre la ruelle arabe et la cour commune de tradition grecque, les *claustri* forment une unité urbaine spécifique à Altamura, qui en compte 80. Au centre de ces cloîtres, l'espace servait de lieu de vie commune et de travail, ainsi que d'abri pour les animaux ; on y trouve généralement un puits ou une citerne d'eau de pluie. Le plus remarquable (15e s.), le **Claustro Tricarico Angelo**, conserve son palais du 16e s. et son fronton d'origine. Non loin, le **Claustro Giudecca** se distingue par son plan en forme de chandelier à trois branches. Son nom renvoie à la communauté juive installée à l'appel de Frédéric II (13e s.). Enfin, le **Claustro Patella** *(au bout de la Via Santa Lucia, à gauche dans la Via Carmine)* est pourvu d'escaliers extérieurs.

Teatro Saverino Mercadante

Via dei Mille 159 - ✆ 080 31 01 222 - www.teatromercadantealtamura.it.

Situé au sud des limites de la vieille ville, ce théâtre (1895) a rouvert en 2014, après 25 ans d'attente (Riccardo Muti vint diriger l'orchestre pour le concert donné à cette occasion). De facture classique, il n'a conservé que le rideau du décor d'origine.

Museo Nazionale Archeologico

Via Santeramo 88 - ✆ 080 31 46 409 - www.altamura.cchnet.it - 8h30-19h30, jusqu'à 13h30 le w.-end - 2 €.

Consacré à l'histoire de la région du néolithique au Moyen Âge, l'endroit mérite une visite. L'os incisé découvert à Casal Sabini témoigne de contacts très anciens avec le Moyen-Orient ; les urnes-sépultures d'enfants sont typiques de l'époque archaïque, tout comme les céramiques noir et rouge ; la splendide collection d'ors est d'époque hellénistique. La section consacrée à « l'homme d'Altamura » *(voir ci-contre)*, au 1er étage, a été rénovée en 2015.

Museo Etnografico dell'Alta Murgia

Via Vittorio Veneto 53 - www.museoetnograficodellaltamurgia.wordpress.com - 10h30-12h30 (jeu.-vend. aussi 16h-19h), sam.-dim. 10h30-12h30, 15h-20h - gratuit.

Ici, l'histoire et les traditions des Pouilles sont traitées sous un autre angle, privilégiant la vie rurale et urbaine aux 19e et 20e s. (outils agricoles, artisanat, mobilier, vêtements, jeux d'enfants…).

UN PAIN D'APPELLATION D'ORIGINE PROTÉGÉE

Objet d'un véritable culte, le pain d'Altamura est sans doute le plus célèbre d'Italie, depuis Horace, qui en vantait les vertus déjà en 37 av. J.-C. Il doit sa renommée à sa capacité à conserver pendant des jours entiers son moelleux, sa bonne odeur et sa saveur. Sa fabrication, à partir d'une graine de blé dur *(Senatore Cappelli)* remoulue, est issue de traditions locales très anciennes : une base de levure (ou pâte acide), du sel de mer et de l'eau. La fermentation est naturelle et la cuisson s'effectue dans des fours à bois. Cette méthode lui vaut d'être l'un des rares pains classés AOP par l'Union européenne. Dans certaines boulangeries trônent encore aux murs les poinçons qui, apposés sur les miches, permettaient d'identifier la commande de chaque client.

À proximité Carte de région

Pulo di Altamura B3

À 10 km au nord par la P 157.

Le *pulo* (dolines en français) est un phénomène de dépression dû à la dissolution des sols calcaires de surface, en milieu karstique. Le spectaculaire Pulo d'Altamura mesure 530 m de diamètre, pour une profondeur de plus de 75 m. Preuves d'une occupation humaine, les nombreux vestiges d'époque préhistorique découverts dans les grottes de son versant nord sont exposés au Museo Nazionale Archeologico di Altamura *(voir ci-contre). Pour les visites contacter la Pro Loco di Altamura, voir p. 67*).

Lamalunga B3

C'est dans la grotte de Lamalunga, à quelques kilomètres de Pulo di Altamura, qu'a été découvert, en 1993, l'extraordinaire squelette d'un **homme de Néandertal** littéralement enchâssé dans une couche de calcite. Une étude d'avril 2015 a permis de mettre en évidence que le squelette était âgé de 187 000 ans. L'homme serait mort de faim et de soif après être tombé dans un puits naturel. Le risque de destruction étant trop élevé, les scientifiques ont décidé de le laisser sur place, mais le lieu est inaccessible aux visiteurs.

Le **Centro Visite Lamalunga** reconstitue le parcours de la visite des grottes au moyen de divers outils multimédia. *SP 157 Altamura - Quasano, km 1,9 - ✆ 339 61 44 164 - www.uomodialtamura.it - mars-sept. : 9h-18h ; reste de l'année : visites guidées 9h30-12h30, 15h-18h - fermé lun. - 4 €.*

NOS ADRESSES À ALTAMURA

HÉBERGEMENT

PREMIER PRIX

B & B Del Corso – *Via San Nicola 10 - ✆ 080 91 40 050 - www.bebdelcorsoaltamura.it - P 10 € - 3 ch. 65 €*. Une adresse confortable et centrale, près de San Nicola, dans un immeuble du 18e s. Chambres tout confort (évitez celle sans fenêtre). Coin cuisine. Petit déjeuner dans les cafés/pâtisseries du quartier.

Il Claustro – *Piazza San Giovanni - ✆ 080 31 13 602 - www.ilclaustro.it - 4 ch. 55/80 €*. Une adresse de charme, centrale, nichée au fond d'une petite cour tranquille, avec des chambres en rez-de-chaussée, sous des voûtes en pierre (mais forcément un peu sombres).

POUR SE FAIRE PLAISIR

Hotel San Nicola – *Via Luca de Samuele Cagnazzi 29 - 080 31 05 199 - www.hotelsannicola.com* - P - *24 ch. 120/140 €* - . Cet hôtel très classique, au confort irréprochable, est idéalement placé dans une ruelle près du centre. Parquet flottant dans les chambres, qui ont un peu moins de cachet que les pièces communes et la réception. Petit déjeuner dans la cour.

RESTAURATION

PREMIER PRIX

Osteria Pien Asutt – *Corso Umberto I, 56 - 080 31 18 313 - fermé dim.- 15/20 €.* Adossé à la muraille, cet établissement propose des spécialités locales dans une ambiance conviviale.

BUDGET MOYEN

Tre Archi – *Via San Michele 28 - 080 31 15 569 - www.trearchi.it - fermé merc. - 7/15 €.* Cette trattoria-pizzeria ne compte pas moins de 8 salles, dont une avec terrasse, tout en préservant un décor et une atmosphère chaleureux. *Orecchiette* et légumes maison. La cuisine ne déçoit pas.

Trattoria Federico II di Svevia – *Via Giuseppe Luciani 3/5 - 080 31 45 699 - 15/30 €.* Cuisine terre et mer, pizzas… ou, pour les plus aventureux, des côtelettes de cheval ou des plats médiévaux (tripes épicées « à la Frédéric »).

PETITE PAUSE

Pasticceria delle Antiche Mura – *Corso Umberto I 150 - 080 31 01 288 - www.pasticceriadelleantichemura.it - 7h-22h.* Un maître-chocolatier et pâtissier plusieurs fois primé.

Pasticceria Monastero di Santa Chiara – *Via Santa Chiara 7 - 080 31 60 511 - www.pasticceriamonasterosantachiara.it.* Ouverte en 2014 et adossée au monastère, elle perpétue la tradition pâtissière des religieuses. Délicieux *tette delle monache* (« seins de bonnes sœurs »).

Antica Casa di Gesù – *Via Pimentel 17 - 080 31 41 213 - www.digesu.it - fermé dim.* Cette fameuse boulangerie produit de délicieuses *focacce*, du genre à décourager la concurrence. Même McDonald's, qui avait ouvert une enseigne juste à côté, a dû fermer boutique ! L'histoire a inspiré un docu-fiction : *Foccacia Blues*.

Antico Forno Santa Chiara - *Via L. Martucci 10 - 329 152 4177 - fermé dim. - 5/10 €.* Une autre excellente adresse où déguster, attablé dans la cour, des *focacce* sorties d'un four… de 1423 !

ACHATS

Molino artigianale Dibenedetto – *Via Aquileia 1 - 080 31 15 984 - www.molinoartigianaledibenedetto.it - fermé sam. apr-midi et dim. - visite 3 €/pers.* La 4e génération de meuniers maintient fièrement la tradition de ce moulin urbain qui fonctionne avec d'antiques machines. Vente de farine et pâtes traditionnelles. Visite passionnante.

Padre Peppe – *Piazza San Giovanni 18 - 080 3103545 - www.padrepeppe.it - fermé w.-end.* Depuis 1832, fabricant de liqueur de noix aux herbes et épices, vieillie en fûts de chêne.

AGENDA

Federicus – *3 j. en mai.* Festivités en costume médiéval pour célébrer Frédéric II (reconstitutions historiques, défilés, cracheurs de feu, animations de rue…).

Gravina in Puglia

★

43 760 habitants – Province de Bari

Habitée depuis le 8e s. av. J.-C. et passée tour à tour sous la coupe des Wisigoths, Vandales, Sarrasins, Byzantins et Lombards, Gravina in Puglia a appris à vivre cachée. Les églises rupestres et les réseaux souterrains, préservés par endroits ou transformés à l'occasion en restaurant, signent le mystère et l'identité de la ville. En surface, on découvre aussi de bien jolies choses et la cité sait ce qu'elle doit aux Romains qui la placèrent sur la Via Appia, ainsi qu'aux Normands et aux Souabes qui lui apportèrent la prospérité au Moyen Âge.

NOS ADRESSES PAGE 73
Hébergement, restauration, achats, activités, etc.

S'INFORMER
IAT – *Via Matteotti 17 - ✆ 080 32 69 065 - www.iatgravina.it.*

SE REPÉRER
Carte de région B3 (p. 24-25).
De Bari (60 km au nord-est) et Altamura (15 km au nord-est), prenez la S 96.

À NE PAS MANQUER
Les fresques du Museo Santomasi, la balade dans le quartier historique et la vue sur le ravin de la Gravina.

ORGANISER SON TEMPS
Comptez une journée.

AVEC LES ENFANTS
La Gravina Sotterranea, le Parco Nazionale dell'Alta Murgia.

Se promener

Bâti sur un plateau en bordure du ravin (*gravina* en italien) au fond duquel coule le torrent Gravina, ce gros bourg offre plusieurs visages. On y trouve un quartier moderne et un centre historique qui se termine en escaliers tortueux aux abords de la gorge.

Cattedrale di Santa Maria Assunta

Piazza Benedetto XIII - 8h15-12h30, 15h30-20h.

Juste devant la cathédrale, un **belvédère** ménage une **vue★** spectaculaire sur le ravin. De l'édifice fondé au 11e s. sous les Normands ne subsiste qu'une fenêtre et une rosace côté sud. Suite à un effondrement, il fut reconstruit à la Renaissance (15e s.). L'intérieur impressionne par son plafond très richement doré. Il est de style baroque (17e s.), bien que la structure de la basilique, divisée en trois nefs, soit typiquement romane.

Santa Maria del Suffragio (ou del Purgatorio)

Piazza Notar Domenico.

Les squelettes plus vrais que nature du **portail** de cette église, derrière la cathédrale, sont là pour rappeler aux fidèles la brièveté de l'existence… et la nécessité de craindre le jugement divin. Elle fut construite au 17e s. par les Orsini, seigneurs de la ville, dont l'un des descendants devint pape sous le nom de Benoît XIII (1724-1730).

Museo Ettore Pomarici Santomasi

Via Museo 20 - ✆ 080 32 51 021 - www.fondazionesantomasi.it - 9h-13h, 16h-19h - fermé dim. apr.-midi et lun. - 4 € billet combiné avec le château (voir ci-contre).

Installé dans un palais du 17e s. au cœur du quartier historique, ce musée est né des passions éclectiques du baron Pomarici Santomasi, dont on peut admirer les remarquables collections : archéologie (vases, céramiques, monnaies…), fossiles, armes, costumes, carrosses et toiles napolitaines du 17e s. ainsi qu'une riche bibliothèque. La pièce maîtresse du musée est l'ensemble des **fresques byzantines★** de l'église San Vito Vecchio (13e-14e s.), sauvées du dépérissement et placées sur un support artificiel dans les années 1950.

★ Gravina Sotterranea

Via Meucci 10 - ✆ 328 54 15 379 ou 368 57 77 26 - www.gravinasotterranea.it - visite guidée à réserver sur le site - dép. à 10h et 16h, différents parcours de 45mn à 2h.

C'est ici mieux que nulle part que l'on prend la pleine mesure du fascinant monde souterrain creusé au fil des siècles par les habitants sous les quartiers historiques de Gravina : galeries, églises, greniers, aqueducs…

Chiesa rupestre di San Michele delle Grotte

Pour la visite, contactez l'office de tourisme (✆ 080 32 69 065). Certains guides parlent français.

Du parvis de la cathédrale, la calata grotta San Michele sinue en descendant jusqu'à l'**ancien quartier juif**, au bord du ravin. Le sentier sur la gauche mène à une série de grottes dont une abrite l'église San Michele, creusée dans le tuf (5e s.). Elle comprend cinq nefs divisées par des pilastres et un presbytère surélevé avec quatre petites absides, ainsi que les restes de deux fresques byzantines. L'ossuaire rappelle le massacre perpétré par les Sarrasins au 10e s.

Zona Archeologica Padre Eterno

Pour la visite, contactez l'office de tourisme (✆ 080 32 69 065). Certains guides parlent français.

L'église **Santa Maria degli Angeli** (11e s.), elle aussi creusée dans le tuf, se trouve à proximité du superbe **pont-aqueduc Madonna della Stella★** (1751), qui enjambe le ravin. Celui-ci débouche près du **Santuario della Madonna della Stella**, un ancien lieu de culte païen rupestre (notez les figures animales) transformé en lieu de pèlerinage chrétien.

Le **parc archéologique** (7e s. av. J.-C. - 4e s. ap. J.-C.) est juste au-dessus et il comprend les ruines d'une vaste nécropole.

Gravina in Puglia.
Nicola Pulham/Shutterstock.com

À proximité Carte de région

Parco Nazionale dell'Alta Murgia A2, B2 et B3

Aux portes de la ville.
Via Firenze 10 - 080 32 62 268 - www.parcoaltamurgia.gov.it.
Gravina est le meilleur point de départ pour visiter ce parc situé au cœur du massif des Murge, dont la faune comprend notamment des sangliers, des loups gris et des faucons crécerelles. Il propose six parcours en voiture ou mini-van, avec guide.

1

Castello Svevo di Gravina in Puglia B3

À 3 km au nord de la ville, prenez la S 137 et tournez à gauche au panneau. Pour la visite, contactez le Museo Santomasi.
Visibles de la route, les ruines du château de Frédéric II de Souabe (1231), fièrement dressées au milieu des oliviers, méritent le détour. Passionné par la chasse aux faucons, l'empereur y avait fait aménager une pièce spéciale pour les rapaces.

NOS ADRESSES À GRAVINA IN PUGLIA

HÉBERGEMENT

Signe d'un engouement pour Gravina, l'offre de B & B est de plus en plus étoffée.

PREMIER PRIX

Le Quattro Fontane – *Via Marconi 2 - 349 45 37 666 - www.lequattrofontanedazialina.com - 6 ch., 2 appart. - 70 € - 10 €.* Plus hôtel que B & B, cette adresse centrale propose des chambres simples et bien tenues. Choisissez celles sur la ruelle pour le calme ou celles sur la place pour la vue.

BUDGET MOYEN

Le Stanze di Finya – *Via Fondovico 25 - 345 03 92 266 - www.lestanzedifinya.it - 3 ch. 60/100 € - 5 €.* Dans une vieille demeure rénovée avec goût en 2015, des chambres impeccables, de taille variable. La plus petite est un peu chère pour ses dimensions, tandis que la chambre à grand lit (ou « chambre matrimoniale ») jouit d'un balcon et d'un coin cuisine. La plus grande peut accueillir quatre personnes.

La Cattedrale Suites B & B – *Piazza Benedetto XIII 9 - ✆ 080 32 64 152 - www.lacattedralesuite.it - 3 ch. 70 €* ☕. Une adresse de prestige, sur le parvis de la cathédrale, avec des chambres sous voûte et sol en marbre, peu lumineuses mais très confortables. L'une d'elles est creusée dans la roche. Cuisines individuelles.

RESTAURATION

BUDGET MOYEN

Ristorante Congusto – *Piazza Arcangelo Scacchi 24 - ✆ 080 32 21 262 - candelieredomenico.wix.com/congustoristorante - fermé dim. soir et mar. - 15/25 €*. Une adresse où déguster d'excellents antipasti. Cuisine terre et mer. Ne négligez pas le saumon ou les crevettes frites.

Osteria La murgiana – *Via XXIV Maggio 25 - ✆ 803 25 03 42 - www.osterialamurgiana.it - fermé dim. soir et lun. - 15/30 €*. Une excellente table animée par un jeune chef. On n'y présente pas de carte, il faut faire confiance. L'accueil est sympathique et les antipasti, mémorables. Ricotta à la confiture d'oignons, champignons gratinés, *cavatelli* maison, œufs à la truffe, agneau rôti… tout respire la fraîcheur.

POUR SE FAIRE PLAISIR

Resort Madonna della Stella – *Via Fontana La Stella - Via Madonna della Stella - ✆ 080 32 56 383 - www.madonnadellastellaresort.com - fermé mar. - 25/40 €*. Cet hôtel-restaurant situé de l'autre côté du ravin, avec une vue exceptionnelle sur le village, sert une cuisine traditionnelle renommée. Bon choix d'*antipasti*, pâtes et pâtisseries maison.

PETITE PAUSE

Gelateria Carpe Diem – *Piazza A. Scacchi 15 - ✆ 080 32 69 247 - fermé jeu.* Plus de 50 saveurs de glaces à déguster (sans gluten).

AGENDA

La ville de Gravina organise de nombreux festivals ayant pour thèmes la musique, la culture et la gastronomie.

Fiera San Giorgio – *Avr.* Cette foire, l'une des plus anciennes d'Europe (1294), donne lieu à des festivités et à une parade costumée.

Festival delle Origini – *1re sem. de sept.* Musique lyrique, populaire, jazz, théâtre, lectures de poésie.

Gioia del Colle

27 750 habitants – Province de Bari

Réputée pour sa production de fromages frais (mozzarella, burrata, ricotta) et de vin, cette petite ville tranquille a été un terrain secondaire méconnu de la guerre froide, lorsque des missiles nucléaires américains Jupiter, capables d'atteindre l'URSS, y furent déployés au moment de la crise des missiles de Cuba (1961-1963). L'imposant château qui domine le centre-ville est le témoin d'un passé militaire qui remonte au Moyen Âge.

NOS ADRESSES PAGE 77
Hébergement, restauration, achats, activités, etc.

S'INFORMER

Pro Loco Gioia del Colle – *Vico Santa Maria Maddalena 9 - ✆ 080 34 34 772.*

IAT Gioia del Colle – *C/o Palazzo Serino, Via Vittorio Emanuele II 13 - ✆ 080 34 41 478.*

SE REPÉRER

Carte de région C3 (p. 24-25).
Par l'A 14, 45 km au sud de Bari et 60 km au nord de Tarante.

À NE PAS MANQUER

Le Castello Normanno Svevo.

ORGANISER SON TEMPS

Comptez une demi-journée.

1

Se promener

Le centre animé de cette petite ville s'organise autour de la **Piazza Plebiscito**. Il est agréable de se perdre dans le dédale de ses ruelles anciennes, à la découverte des placettes et des églises baroques.

Castello Normanno Svevo

Piazza dei Martiri - ✆ 080 34 91 780 - 8h30-19h30 - 5 € billet combiné avec le parc archéologique de Monte Sannace.

Les Byzantins furent les premiers à élever une place forte sur cette proéminence stratégiquement située sur la route entre Tarante et Bari. Si les Normands remanièrent l'édifice au 12e s., son aspect actuel, un quadrilatère avec quatre tours et des murs imposants, est le fruit des bouleversements apportés par Frédéric II au 13e s.

Dans la **cour**, l'impression d'austérité est rapidement atténuée par de multiples éléments de décor : arcs d'inspiration arabe, fenêtres gothiques à meneaux, chapiteaux romans… À gauche, la **salle du four** est pourvue d'une vaste cheminée qui servait à chauffer les appartements royaux situés au-dessus. Elle commande l'accès de la **prison**, un carré humide et sans fenêtre situé en sous-sol. D'après la légende, reprise par des poètes locaux, la belle Bianca Lancia y aurait été enfermée par son amant Frédéric II qui la suspectait d'adultère. Elle s'y serait suicidée en se coupant les seins après avoir mis au monde la fille de l'empereur. Deux mamelons taillés dans la pierre évoquent cette tragique histoire.

Museo Archeologico Nazionale – De la cour, on accède ensuite au musée archéologique qui présente notamment un splendide cratère corinthien à figures noires (6e s. av. J.-C.), découvert sur l'acropole du mont Sannace *(voir ci-dessous)* lors des campagnes de fouilles de 2002. Les décorations représentent des scènes de combat entre Achille et Memnon, en présence de leurs mères respectives, Thétis et Éos ; celle-ci, d'un geste désespéré, se drape la tête dans son manteau rouge quand Memnon succombe sous les coups d'Achille.

À l'étage supérieur, la **salle du Trône**, éclairée par une belle fenêtre géminée, est parcourue par un long banc en pierre. Au fond, un escalier mène à la tour impératrice. Les salles accueillent des expositions temporaires.

À proximité Carte de région

Parco Archeologico di Monte Sannace C3

Strada provinciale 61 Gioia del Colle-Turi, km 4,5, à 6 km au nord-est par la P 61 - mer.-dim. 8h30-15h - 5 € billet combiné avec le château.

Le plus important centre urbain de l'époque des Peucétiens *(voir carte p. 301)*, prospère entre les 6e et 4e s. av. J.-C. avant d'être complètement abandonné après la conquête romaine (3e s. av. J.-C.), a été découvert lors des fouilles menées en 1957. Au moins cinq murs d'enceinte ont été identifiés, formant un imposant dispositif de défense. Une acropole, des résidences aristocratiques et divers édifices publics y ont été découverts, ainsi que des tombeaux décorés dans le style grec. Des nécropoles richement dotées de matériel funéraire ont été mises au jour à l'extérieur de l'enceinte.

Sammichele di Bari C2

À 10 km au nord de Gioia del Colle par la S 100.

La bourgade fut fondée au 17e s. par des colons serbes qui réhabilitèrent le **château**. Celui-ci abrite actuellement le **Museo della Civiltà Contadina Dino Bianco**, consacré à la vie rurale. *Piazza Caracciolo 1 - www.museodinobianco.net - ✆ 392 34 76 722 - jeu. et sam. 17h30-20h30, dim. 10h30-13h - 3 €.*

Acquaviva delle Fonti C2

À 13 km au nord-ouest de Gioia del Colle par la P 82.

Cette petite ville des Murge doit son toponyme et sa prospérité à sa nappe phréatique, source d'une horticulture florissante. Les gourmets ne manqueront pas de goûter les célèbres oignons rouges d'Acquaviva, à la douceur exceptionnelle.

C'est à Roger Gurguglione (12e s.), l'un des derniers représentants de la dynastie normande, que l'on doit la pose de la première pierre de la **cathédrale**, l'une des quatre basiliques palatines des Pouilles. Si les lions de chaque côté du portail ainsi que le clocher près de l'abside sont de style roman, la **façade** porte la marque d'un remaniement inachevé dans le style Renaissance du 16e s., ce dont attestent les pilastres et la rosace ajourée. La disposition de **l'intérieur** est également de style roman, tout comme les colonnes cannelées de la crypte, qui fut cependant redécorée au 19e s..

NOS ADRESSES À GIOIA DEL COLLE

HÉBERGEMENT

PREMIER PRIX

Il Grifone – *Via Dante Alighieri 34 - ✆ 080 34 35 048 - www.ilgrifone-puglia.it - P - 7 ch. 40/50 €* ☕. Dans un immeuble classique du début du 20e s., à deux pas du centre, des chambres confortables et proprettes. Petit déjeuner copieux. Location de vélos.

BUDGET MOYEN

Alsecondopiano B & B – *Via Giordano Bruno 3 - ✆ 339 21 87 270 - alsecondopiano.com - 5 ch. 80/90 €* ☕. Ouverte en 2013, cette pension se trouve à mi-chemin entre la gare et le centre historique. Elle propose des chambres avec parquet, au décor simple et épuré.

Acquaviva delle Fonti

PREMIER PRIX

Alma Resort – *Strada per Santeramo km 5 - ✆ 080 30 52 909 - www.almaresort.com - 14 ch. 70 €* ☕ - ✕. Un hôtel entouré de verdure. Grandes chambres confortables.

RESTAURATION

BUDGET MOYEN

Macelleria Addabbo – *Piazza Umberto I 14 - ✆ 080 34 31 073 - fermé dim.-lun.* Un *fornello pronto* renommé, qui propose une viande excellente ainsi qu'une spécialité maison : la *tasca*, un chausson *(panzerotto)* farci de *capocollo* (charcuterie).

La Cicerchia – *Contrada Marzagaglia - Strada provinciale Castellaneta km 4,5 - ✆ 080 34 31 073 - www.lacicerchia.it - fermé dim. soir et lun. - 20 €.* Une ancienne ferme aux salles voûtées en pierre, aménagée par la famille Addabro, où l'on sert une cuisine régionale dans le respect des traditions. Charcuterie maison savoureuse. Dîner romantique à la belle étoile… avec animation musicale.

POUR SE FAIRE PLAISIR

Osteria del Borgo Antico – *Corso Cavour 89 - Vicolo Spada 62 - ✆ 080 34 30 837 - www.borgoanticosteria.it - fermé lun. - menu déj. 20 €, carte 25/35 €.* Risotto, *orecchiette, cappelletti,* produits frais, poulpes… Un grand soin est mis dans le choix de produits locaux, frais. Les cartes des desserts et des vins ne sont pas négligées.

ACHATS

Caseificio Curci – *Via Giovanni XXIII 75 - ✆ 080 34 30 722 - www.caseificiocurci.it - lun.-sam. 8h-21h, dim. 8h-13h.* Pour savourer la célèbre mozzarella locale.

Cantine Polvanera – *Strada Vicinale le Lamie Marchesana 601 - ✆ 080 75 89 00 - www.cantinepolvanera.it.* La famille Cassano produit un vin rouge Primitivo réputé.

Conversano

26 150 habitants – Province de Bari

Juchée sur une colline surplombant une campagne où foisonnent cerisiers et oliviers, à quelques kilomètres de la côte adriatique, Conversano se prête aisément à une escapade pour rompre avec l'atmosphère balnéaire de Monopoli ou Polignano a Mare. L'ancienne Norba mégalithique, dotée d'un ravissant centre médiéval, peut aussi constituer un point de chute idéal pour rayonner dans la région.

NOS ADRESSES PAGE 80
Hébergement, restauration, achats, activités, etc.

S'INFORMER
Pro Loco Conversano – *Piazza Castello 13 - ✆ 080 49 51 228 - http://proloco-conversano.blogspot.fr.*

SE REPÉRER
Carte de région D2 (p. 24-25).
À 35 km au sud-est de Bari par la route côtière ou la P 84 ; à 10 km au sud-ouest de Polignano a Mare.

SE GARER
Dans les rues autour du centre-ville (stationnement payant).

À NE PAS MANQUER
L'église Santi Cosma e Damiano.

ORGANISER SON TEMPS
Comptez une demi-journée.

AVEC LES ENFANTS
Le Museo del Fischietto à Rutigliano, une balade aux Laghi di Conversano.

Se promener

VIEILLE VILLE

Elle se divise en une partie médiévale, Casalvecchio (14e s.), à l'ombre du château, et un quartier dessiné au 16e-18e s., Casalnuovo, à l'ouest, reconnaissable à son plan quadrillé. Du Moyen Âge au début du 19e s., la ville est restée sous la coupe de la famille des Acquaviva d'Aragona, de grands amateurs d'art à qui elle doit nombre d'églises et de palais visibles aujourd'hui. Du jardin **Villa Garibaldi** l'on jouit d'une vue splendide sur la région.

Castello Acquaviva d'Aragona

Corso Domenico Morea/Piazza della Conciliazione - ✆ 080 49 59 510 - 9h-13h, 16h-20h - fermé lun. - 5 € billet combiné avec musée archéologique.
Les murs mégalithiques et la position surélevée du site apparurent comme un choix évident aux Normands, alors en lutte contre les Byzantins, pour y bâtir une forteresse (11e s.). De ce noyau originel subsiste une massive tour ronde haute de 25 m. Le somptueux manoir de forme trapézoïdale que l'on admire aujourd'hui est le produit des multiples transformations subies au cours des siècles : le bastion est du 15e s., la véranda intérieure est Renaissance et le portail monumental date de 1710. Le château abrite une **pinacothèque** où l'on admire une série de toiles du 17e s. réalisée par le peintre de l'école napolitaine Paolo Domenico Finoglia, intitulée *Jérusalem libérée*.

Cattedrale di Santa Maria Assunta

Sur la même place, et en contrepoint du pouvoir civil des Acquaviva d'Aragona, la cathédrale (11e-12e s.) a elle aussi été remaniée à de nombreuses reprises.

Sa façade conserve son style roman typique des Pouilles où l'on retrouve les pilastres, le motif des petits arcs sous le toit en pente et la rosace. L'intérieur, à trois nefs, est lui aussi caractéristique du roman local. Sur le côté gauche de la nef, admirez l'icône de la *Madonna della Fonte* (12e s.).

Monastero di San Benedetto

Via San Benedetto 18 - ✆ 080 49 59 510 9h-13h, 16h-20h - fermé lun. - 5 € billet combiné avec le château.

Fondé au 10e s., ce monastère se vit attribuer par les Normands un fief qui contribua pendant des siècles à sa puissance et à sa bonne fortune, l'abbé n'ayant à en répondre qu'au Saint-Siège. Au 13e s., tous ses droits et privilèges passèrent à une communauté féminine originaire de Grèce qui les conserva jusqu'en 1810, au grand dépit des évêques locaux.

Témoin des transformations opérées aux 16e et 17e s., un clocher baroque annonce l'édifice aux visiteurs depuis la route. Les éléments d'origine (11e s.) se révèlent à mesure que l'on approche : le portail flanqué de lions, puis l'intérieur et sa structure à trois nefs. L'annexe du cloître est elle aussi en partie romane (magnifiques chapiteaux trilobés).

Le monastère est aujourd'hui occupé par le **Museo Civico Archeologico**, dont les collections vont du paléolithique à l'époque romaine, la partie la plus riche étant la période hellénistique, qui comprend de riches trousseaux funéraires, dont des poteries du 4e s. av. J.-C. fabriquées à Tarente.

★ Santi Cosma e Damiano

Corso Umberto I - lun.-sam. 10h-12h, 16h-18h, dim. à partir de 11h30.

Débauche de stucs, dorures et mobilier sacré, fresques en perspective… le décor intérieur de cette église voulue par le fameux Giangirolamo II d'Aragona (1636) affirme sa singularité vis-à-vis du *barocco leccese* (*voir encadré p. 192*), offrant ainsi une belle illustration des variations de ce style dans les Pouilles. Les fresques de l'église sont de Carlo Rosa et de Cesare Fracanzano ; les scènes *Vie et martyre des saints Cosme et Damien* sur les pourtours de la voûte, tout comme la plupart des peintures des autels, sont de Paolo Domenico Finoglia, dont la *Vierge à l'Enfant* qui se détache au fond de la nef gauche. Ne manquez pas dans le cloître le chef-d'œuvre de l'artiste : **Le Martyre de saint Janvier★**.

À proximité Carte de région

Chiesa di Santa Maria dell'Isola D2

À 1,5 km au nord-ouest, sur la route de Rutigliano.

L'intérieur du sanctuaire, construit en 1462 sur une grotte, se compose de deux nefs asymétriques. Il abrite des autels baroques et des peintures de l'atelier de Paolo Domenico Finoglia, et surtout, au fond de la nef droite, l'imposant **tombeau** Renaissance de Giulio Antonio, éminent représentant de la puissante dynastie des Acquaviva, mort à Otranto en 1481 en combattant contre les Turcs.

Rutigliano C2

À 10 km au nord-ouest de Conversano par la P 240.

Via Leopoldo Tarantini 28 - ✆ 080 47 67 306.

L'ancienne Rutilianum (« cité de la terre rouge ») est réputée pour son raisin et sa production de sifflets en terre cuite, les fameux *fischietti*. Traditionnellement, le jour de la fête de Sant'Antonio Abate (17 janvier), les hommes offraient à leur fiancée un sifflet en forme de coq. Gage d'amour, ce don augurait la célébration d'un mariage dans l'année. Le sifflet était placé au centre d'un panier de fruits secs (promesse de fécondité) et de *taralli* à l'anis, de petits gâteaux

secs en forme d'anneau. Le **Museo del Fischietto D. Divella** est consacré à cet artisanat. *Via Leopoldo Tarantini 28 - ☏ 080 47 67 306.*
Le centre du village recèle une **tour médiévale** (*Piazza Cesare Battisti*), qui compte parmi les mieux préservées d'Italie du Sud, ainsi que les vestiges d'un château du 11e s. et plusieurs palais. L'église **Santa Maria della Colonna**, construite au 11e s., a été profondément remaniée par la suite.

Noicattaro C2

À 4 km au nord-ouest de Rutigliano par la P 94, vers Bari.
Fier de ses origines remontant au 7e s. av. J.-C., ce bourg possède une église romane du 12e-13e s., l'église **Santa Maria della Pace**, qui conserve un portail d'origine sur le côté droit. Les arcades de deux chapelles, le baldaquin et le chœur à l'intérieur datent quant à eux du 16e s.

Castello Marchione D2

À 10 km au sud de Conversano, sur la route de Putignano.
On aperçoit depuis la route la splendide résidence d'été des Acquaviva d'Aragona (18e s.), avec ses tourelles et sa loggia donnant sur un beau jardin. Classée Monument national, elle accueille des mariages et des réceptions.

Turi C2

À 10 km au sud-ouest de Conversano par la P 102.
Ce gros village abrite plusieurs curiosités architecturales qui méritent un détour. Précédée d'un clocher et coiffée d'un double toit pyramidal en pierre, l'église **San Rocco** (11e-12e s.) dévoile un intérieur divisé par une arcade en deux espaces carrés, surmontés d'une coupole. Le **Castello Caracciolo** conserve une structure défensive, avec une tour de chaque côté, mais il a été transformé en manoir. Bâtie au 18e s. en forme de croix grecque, l'église **Sant'Oronzo sulla Grotta** se dresse au-dessus de la grotte où, selon la légende, le saint aurait trouvé refuge. Le sol de la grotte est pavé de majoliques.

NOS ADRESSES À CONVERSANO

HÉBERGEMENT

PREMIER PRIX

Masseria Capocaccia – *SP 101 Conversano-Putignano km 5 - ☏ 335 224 641 - www.masseriacapocaccia.it - 4 ch. et 1 appart. - 60 €.* Cette ferme du 18e s. propose quatre petits appartements ayant beaucoup de cachet à l'intérieur d'un *trullo* et quatre autres dans la maison en pierre, ce second choix présentant moins de charme et d'intérêt.

BUDGET MOYEN

Palazzo d'Erchia – *Via Acquaviva d'Aragona 116 - ☏ 080 49 50 350 - www.palazzoderchia.it - 10 ch. 85/110 €.* Avec ses murs épais et sa literie douillette, cet hôtel familial du centre inspire la confiance. La plus ancienne partie de l'édifice est du 17e s. et certaines chambres sont dotées de fresques du 18e s. Mobilier patiné et carrelage à l'ancienne composent le décor des chambres qui jouissent d'une belle hauteur sous plafond.

Corte Altavilla – *Vico G. Altavilla 8 - ☏ 080 49 59 668 - www.cortealtavilla.it - 32 ch. 89/129 € -* ✕. Un petit palace niché au fond d'une cour plantée d'oliviers occupe plusieurs maisons du centre-ville (certaines bénéficient d'un accès à un ascenseur).

Les chambres étant très différentes, n'hésitez pas en visiter plusieurs. La plupart ont un dallage en pierre et un toit en charpente. Sauna splendide dans les caves médiévales. Restaurant bio le soir sur la terrasse du toit.

Montepaolo – *Contrada Montepaolo 2, à 3,5 km au sud-est par la Via Monopoli, puis Via Sant'Antonio Abate - ☏ 080 49 55 087 - www.montepaolo.it - 10 ch. et 4 appart. 110/130 € - 7 € - (voir ci-dessous).* Une *masseria* de charme au milieu d'une jolie campagne d'oliviers. Murs à la chaux, mobilier ancien et boiseries campent un décor sans faute de goût. Terrasse sur jardin. Table réputée et petit déjeuner mémorable.

RESTAURATION

PREMIER PRIX

Cafétéria du Pashà – *Piazza Castello 5 - ☏ 080 49 51 079 - fermé mar. et le dim. soir en hiver.* Une excellente option pour ne pas se ruiner, la cafétéria du restaurant étoilé Pashà (voir ci-dessous) propose une cuisine simple, dans un décor mêlant vieilles pierres et style contemporain. Terrasse.

BUDGET MOYEN

Montepaolo – *Contrada Montepaolo 2, à 3,5 km au sud-est par la Via Monopoli, puis Via Sant'Antonio Abate - tlj midi et soir en haute saison, le w.-end et le soir en basse saison (sur réserv.) - 25/30 €.* Cette excellente table propose une cuisine traditionnelle à base de produits maison (huile d'olive, légumes, fruits, épices, fromages…). Au programme : focaccia de blé noir, *panzerotti* (*calzoni* frits), porc rôti à l'orange…

UNE FOLIE

Pashà – *Piazza Castello 5 - ☏ 080 49 51 079 - www.ristorantepasha.com - fermé mar. - 70/130 €.* Une adresse très renommée, agréablement installée dans les salles majestueuses de l'ancien Seminario Vescovile. Cuisine traditionnelle teintée de modernité : hachis de bœuf avec fromage *stracciatella* et caviar, lotte avec son foie, agneau sauce d'huîtres…

ACHATS

Rutigliano

Atelier Filippo Lasorella – *Via Vincenzo Chiaia, 67 - ☏ 347 093 4077 - tlj en sais. 8h30-13h, 15h-18h ou sur RV.* L'un des créateurs de *fischietti* (sifflets en terre cuite) les plus connus et les plus fantaisistes.

ACTIVITÉS

Riserva naturale dei Laghi di Conversano e Gravina di Monsignore – Des balades à vélo bucoliques au milieu des lacs d'eau de pluie.

AGENDA

Fête des « Fischietti » – *17 janv.* À Rutigliano, fête des sifflets en l'honneur de saint Antoine.

Bûcher de saint Joseph – *19 mars.* À Conversano, ce grand feu de purification mêle traditions païennes et chrétiennes.

Semaine sainte – *Mars-avr.* À Conversano et Noicàttaro, processions dans la vieille ville.

Fête des cerises Ferrovia - *Juin.* À Conversano et Turi est célébrée chaque année une fête en l'honneur de la fameuse cerise produite localement.

1

Grotte di Castellana

★★★

Province de Bari

Amateurs de grottes, voici une visite à ne pas manquer ! La descente à plus de 60 m de profondeur dans les entrailles de la terre, à la découverte de cet extraordinaire monde de stalactites et de stalagmites formées goutte à goutte depuis 90 millions d'années, est un « must » qui a pour point d'orgue la fascinante Grotte blanche.

NOS ADRESSES PAGE 83
Hébergement, restauration, achats, activités, etc.

SE REPÉRER
Carte de région D2 (p. 24-25).
Les grottes sont à 45 km au sud-est de Bari par la S 100.

SE GARER
Parking devant l'entrée de la grotte.

ORGANISER SON TEMPS
Comptez 2h pour visiter les grottes et une demi-journée à Putignano.

AVEC LES ENFANTS
Les grottes, le carnaval de Putignano.

Visiter Carte de région

080 49 98 211 - www.grottedicastellana.it - visites guidées aussi en français, pour les horaires se rens. sur le site - nov.-févr. sur réserv. uniquement - itinéraire partiel (1h, 12 €) ou complet (2h, 16 €). La température ambiante est de 16-18 °C.
Les grottes sont le produit du lent et patient travail d'un fleuve souterrain durant plusieurs dizaines de millions d'années, qui a été rendu possible par la nature calcaire du sous-sol. Elles ont fait l'objet de fouilles à partir de 1938. La visite débute par la **Grave**, un énorme gouffre balayé par un rai de lumière naturelle, puis elle se poursuit dans des galeries ponctuées de formations karstiques de couleurs et de formes variées. Le clou de la visite – si l'on a opté pour le long parcours – est l'étincelante **Grotte blanche**★★★, et ses fascinantes formations d'albâtre.
Près des grottes se trouvent le **Museo Franco Anelli**, consacré à la spéléologie et aux phénomènes karstiques, ainsi que l'**observatoire astronomique Sirio**.

À proximité Carte de région

Putignano D3

À 4 km au sud-ouest par la P 237.
Piazza Plebiscito 18 - 080 40 56 555. Parfaitement délimitée par son boulevard circulaire extérieur, la vieille ville a préservé son décor immuable qui semble aussi vieux que la tradition de son carnaval. La principale entrée, la **Porta Barsento** (18e s.), se trouve côté est.
De conception romane, l'église **San Pietro** épouse des formes baroques que l'on retrouve à l'intérieur, depuis le remaniement opéré au 17e s. La statue de saint Sébastien (2e chapelle à droite) et la crèche (3e chapelle à droite) sont de Stefano da Putignano (15e-16e s.). Un peu plus loin, l'église **Santa Maria la Greca** (14e s.) abrite l'icône du même nom.

UN CARNAVAL ANTIQUE

Le carnaval de Putignano daterait du 26 décembre 1394, jour du transfert des reliques de Santo Stefano de Monopoli à Putignano par les chevaliers de Malte. Sur le chemin, les paysans occupés à travailler les vignes formèrent une procession. Rythmé par de nombreux événements, le carnaval dure du 26 décembre à Mardi gras. La satire est depuis toujours au cœur de la fête avec les traditionnelles *propaggini* : des groupes de poètes déclament en dialecte des vers satiriques à l'endroit des politiciens et des personnalités de la ville. Le personnage le plus emblématique, Farinella, porte un habit fait de pièces de tissus multicolores, assorti d'un chapeau à grelots et d'une collerette. En point d'orgue, le défilé des chars allégoriques et des masques.

★ **Museo Principe Guglielmo Romanazzi Carducci di Santo Mauro** – *Piazza Plebiscito, 16 - ✆ 080 40 56 298 - vend. 10h-13h, w.-end 10h-13h, 16h-19h - 6 €.* Déjà, le nom laisse deviner qu'il s'agit d'une maison remarquable ! Le bâtiment, ancien siège des chevaliers de Malte en partance pour la Terre sainte, a été transformé aux 18e-19e s. en une demeure somptueuse qui, après une longue période de fermeture, a retrouvé l'éclat de son décor.

Grotta del Trullo – *1 km au nord-ouest - ✆ 080 49 12 113 - www.grottadeltrullo.com.* Découverte en 1931, elle est de même type que celles de Castellana. Elle comprend une salle de 20 m de haut, richement pourvue de concrétions à la blancheur étincelante.

1

Loggia di Pilato D2

▶ *À 20 km à l'est sur la S 172.* La loggia di Pilato est un **point de vue** ouvert d'un côté sur les Murge, de l'autre sur la côte qui s'étend de Monopoli à Ostuni.

NOS ADRESSES À PUTIGNANO

RESTAURATION

BUDGET MOYEN

A'Crianz – *Via Estramurale a Levante 8 - c/o Orto di San Domenico - ✆ 080 40 55 745 - www.acrianzputignano.it - fermé dim. soir et merc. - 20/25 €.* Très agréablement située vers l'ancien potager du couvent, cette table propose une cuisine traditionnelle revisitée avec des produits du verger. Une dizaine de plats et un riche assortiment d'*antipasti*. Menu végétarien et sans gluten.

Botteghe Antiche – *Piazza Plebiscito 8 - ✆ 080 49 11 813 - www.bottegheantiche.com - fermé dim. soir et merc. - 20/25 €.* Une belle adresse au décor lumineux, dans un cadre ancien, sur la place San Pietro. La cuisine traditionnelle à base de produits du marché est à l'honneur.

AGENDA

Castellana

Notte delle fanove – *11-12 janv.* Depuis 1691, d'innombrables feux de joie célèbrent la fin de la peste de par l'intervention de la Madonna della Vetrana.

Hell in the Cave – *Fin août - www.hellinthecave.it.* La grotte accueille un spectacle de danse, sons et lumières.

Festival international de la chorale Nicholai Harmoniae – 200 choristes russes et italiens jouent de l'étonnant potentiel sonore de la grotte.

La côte est de Bari

Province de Bari

Plus balnéaire et plus populaire que la côte occidentale de Bari, la côte orientale affiche une vocation touristique justifiée par ses plages. Proche de Bari, d'une réserve naturelle côtière et de la vallée d'Itria, elle jouit en outre d'une situation idéale pour partir à la découverte de la richesse des Pouilles. Enfin, au-delà de son cadre naturel, cette région compte quelques joyaux architecturaux à découvrir en arpentant les centres historiques de Polignano a Mare et Monopoli.

NOS ADRESSES PAGE 87
Hébergement, restauration, achats, activités, etc.

S'INFORMER
Reportez-vous aux localités concernées.

SE REPÉRER
Carte de région C-D2 (p. 24-25).
De Bari par la S 16 en direction de l'est, on rejoint Mola di Bari (22 km), Polignano a Mare (37 km), Monopoli (45 km) et Torre Canne (70 km). La côte est desservie par la compagnie ferroviaire Trenitalia.

SE GARER
À Polignano, parking au sud-ouest, près de la voie ferrée, Via San Francesco d'Assisi et, à l'est, Piazzale Marco Polo, près du stade. À Monopoli, grand parking sur le port.

À NE PAS MANQUER
À Polignano a Mare, la vue sur les falaises et la plage de Cala Porto ; à Monopoli, le centre historique et la plage du Lido Santo Stefano.

ORGANISER SON TEMPS
Prevoyez une journée.

AVEC LES ENFANTS
Les plages.

Découvrir la côte Carte de région

Mola di Bari D2

À 20 km au sud-est de Bari par la S 16.
C/o Palazzo Roberti Alberotanza, Piazza XX Settembre 62 - 080 47 34 337.
Première étape balnéaire d'importance à l'est de Bari, cette petite ville très vivante peut faire l'objet d'une étape agréable, grâce à son centre historique et son important port de pêche. Élevé par Charles d'Anjou pour défendre la ville des pirates, le **Castello Angioino** (13e s.) est flanqué de quatre bastions angulaires du 16e s. identiques à ceux de Barletta.

★ Polignano a Mare D2

19 km au sud-est de Mola par la S 16.
Via Martini dei Dogali 2 - 080 42 52 336.
Star de la côte adriatique, grâce à son cadre exceptionnel au bord d'une falaise de 20 m surplombant la mer, qui évoque un peu le site de Bonifacio, en Corse, Polignano a Mare paye la rançon de ce succès par un afflux de visiteurs considérable en haute saison. Le **centre historique**, très touristique, y a perdu un peu de son âme. En effet, la plupart des commerces s'adressent désormais aux visiteurs de passage.

Polignano a Mare, plage de Lama Monachile.
H. Gyssels/Photononstop

1

La ville doit aussi sa renommée à une vedette locale, Domenico Modugno (1928-1994), inoubliable auteur-interprète de la chanson *Nel blu dipinto di blu (« Volare… oh ! oh ! Cantare… oh ! oh ! oh ! oh ! Nel blu, dipinto di blu, felice di stare quaggiù »),* qui connut un succès mondial en 1958.

On accède au quartier historique par l'**Arco Marchesale**, un portail du 17e s. Surnageant au-dessus des toits, un puissant clocher carré (23 m) annonce l'église **Santa Maria Assunta★** (fin 13e s.), remaniée à de multiples reprises et qui mêle les styles roman, gothique et Renaissance tardive. L'intérieur recèle un orgue splendide, aux motifs végétaux, et un plafond peint, des statues de Stefano di Putignano, ainsi qu'une *Pietà* et une *Madone à l'Enfant* des 15e-16e s.

En arpentant sans but précis les ruelles, on finit toujours par découvrir par hasard un point de vue sur la mer à couper le souffle, comme la **Balconata Santo Stefano** ou, plus à l'est, le **Largo Gratto Ardito**, qui livre une vue d'ensemble de la façade maritime, avec son alignement d'habitations serrées au-dessus du vide. En dessous, les falaises sont creusées de multiples cavités, dont la **Grotta Palazzese**, occupée par un restaurant.

Juste à l'extérieur du quartier historique s'étend la **Piazza Aldo Moro**, cœur vibrant de la cité. Remontant vers l'ouest la Via Pompeo Sarnelli, la principale artère, on parvient au fameux **pont romain** de l'ancienne Via Traiana.

De là, un sentier descend à la **Lama Monachile★**, une plage enserrée entre des parois rocheuses spectaculaires, éclairées la nuit.

La côte de Polignano a Mare recèle de multiples **plages** situées dans les environs *(voir « Activités » p. 89).*

Fondazione Museo Pino Pascali – *Via Parco del Lauro 119 - ✆ 080 42 49 534 - www.museopinopascali.it - tlj sf lun. 11h-13h, 15h-22h (16h-21h en hiver) - 2 €.* Un bâtiment moderne excentré, à l'est de la ville, abrite une fondation dédiée à Pino Pascali, artiste natif de Polignano (1935-1968), mort prématurément dans un accident de moto. Il fut une figure de l'Arte Povera, ce mouvement artistique italien des années 1960 qui voulait rompre avec la société de consommation et privilégiait l'usage de matériaux « pauvres » (chiffons, déchets, morceaux de bois ou de corde…). Le musée accueille aussi les œuvres d'autres artistes contemporains.

Monopoli D2

À 10 km au sud-est de Polignano a Mare par la route littorale S 16.

C/o Palazzo di Città, Via Garibaldi 12 - 080 41 40264 - www.monopoliturismo.it; en saison, kiosque sur le port.

Si la périphérie de Monopoli augure plutôt une grande station balnéaire sans caractère, l'arrivée dans le centre dévoile une autre facette de la ville, avec un vaste port et, une nouvelle fois, un centre historique préservé. Il témoigne d'un riche passé, remontant à l'époque des croisades, puis à la domination vénitienne (15e-16e s.), et enfin à la période espagnole, jusqu'au 18e s. Sa situation entre Bari et Brindisi, ainsi qu'un arrière-pays riche en produits d'exportation (huile, amandes, caroube, vin) ont permis à Monopoli (« ville unique » en grec) de devenir une prospère cité portuaire.

Le quartier historique est remarquable pour ses ruelles bordées d'élégantes façades Renaissance (église San Domenico) ou baroques.

Cattedrale di Maria Santissima della Madia – *Piazza Cattedrale - 8h-12h, 17h-20h.* Totalement reconstruite au 18e s., la cathédrale n'a rien conservé de l'édifice roman originel (11e s.). Derrière sa façade monumentale se cache un intérieur baroque au faste exubérant, en dorures et marbres polychromes, où l'on découvre quelques trésors comme **La Cène★**, du grand peintre napolitain Francesco de Mura (1696-1782). Dans la **crypte** *(pour la visite 334 26 31 998 - www.pietrevivemonopoli.it)* ont été mis au jour des vestiges de la cathédrale romane, une nécropole du haut Moyen Âge et des tombes messapiennes (5e-4e s. av. J.-C.).

Museo Diocesano – *Via Cattedrale 26 - 080 74 80 02 - www.museodiocesanomonopoli.it - 2 €.* Il possède une riche collection de peintures (15e-18e s.) où les écoles de Naples et Venise (Véronèse, Francesco Vecellio, Lazzaro Bastiani, Palma le Jeune, Andrea Miglionico, Giambattista Lama…) sont particulièrement bien représentées, à l'image des liens qu'entretenait Monopoli avec ces deux cités. Il possède également une précieuse icône et un triptyque en bois du 15e s.

Non loin de là (*Via Purgatorio*), la **Chiesa del Purgatorio**, érigée au 18e s., a été rénovée en 2015. Elle suscite la curiosité pour le décor de sa façade, avec

Monopoli.
Stefano_Valeri/Shutterstock.com

une tête de mort gravée dans la pierre et les corps momifiés de moines qui y sont exposés derrière des vitrines.

De la ruelle qui longe les **Mura di Santa Maria**, une balade sur les remparts permet d'apercevoir en contrebas la petite plage de **cala Porta Vecchia**.

Castello di Carlo V – *Largo Castello. ✆ 080 9303014 - 10h-12h, 17h-20h (19h-22h juil.-août) - fermé lun.* À la pointe nord de l'enceinte, le château du 16e s., totalement remanié au 17e s., commande la défense du port. On pénètre par une tour ronde dans l'édifice qui abrite un plan-relief de la ville (1700) et des expositions temporaires. Mais la visite vaut tout autant pour la vue panoramique sur la ville et le port.

Retour ensuite dans le dédale des ruelles pour découvrir ses deux centres névralgiques, l'austère et élégante **Piazza Palmieri**, bordée par le Palazzo Palmieri, et la noctambule **Piazza Garibaldi** où se tiennent la Colonna Infame, avec son horloge, et le Palazzo Cacace. Construite au 12e s., l'église **Santa Maria degli Amalfitani** *(Via Almafitana)*, se dresse au-dessus d'une église rupestre édifiée par des marins d'Amalfi ayant survécu à un naufrage. La ville compte d'autres sanctuaires rupestres, dont la **Chiesa della Madonna del Soccorso** *(Via San Domenico 73)*.

Porto – Parachevez votre visite le long de la grande rade du port, ses chantiers navals et ses multiples criques où mouillent barques de pêcheurs, chalutiers, bateaux de plaisance et navires de transport. Dans le Porto Vecchio, le **Palazzo Martinelli**, repérable à son élégant balcon à colonnettes, capte merveilleusement bien la lumière.

1

Abbazia di Santo Stefano D2

À 5 km au sud-est de Monopoli, par la route littorale S 16.

L'allure martiale des remparts de cette abbaye postée à la pointe d'un éperon rocheux offre un contraste parfait avec la douce quiétude régnant sur la splendide plage de sable blanc du **Lido Santo Stefano**, lovée au fond d'une petite crique. Cet ensemble fut édifié à l'époque normande (11e s.) puis passa au 13e s. sous la coupe de l'ordre de Jérusalem, des Chevaliers de Malte qui renforcèrent les fortifications et installèrent une cale pour réparer les navires et les équiper pour le voyage en Terre sainte. On ne visite malheureusement pas ce complexe, qui conserve des traces des enceintes d'origine et, dans la cour, les vestiges d'une église romane (11e s.).

NOS ADRESSES SUR LA CÔTE EST DE BARI

HÉBERGEMENT

Monopoli

BUDGET MOYEN

B & B La Porta Vecchia – *Via Peroscia 21 - ✆ 080 80 26 90 - www.laportavecchia.it - 6 ch. 80/90 €.* Une vraie pension de charme chez l'habitant, au coeur de la vieille ville. La plus grande chambre jouit d'une belle salle de bains et d'un très haut plafond voûté. Le studio du rdc, un ancien logis de pêcheur, pallie le manque de luminosité par son confort et une décoration discrète et élégante. Petit déjeuner familial servi sur la superbe terrasse.

UNE FOLIE

Palazzo Indelli – *Piazza Garibaldi 27 - ✆ 080 93 03 050 - www.palazzoindelli.it - 22 ch. 170/250 €* - ✕. Difficile d'imaginer situation plus centrale pour ce palace (16e s.), doté de vastes chambres ayant de belles hauteurs sous plafond et une terrasse partagée sur la place principale. Les chambres standard, avec vue sur l'arrière de la Chiesa Amalfitana, sont plus calmes. Restaurant très réputé.

Polignano a Mare

BUDGET MOYEN

B & B Santo Stefano – *Vico Santo Stefano 9/13 - ✆ 080 42 49 563 - www.santostefano.info/ita - P - 8 ch. 90/140 €* ☕. Réparties dans deux demeures du centre historique, ces chambres, petites mais coquettes et aux murs épais, ont beaucoup de charme (à défaut de luminosité). Petit déjeuner avec vue sur la mer. Le service, professionnel, est plus proche de celui d'un hôtel. Parking et navette triporteur. Escaliers raides.

Malù – *Lungomare Domenico Modugno 7 - ✆ 333 79 91 353 - www.bebmalu.it - fermé nov. - 6 ch. 90/140 €* ☕. Situé en face de la statue du musicien Domenico Modugno, enfant du pays, ce B & B propose des chambre qui portent le titre d'une de ses chansons. Seules trois d'entre elles donnent sur la mer, mais toutes respirent agréablement la fraîcheur de la nouveauté grâce à leurs couleurs claires et à la lumière qui filtre à travers les fenêtres. Petit déjeuner en terrasse avec vue panoramique.

POUR SE FAIRE PLAISIR

Casa Dorsi – *Via Porto 58 - ✆ 080 42 51 168 - www.casadorsi.it - 3 ch. et 4 appart. 90/170 €* ☕. Une splendide maison de pierre du centre historique, à deux pas de l'église Santo Stefano. Tout le confort moderne et un décor très léché. Les chambres ont un balcon avec une vue sur la mer inoubliable.

RESTAURATION

Monopoli

BUDGET MOYEN

Osteria Perricci – *Via Orazio Comes 1 - ✆ 080 93 72 208 - fermé merc.et dim. soir - 30 €.* Une adresse chaleureuse dans un décor de charme et une cuisine du marché à base de produits de la mer merveilleusement frais, le tout d'un excellent rapport qualité-prix. Bref, un sans-faute.

UNE FOLIE

Angelo Sabatelli – *Viale Aldo Moro 27, à 2 km du centre sur la route de Polignano a Mare - ✆ 080 80 23 96 - www.angelosabatelliristorante.com - fermé lun. - 55/80 €, menu dégustations 60/100/120 €.* L'une des meilleures tables de la ville, où l'on déguste une cuisine régionale terre ou mer, revisitée avec imagination. Porc à l'aubergine et au gingembre, canard rôti aux noix avec sauce aux figues… Service soigné.

Polignano a Mare

BUDGET MOYEN

Antiche Mura Ristorante – *Via Roma 11 - ✆ 080 42 42 476 - www.ristoranteantichemura.it - fermé mar. - 35 €.* Simplicité et décor rustique chaleureux pour une cuisine de fruits de mer tout ce qu'il y a de plus traditionnel (carpaccio de poisson, *tagliolini* de palourdes et langoustines…). Poisson grillé ou d'élevage, le client est informé! Terrasse.

POUR SE FAIRE PLAISIR

L'Osteria di Chichibio – *Largo Gelso 12 - ✆ 080 42 40 488 - www.osteriadichichibio.it - fermé lun. - 35 €.* Une adresse chic et décontractée, avec produits de la mer frais à la carte, servis en terrasse ou dans un intérieur moderne et chaleureux. Les spécialités : carpaccio ou tartare de poisson frais, risotto, antipasti chauds ou froids…

Grotta Palazzese – *Via Narciso 59 - ✆ 080 42 40 677 - www.grottapalazzese.it - fermé nov.-avr. - 55/85 €.* Impossible de ne pas mentionner ce restaurant plus réputé pour son emplacement extraordinaire – dans une grotte à flanc de falaise surplombant la mer – que pour sa carte.

ACHATS

Monopoli

Magnapulia – *Via Garibaldi 37 - ✆ 329 79 23 056 - www.magnapulia.it - fermé nov.-mai. - 10 €.* Une épicerie fine où acheter du vin, des pâtes, de l'huile d'olive et autres produits locaux. Délicieux sandwichs à emporter ou à consommer sur place.

ACTIVITÉS

Plages

Monopoli – Près de 13 km de littoral. On se baigne sous les murs de la ville, dans la crique de **Portavecchia**, mais la plage la plus populaire est celle de **Capitolo**, à 7 km à l'est, avec zones privées et zones publiques. Ses nombreux bars et restaurants en font le centre de la vie nocturne. Plus près du centre, mais plus petites, **Porto Rosso** (publique) et le **Lido Santo Stefano** (accès simple 4 €) sont les deux autres plages de Monopoli à bénéficier du label Bandiera Blu.

Consultez la rubrique « Spiagge » du site www.monopoliturismo.it.

Polignano a Mare – Le littoral de Polignano a Mare (12 km), avec ses nombreuses grottes et criques, figure parmi les plages les plus belles et les plus propres des Pouilles.

Cala Porto, la spectaculaire plage du centre-ville, entre deux falaises, recueille tous les suffrages. Celle de **San Vito** (3,5 km à l'ouest), avec son petit port de pêche et son abbaye, jouit d'un cadre tout aussi pittoresque (sable et rochers). Les rochers et les galets de **Cala Paura** (1 km à l'ouest) sont aussi très courus.

Consultez la rubrique « Spiagge » du site www.polignano-a-mare.com.

Cyclisme

Polignano a Mare – Circuits à vélo thématiques (histoire, nature, gastronomie) dans la campagne environnante et le long de la côte. *www.pugliainbici.com*

AGENDA

Polignano a Mare

Mareviglioso – *Fin août.* Le festival du poisson de *Polignano a Mare*, trois jours de musique et de dégustations, porte le nom d'une chanson de la vedette locale : Domenico Modugno. *www.mareviglioso.it.*

Monopoli

Pjazza Palmieri Jazz Festival – *Début sept.* Un festival en plein air organisé sur différentes places de la ville depuis 2002.

1

Le Gargano, le Tavoliere et les Monti Dauni 2

Cartes Michelin Régional Italie 564 et Local Italie 363

Gargano, Baia delle Zagare.
Ripani Massimo/Sime/Photononstop

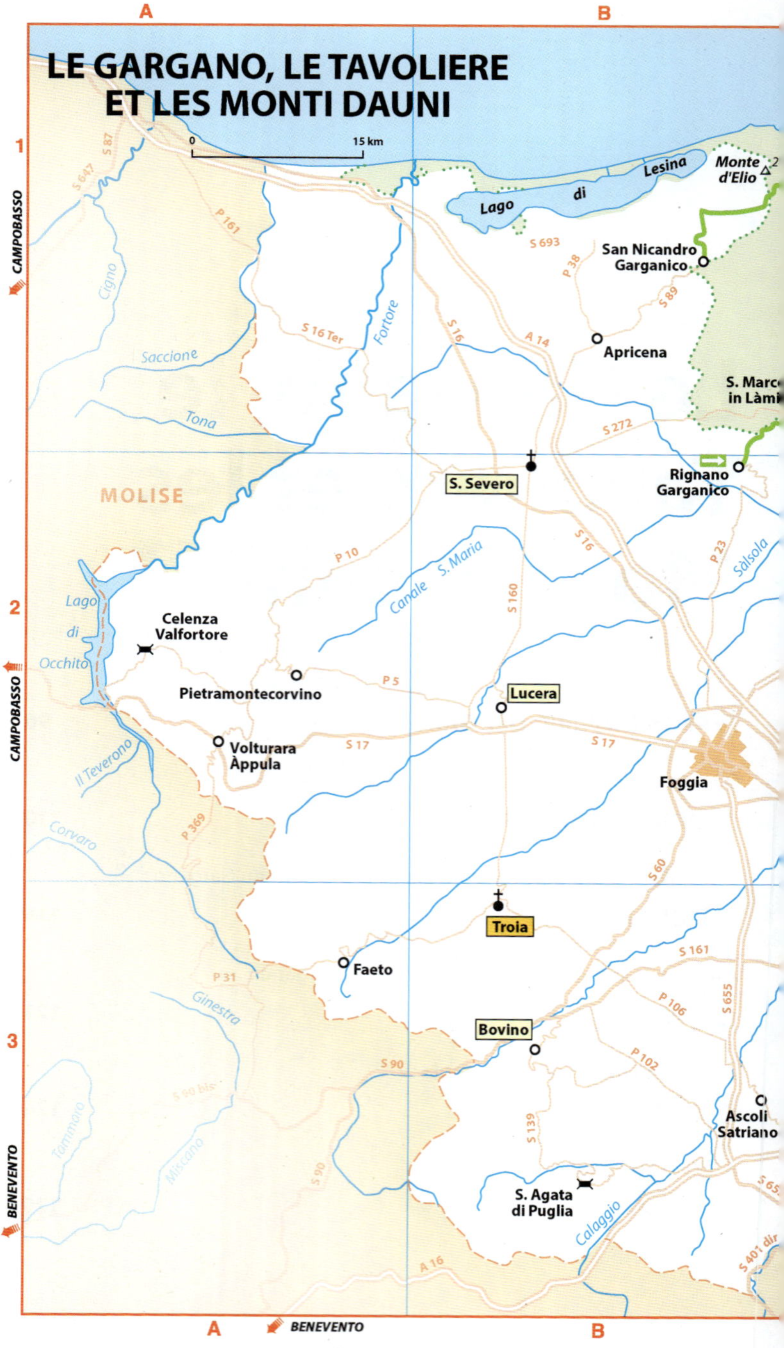
LE GARGANO, LE TAVOLIERE ET LES MONTI DAUNI
0
15 km
A
B
1
2
3
CAMPOBASSO
CAMPOBASSO
BENEVENTO
BENEVENTO
Lago di Lesina
Monte d'Elio
San Nicandro Garganico
Apricena
S. Marc in Làmi
Rignano Garganico
S. Severo
MOLISE
Lago di Occhito
Celenza Valfortore
Pietramontecorvino
Lucera
Volturara Àppula
Foggia
Troia
Faeto
Bovino
Ascoli Satriano
S. Agata di Puglia
Cigno
Saccione
Tona
Fortore
Canale S. Maria
Sàlsola
Il Teverono
Corvaro
Ginestra
Tammaro
Miscano
Calaggio
S 87
S 647
P 161
S 16 Ter
S 16
A 14
S 693
P 38
S 89
S 272
P 10
S 160
P 23
P 5
S 17
S 17
P 369
S 60
P 31
S 161
P 106
S 655
S 90
P 102
S 139
S 90
A 16

C
ISOLE TREMITI
D
Peschici
Rodi Garganico
S 89
P 42
P 528
Vico del Gargano
P 52
Vieste
N
Lago di Varano
Ischitella
P 51
S 693
Parco nazionale del Gargano
Foresta Umbra
Casa Forestale
P 528
GARGANO
Testa del Gargano
1
P 53
PROMONTORIO
DEL
P 43
Baia di Vignanotica
Monte Sacro
872
Baia delle Zagare
Mattinata
S 272
Monte S. Angelo
S. Giovanni Rotondo
S 89
Manfredonia
P 89
S 89
S. Leonardo di Siponto
S. Maria di Siponto
GOLFO DI MANFREDONIA
Candelaro
S 89
2
Cervaro
Carapelle
P 77
1
S 16
A 14
S 16
Ofanto
S 93
S 16 Bis
S 170 dir.
BARI
Herdoniae
A 14
Cerignola
P 95b
Canale Castello
3
A 16
Santuario della Madonna di Ripalta
Lago Capacciotti
S 93
PROMONTORIO DEL GARGANO
★★★ Vaut le voyage
Foresta Umbra
★★ Mérite un détour
Peschici
★ Intéressant
Foggia
À voir
Ville de départ du circuit
La route côtière du Gargano
Le Gargano de l'intérieur
POTENTA
C
D

Grand angle

Présentant une grande variété dans leurs paysages, leurs dialectes et leurs traditions, le promontoire du Gargano, le Tavoliere et les monti Dauni sont regroupés depuis plusieurs siècles. L'ensemble qui constituait autrefois la **Capitanata** *(voir p. 299)*, correspond aujourd'hui au territoire de la **province de Foggia**. Formant la seconde province la plus vaste d'Italie, elle compte près de 640 000 habitants (soit 16 % de la population totale des Pouilles). Plus d'un quart d'entre eux habitent à **Foggia**. Le reste de la province présente un visage largement rural, à l'exception de quelques villes (**Lucera** ou **San Severo**, côté terre ; **Manfredonia**, côté mer) au riche patrimoine antique et médiéval.

HISTOIRE ET PAYSAGES

Si l'on consulte une carte routière, on s'aperçoit qu'ici toutes les routes mènent à… Foggia – du moins, les routes du **Tavoliere**. Cette plaine, qui constitue le deuxième grenier céralier d'Italie après la plaine du Pô, tire son nom du cadastre romain (*Tabulae censuriae*) qui recensait les parcelles dévolues aux vétérans, réparties entre activités d'élevage et de culture. À l'ère du pléistocène (2,5 millions d'années à 12 000 ans av. J.-C.), l'actuel promontoire du Gargano était une île *(voir p. 96)*, le Tavoliere se trouvait alors sous le niveau de la mer. Par la suite, le Tavoliere se révéla une terre riche. Longtemps réservée à l'**élevage d'ovins**, elle servait en hiver de pâture aux troupeaux venus du Nord. Ceux-ci convergeaient ensuite vers la ville de Foggia, où se tenaient d'importantes foires. Ce n'est qu'avec les **grands travaux d'irrigation** (déb. 20e s.) que la production céréalière prit le dessus, donnant au paysage ses allures de damiers – champs de blé ponctués d'**oliviers centenaires** et culture de **fruits** (près de la moitié des tomates produites en Italie proviendraient du Tavoliere).
À l'ouest, dans les **Monti Dauni**, le relief se fait plus vallonné, les paysages plus austères, le rythme semble ralentir. Insolite contraste : ici et là, des troupes d'éoliennes agitent leurs bras de géant, animant le silence méfiant des villages sans âge, resserrés au sommet de vertes collines auxquelles on accède par de petites routes, parfois défoncées, qui prennent leur temps pour arriver.
Tout autre est le visage du **Gargano** : largement ouvert sur la mer d'où arrivaient à la fois le danger (Vieste conserve, entre autres, le souvenir du massacre commis par le corsaire turc Dragu, en 1554) et les richesses, le Promontoire garde, dans sa partie intérieure, un caractère sauvage, protégé par une végétation abondante et un relief escarpé (le **Monte Calvo**, son point le plus haut, culmine à 1 055 m.).

Sant'Agata di Puglia.
beeandbee/Fotolia.com

DES HÉROS BIEN PRÉSENTS

Arrivés dans la région au 11e s. av. J.-C., les **Dauniens**, groupe du peuple Iapyge, y construisirent des villages fortifiés à partir du 8e s. Débordant du Gargano, ils affirmèrent rapidement leur puissance, étendant leur territoire, la **Daunie**, vers l'ouest (l'actuel Tavoliere) et le sud. Dépourvu d'écriture, ce peuple a laissé d'importants témoignages à travers de singulières **stèles** représentant de manière étonnamment expressive des scènes de chasse, de combat, d'agriculture. Solidement organisé, le peuple daunien se maintint face aux colons grecs. En témoigne leur production de **céramiques** – particulièrement active autour des actuels Herdoniae et Ascoli Satriano – qui resta longtemps distincte des modèles venus de Grèce. Dans une veine plus légendaire, on raconte que **Diomède** lui-même, roi d'Argos, venu s'installer dans le Gargano après la guerre de Troie, se serait fait tuer par le roi Daunos ou l'un de ses fils…

À partir du 4e s., la puissance romaine se fait cependant sentir sur la région. La construction de la **Via Traiana** en 109 av. J.-C. contribua à désenclaver le territoire daunien, ce qui donna un nouvel élan aux échanges commerciaux et contribua à la prospérité des villes comme **Arpi** ou **Sipontum**.

L'intérieur du promontoire conserva longtemps son caractère isolé, attirant des moines… et parfois des saints. L'apparition de l'**archange saint Michel**, à l'origine du sanctuaire du Monte Sant'Angelo, apporta à la région une réputation de lieu saint. Elle devint un passage obligé pour les pèlerins et les Croisés en route pour la Terre sainte et tout particulièrement pour les pèlerins Normands, liés au Mont Saint Michel. Plus proche de nous, la figure de **Padre Pio** contribue à entretenir l'image d'une terre où s'entremêlent le merveilleux et le mystère.

UNE DESTINATION TOURISTIQUE PRISÉE DES ITALIENS

Mais c'est une réalité autrement pragmatique qui fait vivre aujourd'hui la région et, plus particulièrement, le Gargano. Celui-ci accueille chaque été plusieurs millions de touristes, venus en grande majorité d'Italie. Outre l'attrait de ses paysages splendides, la province offre une cuisine simple et savoureuse qui décline les poissons (anguilles et huîtres, élevées dans les lagunes des lacs de Lesina et Varano), les fromages de vache (*caciocavallo*) ou de brebis (*pecorino* et, surtout, *canestrato*) et les desserts (**mostaccioli**, friandises à base de figues, amandes, cannelle et citron nappées de chocolat, ou **farrata**, composée de ricotta, de menthe et de cannelle).

Promontorio del Gargano

Promontoire du Gargano

★★★

Au commencement, c'était une île. Les alluvions des torrents dévalant les Apennins ont comblé le fossé marin, transformant l'île en promontoire et dotant la « Botte italienne » d'un éperon. Depuis, le massif montagneux culminant à 1 000 m d'altitude s'avance dans la mer sur 70 km. Avec sa forêt profonde, ses criques isolées et ses grottes peuplées depuis la Préhistoire, il garde, pour qui veut bien s'y risquer hors saison, un caractère sauvage... une porte ouverte sur la mythologie avec Diomède, le merveilleux avec l'archange saint Michel ou le miraculeux avec Padre Pio.

NOS ADRESSES PAGE 106
Hébergement, restauration, achats, activités, etc.

S'INFORMER

Parco nazionale del Gargano – *Via Sant'Antonio Abate, 121 - Monte Sant'Angelo - ✆ 0884 56 89 11 - www.parcogargano.it.*

Association des guides officiels du parc – *✆ 0884 56 54 44.*

SE REPÉRER

Carte de région BD1-2 (p. 92-93) - carte Promontorio del Gargano (p. 101). Les rivières Candelaro et Fortore marquent la frontière du Gargano, facilement accessible de Foggia par la S 89 (35 km au sud).

À NE PAS MANQUER

La côte et Peschici. Plus à l'intérieur, le sanctuaire San Michele Arcangelo à Monte Sant'Angelo, San Giovanni Rotondo et la Foresta Umbra.

ORGANISER SON TEMPS

En été, l'afflux de touristes complique les déplacements et fait monter les prix. Préférez avril, mai, sept. ou oct. Comptez une bonne semaine, avec Monte Sant'Angelo et une excursion sur les îles Tremiti.

AVEC LES ENFANTS

Les histoires de pirates et de grottes ; un pique-nique au bord du lac dans la Foresta Umbra ; les petites plages isolées et les *trabucchi* sur la belle route côtière de Peschici à Vieste.

RELIEF, PAYSAGES ET CULTURE

Du point de vue physique, le Gargano est complètement indépendant des Apennins : c'est **un plateau calcaire** creusé de gouffres où disparaissent les eaux. L'actuel promontoire formait jadis une île qui fut rattachée au continent par les alluvions des fleuves descendant des Apennins. Aujourd'hui, le Gargano apparaît comme un massif coupé de hautes vallées où s'est amassée la terre arable permettant les cultures. Son extrémité orientale est couverte de **forêts**. La végétation présente un aspect différent selon les versants : pinèdes à pins d'Alep, forêts de chênes verts et caducifoliés, au nord ; forêt de hêtres, dans la partie centrale, la plus haute et la plus humide ; au sud, plus chaud et plus sec, on trouve des caroubiers. Les maigres pâturages et les landes des plateaux, exploités de manière très extensive, sont parcourus de troupeaux de moutons, de chèvres et de cochons noirs. Les très pittoresques îles Tremiti appartiennent au même système géologique. Le Gargano a été institué **parc national** en 1991.

Découvrir Carte de région

LA BAIE DE MANFREDONIA

Manfredonia C2

Piazza della Libertà - 0884 58 19 98 - www.visitmanfredonia.it.
Fondé au 13e s. par Manfred, fils de Frédéric II, à quelques kilomètres au nord de l'antique Sipontum *(voir encadré ci-dessous)*, ce port est protégé par un beau **château** caractérisé par un bastion en pointe de lance. Il abrite le **Museo archeologico nazionale archeologico**.Très pédagogique, l'exposition permanente s'intéresse aux peuples qui habitèrent le Gargano de l'ère néolithique à l'âge de fer, qui sont présentés ici à travers leurs rites religieux et leurs pratiques funéraires. Le peuple daunien *(voir p. 94)* occupe une belle place. Provenant du site de Sipontum, les **stèles sculptées★★**, étonnamment expressives en dépit d'un graphisme très stylisé, apportent un témoignage unique sur le mode de vie de ce peuple méconnu. *Le château et le musée étaient en travaux au moment de la rédaction de ce guide. Des visites guidées des bastions et de la cour interne sont organisées de 10h à 18h. Rens. au 0884 58 78 38.*

★ Santa Maria di Siponto C2

À 4 km au sud-ouest de Manfredonia par la Strada litoranea del Sole puis la SS 89. 0884 58 18 44.
En bordure de l'actuelle zone industrielle de Manfredonia, dans une pinède clairsemée, se cache un des joyaux de l'architecture romane des Pouilles. L'église, érigée sur les restes d'un temple romain de l'antique Sipontum, au 11e s., fut réorientée au 13e s. puis remaniée aux 16e et 18e s. La construction rassemble des influences orientales (plan carré, toit en terrasse avec coupole) et pisanes (arcades aveugles reposant sur des colonnes et contenant des losanges). Vu de l'extérieur, le **portail★** est l'élément le plus remarquable : datant de la fin du 13e s., il se cache sous une sorte de baldaquin soutenu par des colonnes reposant sur des lions ; il est entouré d'arcades qui courent sur les quatre côtés de l'édifice.
À l'intérieur, dans la partie surélevée de l'église, est conservée une partie du pavement en mosaïque de l'église paléochrétienne (4e-5e s.). L'autel est un sarcophage du 6e s. qui appartient à l'église d'origine. Certains des chapiteaux de la splendide crypte (6e s.) sont des reprises d'éléments ayant appartenu au temple de Diane.
À côté de l'église, une installation innovante de l'artiste **Edoardo Tresoldi** simule grandeur nature, à l'aide d'un filet électro-soudé, les volumes de la première basilique normande, aujourd'hui disparue.

SIPONTUM, CITÉ ABANDONNÉE

Située à la jonction de la Via Appia, artère de l'Empire romain, et de la route qui menait directement à la mer adriatique, Sipontum aurait été fondée par Diomède lui-même. Colonie florissante, elle fut – preuve de l'enjeu qu'elle représentait – successivement prise par les Romains, les Sarrasins et les Normands. La stagnation des eaux de la lagune contribua à rendre son site insalubre. Aujourd'hui, deux églises témoignent de la richesse et du raffinement que connut la cité, abandonnée à la suite du tremblement de terre de 1223 : San Leonardo et Santa Maria di Siponto.

2

San Leonardo di Siponto C2

SS 89 Garganica km 175,8. À 20 km au sud-ouest de Manfredonia par la S 159 puis la S 89. ✆ 0884 54 94 39.

La nationale qui a « raccourci les distances » entre Foggia et Manfredonia passe à côté de cette église, fondée entre le 11e et le 12e s. L'extérieur est la partie la plus intéressante : entièrement ponctué de pilastres et orné de petits arcs reposant sur des consoles, il doit sa beauté au portail, probablement réalisé dans la première moitié du 13e s. et orné d'élégantes sculptures. Parmi les trois absides, remarquez celle du centre ornée de petits arcs sur consoles.

Circuits conseillés

LA ROUTE CÔTIÈRE DU GARGANO Carte Promontorio del Gargano

Circuit de 95 km au départ de Manfredonia, tracé en vert foncé sur la carte (p. 93). Compter 4 jours pour profiter des possibilités de baignade et de randonnées. Suivez la S 89 sur 17 km au nord-est de Manfredonia.

Mattinata D1

Piazza Roma 2 - ✆ 0884 55 91 69 - www.mattinata.it.

La route côtière qui descend vers Mattinata offre une belle **perspective★★** sur cette grande bourgade agricole formant une tache lumineuse au cœur d'une plaine plantée d'oliviers, d'amandiers et de figuiers d'Inde, encadrée de montagnes. Horace, déjà, évoquait sa plage dans son ode au philosophe **Archytas** de Tarante qui perdit la vie en faisant naufrage sur un écueil de Mattinata (347 av. J.-C.). Ami intime de Platon et illustre pythagoricien, Archytas fut le premier philosophe à exercer des responsabilités politiques en appliquant les idées de Pythagore à la puissante cité de Tarante.

Monte Sacro

Comptez 2h AR. Quittez Mattinata par la SS 89 en direction de Vieste. Après 3 km, prenez une route qui part sur la gauche, en pente raide. Le départ de la promenade se fait dans un virage, 5 km plus loin.

Bien qu'imparfaitement balisée, cette promenade à travers prés et terrasses, où paissent quelques vaches entre oliviers et **orchidées**, est très accessible et ménage de beaux points de vue sur la baie de Manfredonia. Le dernier tiers, un peu plus raide, se fait à l'ombre des arbres. Situé à 5 km de Mattinata, à vol d'oiseau, ce sommet était consacré dans l'Antiquité au culte de Jupiter.

Vieste.
Poike/iStock

Il portait alors le nom de **Monte Dodoneo**. Lorsque l'archange saint Michel demanda l'édification d'un sanctuaire à l'endroit de l'actuel Monte Sant'Angelo, l'évêque de Sipontum entreprit de christianiser également le sommet dédié à Jupiter, qui prit alors le nom de Monte Sacro (montagne sacrée). Au 6e s., une communauté bénédictine vint s'y établir. Du vaste complexe monastique, abandonné au 13e s., restent de belles ruines dans le style roman apulien, qui achèvent de conférer à la promenade une dimension romanesque.

Bon à savoir – Deux routes suivent la côte au départ de Mattinata et en direction de Vieste : la SS 89 (ou *Strada interna*) qui parcourt les hauteurs et la SP 53 (*Strada litoranea*) qui suit de plus près les contours de la côte. De Mattinata à Vieste, la route P 53 suit un très beau **parcours★★** en corniche dominant une côte découpée. La **baia delle Zagare★** est le premier site pittoresque que vous trouverez sur votre route.

AU PAYS DE L'ORCHIDÉE

Tout en pétales, ailes et antennes, les orchidées ont l'image de créatures élégantes et fragiles qui savent s'entourer de botanistes, amateurs passionnés, photographes ou jardiniers. Le promontoire du Gargano leur offre un écrin de choix : d'avril à fin mai, plus de 80 espèces fleurissent spontanément. Le territoire de la commune de Mattinata constitue un terrain particulièrement favorable à la découverte de cette flore étonnante.

www.orchideedelgargano.it.

2

Baia di Vignanotica

Le départ de la promenade se fait à 14 km de Mattinata, dans un virage de la SP 53 - pas de parking - comptez 20mn pour parcourir le sentier assez mal balisé : à chaque bifurcation, prenez le sentier qui descend.

Les amateurs de marche apprécieront ce rare sentier de randonnée. Coincé entre la route et la mer, cet improbable chemin vaudra aux amateurs de marche de magnifiques aperçus sur les falaises blanches façonnées par les eaux turquoise, embaumés de senteurs de pins, buis et genêts. Au bout du chemin, la **plage de Vignanotica★**, toute de galets et très préservée, s'étend entre deux grottes. Elle est également accessible en voiture *(parking 4 €)*.

Bon à savoir – Une autre option pour rejoindre des plages préservées : 7 km plus loin, quittez la P 53 pour la P 54 qui vous mènera à **Pugnochiuso** et **Porto Greco**.

LES TRABUCCHI, COUSINS DES CARRELETS ?

Le long des côtes escarpées, surtout entre Vieste et Peschici, on remarque ces étranges plates-formes en bois, aussi déliées que des araignées d'eau. Elles tiennent au-dessus de la mer de larges filets carrés, tendus sur une armature plane de plusieurs mètres carrés de superficie. Les filets, descendus et remontés horizontalement à l'aide d'un treuil à contrepoids, appartiennent à une technique de pêche ancestrale qui rappelle la pêche au carrelet, technique encore pratiquée sur notre littoral atlantique.

De la **Testa del Gargano**, belle tour carrée qui servait à guetter l'arrivée des Sarrasins, on a une très belle **vue★** sur la **crique San Felice**. Juste avant d'arriver à Vieste, au large d'une immense plage de sable, se dresse l'**écueil de Pizzomunno**, beau piton calcaire.

La dizaine de grottes situées entre Mattinata et Vieste sont accessibles uniquement par bateau. La plus impressionnante, la **Campana Grande**, possède une voûte de 50 m *(voir « Nos adresses/Activités »).*

Continuez la P 53 vers le nord-est (38 km de Mattinata).

Vieste D1

Piazza Kennedy - 0884 70 88 06 - www.prolocovieste.it. Voir aussi le site www.turismovieste.it.

Premier site touristique du Gargano, c'est aussi la cité la plus ancienne du promontoire. Tête de pont de la péninsule, Vieste fut fondée à l'époque romaine en l'honneur de la déesse du foyer et de la famille, Vesta, dont elle tire son nom. Pour l'apprécier, il faut passer la ville moderne, bruyante et encombrée. Perché sur la roche calcaire, le centre médiéval, tout en ruelles étroites et escaliers, éclate de blancheur au-dessus de la mer turquoise. Cet ancien bourg de pêcheurs se resserre à flanc de falaise, autour de son **château** du 13e s. *(ne se visite pas)*. La cathédrale **Santa Maria Assunta** témoigne de l'histoire mouvementée de Vieste : un sarcophage lombard du 7e s. rappelle la domination de ce peuple germanique ; une statue de style gothique tardif figure la **vierge de Merino**, village abandonné au 8e s., peut-être en raison des attaques sarrasines ; la Renaissance est représentée par la madone du Rosaire, peinte par Michele Manchelli… Du bâtiment roman construit au 11e s restent peu de choses (notez une fenêtre en lancette sur le bas-côté gauche). Le tremblement

LE SOLEIL DES SCORTA

Prix Goncourt en 2004, le roman de **Laurent Gaudé** raconte l'histoire d'une famille née sous le signe d'une malédiction. C'est aussi un hymne au Gargano : ses villages côtiers, cent fois détruits, cent fois reconstruits ; ses champs arides où s'épanouissent des oliviers sources d'une richesse sans cesse à reconquérir ; ses villages de l'intérieur où vivent des communautés dures au travail, jalouses de leurs secrets, traversées de rivalités, mais capables aussi de solidarité. Les décennies se succèdent, la vie du village est peu à peu rattrapée par le monde extérieur (l'appel de l'Amérique, l'ère mussolinienne, le développement du tourisme, l'immigration clandestine…). Le récit fait la part belle aux sensations, à la succession des saisons, et à celle des hommes, profondément attachés à leur terre : « Lorsque le soleil règne dans le ciel, à faire claquer les pierres, il n'y a rien à faire. Nous l'aimons trop, cette terre. Elle n'offre rien, elle est plus pauvre que nous, mais lorsque le soleil la chauffe, aucun d'entre nous ne peut la quitter. »

de terre de 1664 détruisit en grande partie l'édifice, notamment la façade. Celle-ci fut reconstruite dans un style baroque typique des Pouilles, en même temps que la nef qu'on dota alors des 12 grandes baies qui apportent à l'église tant de clarté.

Affleurant à l'angle de la rue Cimaglia, la **Chianca amara** (pierre amère) évoque l'épisode peut-être le plus sanglant de l'histoire de Vieste : en 1554, le turc **Draguth Rais**, à la tête de 70 galères, s'empare du bourg et fait exécuter, sur cette pierre, femmes, enfants et vieillards, avant d'emmener en esclavage les jeunes gens et les hommes valides.

Au seuil du centre historique, l'intéressant **Museo Malacologico** abrite une riche collection de coquillages provenant du monde entier. *Via Pola, 8 - ✆ 0884 70 76 88 - www.museomalacologicovieste.it - 9h-12h30, 14h-20h - fermé nov.-mars - gratuit.*

Un peu plus loin, la pointe San Francesco (du nom de l'église qui s'y élève) offre une jolie **vue★** sur la baie de Vieste, dominée par le **phare Sant'Eufemia**.

Empruntez la P 52 vers le nord-ouest sur 25 km.

★ Peschici C1

Via Magenta 3 - ✆ 0884 93 70 90.

Magnifiquement lové sur un éperon rocheux éventrant la mer, l'ancien village de pêcheurs s'est mué en station balnéaire. Moins touristique que Vieste, le village s'enroule autour de l'**église Sant'Elia** (dont la fête est célébrée le 20 juillet) et déploie dans un lacis de ruelles ses maisons blanches qui dégringolent jusqu'au niveau de la mer. Avec ses rues claires, ses boutiques d'art ou de produits gastronomiques, ses terrasses ombragées et ses petits restaurants, Peschici témoigne de la manière dont les habitants du Gargano ont su prendre le virage de la modernité, incarnée ici par le tourisme, tout en préservant ses charmes. Le village a inspiré à Laurent Gaudé le cadre de son roman *Le Soleil des Scorta (voir encadré ci-contre).*

Entre Peschici et Rodi Garganico, chaque petite pointe formée par le rivage très découpé accueille l'un des typiques **trabucchi** *(voir encadré p. 100)*. Plus haut, la côte est parsemée de petites forteresses qui servaient à la fois de guet, de refuge et de défense. Parmi ces tours, vous ne pourrez manquer celle du **Monte Pucci** qui ménage un superbe panorama entre ciel et terre.

Poursuivez plein ouest par la S 89.

Rodi Garganico C1

Parée de deux longues plages de sable fin, Rodi Garganico s'élève au-dessus de son port. Moins spectaculaire que Vieste et Peschici, le village recèle cependant quelques trésors. Au printemps, les plantations d'agrumes embaument la fleur d'oranger. Le vert profond des feuillages contraste avec les couleurs mouvantes de la mer.

Le sanctuaire Santa Maria della Libera abrite un tableau, caractéristique de l'école vénitienne du 15e s., qui représente une Madone à l'Enfant. L'enfant joue avec une colombe, symbole de paix, retenue par un fil. La peinture serait arrivée par voie de mer au 16e s., dans les cales d'un navire vénitien en provenance de Constantinople.

LE GARGANO DE L'INTÉRIEUR Cartes de région et Promontorio del Gargano

Circuit de 130 km au départ de Rignano Garganico, tracé en vert clair sur la carte de région. Comptez 2 jours.

Outre de magnifiques paysages montagneux assortis de vues sur la mer toute proche, ce circuit permet de découvrir deux sites de dévotion très importants en Italie du Sud, qui attirent chaque année des milliers de pèlerins : Monte Sant'Angelo et San Giovanni Rotondo.

Rignano Garganico B2

Ce n'est pas sans raison que Rignano Garganico a été baptisé le « balcon des Pouilles » : il offre une vue sur tout le Tavoliere, les Murge (par beau temps, on aperçoit Castel del Monte), le golfe de Manfredonia et, encore plus loin vers l'ouest, la Maiella et le Gran Sasso d'Italia ! Du château médiéval (11e s.), il ne reste qu'une seule tour cylindrique. En revanche, les grottes habitées à l'époque néolithique sont nombreuses dans les environs : la **grotta di Paglicci**, dans le hameau du même nom, témoigne d'une présence humaine très ancienne dans la région.

Empruntez la P 22 vers le nord-est.

San Marco in Lamis B1

Le village, juché sur le promontoire du Gargano, est surtout prisé pour la procession des *fracchie*, torches gigantesques embrasées chaque année le soir du Vendredi saint. Cette tradition remonterait au siècle dernier ; des paysans avaient alors chassé les ténèbres en brandissant au-dessus de leurs têtes d'immenses faisceaux de branchages. Ils rapportaient dans leur village la statue de la Madonna Addolorata (la Vierge des Douleurs).

À quelques kilomètres de là, sur la route de San Severo (S 272), le sanctuaire de la **Madonna di Stignano**, à la sobre façade romane, recèle deux beaux cloîtres.

San Giovanni Rotondo C1

Piazza Europa 104 - ✆ 0882 45 62 40

Posé sur un balcon en surplomb de la baie de Manfredonia, à 567 m au-dessus du niveau de la mer, le village de San Giovanni Rotondo offre de surprenants contrastes : difficile d'imaginer ce que pouvait être le village

L'EXTRAORDINAIRE PADRE PIO

Né en 1887 à **Pietrelcina**, non loin de Benevento, en Campanie, dans une modeste famille paysanne, Francesco Forgione exprime très vite le désir de devenir moine. Dès l'âge de 16 ans, il fait son noviciat et, tout en revêtant le froc capucin, prend le nom de frère Pio. Novice d'une ferveur exceptionnelle, il prononce quatre ans plus tard ses vœux perpétuels et poursuit des études de philosophie et de théologie fréquemment interrompues par des maladies aussi graves qu'inexplicables. C'est au couvent de **San Giovanni Rotondo**, où il doit reprendre des forces, qu'apparaissent les cinq stigmates christiques (mains, pieds et flanc). Les autorités religieuses en prennent ombrage. Mais les enquêtes médicales se suivent et les conclusions convergent : les plaies qui suintent continuellement sont scientifiquement inexplicables. Désormais, les fidèles affluent pour voir et écouter ce prêtre aux mains enveloppées de mitaines. Padre Pio meurt le 23 septembre 1968. Ultime miracle observé lors de sa toilette mortuaire : son corps ne porte plus aucun stigmate. Le pape Jean-Paul II l'a canonisé en 2002.

dans les années 1930, lorsqu'il accueillait l'incroyable personnage que fut **Padre Pio** *(voir encadré ci-dessus)* ! Les églises juxtaposées témoignent des ajustements progressifs du bourg à sa renommée croissante. Aujourd'hui, San Giovanni Rotondo attire chaque année plus de 7 millions de pèlerins et la **Casa Sollievo della Sofferenza** (la maison du Soulagement de la Souffrance) créée par Padre Pio, est aujourd'hui l'hôpital le plus moderne du Mezzogiorno italien.

★ **Chiesa di San Pio** – Achevée en 2004, la nouvelle église est l'œuvre extraordinairement épurée et inventive de l'architecte **Renzo Piano.** Le parvis descend doucement à l'intérieur de la nouvelle église qui peut accueillir jusqu'à 30 000 fidèles. Planté d'oliviers, encadré de cyprès, de lavande et de lierre, le parvis a pour ligne de fuite la très épurée grande croix en pierre. Du haut de ses 40 m, elle domine une étonnante structure scandée d'arches en pierre, maillée de rets d'acier sur lesquels court, avec une reptation d'écailles, une toiture en cuivre d'un vert lumineux de 20 000 m² de superficie. L'église s'ouvre sur le parvis grâce à un magnifique **vitrail**★ de 700 m². Les scènes tirées de l'Apocalypse selon saint Jean sont d'une belle vivacité. À l'intérieur, les arches partent de l'autel pour retomber en gerbes de pierre en différents points de l'église. Cette architecture renouvelle très audacieusement la lecture des espaces liturgiques : observez la très personnelle **croix en bronze**★ réalisée par l'un des plus grands sculpteurs contemporains, **Arnaldo Pomodoro**. L'**orgue**★ (12 m de haut sur 10 m de large, 5 814 tuyaux) a été entièrement réalisé à la main par l'atelier Pinchi. En dessous de la basilique supérieure, une seconde église, parée de mosaïques colorées et brillantes, accueille le corps, resté intact, de Padre Pio. Ces mosaïques sont l'œuvre de l'atelier du jésuite slovène **Marko Ivan Rupnik**. Elles mettent en parallèle les grandes étapes de la vie de Padre Pio avec celles du Christ et de François d'Assise (inspirateur des Capucins).

★ Monte Sant'Angelo C1 *voir p. 110*

Rejoignez la P 528 qui monte vers le nord jusqu'à Vico del Gargano.

★★ Foresta Umbra C1

Casa Forestale - *Route SP 52 bis, un peu au-delà de la bifurcation pour Vieste - ✆ 0884 56 09 44 - www.forestaumbra.com - ouv. Pâques -sept.*

2

La Foresta Umbra, classé au Patrimoine mondial par l'UNESCO.
A. Nardi/AGF Foto/Photononstop

Bon à savoir – La carte *I sentieri della Foresta Umbra*, disponible au Centro visitatori della Foresta Umbra et dans les offices du tourisme, détaille le tracé des sentiers de randonnée, à suivre à pied ou à VTT.

Unique dans la région des Pouilles, cette forêt, vaste futaie de **hêtres** vénérables, érables, pins, chênes chevelus, tilleuls, chênes, châtaigniers et très vieux ifs, couvre plus de 11 000 ha de vallons et contraste avec la blancheur lumineuse des reliefs calcaires de la côte. Sa richesse naturelle lui a valu en 2017 d'être classé sur la Liste du patrimoine mondial par l'Unesco. Elle abrite plus de 60 variétés d'orchidées, des chevreuils et des rapaces.

Bien entretenue, elle est aussi très bien aménagée pour le tourisme. En saison, le dimanche, les abords du lac, situé à quelques centaines de mètres de la Casa Forestale, s'animent (marché artisanal, activités de groupe) et les promeneurs se font nombreux.

Installé dans la Casa Forestale, le **Centro visitatori della Foresta Umbra** abrite une petite exposition sur la faune, la flore et les traditions (artisanat, musique, gastronomie) du Gargano intérieur. Les vitrines rassemblent une étonnante collection d'animaux naturalisés, du faucon pèlerin au loup, en passant par la martre ou l'écureuil. La présentation, un peu désuète, permet d'observer de près des animaux qu'il est généralement difficile d'approcher.

Vico del Gargano C1

Comme Peschici et Rodi, sur la côte, Vico aurait été fondé par le chef des mercenaires slavons, envoyés par les Byzantins défendre la région contre les Sarrasins. Au 11e s., les Normands dotèrent Vico d'un **château fort**, agrandi ensuite par Frédéric II. Ses murs fortifiés comptaient une vingtaine de tours défensives. Aujourd'hui, la vieille ville témoigne de l'organisation traditionnelle des villages du Gargano, avec ses maisons implantées en damier autour de l'ancienne forteresse dont il ne reste qu'une tour.

Le **Museo Trappeto Maratea**, aménagé dans un ancien pressoir (*trappeto*) dont l'existence est attestée dès 1318, est consacré au processus de transformation des olives. *Via Chiesa Madre 1 - ✆ 333 71 76 605.*

Empruntez la P 51 sur 6 km, vers l'ouest.

Ischitella C1

D'épais murs d'enceinte entourent la dense trame de ruelles et d'escaliers de la vieille ville, formant une structure en épi autour de l'artère principale. Derrière le village s'étend le **Bois d'Ischitella**, grande hêtraie bénéficiant d'un microclimat favorable qui lui permet de prospérer à 300 m d'altitude.

Rodi Garganico C1 *Voir p. 102*

Rejoignez la route littorale P 42 et traversez Lido del Sole.

Lago di Varano C1

Une simple et étroite langue de terre, où court la route, sépare les eaux salées de l'Adriatique des eaux douces du lac de Varano, zone protégée depuis 1977 par la **Réserve naturelle Isola di Varano**. Alimenté par des sources souterraines, relié en deux points à la mer (par l'embouchure de Varano à l'est et celle du Caporale à l'ouest), le lac est recouvert de roseaux à l'est, tandis que le maquis domine sur ses rives sud et ouest, très découpées.

Contournez le lac en suivant la route P 42.

Sur la rive orientale du lac, la **chiesa dell'Annunziata** (également connue comme **Crocifisso di Varano** à cause du précieux crucifix en bois conservé à l'intérieur) se dresse à pic au-dessus du lac.

Sur le **Monte d'Elio**, ou monte Devio, une colline haute de 264 m qui s'élève entre les lacs de Varano et de Lesina, se dresse l'**église Santa Maria**, érigée aux environs du 12e s., et depuis laquelle on jouit d'une belle vue sur la plaine de Sagri, la lagune de Lesina, Torre Mileto et les îles Tremiti. À l'intérieur, l'église conserve des restes de fresques des 12-13e s.

Continuez à l'ouest du lac de Varano par la P 42 puis la S 89.

2

San Nicandro Garganico B1

Une forteresse édifiée par les Normands puis reconstruite au 15e s. est à l'origine de ce village où le **Musée historico-archéologique et ethnographique de la Civilisation paysanne** fait revivre le monde des traditions, des coutumes et de la religiosité du Gargano. *W.-end 18h-20h, tlj en juil.-août.*

Au sud du village, le long de la route pour San Marco in Lamis (*voir p. 153*), une déviation au km n° 13 conduit à la spectaculaire **Dolina Pozzatina**. Résultant de l'érosion de roches calcaires, cette dépression circulaire est, avec ses 700 m de large et ses 100 m de profondeur, l'une des plus étendues d'Italie (*un chemin permet de descendre au fond de la doline).*

À proximité Carte de région

Lago di Lesina B1

À 12 km de San Nicandro Garganico par la P 49.

Bien que la **Réserve naturelle Lago di Lesina** ait pour but de protéger la valeur paysagère et naturelle exceptionnelle du lac, menacé par la prolifération des constructions depuis les années 1980, seule la partie la plus orientale du lac est encore relativement intacte. À **Lesina**, également profondément transformée, se trouve le **Centro Visite-Acquario della Laguna di Lesina** (aquarium de la lagune de Lesina – *Via Banchina Vollaro*), l'un des premiers en Europe qui soit consacré aux espèces d'eau saumâtre, ce milieu si particulier où se mêlent eau de mer et eau douce.

Vous trouverez sur le quai une agence de catamarans pour vous conduire au **Bosco Isola**, en face, où divers oiseaux aquatiques hibernent et nident, et que l'on peut parcourir à pied ou à bicyclette.

Apricena B1

À 20 km au sud-ouest de San Nicandro Garganico par la S 89.
Sur les contreforts du Gargano, Frédéric II fit construire une résidence d'hiver nommée *Domus precina*, aujourd'hui camouflée sous les ornements baroques du Palazzo Baronale. Détruite par un tremblement de terre en 1627, la ville fut relevée en trois ans par ses habitants. Les caves en marbre dont regorge la ville accueillent au mois d'août le festival musical **Suoni in Cava** *(www.suoniincava.com).*

NOS ADRESSES DANS LE GARGANO

TRANSPORTS

Se déplacer

Sans voiture, difficile de sillonner le Gargano. Seules quelques villes côtières sont desservies par le train ou le bus, en saison.
SITA – *www.sitasudtrasporti.it.* Deux lignes de bus : Foggia - Manfredonia - Monte Sant'Angelo et Foggia - Manfredonia - Vieste.
Ferrovie del Gargano – *www.ferroviedelgargano.com.* En train : Foggia-Manfredonia *(tte l'année - 1 à 2 fois par jour - 45mn)* ; San Severo - Rodi Garganico - Peschici *(en saison uniquement - attention, à Peschici, arrivée à la gare de Calenelle, compter ensuite 15mn en bus pour rejoindre le centre-ville à partir de la gare).* Nombreuses possibilités en bus au départ de Foggia et San Severo, se rens.

HÉBERGEMENT

Ischitella

BUDGET MOYEN

Masseria Giordano – *SP 51B - Contrada Forchione Casarosa - ✆ 345 889 8096 - www.masseriagiordano.com - 5 studios + 1 appart. - 80/120 €* ☕. Au milieu d'un agréable jardin, cette belle *masseria* ancienne se double d'un bâtiment moderne où sont joliment aménagées chambres et studios. Cuisine rustique mais délicieuse !

Mattinata

PREMIER PRIX

Agriturismo Madonna Incoronata – *Madonna Incoronata, à 1 km de Mattinata - ✆ 0884 55 2500 - www.agriturismogargano.it - 8 appart. - 55/77 €.* Au-dessus de Mattinata, disséminées au milieu d'oliviers parfois multicentenaires, ces maisons toutes blanches font une parfaite base pour rayonner alentour à la découverte du Gargano.
Agriturismo Monte Sacro – *À 8 km de Mattinata par la SS 89 en direction de Vieste - ✆ 0884 558 941 - www.agriturismomontesacro.it -* 🏊 *- 70/90 € -* ✕. Une adresse loin de l'agitation côtière, perdue dans les collines vertes qui dominent la baie de Manfredonia. Rien de luxueux ou plutôt si : le silence, le grand air et les produits faits maison.

Peschici

BUDGET MOYEN

La Locanda della Castellana – *Località Valle Castellana, à 1 km au sud de Peschichi - ✆ 0884 96 30 20 - http://hotelcastellanapeschici.it - fermé mi-sept.-mi avr. -* P 🏊 *- 15 ch. 100/140 €* ☕ *-* ✕. Situé un peu en retrait de la mer et de la ville, cet hôtel familial est tenu avec soin par Marino. Les chambres sont claires, avec une terrasse panoramique.

Belle piscine entourée de citronniers et salle de fitness. Dégustation de vin organisée par le propriétaire.

Hotel Baia dei Trabucchi – *Baia San-Nicola - à 3 km à l'est de Peschici - ☏ 0884 96 41 86 - fermé oct.-mai - P - 66 ch. 90/130 €.* Donnant sur une baie privée encerclée de verdure, cet hôtel est idéal pour un séjour balnéaire reposant. Les chambres lumineuses sont toutes tournées vers la mer.

San Giovanni Rotondo

BUDGET MOYEN

Le Terrazze sul Gargano – *Via San Raffaele 9 - ☏ 0882 45 78 83 - www.leterrazzesulgargano.it - 32 ch - 98/108 € - ☕ 7,50 €.* Claire et sobrement décorée, une bonne adresse pour qui veut séjourner à proximité des grands lieux de pèlerinage du Gargano.

Vieste

BUDGET MOYEN

Hotel Svevo – *Via Fratelli Bandiera, 10 - ☏ 0884 70 88 30 - www.hotelsvevo.com - fermé oct.-avr. - P 🏊 - 30 ch. 80/160 € ☕ - ✕.* Une terrasse-solarium avec piscine donnant sur la mer et une magnifique vue panoramique font le charme de cet hôtel très agréable, situé à deux pas du château du même nom. L'accueil y est familial et dynamique, et l'ensemble simple mais bien tenu.

B & B Rocca sul Mare – *Via Mafrolla 32 - ☏ 0884 70 27 19 - www.roccasulmare.it - 14 ch. 90/150 €.* Certes, les chambres offrent un confort simple et les installations sanitaires sont vieillottes, mais cet hôtel familial a de nombreux atouts : une situation pratique (à l'entrée de la vieille ville, possibilité de se garer près de l'hôtel), surplombant la pointe San Francesco (attention, supplément pour les chambres avec balcon…) et une démonstration de fabrication de *pasta* tous les soirs à 19h.

RESTAURATION

Manfredonia

BUDGET MOYEN

Trattoria ai due Dottori – *Nuovo porto turistico, Marina del Gargano - ☏ 884 512 561 - fermé mar. - 45 €.* L'adresse vaut d'abord pour son emplacement tout au bout d'une des jetées du nouveau port touristique. Du restaurant de leur père, autrefois actif dans le vieux centre de Manfredonia, Leonardo, Salvatore et Rita ont gardé le meilleur : des plats de poisson très frais, accommodé à la façon du Gargano.

Mattinata

BUDGET MOYEN

Trattoria dalla Nonna – *Contrada Funni, Lido est - ☏ 0884 55 92 05 - www.dallanonna.it - fermé mar. sf juin-sept. - 20/45 €.* Comme son nom l'indique, cet établissement propose une cuisine familiale, à base de plats de poisson et de *pizze*.

Pizzeria Scarpetta d'oro – *Contrada Scarpetta 1 (la Contrada Scarpetta part, en côte, sur la gauche de la SS 89, env. 150 m après le rond-point qui marque la sortie de Mattinata) - ☏ 0884 550 438 - 20/35 €.* Cet établissement familial propose un vaste choix de *pizze*, fines et savoureuses. Mais son principal atout reste la terrasse avec vue sur la baie de Manfredonia.

Peschici

BUDGET MOYEN

La Taverna – *Piazza del Popolo 15 - ✆ 0884 96 24 06 - www.latavernadipeschici.it - 25/40 €.* Une adresse familiale perdue dans une venelle du vieux Peschici. Au service, Matteo aime discuter avec ses clients. Aux fourneaux, la *mamma* concocte une cuisine simple et généreuse. *Orecchiette* maison, *antipasti* du pirate…

Al Trabucco (da Mimì) – *À Punta San Nicola, 2,5 km au sud de Peschici - ✆ 0884 96 25 56 - www.altrabucco.it - fermé lun.-vend. de nov.-mars.* Une institution qui vaut surtout pour son cadre étonnant. Carte de poissons et jolie sélection de vins du coin. Apéritifs bien garnis les soirs d'été.

La Collinetta – *Loc. Madonna di Loreto, à 2 km au sud-est de Peschici par la route côtière - ✆ 0884 96 41 51 - fermé oct.-mars. - 25 € - 15 ch. 65/90 €.* Si vous avez envie de déguster des plats de poisson (extra-frais), pourquoi ne pas le faire sur une terrasse ayant vue sur le littoral ? Accueil très sympathique.

Vico del Gargano

BUDGET MOYEN

Cantina Il Trappeto – *Via Casale 168 - www.cantinailtrappeto.it - 25/35 €.* Enfoui au cœur du vieux Vico del Gargano, cet établissement troglodytique cache plus d'un tour dans ses caves : le patron se mettra en quatre pour vous traduire le menu qui propose une belle sélection de fromages et de charcuteries locales, ainsi qu'un vaste choix de *paposce del Gargano* (*focaccia* garnie de produits frais et enfournée quelques minutes).

Vieste

BUDGET MOYEN

Al Grottino – *Via Pola 40 - ✆ 0884 70 84 18 - fermé nov.-mars - 18/27 €.* Difficile de rater ce restaurant dont la terrasse au mobilier dépareillé s'égaie de part et d'autre d'une rue peu passante en bord de mer, à l'entrée de la vieille ville. Attablé pour un *spritz*, on y reste dîner, séduit par la carte du jour et le service courtois. Un agréable mélange de décontraction et de sophistication.

Dans la Foresta Umbra

BUDGET MOYEN

Trattoria Foresta Umbra – *À 100 m du lac et 400 m du centre des visiteurs, dans la Foresta Umbra (commune de Monte Sant'Angelo) - ✆ 347 69 25 346 - www.trattoriaforestaumbra.it - juil.-août : tlj; Pâques-oct. : w.-end à midi - 15/25 €.* En pleine verdure, ce restaurant rustique sert une carte efficace, à base de pâtes faites maison et de grillades. Petite sélection de vins des Pouilles. En prime : des conseils de promenades. Attention, réservation conseillée le week-end !

PETITE PAUSE

Mattinata

Gelateria Gabrielino – *Via Garibaldi 3, à l'angle du Corso Matino - ✆ 0884 55 94 44 - www.gabrielino.it.* Ici, la glace est une histoire de famille depuis 1933. Vous aurez l'embarras du choix entre 36 parfums de glaces et de sorbets, à déguster dans des cornets… ou des croissants également faits maison. Avouons un faible pour les granités, à la mûre *(gelso rosso)* ou au citron.

Vico del Gargano

Bar Gelateria Pasticceria Pizzicato – *Via del*

Risorgimento 14 - ✆ 0884 991245 - https://pizzicatomandorla.com. Une institution à Vico. Glaces, pâtisseries, biscuits… il y en a pour tous les goûts. La spécialité de la maison ? Pistaches, amandes ou pignons composent des petits-fours de toutes formes et textures. Accompagnés d'un cocktail maison, ils feront un délicieux goûter ou *aperitivo*, à déguster en terrasse à l'heure de la *passeggiata*.

Vieste

Pasticceria tipica Cannarutiz'j – *Via XXIV Maggio 24 - mar.-sam.* Amateurs de douceurs d'antan, vous serez servis dans cette boutique qui propose toutes sortes de petits gâteaux très frais, à base de fruits secs, de confitures ou encore de moût de raisin *(mostaccioli)*… Un petit trésor.

ACHATS

Mattinata

Ciangularie – *Corso Matino 133 - ✆ 0884 55 99 66 - www.ciangularie.it - fermé lun.* Depuis 1978, Maria Luigia propose dans sa boutique, *vintage* à souhait, une sélection de *ciangularie* (« gourmandises » en dialecte du Gargano) qui font la part belle aux amandes.

Vico del Gargano

Nectaria – *Corso Re Umberto 146 - ✆ 389 542 66 95.* Apicultrice, Ana Maria Ludusan parcourt le Gargano pour récolter du miel d'agrumes, d'eucalyptus, de châtaignier… Une autre manière d'apprécier la flore du Parc national…

Vieste

Mercatino – *Piazzale Jenner - 8h-14h, 16h-20h.* Pour faire le plein de fromages frais ou affinés *(caciocavallo, cacioricotta)*, d'énormes et goûteuses olives (demandez l'*oliva bella di Cerignola*), de *taralli* salés, épicés ou sucrés, et de légumes conservés dans l'huile d'olive. Pour emporter chez vous un peu de soleil du Gargano.

ACTIVITÉS

Plages

La côte entre Mattinata et Vieste ménage de nombreuses petites criques, couvertes de galets, souvent privatisées. Parmi les plages accessibles à tous, citons, outre la jolie **baia di Vignanotica** *(voir p. 99)*, la **baia San Nicola**, les rochers de la **Cala della Pergola** et **Porto Greco** *(accès par la P 54, avant d'arriver à Pugnochiuso)*. Vieste, Peschici et Rodi Garganico possèdent leurs plages de sable, très fréquentées…et très aménagées (parking, location de parasols…). Les plages di **Castello** *(au sud de Vieste)* et **Zaïana** *(à proximité de Peschici)* sont particulièrement agréables.

Demandez la *cartina turistica*, éditée par l'office de tourisme de Vieste *(voir p. 100)*, qui recense toutes les plages du Promontoire.

Visite des grottes en bateau

Parmi les compagnies testées, nous recommandons la **Motobarca Desirèe**. Graziano Timigno, fort d'une connaissance hors pair du littoral, vous mènera de grotte en grotte à bord de la Désirèe, avec, en bonus, une agréable pause sur l'une des plages difficilement accessibles par voie de terre. *Lungomare Vespucci, Molo Sud - Vieste - www.grottemarinegargano.com - avr.oct. - 3h/15 €.*
Se rens. aussi à l'office de tourisme de Vieste *(voir p. 100)*.

Bon à savoir : choisissez une place à tribord pour profiter de la vue sur Vieste.

Monte Sant'Angelo

★

12 490 habitants - province de Foggia

Étonnant Monte Sant'Angelo ! Avec ses maisons blanches étroites, ses ruelles-escaliers qui dégringolent de la montagne, il a l'allure d'un village de pêcheurs égaré au milieu des terres. Surplombant le Gargano et la mer, il semble ouvert à tous les vents. Très touristique, il se dérobe et se mérite : une fois arrivé au sommet, il faut encore descendre sous terre pour approcher de la grotte où l'archange apparut, dit-on, pour ordonner la construction d'un sanctuaire.

NOS ADRESSES PAGE 114
Hébergement, restauration, achats, activités, etc.

S'INFORMER

Assessorato al Turismo – *Piazza Municipio 2 - ✆ 0884.561018 - www.turismomontesantangelo.it et www.montesantangelo.info.*

Bon à savoir – Rentabilisée à partir de 3 visites, la MSA Card *(6 €)* donne accès aux musées du sanctuaire, à la tombe des Rotari, au château ainsi qu'au musée des arts et traditions populaires.

SE REPÉRER

Carte de région C1 (p. 92-93).

À 65 km à l'est de Foggia et à 8 km au nord de la baie de Manfredonia, qu'il surplombe de 800 m. Préférez l'arrivée « par le haut » (par la route de San Giovanni Rotondo – *voir le circuit proposé p. 102-103)*, qui ménage, au détour d'un virage, une vue surprenante sur la ville, tandis que la route en provenance de la côte vous oblige à traverser toutes les installations touristiques.

À NE PAS MANQUER

Le sanctuaire.

★★ Santuario di San Michele Arcangelo

Via Reale Basilica, 127 - ✆ 0884 561150 - www.santuariosanmichele.it - juil.-sept. 7h30-19h30, avr.-juin et oct. 7h30-12h30, 14h30-19h, nov.-mars. 7h30-12h30, 14h30-17h. Accès gratuit au sanctuaire. Billet combiné pour les deux musées 4 €.

Le sanctuaire se repère de loin grâce au **clocher octogonal** que Charles Ier, s'inspirant des tours de Castel del Monte, fit construire en 1274 pour remercier l'archange Michel de l'avoir soutenu dans sa tumultueuse conquête de l'Italie méridionale.

Atrium supérieur – L'entrée dans le sanctuaire se fait par cette cour fermée. Sur le parvis s'élève une petite chapelle dédiée à saint Roch, souvenir de l'épidémie de peste qui ravagea la région en 1656. L'actuelle façade du sanctuaire date, elle, de 1856, mais remploie des éléments plus anciens. Le portail de droite, qui date du 15e s., montre la Vierge Marie portant son fils, figuré sous les traits d'un homme adulte. Elle est entourée des apôtres Pierre et Paul qui représentent l'Église.

Les deux portails donnent accès à un vestibule d'où s'élance le grand escalier qui mène à la grotte. Cinq volées de marches conduisent, entre sarcophages et fresques, à la **porta del Toro** (du taureau), datant de la moitié du 17e s.

Église – Derrière la porte, donnant sur un second atrium, se dresse la vraie façade de l'église, avec la **porte de bronze★** de son portail, fondue à

Monte Sant'Angelo.
LucaLorenzelli/iStock

Constantinople en 1076 : les battants sont enrichis de 12 panneaux en argent et bronze dotés d'ornements colorés, représentant des épisodes de l'Ancien Testament (ces épisodes ont pour point commun de raconter l'intervention d'un ange dans l'histoire des hommes).

Une fois franchie la porte, on pénètre dans la « **basilique céleste** ». Celle-ci se compose d'une majestueuse nef, construite par les Angevins au 13e s., sur laquelle s'ouvre, à droite, la **grotte de l'Archange**.

Véritable caverne, le cœur du sanctuaire fut aménagé au fil des siècles mais conserve sa voûte irrégulière naturelle. Au fond du chœur brille la **statue** en marbre de saint Michel, sculptée par **Andrea Sansovino** (1467-1529). Le chef des armées célestes y est représenté sous les traits d'un adolescent qui s'apprête à trancher la tête d'un démon composite (une face de singe, des cuisses de bouc, des griffes de lion et une queue de serpent !). L'épée de l'archange lui est retirée tous les ans, lors de la fête de la Saint-Michel, et portée en procession à travers les rues de la ville. À côté de la statue, le trône épiscopal (12e s.) témoigne de l'application au mobilier de l'art roman des Pouilles, combiné ici à des influences byzantino-mauresques.

Musées – Le sanctuaire comprend aussi le **Museo lapideo**, rassemblant des pièces allant du 7e au 15e s., et le **Museo devozionale**. Ce « musée de piété » apporte un émouvant témoignage de la dévotion des pèlerins. Parmi les ornements liturgiques, pièces, icônes et cierges décorés, remarquez l'**icône de Saint Michel Archange** en bronze bosselé (de facture lombarde, elle date du 8e s).

★ San Pietro et Tombe de Rotari

À quelques pas du sanctuaire s'élève l'ancienne **église** paroissiale dont il ne reste que la façade du 18e s. ornée d'une rosace. Outre les murs d'enceinte, seule demeure l'abside restaurée dans les années 1970. À sa gauche, une porte surmontée d'un magnifique linteau sculpté (L'arrestation du Christ) mène à ce qu'on a longtemps appelé la **tomba di Rotari**★, du nom d'un roi lombard.

Un ange passe

Vénéré dès les premiers siècles de l'ère chrétienne en Orient, l'archange saint Michel, dont la tradition fait le chef des anges, fit sa **première apparition en Occident** dans le Gargano, au 5e s.

LE BOEUF, L'ARCHANGE ET L'ÉVÊQUE

Un berger de Sipontum s'aperçut un soir que son taureau n'était pas rentré à l'étable. Il finit par retrouver la bête, blottie au creux d'un rocher. Malgré tous ses efforts, il ne parvint pas à l'en faire bouger. De guerre lasse, le berger lui décocha une flèche qui lui revint aussitôt, le blessant. Troublé, il alla trouver l'**évêque de Sipontum** qui ordonna trois jours de jeûne et de prière. C'est alors que se manifesta saint Michel, demandant à l'évêque de consacrer la grotte, assurant que « ce qui y [serait] demandé par la prière [serait] exaucé ».

UNE BASILIQUE CÉLESTE

Le sol calcaire du Gargano comporte de nombreuses grottes et cavernes. Qu'est-ce qui rend cette grotte si particulière aux yeux des habitants du 5e s. comme à ceux des pèlerins d'aujourd'hui ? En principe, lorsqu'une église est construite, elle est consacrée au cours d'une cérémonie liturgique, mais lorsque les évêques vinrent consacrer la grotte, ils y trouvèrent un autel de pierre grossièrement taillé sur lequel étaient posés un *pallium* écarlate et une croix. L'archange Michel l'avait annoncé : cette grotte ne serait pas consacrée par une main humaine, mais par lui-même. Ceci en fait **un sanctuaire sans pareil** parmi les églises de la chrétienté. C'est pourquoi on parle de *celeste basilica*. À ce titre, Monte Sant'Angelo devint rapidement un passage obligé pour les **pèlerins** et les **croisés** en route pour la Terre sainte.

UN LIEU DE POUVOIR LOMBARD... ENTRE AUTRES

Au 7e s., les Lombards, attribuant à la protection de saint Michel leur victoire sur les Byzantins, firent du Monte Sant'Angelo un sanctuaire « national » (c'est du reste au titre de **« lieu de pouvoir lombard »** – qui sut assimiler l'héritage du monde romain autant que les influences byzantines et moyen-orientales pour réaliser une admirable synthèse culturelle – que la ville est aujourd'hui inscrite au **patrimoine mondial de l'humanité par l'Unesco**). Par la suite, le Monte Sant'Angelo prit une importance politique considérable. Toutes les dynasties régnant sur le Gargano firent du mont béni un lieu à part, où les princes vinrent successivement recevoir une caution spirituelle, rendre grâce pour leurs victoires et démontrer leur puissance. Chaque génération y laissa sa trace, sous la forme d'un château, d'une statue ou d'un modeste *ex-voto*. Fort de toutes ces strates historiques, le mont est l'occasion d'**une passionnante plongée dans l'histoire politique des Pouilles** – aussi complexe que la géographie du sanctuaire, véritable dédale d'escaliers, de chapelles et de grottes.

UNE VILLE À PART ENTIÈRE

Très vite, l'afflux de pèlerins rendit nécessaire la création d'hébergements et de lieux de ravitaillement. Un bourg (peut-être préexistant au sanctuaire), le **Rione Junno**, se développa autour de l'église paroissiale de **St-Pierre**, tandis que différents ordres religieux s'installaient le long de la route qui mène de la plaine au sanctuaire : ainsi, les moines Célestins ouvrirent l'hospice des pèlerins auprès de l'église **St-Antoine l'abbé**.

LA ROUTE DE L'ANGE
Elle relie, sur près de 2 900 km, « notre » Mont Saint-Michel au Monte Sant'Angelo. Si la « merveille » française est postérieure au site apulien, leurs histoires présentent plusieurs points communs (place du merveilleux, rôle de l'évêque, etc.). On retrouve dans les deux sites l'ange aux multiples « casquettes » puisqu'il apparaît tour à tour combattant (muni d'une épée), défenseur (armé d'une lance), justicier (portant une balance destinée à peser l'âme du défunt…) et adorateur de Dieu (l'encensoir qui distille ses fumées odorantes symbolisant la louange), par opposition à l'ange rebelle, Lucifer.

Surmonté d'une coupole, le bâtiment repose sur une structure carrée qui, en s'élevant, devient octogonale puis conique. Les derniers travaux de restauration ont mis au jour une cuve qui servait au baptême par immersion. Il s'agissait donc non pas d'une sépulture mais d'un **baptistère.**

Santa Maria Maggiore

À droite du portail de l'église St-Pierre s'ouvre le vestibule d'une église consacrée à la vierge Marie. Ce qui n'était à l'origine qu'une petite chapelle intégrée dans l'église paroissiale fut reconstruit au 11e s., dans le style roman des Pouilles et devint une église à part entière. La façade rythmée par des arcs aveugles comporte un portail à baldaquin soutenu par deux aigles. Son bas-relief représente une Vierge à l'Enfant encadrée de deux anges (peut-être Gabriel, l'ange de l'Annonciation, et Michel) ainsi qu'une femme en prière dont les traits rappelleraient ceux de l'impératrice Constance, commanditaire de l'œuvre et mère de Frédéric II. L'intérieur abrite des vestiges de fresques d'époque byzantine ; dans la nef latérale gauche, on distingue la figure de saint Michel.

★ Castello

Bien qu'en partie détruit, le château conserve une certaine majesté. Un premier fort aurait été construit dès la fin du 9e s. Il fut ensuite constamment remanié et élargi. Ainsi, le normand Robert le Guiscard fit édifier l'imposante **tour des géants**. Le souabe Frédéric II fit reprendre l'édifice pour lui donner son style à la fois imposant, sobre et raffiné qui s'exprime notamment dans l'élégante **Salle des trésors**. L'empereur fit de Monte Sant'Angelo la demeure de sa favorite, Bianca Lancia. Sous les Angevins, la forteresse servit principalement de prison. Le château passa au 15e s entre les mains du héros albanais **Georg Kastriot Skanderbeg** *(voir p. 267)* pour services rendus à Ferrante Ier d'Aragon… À cette époque, charnière dans l'évolution de l'art de la guerre en raison de la généralisation des armes à feu, le château fit l'objet d'importantes transformations, sans doute menées par **Francesco di Giorgio Martini**, l'un des plus fameux ingénieurs militaires de la Renaissance. C'est alors que la forteresse prit sa silhouette définitive. La **vue**★★ que l'on a depuis ses escaliers est splendide, embrassant à la fois l'Apennin lucanien, la mer, Mattinata et les bois de la Foresta Umbra.

Rione Junno

La première mention d'une cité entourant le sanctuaire date du 10e s. Le bourg se résumait alors probablement au seul quartier Junno qui s'étend au sud et est caractérisé par ses rangées de maisons basses, dotées d'une large porte surmontée d'une unique fenêtre. À son extrémité ouest se trouve le musée ethnographique Arti e Tradizioni Popolari del Gargano, installé dans l'ancien couvent San Francesco (14e s.). *Piazza San Francesco d'Assisi - ✆ 0884 56 20 98.*

NOS ADRESSES À MONTE SANT'ANGELO

RESTAURATION

PREMIER PRIX

Cantine Cippone Wine Bar – *Via Garibaldi 38 - ✆ 0884 563637 - 18 €.* Avec sa petite terrasse perdue dans les toits de Monte Sant'Angelo et sa sélection de vins à la fois pointue et abordable, ce bar à vins mérite un détour. À la carte : charcuteries, fromages et plats plus élaborés.

BUDGET MOYEN

Medioevo – *Via Castello 21 - ✆ 0884 56 53 56 - www.ristorantemedioevo.it - fermé lun. hors sais. - 25 €.* En haut des escaliers menant au centre historique, vous serez accueilli avec courtoisie et goûterez une cuisine régionale attentive à la qualité des matières premières.

Ristorante Al Battistero – *Largo Tomba di Rotari, 24/25 - ✆ 0884 090185 - www.ristorantealbattistero.it - fermé dim. à midi - 25 €.* Creusé dans la roche, cet établissement se distingue par un bon rapport qualité-prix. Sur la carte, la cuisine traditionnelle du Gargano côtoie des plats polonais.

PETITE PAUSE

Piccolo Bar – *Corso Vittorio Emanuele 186 - ✆ 0884274371 -* Un bar sans prétention, qui vaut surtout pour l'accueil et les bonnes adresses de son propriétaire.

ACHATS

Francesco Ciuffreda – *Via Giuseppe Garibaldi 15 - ✆ 0884 564680 - 8h-17h - fermé dim.-lun.* Pour découvrir les *ostie ripiene* (ou *ostia ckiene*) de Monte Sant'Angelo – réinterprétation gourmande du pain partagé lors des messes : deux rondelles de pain azyme fourrées d'amandes enrobées de miel et de cannelle.

Odori e sapori – *Largo Tomba di Rotari 3 - ✆ 340 1700 476.* Une épicerie bien achalandée en produits du pays. Mention spéciale pour la *cacioricotta* et le *caciocavallo*. Bonne sélection de vins également.

AGENDA

Saint-Michel – *29 sept.* Procession et ostension de l'épée de saint Michel, messe et feux d'artifice.

Isole Tremiti

Îles Tremiti

★

462 habitants - province de Foggia

Bien que pris d'assaut au mois d'août essentiellement par les Italiens, ce minuscule archipel demeure sauvage et relativement peu connu. Il est pourtant doté d'une nature luxuriante, de fonds marins splendides et très prisés par les plongeurs, de criques cachées au milieu des rochers et offre, hors saison, la sensation d'être un Robinson Crusoé accompagné des seuls cris des mystérieuses Diomedee. Le musicien Lucio Dalla en était tombé amoureux dès l'enfance et avait acheté une belle maison en surplomb de la Cala Matana, à San Domino, et une autre à San Nicola. Les îles lui en sont reconnaissantes : en témoignent les vers de ses chansons parsemés un peu partout... San Domino, revêtue d'une magnifique pinède de pins d'Alep, concentre les installations touristiques, tandis que San Nicola, rocher posé sur les eaux couronné d'une étonnante basilique-forteresse, s'avère un lieu magique encore entièrement piéton. Les trois autres îles, Caprara, Pianosa et Cretaccio, sont inhabitées.

NOS ADRESSES PAGE 119
Hébergement, restauration, achats, activités, etc.

S'INFORMER

Informations touristiques à la mairie de San Nicola, sur la place - ✆ 0882 46 30 63. Site Internet commercial mais avec beaucoup d'infos : *www.infotremiti.com*.

SE REPÉRER

Carte p. 118. Les îles Tremiti sont situées dans la mer adriatique, à 12 milles marins *(25 km env.)* de la côte nord du Gargano, et font partie du Parco Nazionale del Gargano. Elles sont accessibles en haute saison de Vieste ou Peschici. Le port le plus proche, Termoli (région du Molise), propose toute l'année des liaisons quotidiennes vers l'archipel.

ORGANISER SON TEMPS

Privilégiez la mi-saison pour découvrir l'archipel. Les bateaux touristiques attendent l'arrivée des ferrys et des hydrofoils à San Domino pour amener les visiteurs à San Nicola. Si vous ne restez qu'une journée, une bonne option est de choisir tout de suite une excursion en barque avec un arrêt de 1 ou 2h à San Nicola pour visiter l'île. Comptez 2 jours pour visiter aussi Pianosa et profiter des plages (recommandé)

À NE PAS MANQUER

L'arrivée en hélicoptère ; l'abbazia di Santa Maria à San Nicola ; une promenade en bateau ; une balade dans la pinède de San Domino.

AVEC LES ENFANTS

Visite en barque des grottes (à San Domino), les plages.

Découvrir Carte des Isole Tremiti

L'archipel est composé de cinq îles. Les deux plus grandes, San Domino et San Nicola, sont les seules habitées. Hormis durant la période estivale, au cours de laquelle se succèdent jusqu'à 100 000 visiteurs (qui ne restent le plus souvent que le temps d'une journée), ces deux îles regroupent un peu moins de 500 habitants vivant de la pêche et du tourisme.
Le relief ne permettant guère l'agriculture, l'archipel offre un résumé aussi splendide qu'aride de la nature méditerranéenne à l'état sauvage. Ses fonds marins constituent l'**Area Marina Protetta delle Isole Tremiti**, intégrée dans le parc national du Gargano. La pratique de la pêche, de la plongée et les autres activités de loisirs sont très strictement encadrées. En saison, il est interdit de débarquer sur l'archipel en voiture.
Bon à savoir – Ne manquez pas l'occasion d'arriver sur les îles en hélicoptère à partir de Foggia : la vue qui s'offre est magnifique, le voyage dure 15mn et les tarifs sont tout à fait abordables. *Voir Nos Adresses p. 123.*

★ San Domino

Avec ses 2,8 km de long et 1,7 km de large, l'île de San Domino est la plus grande de l'archipel. Regroupant les principales plages et installations touristiques, c'est l'île la plus animée, surtout aux environs du port et dans le centre, qui comprend le bureau de poste, l'église, l'école ainsi que de nombreux hôtels, restaurants et centres de plongée. Tout autour s'étend une **pinède**★★ magnifique (malheureusement très endommagée par les incendies de l'été 2017), en surplomb d'une côte rocheuse griffée de criques et baies minuscules. La seule plage facilement accessible est celle à côté du port.
★ **Sentiero Perimetrale** – Ne ratez pas la belle promenade *(90 mn env.)* qui part du village et suit le littoral occidental de San Domino. Du sentier principal, qui reste en hauteur, se détachent des petits sentiers qui descendent aux criques et aux belvédères. Une fois passé le **phare** abandonné, la **Strada dell'Eremita** mène au col du même nom, le point culminant de l'archipel (116 m). Après les ruines de la cappella dell'Eremita, la **vue**★★ embrasse la côte très découpée et les îles San Nicola et Capraia.
★ **Excursions en bateau** – *1h30/2h avec arrêts baignades en saison. Pour les horaires, se renseigner au port de San Domino ou au 339 53 65 314 - env. 15 €.* Rien de mieux qu'une promenade en barque pour découvrir les nombreuses grottes de San Domino. En partant du port, dans le sens inverse des

DIOMÈDE ET SES FIDÈLES COMPAGNONS

La **Diomedea** (*Calonectris diomedea*) est un oiseau de mer gris-brun qui vit normalement au bord de l'océan Atlantique. Aussi, sa présence dans la mer adriatique est-elle un mystère… qu'on explique ici par une légende : Diomède, roi d'Argos, combattit aux côtés d'Ulysse. Rentrant de la guerre de Troie, il trouva son trône occupé par l'amant de sa femme infidèle. Il abandonna sa patrie et s'établit alors sur l'archipel (fait attesté : dans l'Antiquité, on nommait celui-ci *Insulae Diomedae* ; c'est après Pline l'Ancien, au Ier s. ap. J.-C., que les îles furent appelées Tremiti) avant de s'établir dans le Gargano où il fit alliance avec les Dauniens. À la suite de nouveaux revers de fortune, il regagna l'archipel pour y mourir, escorté d'une poignée de fidèles. Les cris de ces derniers émurent Vénus qui, prise de pitié, les transforma en *diomedee*. Depuis, ils gémissent chaque nuit, pleurant la mort de leur chef, et pêchent en haute mer le jour.

Vue sur San Nicola et l'abbazia di Santa Maria a Mare.
A. Capone/AGF foto/Photononstop

aiguilles d'une montre, on découvre d'abord la côte occidentale, la plus battue par les vents, comme en témoignent les arbres presque couchés sur le terrain ; on passe la **grotta delle Rondinelle** (ou nichent des hirondelles) et, avant d'atteindre la grande **grotta del Bue Marino** (dont le nom vient d'un phoque retrouvé dans la grotte en 1958), on admire la falaise, haute de 80 m, de la **Ripa dei Falconi**, où nichent les **diomedee** (*voir encadré ci-contre*).

On longe ensuite la côte orientale, la plus belle, creusée par la **grotta delle Viole** (parée de reflets violets) et la **grotta del Sale** (souvenir de contrebande) et par les belles plages de **Cala Matano** et **Cala dello Spido**.

★ San Nicola

Service de navette entre San Domino et San Nicola : ttes les h en été ; 4/j hors sais.
Distante de 450 m de San Domino, San Nicola bénéficie, à la différences des autres îles, d'une protection naturelle sous la forme d'un relief escarpé. Difficile d'accès, mais également difficile à quitter, l'île fut dès l'Antiquité un lieu de bannissement et d'exil : Julie, fille de l'empereur Tibère et petite-fille d'Auguste, fut, selon Tacite, exilée à San Nicola où elle resta confinée jusqu'à sa mort. Au 19e s., les rois de Naples y firent déporter les criminels ; au 20e s., Mussolini fit des Tremiti un lieu de résidence forcée pour ses opposants. Jusqu'en 1943, près de 2000 prisonniers, parmi lesquels Sandro Pertini, futur président de la République, furent envoyés à San Nicola et à San Domino.

Le tour en bateau révèle la curieuse géologie de l'île, qui présente une couche supérieure de calcaire dur posée sur une couche de marne plus friable, ce qui expose l'île aux phénomènes d'érosion.

Centre historique et administratif de l'archipel, San Nicola est un îlot un peu délabré mais plein de charme. Le village, que l'on atteint par une rue en pente raide, est ceint d'imposants murs pourvus de plusieurs tours et bastions. Au-delà de l'ancien corps de garde, on pénètre sur la seule place du village ; en montant encore, en direction du château, on rejoint l'entrée de l'abbaye.

★★ **Abbazia di Santa Maria a Mare** – Sur le plateau qui surplombe la mer s'installèrent dès le 8e s. des moines bénédictins en provenance du mont Cassin, auxquels succédèrent, quelques siècles plus tard, des moines cisterciens.

Dominant l'archipel et stratégiquement placée sur les routes commerciales et celles des croisés, l'abbaye s'enrichit considérablement, éveillant la convoitise des pirates venus des côtes croates qui l'attaquèrent en 1321. L'abbaye devint une forteresse imprenable, capable de résister aux attaques de la flotte turque. Elle fut fermée définitivement en 1782, transformée en prison au siècle suivant et laissée longtemps à l'abandon jusqu'aux récents travaux de restauration.

Sur la belle façade de style Renaissance en pierres des Pouilles, d'un blanc éblouissant, s'ouvre le magnifique **portail**★ d'influence vénitienne dalmate. L'intérieur cache des trésors : un beau plafond du 18e s., des vestiges d'un pavement de **mosaïque**★ des 11e-12e s., une précieuse **croix**★ byzantine en bois, un riche retable vénitien au maître autel (15e s.) et, au fond du bas-côté gauche, la très vénérée statue de la sainte patronne des îles.

Sur la gauche de l'église s'ouvrent les deux **cloîtres** : le premier est plus ancien, le deuxième date du 16e s. Le site offre de **beaux aperçus**★ sur San Domino.

★ **Promenade aux cimetières** – *40mn AR.* Les fortifications se poursuivent derrière les bâtiments religieux. Un passage fort panoramique relie l'abbaye au plateau de San Nicola, inhabité, qui offre l'occasion d'une belle balade solitaire au petit cimetière de l'île et au **cimetière libyen**, un lieu très suggestif qui rend hommage au 1 300 Libyens déportés aux Tremiti pendant l'occupation italienne de la Libye au début du 20e s.

Scoglio del Cretaccio

Au centre de l'archipel, en forme de croissant et d'une couleur jaunâtre liée au terrain argileux, cet îlot servait autrefois de pont reliant San Domino à San Nicola.

Isola di Capraia

Tournant le dos à San Nicola, Capraia, dite aussi Caparra ou Capperara, est certainement la plus riche en grottes. Ses fonds marins, particulièrement intéressants, se prêtent à la pratique de la plongée. L'**Architello**, arc rocheux en forme de cou d'oie, est caractéristique du paysage de l'île. L'autre curiosité est une statue immergée de Padre Pio.

Isola di Pianosa

Située à 12 milles marins du reste de l'archipel, cette île déserte – au relief si plat qu'elle est recouverte lors des grandes marées –, a été instituée « réserve intégrale » : il est interdit d'y pêcher et même de s'y baigner.

NOS ADRESSES DANS LES ISOLE TREMITI

ARRIVER/PARTIR AUX TREMITI

Bon à savoir – Il n'est pas possible d'amener sa propre voiture sur les îles en saison. Tous les hôtels assurent un service de navette au port, à l'arrivée des bateaux.

En bateau

Liaisons quotidiennes du port de **Termoli** (en Molise) assurées par les compagnies **Tirrenia** *(www.tirrenia.it - 75mn - 35 € AR env.)* et **NLG** *(www.navlib.it - 40mn - 40 € AR env.)*.

De Pâques à septembre, liaisons au départ de Peschici *(1h30 - 35 € AR env.)* et Vieste *(2h - 40 € AR env.)* assurées par les compagnies **NLG** et **Linee Marittime Adriatico** *(www.navitremiti.com)*.

En hélicoptère

Alidaunia – *0881 61 79 61 - www.alidaunia.it - 2 vols/j au départ de Foggia tte l'année et 1 vol de Vieste - en été : vend.-lun. ; reste de l'année : lun. et vend. - aller simple 29 € (57 € en été) - Rens. sur le site Internet pour les horaires - réserv. obligatoire.* Comptez 15mn (spectaculaires) pour aller de l'aéroport de Foggia à l'héliport de San Domino.

Circuler entre les îles

Navettes *(5mn - 2,50 €)* entre les San Nicola et San Domino. Les autres îles sont accessibles uniquement dans le cadre d'excursions.

HÉBERGEMENT

San Domino

BUDGET MOYEN

Hotel San Domino – *Via Matteotti 1 - 0882 46 34 04 - www.hotelsandomino.com - ✕ - fermé nov.- Pâques - 25 ch. - 100/140 €.* À deux pas du centre du bourg, dans la partie haute de l'île, un hôtel simple et accueillant à la solide gestion familiale, agrémenté d'un joli jardin.

POUR SE FAIRE PLAISIR

Hotel Gabbiano – *Piazza Belvedere - 0882 46 34 10 - www.hotel-gabbiano.com - fermé janv.-mars - 20 ch.- 130/150 € - ✕.* D'agréables chambres avec vue

2

sur la mer et l'île San Nicola, un petit centre de bien-être et une belle terrasse où se régaler d'une cuisine de la mer raffinée, avec du poisson *freschissimo*.

San Nicola

POUR SE FAIRE PLAISIR

B & B La Casa di Gino – *Traversa dei Forni - ✆ 0882 46 34 10 ou 389 48 46 980 - www.hotel-gabbiano.com - 7 ch. - fermé oct.-mai - 120/160 €.* Cette belle maison toute blanche offre la rare possibilité de séjourner à San Nicola. Chambres soignées et accueillantes. Terrasse panoramique de rêve.

RESTAURATION

San Domino

BUDGET MOYEN

Da Pio – *Via Aldo Moro 12 - ✆ 0882 46 32 69 - fermé oct.-Pâques - 30/45 €.* Ici, on cuisine la mer avec des produits provenant du bateau de pêche familial. Cadre simple, mais service tout en gentillesse et plein d'attentions.

San Nicola

BUDGET MOYEN

Architiello – *Salita delle Mura 5 - ✆ 0882 46 30 54 ou 328 345 81 82 - 30/40 €.* Sur la terrasse bénéficiant d'une vue magnifique sur San Domino et Cretaccio, Carolina vous propose toutes les richesses de la mer, déclinées selon les recettes régionales. Un des endroits préférés du grand Lucio Dalla.

ACHATS

San Nicola

Ceramiche Cafiero – *Via degli Abati 7 - ✆ 328 14 31 341.* Sur la rue qui monte à l'abbaye, cet atelier artisanal propose des objets en céramique très jolis et riches en couleur, qui rendent hommage aux habitants de la Grande Bleue. Gennaro, l'artiste, est aussi une mine d'informations sur les îles. Profitez-en !

ACTIVITÉS

Visite guidée – La sympathique Rachele est la seule guide autorisée sur l'île. Elle propose une visite de 2h sur l'île San Nicola. *✆ 333 63 53 210.*

Plages – À **San Domino**, la seule plage de sable aisément accessible est la **Cala dell'Arene,** bondée en été. Les autres criques nécessitent une petite balade à pied : sur la côté ouest, la **cala degli Inglesi** et la **cala dei Benedittini** ; sur la côte est, la **cala Matano**, proche de l'Hotel Eden, et la **cala dello Spido**. À **San Nicola**, les seules plages sont celles du port et la **Marinella**, en contrebas du cimetière.

Plongées et snorkelling – Les îles sont un paradis sous-marin et sont dotées de plusieurs centres de plongée, parmi lesquels :

Blu Tremiti - *Via Tramontana 2/A, San Domino - ✆ 349 73 19 260 - www.tremitidiving.com*

Marlin Tremiti -*Via A. Vespucci - San Domino, à l'intérieur de l'hôtel Eden - ✆ 0882 27 62 53 - www.marlintremiti.it.*

Excursions en bateau – Excursions autour des îles et aux grottes marines, au départ de l'embarcadère de San Domino.

AGENDA

Assomption – *14-15-16 août.* Processions, feux d'artifice, concerts.

Foggia

151 560 habitants - province de Foggia

Foggia a toujours joué un rôle crucial dans l'histoire de la région. Elle a été le centre le plus important de la Daunie, un centre administratif et judiciaire sous Frederic II, un noyau commercial lié à l'élevage des moutons, un centre industriel et une importante base aérienne (ce qui lui a valu d'être copieusement bombardée pendant la Seconde Guerre mondiale). Aujourd'hui sans attrait particulier, elle réserve pourtant une agréable promenade dans le centre-ville et un intéressant musée municipal.

NOS ADRESSES PAGE 123
Hébergement, restauration, achats, activités, etc.

S'INFORMER

Puglia Promozione – *Via Emilio Perrone 17 - ✆ 0881 72 31 41.*

SE REPÉRER

Carte de région B2 (p. 92-93).
À l'intérieur des terres, Foggia se trouve à 135 km au nord de Bari par l'A14.

À NE PAS MANQUER

La cathédrale et le Museo Civico.

Se promener Plan de ville

Le **Corso Vittorio Emanuele**, bordé de beaux palais, constitue l'axe principal de la ville et son cœur commerçant. Il aboutit sur la **Via Arpi**, l'antique rue des marchands, d'implantation médiévale, qui revêt aujourd'hui l'aspect des rues des 18e-19e s. Palais et églises baroques agrémentent son parcours. Dans le sous-sol du centre-ville court un réseau de **cavités hypogées** qu'on peut visiter sur demande. *Associazione Ipogei Foggia - ✆ 320 37 24 578 - www.ipogeifoggia.it*

Cattedrale

De l'édifice élevé en 1172 la cathédrale conserve la partie inférieure de la **façade★**, avec une rangée d'arcatures aveugles surmontées d'une corniche sculptée, et la crypte ; le reste fut détruit par le tremblement de terre de 1731. Le campanile date de 1740. L'intérieur abrite, au revers de la façade, un remarquable tableau du Napolitain De Mura, la *Multiplication des pains* (1771), et un bel autel de Giuseppe Sammartino (1767).
À droite de l'entrée latérale on accède à la **crypte★**, qui conserve des vestiges du bâtiment roman (*ouv. jeu. à 18h et pour la messe du dim. à 8h*).

★ Museo Civico

Piazza Nigri, 1 - ✆ 0881 81 40 42 - tlj sf lun. 9h-13h, mar. et jeu. aussi 16h-19h - 5 €.
La place accueillait le palais disparu de Frédéric II, dont un mur du bâtiment du musée expose un arc et une épigraphe. Installé dans le Palazzo Arpi, ce musée agréable, doté d'intéressantes installations multimédia, s'organise en plusieurs secteurs, dont le plus important abrite la **section d'archéologie** qui rassemble des pièces issues de fouilles effectuées dans la province : frontons peints, vases, mosaïques, stèles dauniennes… La **pinacothèque** expose des artistes locaux, comme Francesco Saverio Altamura (1826-1867) et Domenico Caldara (1814-1897) : remarquez la douceur de son portrait d'une fillette.

Complesso del Calvario

Piazza Sant'Eligio, à 400 m au nord du centre - 9h-12h - gratuit.
Ce complexe, construit entre le 17e et 18e s. dans le style baroque, est formé d'un arc de triomphe et d'une allée délimitée par 5 chapelles, au bout de laquelle se dresse l'église del Monte Calvario ou delle Croci.

À proximité Carte de région p. 92-93

Ascoli Satriano B3

À 33 km au sud de Foggia par la S655.
En 279 av. J.-C., près de Ascoli Satriano, l'armée romaine fut vaincue par les troupes de Pyrrhus, roi d'Épire. Cette bataille, qui coûta beaucoup de pertes humaines au vainqueur, est à l'origine de l'expression « victoire à la Pyrrhus ». Des campagnes de fouilles menées aux abords immédiats de la ville actuelle, ont permis de mettre au jour un site fréquenté occasionnellement dès l'époque du néolithique inférieur, puis en continu à partir du 5e s. av. J.-C. Organisé en **Parco Archeologico dei Dauni**, le site se compose de divers types des nécropoles et d'un sanctuaire. *Largo Maria Teresa di Lascia 1 - ✆ 0885 66 21 86 - mar.-vend. 8h-13h30 et 14h-15h30, dim. 8h-14h - fermé lun. et sam. - entrée libre.*

Herdoniae C3

À 23 km au sud-est de Foggia par la S655
Voici un autre site daunien devenu ensuite le municipe romain de Herdoniae, longtemps florissant grâce à sa position géographique à proximité du carrefour de trois routes, puis détruit à la fin du 15e s. sur ordre de Frédéric d'Aragon. Subsistent une bonne partie des murs qui entourent les restes de bâtiments publics et la nécropole où ont été retrouvés de précieux trousseaux pour l'étude des diverses typologies de céramique daunienne.

Cerignola C3

À 40 km au sud-est de Foggia par la S16/E2
Les plus grosses olives de toute l'Italie poussent sur les oliviers qui disputent aux champs de blé et de légumes l'étendue infinie de la campagne autour de Cerignola. Une ville qui, bien que de fondation ancienne, doit son quadrillage régulier au tremblement de terre qui la détruisit presque entièrement en 1731. À la suite à ce même tremblement de terre, le **dôme** a été reconstruit au 19e s. en style néogothique. L'édifice accueille ponctuellement la toile de la **Madonna di Ripalta** (13e s.) protectrice de la ville *(voir ci-dessous).*
Le **Museo del Grano** (Musée du Blé) fait partie du Polo Museale Civico, qui englobe aussi les surprenants **Fosse Granarie**, des silos souterrains de l'époque romaine. *Piano San Rocco - ✆ 0885 42 00 36 - www.polomusealecerignola.it - visites sur RV.*

Santuario della Madonna di Ripalta C3

À 50 km au sud-est de Foggia par la S655 puis l'A16.
L'icône de la Madonna di Ripalta se trouve dans ce sanctuaire, à l'endroit où elle fut trouvée. Selon la légende, elle y fut découverte par deux voleurs qui l'utilisèrent comme planche à découper, provoquant le saignement du bois. Les habitants de Cerignola et de Canosa di Puglia accoururent sur les lieux de la découverte, prêts à se disputer l'image. Ne trouvant pas d'autres façons de résoudre le conflit, la relique fut chargée sur une carriole tirée par des bœufs, qui sans être conduits ni incités par qui que ce soit, se dirigèrent vers Cerignola.

NOS ADRESSES À FOGGIA

ARRIVER/PARTIR

Gare ferroviaire – *Piazza Veneto.* Liaisons avec Bari, Manfredonia et les cités côtières du Gargano. *www.trenitalia.com.*
Gare routière – *Piazza Veneto.* Les bus SITA *(www.sitasudtrasporti.it)* et Ferrovie del Gargano *(www.ferroviedelgargano.com)* desservent les localités de la province de Foggia.
Aéroport Gino Lisa – *Via Aviatori 1* - Service quotidien d'hélicoptère pour les îles Tremiti *(voir p. 115)*. *www.alidaunia.it*

HÉBERGEMENT

PREMIER PRIX

La Civetta – *Piazza Umberto Giordano 77 - ✆ 0881 777 717 - www.lacivetta.net* - P - *6 ch. 75/90 €* ☕. Sur la belle place dédiée au compositeur né à Foggia en 1867, l'ameublement de chacune des chambres raffinées de ce B & B s'inspire d'un film célèbre (serez-vous Dolce Vita, Casablanca, Out of Africa ou Breakfast at Tiffany ?). Mention spéciale pour le service irréprochable. Petit déjeuner servi dans les chambres.

RESTAURATION

BUDGET MOYEN

Osteria Numero Dieci – *Via Vincenzo della Rocca 8 - ✆ 320 1137 655 - fermé dim. - formule déj. 10 € - 20/30 €.* Une salle toute simple, une dizaine de tables et, dans l'assiette, une cuisine comme à la maison, sans fioritures mais goûteuse !
Trattoria Ambasciata Orsarese – *Via Tenente Iorio 53 - ✆ 320 251 25 50 - fermé dim. soir et lun. - 25/35 €.* Une balade de 10mn au départ de la Piazza Giordano conduit à l'atmosphère un brin rétro de cette adresse authentique. Le menu unique déçoit rarement : du pain, à la mie brune sous la croûte croquante, aux *dolcezze* à l'ancienne, à base d'amandes et de noix, les plats préparés à base de produits locaux s'accordent parfaitement bien avec les vins des Pouilles.

POUR SE FAIRE PLAISIR

Giordano-Da Pompeo – *Vico al Piano 14 - ✆ 0881 72 46 40 - fermé dim. - 23/42 €.* À deux pas du Duomo, un des grands classiques de la ville avec cuisine apparente. Plats du terroir préparés à partir de produits sélectionnés en fonction du marché du jour.

PETITE PAUSE

Gelateria Gabrielino – *Piazza Umberto Giordano 65-66 - ✆ 0881 72 0 970 - www.gabrielino.it.* Une annexe de la maison-mère de Mattinata avec une offre tout aussi variée et alléchante ! Coup de cœur pour la crème Gabrielino, parfumée au citron avec des morceaux d'amandes et de la pâte brisée.
Pasticceria Moffa – *Via Giuseppe Mandara 103 - ✆ 0881 331 831 - www.pasticceriamoffa.it - fermé lun.* Très excentrée, cette boutique aux airs de bijouterie vaut cependant le détour. Après des années de formation en France, Piero Moffa régale ses concitoyens avec sa *sette veli* (sept couches de chocolat traitées différemment) et ses *peccati di gola* (deux meringues réunies par une crème au caramel).

Lucera

★

33 390 habitants - province de Foggia

Une belle abandonnée : voilà ce qu'évoque Lucera. Une belle qui guetterait de son balcon tout mouvement sur le Tavoliere ; une belle fidèle aux remparts de sa jeunesse dont la porte principale continue de marquer l'entrée de la « vraie ville » – entendez la vieille ville, dont les palais vétustes et les places pavées de noir évoquent la splendeur passée. Souvenirs glorieux, l'amphithéâtre romain et le château médiéval continuent de nourrir l'imaginaire d'une ville qui aime rappeler qu'elle aurait été l'endroit préféré de Frédéric II durant ses séjours dans cette partie de l'Empire. De nos jours, c'est le vin Cacc'e Mmitte qui œuvre à sa renommée.

NOS ADRESSES PAGE 128
Hébergement, restauration, achats, activités, etc.

S'INFORMER
Centro Informazione turistica – *Piazza Nocelli 6 - ✆ 0881 52 27 62.*

SE REPÉRER
Carte de région B2 (p. 92-93) - plan de ville (ci-contre). Lucera est à 20 km au nord-ouest de Foggia par la SS 17.

À NE PAS MANQUER
La cathédrale, le château, l'amphithéâtre.

ORGANISER SON TEMPS
Comptez une journée.

Se promener Plan de ville ci-contre

★ Basilica Cattedrale di Santa Maria Assunta

Piazza del Duomo - 7h-12h, 16h30-20h.

Cet édifice, qui donne sur une belle place, point de rencontre des habitants, domine le centre historique. Lorsque les Angevins conquirent la ville, ils en chassèrent l'importante communauté sarrasine que Frédéric II avait déportée de la Sicile à Lucera. Pour ces 20 000 sarrasins rebelles, Frédéric II avait dessiné une cité de type islamique et donné toute autonomie administrative et économique à ses sujets. Le résultat fut extraordinaire et il constitua même sa garde royale avec les habitants de Lucera.

S'inscrivant en champions de la chrétienté, les Angevins confièrent à Pierre d'Angicourt la construction d'une cathédrale, qui commença en 1300 et se termina 17 ans plus tard. L'église est un exemple éloquent d'édifice parfaitement gothique – moins sur la façade, plus austère malgré les portails entourés de baldaquins et la rosace, que dans la partie absidale, hérissée de contreforts et allégée par des fenêtres à baie unique.

L'**intérieur** suit le modèle français, avec un plan à trois nefs couvertes de poutres apparentes et séparées par des pilastres ainsi qu'un transept où s'ouvrent trois absides polygonales à voûtes en croisée d'ogives. Une grande part du mobilier est du 16e s. ; la table en pierre du grand autel est liée à Frédéric II, tandis que la statue de la Madonna della Vittoria (14e s.) renvoie aux Angevins dont elle symbolise la victoire sur les Souabes.

125

LUCERA

SE LOGER	SE RESTAURER	
B&B Le Foglie di acanto 1	Il Cortiletto 1	Le Delizie di bacco 2
		Palazzo d'Auria Secondo.... 3

Museo civico Giuseppe Fiorelli

Via De Nicastri 74 - ✆ 0881 54 70 41 - mar.-sam. 9h-13h, 15h30-19h30, dim. 9h-13h- 3 €.

Le long de la **Via De Nicastri**, qui traverse une partie de Lucera où l'on reconnaît encore le tracé orthogonal de la cité romaine, les salles pittoresques du 18e s. du palais De Nicastri-Cavalli abritent l'une des collections les plus intéressantes de la région. La section archéologique est bien évidemment consacrée aux restes découverts à Lucera et, plus généralement, dans la province de Foggia : des inscriptions aux céramiques (de l'âge de bronze au 2e s. av. J.-C.), des objets en verre aux bijoux en bronze comme en métal, des mosaïques aux monnaies. La **Vénus★** de marbre est une copie romaine d'une statue de l'école de Praxitèle. La poterie islamique évoque le caractère singulier de la cour de Frédéric II, tandis que l'on revit l'époque angevine à travers la statuaire.

San Francesco Antonio Fasani

L'église est un « clone » de la cathédrale. On y accède depuis la Piazza del Duomo par les rues Schiavone et San Francesco. Ce sont encore une fois les Angevins – et plus précisément Charles II – qui la firent construire presque en

Château de Lucera.
G. Guarino/imageBROKER/age fotostock

même temps que le duomo, en réutilisant les matériaux de l'amphithéâtre romain. Ceci explique l'extraordinaire ressemblance aussi bien de la façade, mélange d'éléments romans et gothiques, que de la partie absidale, où l'on retrouve les contreforts et les fenêtres à baie unique. L'intérieur possède une seule nef recouverte de poutres apparentes, ainsi que des détails baroques dans les autels.

★ Castello Svevo Angioino HP dir. A1

Sur le site de l'acropole de la *Luceria* romaine se dressent les ruines du château : non pas la demeure de prédilection de Frédéric II de Souabe, mais la forteresse pentagonale que les Angevins firent construire en 1269-1283 en signe de « Reconquête » de la ville. Bien qu'elle fût déjà protégée par la conformation du terrain, dont trois des côtés donnent sur un précipice, les nouveaux seigneurs de Lucera ordonnèrent cependant la construction d'une haute courtine renforcée par des tours. Les seuls accès sont, au nord, la porte de Castelfiorentino et, à l'est, la porte de Lucera, la plus importante. Depuis le château, on a un beau **panorama★** sur le Tavoliere.

★ Anfiteatro Romano HP dir. B1

Viale Augusto - mar.-dim. 9h30-13h30, 15h-19h - 3 €.

L'existence d'un amphithéâtre confirme l'importance de Lucera à l'époque romaine. Situé à l'extérieur de l'actuelle agglomération, il fut fondé sur une dépression naturelle du terrain. Selon l'inscription qui y a été retrouvée, on doit sa construction, à l'époque d'Auguste, à Marco Vecilio Campo qui l'édifia suivant le plan traditionnel en hélice et sur deux étages (l'étage supérieur n'existe plus), auxquels on accédait par un promenoir.

À proximité Carte de région

★ San Severo B2

À 23 km au nord de Lucera par la SP 109.

Via San Giuseppe 29 - 0882 22 19 42.

Durement secouée par un tremblement de terre en 1627, la ville, développée au Moyen Âge, a été magnifiquement reconstruite au 17e s. Ses belles rues

TERRE DE VINS

Le **Cacc'e Mmitte** de Lucera est un vin de table rouge rubis, qui s'obtient à partir des cépages uva di Troia, montepulciano, sangiovese et malvasia nera di Brindisi et, dans une moindre mesure, du trebbiano toscan, du bombino bianco, et du malvasia bianca lunga.

Dans l'Antiquité, le vin était produit dans les *palmenti,* des fermes équipées de cuves appartenant aux grands propriétaires terriens, qui les mettaient à disposition pour la journée. À la fin de la journée, le vigneron libérait le pressoir et transportait le moût dans sa propre cave. C'est de ce procédé que dérive la curieuse dénomination « Cacc'e Mmitte », qui signifie littéralement « enlève et remets ».

pavées, flanquées d'édifices baroques aux lignes élégantes, font de cette ville un lieu de promenade d'une grande beauté. Le centre ville organisé autour du Palazzo di Città est un bon point de départ pour découvrir d'innombrables églises et palais.

Le château de **Serracapriola**, qui offre de splendides vues sur les îles Tremiti et la Maiella, est d'origine médiévale. Le retable de l'église des 16e-17e s. Santa Maria in Silvis, ainsi que le triptyque dans l'autel de la même époque de l'église paroissiale San Mercurio sont l'œuvre de Francesco da Tolentino (déb. 16e s.).

Pietramontecorvino A2

À 20 km à l'ouest de Lucera par la SP 5.

Piazza Martiri del Terrorismo - ✆ 0881 55 51 22.

L'histoire médiévale regorge de guerres entre villages. Celle de Ruggero d'Altavilla sur Montecorvino, en 1137, provoqua la destruction totale du village qui se vida de ses habitants. Une partie d'entre eux fonda, non loin de là, Pietramontecorvino. Sur les hauteurs du bourg se dressent les restes d'un château, datant probablement de l'époque souabe (13e s.), dont on voit l'épaisse tour crénelée. À ses pieds s'étend le centre historique disposé en arêtes de poisson, avec ses rues étroites et tortueuses qui avaient également un rôle défensif.

Celenza Valfortore A2

À 40 km à l'ouest de Lucera par la SS 17.

L'existence du village est attestée dès l'époque romaine. Le château, commandité par la famille des Gambacorta, fut construit en 1467-1519, puis transformé en résidence, ce qui explique que seule la tour cylindrique soit d'origine.

Facilement identifiable dans le paysage à l'ouest du village, le **lac Occhito,** grand bassin artificiel créé le long du fleuve Fortore, approvisionne cette partie des Pouilles ainsi que le Molise frontalier.

Volturara Appula A2

À 35 km à l'ouest de Lucera par la SS 17.

Palazzo Comunale - ✆ 0881 55 70 05.

À Volturara Appula, aussi fort et rapide qu'un vautour souffle le libeccio, le vent qui, en dialecte, est appelé *vultere* et dont dérive le toponyme. L'ancienne cathédrale, construite au 12e s., contient deux toiles du 16e s. et un beau maître-autel du 18e s. Le château fort « se cache » sous le palais ducal.

NOS ADRESSES À LUCERA

Plan de ville p. 125

HÉBERGEMENT

BUDGET MOYEN

B & B Le Foglie di Acanto – B1 - *Via Frattarolo 3 - ✆ 340 36 52 912 - www.lefogliediacanto.it - d'avr. à fin oct. - ⊠ - 3 ch. 95/135 €* ☕. Aucune fausse note dans ce palais ancien, aménagé dans un style très italien – mélange inimitable d'élégance et de décontraction. Antonio, attentif et souriant, vous servira la *prima colazione* dans un délicieux petit jardin. Le vaste salon familial, à la bibliothèque bien garnie, et la cuisine sont à la disposition des hôtes de 8h à 20h. Un coup de cœur !

RESTAURATION

BUDGET MOYEN

Palazzo d'Auria Secondo – B1 - *Piazza Oberdan 3 - ✆ 0881 530 446 - palazzodauriasecondo.it - tlj sf lun. - 15/32 €.* L'accueil et le service sont parfois désinvoltes, mais les *pizze* sont excellentes et les lieux – terrasse dans la jolie cour pavée, notamment – très agréables, à l'écart de l'agitation bruyante qui entoure le Duomo le soir venu.

POUR SE FAIRE PLAISIR

Il Cortiletto – B2 - *Via de Nicastri 26 - ✆ 0881 54 25 54 - www.ristoranteilcortiletto.it - fermé dim. soir - 30/63 €.* Le nom vient du patio d'une demeure patricienne du 17ᵉ s. Sous les plafonds de brique, ambiance chaleureuse et distinguée au service d'une carte qui valorise les produits et les plats régionaux recherchés.

Le Delizie di Bacco – A1 - *Via Luigi Zuppetta 27 - ✆ 329 02 94 355 - fermé mar. - 25/40 €.* C'est, dit-on, dans les petites bouteilles qu'on trouve les meilleurs élixirs… Cette œnothèque, qui cultive le style intimiste, ne fera pas mentir le proverbe. Excellente sélection de vins locaux, doublée d'une petite carte de *pizze* particulièrement fines et savoureuses : une combinaison gagnante !

San Severo

BUDGET MOYEN

La Fossa del Grano – *Via Minuziano 63 - ✆ 0882 24 11 22 - www.lafossadelgrano.com - fermé dim. soir (midi et soir en juil.-août), mar. et sam.* Angelots et vierges à l'enfant décorent cette auberge résolument traditionnelle. *Antipasti* de la terre et de la mer, pâtes fraîches et soupes de légumes : une bonne occasion de revenir aux basiques de la cuisine apulienne, au gré des saisons.

PETITE PAUSE

Monaco – *Via Federico II 24-26 - ✆ 0881 200 069 - 8h-19h.* Bien située dans la principale rue commerçante de la ville, cette *pasticceria-gelateria* doit sa renommée aux petits-fours, aussi beaux que bons, qui emplissent les vitrines, mais les glaces artisanales valent aussi une petite pause.

Nero Crema – *Viale Vincenzo Scarano 77 - ✆ 0331 295 4721 - fermé dim. soir.* Un peu excentré (mais à Lucera, les distances ne sont jamais très importantes), ce café-pâtisserie est plébiscité pour ses tartes au citron ou ses croissants fourrés de glace. Parfait pour une petite pause à l'aller ou au retour de votre visite à l'amphithéâtre.

Troia

7 145 habitants - province de Foggia

Difficile de croire que Troia fut longtemps, pour les armées venues du nord, un enjeu décisif dans leur conquête du sud. Ramassée sur elle-même au sommet d'une colline, à l'image de toutes les petites villes qui peuplent les Monti Dauni, elle constituait un véritable verrou sur la route du sud. Si l'ancienne vigile semble aujourd'hui assoupie, loin des routes touristiques, ne dédaignez pas de la visiter. Elle recèle un trésor : sa cathédrale, merveille de finesse et d'inventivité, vous donnera les clés de l'art roman apulien.

NOS ADRESSES PAGE 131
Hébergement, restauration, achats, activités, etc.

S'INFORMER

Pro Loco di Troia – *Corso Regina Margherita - ✆ 0881 97 82 41 - www.prolocotroia.it. Voir aussi : www.montidauniturismo.it*

SE REPÉRER

Carte de région B3 (p. 92-93).

Principale ville des Monti Dauni méridionaux, Troia est située à 160 km au nord-ouest de Bari par l'A14.

À NE PAS MANQUER

La cathédrale.

ORGANISER SON TEMPS

Si vous voulez voir la ville sous son jour le plus animé, passez-y à l'heure de la *passeggiata*, quand les habitants se retrouvent sur le Corso Regina Margherita, colonne vertébrale de la ville.

Se promener

★★ Concattedrale della Beata Vergine Maria in Cielo

Piazza Cattedrale - 9h-13h,16h-20h.

La combinaison d'éléments d'inspiration byzantine, romane et islamique fait de cette cathédrale une œuvre unique, d'une valeur artistique et architecturale exceptionnelle parmi l'ensemble des églises médiévales des Pouilles. L'actuelle cathédrale, dédiée à la Vierge en son assomption, fut construite à l'emplacement d'un ancien lieu de culte, à partir de la fin du 11e s.

Sa façade est remarquable : la partie inférieure, composée d'arcades aveugles reposant sur des pilastres, est séparée de la partie supérieure par une corniche richement décorée. La magnifique **rosace**★★, surmontée d'une archivolte ouvragée, attire les regards : ses onze rayons forment une roue travaillée comme une grille de pierre. De multiples créatures de pierre, aussi fantaisistes qu'expressives, peuplent l'édifice. La **porte**★ de bronze a été réalisée par **Oderiso da Benevento** en 1119 : les deux battants, divisés en 14 caissons, sont également ornés d'animaux et de figures fantastiques. Du même artiste, on trouve, sur le côté droit de l'église, près de la 8e arcade, une autre porte (1127) dont les battants sont composés de 24 caissons présentant des figures de saints et d'évêques. La porte qui ouvre sur le côté gauche est surmontée d'un **tympan** sculpté où figure le Christ entre deux anges.

Dans la splendide partie absidale, érigée au 13e s., on retrouve le motif, d'inspiration pisane, des petites arcades reposant sur des colonnes aux chapiteaux chaque fois différents.

À l'**intérieur**, les treize colonnes ponctuant les trois nefs représenteraient le Christ et les apôtres. Remarquez également la chaire (1169) qui repose sur des colonnes aux multiples ornements.
Les collections du **Museo del Tesoro della Cattedrale** témoignent de l'importance historique de Troia : citons, en particulier, les trois rarissimes *Exultet*, rouleaux de parchemin illustrés d'enluminures datant des 12e et 13e s. *Piazza Episcopio - ✆ 0881 97 00 20 - mar. et jeu. 17h30-20h, sam. 10h-13h.*

San Basilio

Via San Basilio Magno.
Si la cathédrale est le monument le plus beau et le plus célèbre, San Basilio est l'église la plus ancienne de Troia. On y arrive en suivant le Corso Regina Margherita jusqu'à une petite place d'où l'on prend, sur la droite, la Via San Basilio. Dès 1087, les archives en attestent l'existence (elle aurait été édifiée à l'occasion de la reconstruction de Troia durant le Haut Moyen Âge) ; l'édifice est simple, à l'extérieur comme à l'intérieur, où l'on remarquera les beaux chapiteaux des colonnes.

À proximité Carte de région

★ Bovino B3

À 25 km au sud de Troia par la SP 109 puis la SP 121.
Dominant les monts de l'Irpinia, Bovino conserve le souvenir de deux moments glorieux. Le premier fut bref : Hannibal y fit camper ses troupes avant la bataille de Cannes ; le second, plus long, correspond à l'époque moderne, au cours de laquelle la ville accueillait le siège de l'évêque. Témoin de ce passé et principal monument d'une ville soigneusement restaurée, le duomo Santa Maria Assunta fut construit à la fin du 10e s., mais il doit son aspect extérieur actuel aux travaux entrepris au 13e s. : c'est de cette époque que date la façade, dont on remarquera la rosace comprise entre un arc et des colonnes soutenues par des lions, tandis que le plan intérieur de la basilique date du 10e s. Les colonnes, aux chapiteaux tous différents, sont des éléments de réemploi datant de l'époque romaine.

Sant'Agata di Puglia B3

À 53 km au sud de Troia par la SP 121 puis la SP 122.
Le château qui veille sur ce bourg fut édifié par les Normands au 11e s. Il abrite aujourd'hui des bureaux administratifs. Le village, enroulé en colimaçon en contrebas de la forteresse, ménage de belles vues sur les Monti Dauni.

Faeto A3

25 km à l'ouest de Troia par la SP 125.
Voilà une destination agréable pour ses beaux panoramas qui, les jours de beau temps, s'étendent au-delà du Tavoliere jusqu'à la baie de Manfredonia et au Gargano. Les collections et les objets du **Museo civico del Territorio** évoquent le souvenir de la colonie franco-provençale fondée ici par Charles II d'Anjou à la fin du 13e s., la seule en Italie méridionale avec celle de San Vito, une localité voisine. Les gens du coin affirment que, si l'on y prête attention, on s'aperçoit que le dialecte conserve encore des intonations « françaises ». Le musée expose aussi les objets mis au jour lors des fouilles d'une villa romaine du 1er s. *Via Vittorio Emanuele 5 - ✆ 0881 97 32 90 - été : 10h30-12h30, 16h30-18h30 ; reste de l'année : se rens. - gratuit.*

NOS ADRESSES À TROIA

HÉBERGEMENT

Sant'Agata di Puglia

PREMIER PRIX

Tenuta Sant'Arcangelo – *Contrada Santarcangelo - ✆ 0881 984 499 - www.tenutasantarcangelo.it* - 🏊 - *3 ch. 80 €* ☕ - ✕. Bienvenue à la ferme : poules et cochons noirs vous accueillent... avant de se retrouver dans votre assiette en compagnie d'olives, légumes, confitures et vins produits sur place. La piscine et la jolie vue sur Sant'Agata achèvent de faire oublier le caractère standard des chambres, néanmoins très bien tenues.

RESTAURATION

PREMIER PRIX

I Cavalieri di Malta – *Via Roma 268 - ✆ 348 05 19 569 - http://icavalieridimalta.wixsite.com/icdm - de mi-juil. à août : 20h30-0h ; reste de l'année : sam. soir. - 15/20 €.* Attention, adresse rare : de septembre à juin, cette pizzeria familiale ne sert que le samedi soir *(réserv. recommandée)*, mais, ce jour-là, ses antipasti valent le détour ! L'été, du lundi au jeudi, les soirées *« Pizza no stop » (10 €)* font salle comble.

Orsara di Puglia

BUDGET MOYEN

Peppe Zullo – *Via Piano Paradiso, à 14 km au sud de Troia - ✆ 0881 964 763 - www.peppezullo.it - fermé le soir et mar. - 35 €.* Dans son village perdu, au cœur des Monti Dauni, Peppe Zullo vous invite à une expérience étonnante. Cet adepte du mouvement *slow food*, revenu au pays dans les années 1980 après un long séjour aux États-Unis, remet à l'honneur les produits oubliés de la terre des Pouilles et des recettes simples non dénuées de fantaisie.

PETITE PAUSE

Pasticceria Casoli – *Via Regina Margherita 21 - ✆ 0880 970 401 - pasticceriacl.it.* En plus d'offrir une vue incomparable sur le magnifique Duomo, ce café à l'ancienne sert de délicieuses glaces et pâtisseries, concoctées par Lucia Casoli. La *Passionata*, pâtisserie fondante à base de ricotta, pâte d'amande, sucre candi et génoise, se décline en rose, jaune, vert... et fait la fierté de Troia.

Cluny American Bar – *Piazza Ettore De Pazzis 3 - ✆ 0881 970 785 - fermé lun.* Au bout du *Corso* et en face du parc municipal, un bar volontiers branché, parfait pour prendre une tasse de thé ou l'apéritif, accompagné d'une assiette d'appétissantes *frivolezze*. Mention spéciale pour le service prompt et attentionné.

LA TERRE DES TRULLI, TARANTO ET BRINDISI

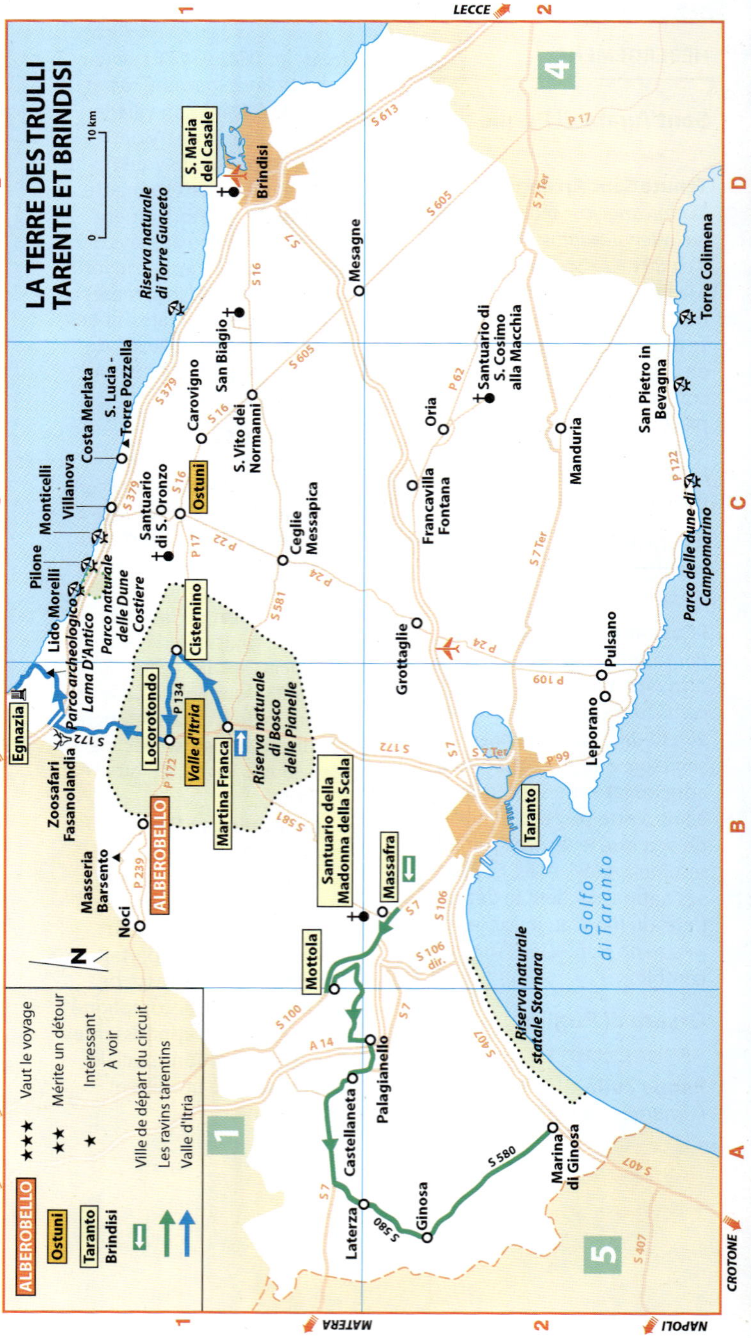

La terre des trulli, Taranto et Brindisi 3

Cartes Michelin Régional Italie 564 et Local Italie 363

Grand angle

UN TERRITOIRE D'UNE GRANDE VARIÉTÉ

Entre la région de Bari, au nord-ouest, et le Salento au sud-est, s'étend un vaste territoire qui réunit sur quelques kilomètres carrés une extraordinaire variété de paysages. Reliefs karstiques tourmentés à l'ouest de Tarente, grottes et ravins autour de Massafra, longues baies soulignées de sable le long de la mer ionienne, larges plaines irradiées de soleil à l'ouest de Brindisi, petites criques découpées dans les eaux turquoise de l'Adriatique, collines verdoyantes plantées de vignes et parsemées de *trulli* dans la Valle d'Itria… et, partout, des oliviers.

UNE BELLE GALERIE D'ANCÊTRES

Ici, l'histoire est celle de ses conquérants. Elle se confond, à partir du 12e s., avec celle des royaumes de Sicile, puis de Naples, auxquels les Pouilles ont appartenu jusqu'à leur rattachement à l'Italie en 1860. Entre le 8e s. av. J.-C. et le 19e s., la région a vu se succéder Grecs, Romains, Byzantins, Lombards, Normands, Souabes, Angevins et Aragonais, Espagnols et même, mais pour 9 ans seulement, les Français, à l'époque napoléonienne. Tous ont laissé une trace de leur passage. Dans chaque village on trouve une tour normande ou un château aragonais, des restes de murailles messapiennes ou une voie romaine, des extravagances baroques et des *palazzi imperiali*. Ensemble, ils constituent le splendide héritage de 2700 ans d'histoire.

ET DES RESSOURCES APPRÉCIABLES

Ce territoire, qui recouvre les provinces de Brindisi et de Tarente, regroupe le quart de la population des Pouilles et deux villes, en réalité deux ports, d'importance : Brindisi, sur la mer adriatique, et Tarente, sur la mer ionienne. Brindisi est aujourd'hui le centre de **production électrique** le plus important d'Italie et Tarente, le siège d'**industries lourdes** (sidérurgie, aéronautique, raffineries de pétrole, textile, plastique) et de la deuxième **base navale militaire** d'Italie.

À une autre échelle, Grottaglie est célèbre pour sa production de **céramiques.** Mais ce sont surtout les produits agricoles qui font la gloire de cette région et, et en premier lieu, **l'huile d'olive**. Trois huiles DOP (Dénomination d'Origine Protégée) sont produites dans cette région : la Colline di Brindisi, aux arômes d'herbe et de légumes, la Tarantina, assez fruitée avec un léger goût d'amande, et la Cima di Mola, très douce.

Côté **vin**, le **Primitivo di Manduria** est un vin rouge complexe et structuré, à déguster avec des *orecchiette* à la viande d'agneau ou du *pecorino* (fromage au lait de brebis), tandis que le **Bianco di Locorotondo** s'apprécie en apéritif ou avec des crustacés.

Martina Franca produit une charcuterie réputée (*pancetta*, *capocollo*), Ostuni se spécialise dans les *marretti* (préparation à base de tripes), et Cisternino dans les *bombette* (fines tranches de veau farcies, ou non, de fromage caciocavallo et cuites en brochettes). À déguster dans un *fornello,* bien sûr, une de ces boucheries où l'on peut manger sur place.

Ostuni.
graemenicholson/iStock

Alberobello

★★★

10 745 habitants - Province de Bari

Classée sur la liste du patrimoine mondial de l'humanité par l'Unesco depuis 1996, Alberobello a acquis une renommée internationale grâce à son important ensemble de trulli remarquablement préservés (on en dénombre environ 1 400). Toute la population semble désormais vivre à l'heure du tourisme et la majeure partie des trulli ont été convertis en boutiques de souvenirs. Si le charme de ces étonnantes constructions opère toujours, le voyageur averti s'évitera ainsi toute désillusion et pourra goûter pleinement la beauté d'une ville unique en son genre.

NOS ADRESSES PAGE 138
Hébergement, restauration, achats, activités, etc.

S'INFORMER

Pro Loco Alberobello – *Via Monte Nero 1 - ✆ 080 43 22 822 - www.prolocoalberobello.it - mar.-dim. 8h-11h, 16h30-19h.*

SE REPÉRER

Carte de région B1 (p. 132). De Bari (55 km au nord-ouest), prenez la S 100 puis la S 172 ; de Brindisi (80 km à l'est), prenez la S 379, puis la S 172.

DES CÔNES DE PIERRE

Certains historiens attribuent à Giangirolamo II Acquaviva d'Aragona, comte de Conversano (17e s.), l'invention des **trulli** : refusant de payer au roi de Naples les taxes indexées sur les bâtis élevés de son territoire, il concéda à des paysans le droit d'élever des maisons *a secco,* sans fondations ni mortier, afin qu'elles puissent être démontées en cas d'inspection. De telles constructions existaient pourtant depuis longtemps dans diverses régions méditerranéennes, édifiés essentiellement au moyen de pierres calcaires présentes en grande quantité dans les champs. En épierrant la terre pour la labourer, les paysans collectaient les matériaux nécessaires aux *trulli,* lesquels connurent leur âge d'or au 19e s., avec le morcellement de la vallée d'Itria en petites parcelles viticoles. Présent à l'origine exclusivement dans les campagnes, il s'est ensuite développé en milieu urbain. L'élément de base, qui servait d'abri temporaire au bétail ou au paysan, suit un plan circulaire, mais les constructions plus sophistiquées sont de plan carré. Les *trulli* sont souvent construits par groupes de 2 à 5 unités ayant chacune une fonction distincte (local, four, chambre, étable…). Leur voûte tient soit par une disposition des pierres en encorbellement, soit grâce à une clé de voûte (*serraglia*). La coupole de lauzes (*chiancarelle*), qui coiffe invariablement l'édifice, est son trait distinctif. À son sommet se détachent des pinacles aux formes variables, dont la fonction est mal connue (symbolique, sociale, ou signature du maître d'ouvrage). Il en est de même des motifs, le plus souvent chrétiens, mais parfois ésotériques, peints à la chaux sur les toits.

Les trulli d'Alberobello.
kaguyan/iStock

SE GARER
Trouver une place de stationnement s'avère difficile en haute saison. La Via Indipendenza compte trois parkings payants.

À NE PAS MANQUER
Le *trullo* Sovrano, le Museo del Territorio « Casa Pezzolla ».

ORGANISER SON TEMPS
Comptez une demi-journée de visite.

3

Se promener

Le quartier historique comprend deux buttes qui se font face, de part et d'autre de la route principale (Via Indipendenza/Largo Mertellotta) : le Rione (quartier) Monti et le Rione Aia Piccola.

Rione Monti

Pareil à un Montmartre de foire, le **Rione Monti** est la partie ultra-touristique. On peut y visiter de nombreux *trulli* et jouir, du haut de la rue, d'une belle vue sur l'agglomération. À son sommet s'élève l'étonnante église **Sant'Antonio**, en forme de *trullo (accès par la Via Monte San Michele)* ; à l'intérieur, la croisée du transept est surmontée d'une coupole identique à celle que l'on observe dans les habitations. En redescendant par la Via Monte Nero, notez le « **trullo siamese** » (siamois), identifiable à ses deux cônes. Il aurait été divisé pour séparer deux frères fâchés à la suite à une affaire de cœur.

Rione Aia Piccola

Au nord, l'Aia Piccola forme la plus grande partie du bourg. C'est là que les anciens tentent de préserver leurs habitudes au fond des cafés, théâtres de parties de cartes animées. On découvre ce quartier en sillonnant ses rues où voisinent immeubles modernes et *trulli* vénérables sans logique apparente.
Au bout du Corso Vittorio Emanuele se dresse la Basilica dei Santi Medici. C'est derrière elle que l'on trouve le *trullo* le plus remarquable d'Alberobello : construit pour un prêtre au milieu du 18e s., le **trullo sovrano★** est le seul à

comporter un étage. Sa structure, une voûte en croisée d'ogives soutenue par quatre petits arcs romans, est coiffée de douze cônes. À l'intérieur, le mobilier et les divers objets d'époque disposés dans les nombreuses pièces campent le décor d'une vie rurale immuable. *Piazza Sacramento 10/11 - ✆ 080 43 26 030 - 10h-13h30, 15h30-19h30 (18h30 en hiver) - 1,50 €.*

Complétez cette visite par celle du **Museo del Territorio « Casa Pezzolla »** dont les salles sont réparties sur une quinzaine de *trulli* accolés. Les plus anciens datent du 18e s. De nombreux panneaux explicatifs et objets ethnographiques mettent en scène l'histoire d'Alberobello et témoignent de l'univers rural et quotidien des *trulli*. Une section est consacrée à la technique de construction. Le **Museo dell'Olio**, qui lui est associé, comprend une presse et un superbe moulin. *Piazza XXVII Maggio - ✆ 380 41 11 273 - www.alberobellocultura.it - été : 10h-20h ; reste de l'année : mar.-dim. 10h-13h, 15h-18h30 - 4 €.*

À proximité Carte de région

Masseria Barsento B1

À 5 km au nord-ouest d'Alberobello par la Strada Vicinale Barsento.

Cette *masseria* présente un intérêt particulier grâce à sa position panoramique et à son église, dont l'origine remonterait à la fin du 6e s. Son plan basilical est gréco-romain, tandis que le dessin des voûtes en berceau évoque fortement celles des *trulli*.

Noci B1

À 10 km au nord-ouest d'Alberobello par la S 604 puis la Provinciale Noci-Alberobello.

Situé dans l'une des zones des Murge les plus élevées, ce village possède une **Chiesa Madre**, bâtie en 1316 mais agrandie au siècle suivant, qui vaut le détour. Son portail et sa rosace en façade sont typiques du style roman des Pouilles, tandis que l'intérieur est Renaissance, à l'image du maître-autel en marbre, qui porte une Vierge à l'Enfant en pierre peinte du sculpteur Stefano da Putignano (1470-1539).

NOS ADRESSES À ALBEROBELLO

HÉBERGEMENT

PREMIER PRIX

Casa-albergo Sant'Antonio – *Via Isonzo, 8/a - ✆ 080 43 22 913 - www.santantonioalbergo.it - 24 ch. 60/90 €* ☕. Cet ancien monastère, proche de l'église-trullo, abrite un hôtel au confort basique mais d'un rapport qualité-prix correct. À défaut de charme, les chambres s'avèrent grandes et lumineuses.

BUDGET MOYEN

Hotel Lanzillotta – *Piazza Ferdinando IV 33 - ✆ 080 43 21 511 - www.hotellanzillotta.it - 30 ch. 70/120 €* ☕ - ✕. Proche de la Piazza Popolo, cet hôtel loue des chambres dotées d'une belle hauteur sous plafond et d'un joli décor classique qui compense leur petite taille. Celles du 4e étage ont une terrasse partagée avec vue sur la ville.

Fascino Antico – *Contrada Maranna 680, sur la SS 172, à 4,5 km au sud-est d'Alberobello - ✆ 080 43 25 089 - www.fascinoanticotrulli.com* - P - *4 trulli 120/140 €* ☕ *4 €*. Gestion familiale pour ce charmant hameau de *trulli* regroupés à la sortie du village. Certains ont une cuisine et une chambre en mezzanine.

Charming Trulli – *Piazza Sacramento 8 - 080 43 23829 - www.charmingtrulli.com - - 10 trulli - 145 € €* - . Cette agence loue à la journée ou plus des *trulli* confortables, avec cuisine. Ils sont disséminés dans Alberobello même et dans la campagne, alors avec piscine. La formule est idéale pour les familles.

RESTAURATION

PREMIER PRIX

La Fontana 1914 – *Largo Martellotta, 55 - 380 36 96 969 - 10/15 €.* Cette charcuterie dispose de quelques tables en salle ou en terrasse, pour déguster plateaux de fromages, grillades mixtes, salades complètes, panini…

Antica Salumeria del Corso – *Corso Vittorio Emanuele 76 - 080 43 22 164 - www.anticasalumeriadelcorso.com.* Une riche sélection de jambons et de fruits de mer, à emporter ou à consommer sur place.

BUDGET MOYEN

Terra Madre – *Piazza Sacramento 17 - 080 43 23 829 - www.trattoriaterramadre.it - fermé dim. soir et lun. - - 17/23 € - menu 20/40 € - réserv. conseillée.* Ouvert en 2014 par Charming Trulli *(voir « Hébergement »)*, ce restaurant bio et végétarien a tout de suite rencontré un vif succès. Cuisine légère dans un petit *trullo* lumineux avec terrasse donnant sur le potager à l'arrière.

Osteria del Poeta – *Via Indipendenza 21 - 080 43 21 917 - www.osteriadelpoeta.it - fermé lun. sf juil.-août - 25/35 € env.* Aménagée dans une ancienne étable où faisaient halte les pèlerins avant de poursuivre leur chemin, cette adresse régale sa clientèle de recettes de tradition paysanne ainsi que de spécialités de la mer.

La Cantina – *Vico Lippolis, 8 angle C.so Vitt. Emanuele - 080 432 34 73 - www.ilristorantelacantina.it - fermé mar. - 20/30 €.* Réservation conseillée. Une excellente table, plébiscitée depuis 1958. Cuisine traditionnelle de saison, charcuteries locales et grillades.

ACHATS

Enoteca l'Anima del Vino – *Largo Martellotta, 93 - 080 43 21 388 - www.animadelvino.it - fermé dim. apr.-midi et mar.* Vins de toute l'Italie, huile d'olive et pâtes.

Pastificio dei Trulli – *Viale Einaudi 4 - 080 43 23 955 - www.pastificiodeitrulli.it.* Pour faire provision de pâtes de qualité.

Trullo antichi sapori – *Via Monte San Michele 37 - 080 43 21 739 - www.trulloantichisapori.eu* - Une vaste gamme de spécialités locales à consommer tout de suite ou au format conserve.

Caseificio Artelat – *Via II Traversa V. Colcci 2 - 080 43 25 202 - www.artelat.eu - fermé jeu. apr.-midi et dim. apr.-midi.* Une bonne adresse pour acheter du fromage local.

ACTIVITÉS

À vélo – *De mai à sept.* Dans le cadre des « Open days », des visites à vélo de la ville et de ses musées ainsi que des environs, sont organisées. *www.viaggiareinpuglia.it.*

Martina Franca et la Valle d'Itria

★★

Provinces de Bari, Taranto, Brindisi

On se croirait dans un décor de dessin animé. Avec ses murets de pierres sèches qui enserrent des oliviers aux formes tourmentées et les rangs de vignes sagement alignés, avec la belle couleur ocre rouge de sa terre et, surtout, les trulli, ces drôles de petites maisons circulaires au toit conique qui la parsèment çà et là, la Valle d'Itria est sûrement le paysage le plus original et le plus pittoresque des Pouilles. C'est d'ailleurs la première destination touristique du sud de la péninsule. Pourtant, Martina Franca, Locorotondo et Cisternino ont su conserver intact un art de vivre qui n'a pas encore cédé aux chants des sirènes du tourisme.

NOS ADRESSES PAGE 146
Hébergement, restauration, achats, activités, etc.

S'INFORMER

Reportez-vous à la rubrique des localités concernées.

SE REPÉRER

Carte de région B-C1 (p. 132) - plan de ville (p. 142). Située à la pointe méridionale du plateau des Murge, la Valle d'Itria est au carrefour des provinces de Bari (au nord), Brindisi (au sud-est) et Tarente (au sud-ouest). Martina Franca est à 15 km au sud-est d'Alberobello, par la SP 58.

À NE PAS MANQUER

Le centre historique de Martina Franca ; les villages de Locorotondo et Cisternino ; le parc archéologique Lama d'Antico. Profitez également de la nature (balade à vélo et Parco Naturale delle Dune Costiere).

ORGANISER SON TEMPS

Comptez deux journées minimum pour les villages et le littoral.

AVEC LES ENFANTS

Zoosafari Fasanolandia, les plages.

Locorotondo.
SIME/Johanna Huber/Sime/Photononstop

Se promener

★ MARTINA FRANCA Plan de ville

Circuit au départ de la Piazza XX Settembre, tracé en vert sur le plan p. 142.
Piazza XX Settembre 3 - ✆ 080 48 05 702 - mai-sept : 10h-13h, 16h-18h (17h-20h juil.-août) - reste de l'année : seult w.-end - www.sistemamuseo.it/infopoint/martinafranca.

Le long des ruelles de cette élégante cité juchée au sommet d'une colline dominant la campagne, le baroque a imposé son style, et à chaque carrefour on s'attend à voir surgir un balcon ventru, un portail flanqué de cariatides, un encadrement de fenêtre ourlé de volutes, une façade d'église peuplée d'angelots souriants… Martina Franca est une ville qui se découvre lentement. Prenez le temps de vous y perdre, c'est le meilleur moyen d'apprécier l'élégance un peu décadente de son architecture.

3

Piazza XX Settembre

À l'est de la cité historique, la Piazza XX Settembre et son esplanade plantée d'arbres, qui accueille marchés et terrasses de cafés, constitue un bon point de départ pour la visite.

En franchissant l'**Arco di Sant'Antonio** (anciennement appelé Porta di Santo Stefano), surmonté de la statue de saint Martin de Tours, on pénètre sur la **Piazza Roma**, point d'entrée de la vieille ville.

DES VINS AUSSI

La vallée d'Itria est le cœur de la production de deux vins blancs AOC des Pouilles : locorotondo et martina franca. Également produits dans une version pétillante (spumante), ils s'obtiennent à partir des cépages vederca (à 50-65 %), bianco d'Alessano (à 35-50 %), ainsi que fiano, bombino bianco et malvasia toscana (5 % maximum). Le degré d'alcool est au minimum de 11 °C et ils se marient parfaitement aux plats légers à base de poisson. Le martina franca est particulièrement conseillé à l'apéritif.

SE LOGER
B & B
Archetto Bianco........ 1
B&B San Martino 3

SE RESTAURER
Macelleria
del Centro Storico........ 5
Osteria del
Coco Pazzo 2
Trattoria La Tana 6

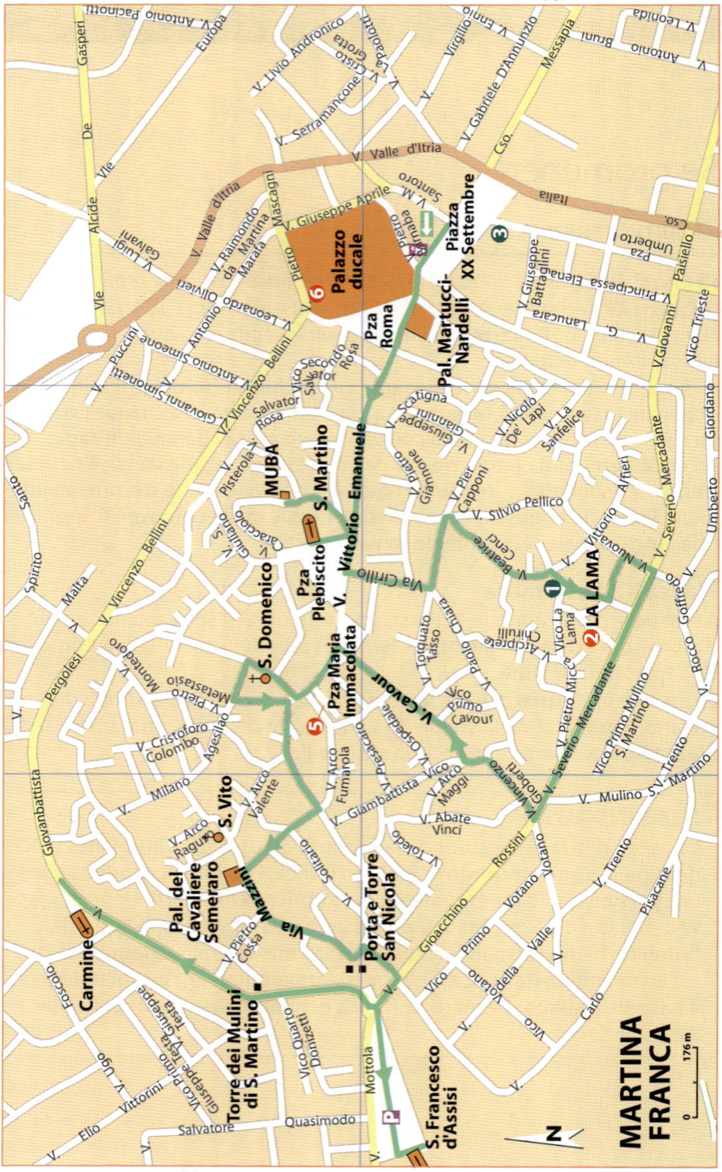

Palazzo Ducale

☎ 080 48 36 219 - été : 9h-20h (10h w.-end) - reste de l'année : 9h-13h, 16h-18h - fermé lun. apr.-midi et mer. - gratuit.
La Piazza Roma est dominée par ce palais du 17e s., actuelle mairie. Érigé par la famille Petracone Caracciolo, qui gouvernait la ville, il abrite au 1er étage, le **Piano Nobile**, de grands salons ornés de décors somptueux, peints à tempera sur les parois et les voûtes, qui représentent soit des scènes de la vie quotidienne, soit des scènes de la mythologie et de la Bible. Ils sont dus pour la plupart à Domenico Carella (1721-1813), le peintre le plus prolifique de la région au 18e s.
En face se dresse la façade baroque du **Palazzo Martucci-Nardelli** (16e s.).
De la Piazza Roma, le très animé Corso Vittorio Emanuele conduit au cœur de la cité historique.

★ Basilica di San Martino

La **Piazza Plebiscito** est dominée par la superbe façade baroque de cette imposante basilique. Le portail est surmonté d'un bas-relief représentant saint Martin de Tours coupant un morceau de sa cape pour la donner au Christ. À l'intérieur, le maître-autel (1773) est flanqué de deux belles statues, *La Charité* et *L'Espérance*. À gauche de l'autel, la chapelle du Saint Sacrement abrite une *Cène* de Domenico Carella.
À gauche de la cathédrale se dressent la tour de l'horloge et l'élégant Palais de justice. Derrière la basilique, le beau Palazzo Stabile abrite le tout nouveau **MUBA–Museo della Basilica**, où sont exposés le Trésor et une collection de parchemins et d'antiphonaires. *Via Stabile, 4 - ☎ 080 430 26 64 - www.mubasanmartino.it - 10h-12h, 17-19h - fermé lun. - 4,5 €.*

La Lama

De la Piazza Plebiscito, un détour au sud (*Via Cirillo, jusqu'à l'ancien tracé des remparts)* mène à La Lama, l'un des quartiers les plus étonnants de la ville, un monde blanc de maisons chaulées qui se bousculent autour d'une petite place.
Poursuivez Via Mercadante jusqu'à la Via Vincenzo Gioberti, à droite.

★ Via Cavour

Un peu plus haut, cette rue, bordée de nombreux palais baroques (Palazzo Fanelli-Torricella, Palazzo Magli, Palazzo Maggi), vous mènera à la jolie **Piazza Maria Immacolata**, reconnaissable à ses arcades et sa forme semi-circulaire, puis à la Via Garibaldi. De là, on rejoint la Via Principe Umberto qui longe le Palazzo Motolese, juste avant l'église **San Domenico** et son éblouissante façade baroque.

LES « FORNELLI PRONTI » DES MURGE

Ces boucheries où l'on consomme sur place de la viande ou des tripes sont une expérience culinaire incontournable d'un voyage dans les Pouilles. L'origine des *fornelli pronti* (« fourneaux prêts ») remonte à l'Antiquité grecque et à la transhumance des moutons des Abruzzes. Le client choisit sa viande dans la boutique (souvent du porc ou du mouton), puis s'attable dans des locaux attenants, en attendant que celle-ci soit cuite à la broche, grillée ou rôtie. Il existe des spécialités et variantes suivant les régions : *gnumarieddi* (tripes d'agneau), *bombette* (petites paupiettes faites de différentes sortes de viande ou d'abats, parfois farcies de fromage caciocavallo), mais vous pourrez toujours opter pour de plus classiques côtelettes. *Voir « Nos Adresses ».*

3

Via Mazzini

Vers l'ouest, la Via Garibaldi mène, par la Via Dante Alighieri et la Via Ignazio Ciaia, à l'église **San Vito** (10e-11e s.) et au **Palazzo del Cavaliere Semeraro**, en face. À côté, la Via Mazzini, également flanquée de palais, mérite un détour. À son extrémité sud, passez la **Porta** et la **Torre San Nicola** pour rejoindre **San Francesco d'Assisi** : l'intérieur présente une sobriété toute franciscaine ; en revanche, les huit autels latéraux sont dans le plus pur *barocco leccese* *(voir encadré p. 192)*.

Chiesa del Carmine

Remontez enfin la Via Donizetti, en passant devant la **Torre dei Mulini di San Martino**, jusqu'à cette église, chef-d'œuvre baroque du 18e s. qui renferme une remarquable statue de *Santa Maria della Misericordia*, signée Stefano da Putignano.

Circuit conseillé Carte de région

★★ LA VALLE D'ITRIA

Circuit de 40 km au départ de Martina Franca tracé en bleu sur la carte de région (p. 132). Comptez une journée. Quittez Martina Franca par la P 61, au nord-est.

★ Cisternino C1

C/o Torre Civica, Piazza Garibaldi 2 - ✆ 080 44 41 100.

Un village aux maisons blanches perché sur une colline dominant une mer d'oliviers et de vignes… voici bien la signature des villages de la vallée d'Itria. On avouera cependant un petit faible pour le **panorama★** qu'offre Cisternino depuis les jardins de la **Villa Comunale**. Ces atouts ont depuis longtemps attiré les touristes anglo-saxons, nombreux à avoir acquis des propriétés et à y résider tout ou partie de l'année. De l'esprit hippie des origines, la bourgade a conservé une vie nocturne un peu plus intense qu'ailleurs.

Derrière leurs allures de casbah, le centre historique et ses maisons blanchies à la chaux, avec cour commune et escalier extérieur, cachent une histoire très ancienne. Hannibal fit raser la cité en 216 av. J.-C., et le noyau urbain ne fut reconstitué qu'au 8e s. par des moines basiliens venus d'Orient.

Commencez la visite par la **Torre Normanno Sveva**, un ancien donjon (12e-13e s.) près de la **Villa Comunale** et de la **Chiesa Madre**. Cette église romane, dont la façade a été remaniée au 16e s., renferme une *Vierge à l'Enfant* sculptée (1517) attribuée à l'école de Stefano da Putignano. La **crypte** est ouverte au public. Déambulez ensuite dans les ruelles, sans manquer la **Piazza Vittorio Emanuele**, une jolie petite place ceinte sur ses quatre côtés et flanquée d'une tour-horloge.

Rejoignez la SP 134, plein ouest.

★ Locorotondo B1

Piazza V. Emanuele II, 27 - ✆ 080 431 33 90 - 10h-12h30, 15h-19h - fermé lun.

On aperçoit de loin la ligne de crête des maisons blanches de Locorotondo, posées en haut d'une colline comme une couronne de lumière. Célèbre pour son centre historique truffé de **cummerse**, ces maisons typiques au toit très pointu recouvert de tuiles de pierre calcaire, et pour l'excellence de son vin blanc, Locorotondo est un village circulaire qui jouit d'une vue splendide sur la Valle d'Itria, avec son alternance d'oliviers, de vignes et de vergers parsemés de *trulli*.

La visite du **centre historique** démarre **Piazza Vittorio Emanuele II**, juste en face de la Villa Comunale, le « salon » de Locorotondo comme l'appellent ses habitants qui s'y retrouvent à toute heure. Regardez les deux *cummerse*

jumelles qui se détachent au fond de la place, puis perdez-vous dans l'univers immaculé des rues, où les seules touches de couleur sont apportées par les géraniums des balcons et le vert des vignes vierges. Arrêtez-vous devant les mille détails qui font le charme de Locorotondo : ses escaliers, porches, arcs et piazzette immaculées, le portail baroque de son Palazzo Morelli, ses boutiques d'un autre temps. La grande **Chiesa Madre**, bâtie entre 1790 et 1825 dans le style néoclassique, semble surdimensionnée par rapport à son environnement. Non loin, Via Oliva, on entre en revanche dans la minuscule église **San Nicola** comme dans une maison. Son plafond est couvert d'anges musiciens peints au 17e s. La balade se conclut par l'église **Santa Maria la Greca**. Édifiée au 15e s., elle séduit par la simplicité de sa façade percée d'une belle rosace.
De Locorotondo, suivez la SS 172 vers le nord sur 15 km jusqu'à Fasano, puis la SP 4 vers Savelletri.

Parco Archeologico Lama d'Antico

SP 4 Fasano-Savelletri - ✆ 328 35 97 517 - www.lamadantico.it - juin-sept. : 9h30-13h30, 16h-20h - reste de l'année : sur réserv. - 6 €.
Une **lama** est une petite vallée sèche caractéristique des paysages karstiques de l'Alta Murgia, dont les flancs sont creusés de grottes ayant souvent servi d'habitations. À Lama d'Antico, c'est tout un village qui s'est développé entre le 9e et le 12e s. On se balade parmi les oliviers, les caroubiers, les lentisques, à la découverte des maisons, entrepôts et étables. La surprenante **église rupestre**, qui aligne deux nefs, est l'une des plus grandes des Pouilles. Il y subsiste quelques fresques, dont la *Deesis* byzantine visible au-dessus de l'autel. La plus petite, **San Lorenzo** *(à 2 km - visite guidée - rens. à la billetterie)*, mérite la visite pour la richesse des détails et des couleurs de ses fresques. Remarquez comme les yeux de certains saints ont été grattés : la croyance populaire attribuait aux poussières issues des fresques des yeux des saints des vertus curatives.
Reprenez la SP 4, puis la Strada Comunale Egnazia (route côtière entre Monopoli et Savelletri).

★ Parco Archeologico et Museo Nazionale di Egnazia B1

Via degli Scavi 87 - ✆ 080 48 29 056 - avr.-sept. : 8h30-19h15 ; reste de l'année : 8h30-18h30 - 3 € billet combiné parc et musée, 2 € parc seul.
Posté en bord de mer, entre deux criques, le site constitue le plus important témoignage de l'époque romaine dans les Pouilles. Habité dès l'âge de bronze (15e s. av. J.-C.), Gnathia fut **cité messapique** (8e s. av. J.-C.), avant de passer sous la coupe des Romains (3e s. av. J.-C.) et de s'imposer comme une étape commerçante majeure sur la Via Traiana, entre Bari et Brindisi. Aux 4e-3e s. av. J.-C., la ville devient un gros centre de production de **céramiques** caractérisées par des motifs végétaux blancs, rouges ou jaunes sur le vernis noir. Gnathia cesse probablement d'exister durant le haut Moyen Âge.

Parc archéologique – Il comprend trois zones. Les vestiges de l'**acropole** se dressent sur un monticule en bord de mer. De l'autre côté de la route goudronnée, la **cité romaine** conserve divers vestiges (Via Traiana, basilique civile, temple païen, amphithéâtre, portique, thermes) ainsi que deux basiliques paléochrétiennes et des maisons. L'élément le mieux préservé est un **cryptoportique**, une galerie souterraine destinée à la circulation ou au stockage. La visite se conclut par la **nécropole**, à l'extérieur de l'enceinte messapienne.

Musée – Il fournit des explications sur l'histoire du site et présente des objets témoignant des différentes périodes d'occupation (fragments architecturaux, mosaïques, poteries, figurines de terre cuite, chapiteaux romains, stèles et sarcophage paléochrétien).

NOS ADRESSES DANS LA VALLE D'ITRIA

Plan de Martina Franca (p. 142)

HÉBERGEMENT

Martina Franca

PREMIER PRIX

B & B Archetto Bianco – B2 - *Via Arco Mastrovito 24 - ✆ 327 45 45 000 - www.archettobianco.it - - 2 ch. 50 €.* Une adresse coquette dans le quartier historique. Petit déjeuner servi dans un café à proximité. Un bon rapport qualité-prix. Deux nuits minimum en été.

B & B San Martino – C2 - *Via Abate Fighera 32 - ✆ 080 48 32 323 - www.bandbsanmartino.com - - 1 ch. et 1 appart. 85 €.* Bien située près du centre (n'était le bar bruyant en face le sam. soir) cette adresse propose une chambre et un appartement avec parquet et voûte en pierre très confortables et spacieuses. Petit déjeuner dans un café à proximité.

BUDGET MOYEN

B & B Trulli Valle d'Itria – Hors plan par C1 - *Strada Seconda Monache 18, 4 km à l'est de la ville - ✆ 335 62 90 859 - www.trullivalleditria.it - fermé nov.-mars - - 3 app. 110 € (2 nuits mini).* Sur une colline dominant la vallée, cette *masseria* du 17e s. propose un hébergement en *trullo* ou en bungalow. Chacun dispose d'une terrasse donnant sur le jardin. Ici, le recyclage et le respect de la nature ne sont pas de vains mots. Piscine d'eau salée, jacuzzi.

Locorotondo

POUR SE FAIRE PLAISIR

Sotto le Cummerse – *Via Vittorio Veneto, 138 - ✆ 080 43 13 298 - www.sottolecummerse.it - 14 appart. 90/180 €.* Ces ravissants appartements de caractère sont tous idéalement placés au cœur du centre historique. Ils disposent d'une kitchenette et d'une salle de bains avec douche ou jacuzzi.

Masseria Serralta – *Contrada Serralta, 39, au nord de Locorotondo - ✆ 392 71 22 660 - www.masseria-serralta.it - fermé de nov. à mi-mars - - 4 trulli 100/150 € - .* Perchée à 300 m d'altitude, cette ancienne ferme à *trulli* a été restaurée avec soin. Les chambres au décor dépouillé conservent l'esprit d'antan et mettent en valeur la structure de l'édifice (17e s.). À l'extérieur, panorama époustouflant. Restaurant très réputé *(dîner seult, sur réservation).*

RESTAURATION

Martina Franca

BUDGET MOYEN

La Locanda del Macellaio – Hors plan par A1 - *Via Cesare Pavese 60 - ✆ 329 43 50 627 - www.lalocandadelmacellaio.com.* Un *fornello pronto (voir encadré p. 143)* situé dans un quartier populaire du nord-est de la ville.

Macelleria del Centro Storico – B1 - *Via Giuseppe Garibaldi 4 - ✆ 080 48 38 864 - fermé dim. - 20/30 €.* Un *fornello* en plein centre de la vieille ville, réputé pour la qualité de sa viande.

Trattoria La Tana – C1 - *Via Mascagni 2/6 - ✆ 080 48 05 320 - www.ristorantelatana.it - fermé dim. soir sf en été - 25/35 €.* Cette excellente trattoria sert une cuisine traditionnelle revisitée, terre et mer : risotto à l'encre de seiche, porc en cocotte, gambas avec ricotta cuite et artichauts gratinés… Service soigné.

Osteria del Coco Pazzo – B2 - *Via Arco Mastrovito 18/19 - 080 48 38 299 - www.cocopazzo.it.* Une belle salle en rdc et une splendide terrasse sur la Lama, place historique de la ville. La cuisine, traditionnelle, ne déçoit pas.

Cisternino

PREMIER PRIX

Zio Pietro – *Via Duca d'Aosta, 3 - 080 44 48 300 - www.ziopietro.info - jeu.-sam. 19h-0h, dim. 12h-15h.* Ce *fornello pronto* propose un excellent choix de viandes servies en grillade, avec salades, purée, épis de maïs. Tables en salle et dans la ruelle.

Locorotondo

PREMIER PRIX

Quantobastapizzeria – *Via Morelli 12 - 080 431 28 55 - fermé à midi et lun. - 5/20 €.* Si vous vous trouvez près de la Via Morelli vers 18h30, vous verrez déjà la file de clients attendre l'ouverture du Quanto basta. C'est qu'on vient de loin y déguster les *pizze*, considérées comme les meilleures de la région.

BUDGET MOYEN

La Taverna del Duca – *Via Papatodero 3 - 080 43 13 007 - www.tavernadelducascatigna.it - fermé dim. soir et lun. sf en été - 20/30 €.* Ici, on ne plaisante pas avec la tradition : purée de fèves à la chicorée, jarret de porc aux légumes, filet d'âne au vin rouge…

U' Curdunn – *Via Dura 19 - 080 43 11 433 - www.ucurdunn.it - fermé mar. - 25/30 €.* Servie dans la salle voûtée en pierre, une cuisine locale d'un bon rapport qualité-prix (soupe aux lentilles, poulet fermier *alla contadina*…). Accueil sympathique.

POUR SE FAIRE PLAISIR

Bina Ristorante di Puglia – *Via Dottor Recchia, 44-50 - 080 431 17 84 - www.binaristorante.it - fermé dim. soir et lun. hors sais. - 35/40 €.* Une excellente adresse pour la grande qualité de sa cuisine typique des Pouilles, le raffinement de sa déco toute blanche, la générosité de ses portions et l'amabilité de l'accueil.

Savelletri

BUDGET MOYEN

Pescheria 2 mari – *Piazza Amati 8 - 080 48 29 161 - www.pescheria2mari.it - fermé dim. soir hors sais. - 25 €.* Un restaurant familial en terrasse sur le bord de mer (entre Egnazia et Torre Canne). Poissons et produits de la mer à la fraîcheur garantie. Essayez le tartare de poisson.

PETITE PAUSE

Martina Franca

Caffè Tripoli – B1 - *Via Garibaldi 10 - 080 48 05 260.* Dans ce café à la patine qui ne ment pas, on vient déguster au comptoir un bon cappuccino avec un *bocconotto*, gâteau à la crème pâtissière.

Superbar Carriero – C1-2 - *Piazza Roma 9 - 080 480 5666.* Le soir, on sert ici les meilleurs *panzerotti* (« chaussons » fourrés) de la ville.

Bar Adua – C2 - *Via Paisiello 62 - 080 48 07 034 - www.baradua.it* Pâtisseries *(bocconotto)*, glaces et *granite* au café.

Cisternino

Cremeria Vignola History – *San Quirico 28 - 080 44 41 055.* L'endroit idéal pour déguster un café, une glace ou une pâtisserie en terrasse, en contemplant l'agitation de la ville et le panorama, superbe, sur la campagne.

EN SOIRÉE

Locorotondo

101 Docks – *Via Nardelli 101 - ✆ 080 43 12 471 - www.docks101.it* - Un des bars les plus animés de la ville, avec terrasse panoramique et concerts occasionnels.

ACHATS

Martina Franca

Il Paniere di Puglia – *Piazza Plebiscito 4 et Via Puccini 7 - ✆ 080 430 20 17 - www.panieredipuglia.it.* Une bonne sélection des meilleurs produits des *masserie* de la région : huile d'olive, pâtes, charcuterie, etc.

Locorotondo

Il Tempo Ritrovato – *Piazza Vittorio Emanuele 20 - ✆ 080 43 13201 - www.il-tempo-ritrovato.net.* D'anciennes techniques de broderie et crochet remises au goût du jour, dont le précieux *punto margherita*.

ACTIVITÉS

Martina Franca

Location de vélo – Giuliani Bike Store propose la location de vélos à la journée ou à la semaine. *Via Alberobello 1/Q - ✆ 339 802 12 10 - www.giulianibikestore.it - 20 €/j ; 105 €/sem.*

Pour des idées de circuits, consultez : *www.bikeitalia.it/category/itinerari-cicloturismo/italia/puglia/valle-ditria.*

Fasano

Zoosafari Fasanolandia – *Via dello Zoosafari, à 4 km au sud-ouest de Fasano - ✆ 080 44 14 455 - www.zoosafari.it - horaires sur Internet - Zoosafari 23 € ; Fasanolandia 8 € sans ticket du zoo + 2 €/attraction.* Avec 1 700 animaux de plus de 200 espèces, Zoosafari est le plus grand zoo d'Italie. Dans le même parc, Fasanolandia est un parc d'attractions réputé pour ses attractions aquatiques et « à sensations ».

Plages

Les plages d'**Egnazia** et celles qui se trouvent au nord de **Savelletri** sont les plus populaires à défaut d'être les plus belles. Si vous voulez nager en contemplant les vestiges immergés de l'ancien port romain d'Egnazia, vous pouvez y accéder à partir de Torre Egnazia ou d'Archeolido. Entre Savelletri et Torre Canne, la côte est rocheuse, mais c'est probablement là que vous trouverez les coins les plus calmes. Sur les plages de White Beach et Cala Maretto, à **Torre Canne**, sont souvent organisés des happy hours à la tombée de la nuit, avec musique et DJ.

AGENDA

Martina Franca

Festival della Valle d'Itria – *de mi-juil. à déb. août.* L'un des plus beaux festivals de musique classique d'Italie. *✆ 080 48 05 100 - www.festivaldellavalleditria.it.*

Locorotondo

San Rocco – *15-17 août.* La fête de saint Roch, patron de Locorotondo, dure 3 jours, mais le jour le plus important est le 16 août : la journée commence par une *Diana,* un chant traditionnel joué dans la rue, pour réveiller la ville en douceur. S'ensuivent processions, concerts et dégustations. Le soir a lieu un concours de feux d'artifice très réputé dans la région.

Ostuni.
Stefano_Valeri/Shutterstock.com

Ostuni

★★

31 320 habitants - Province de Brindisi

3

Ostuni, ce sont trois couleurs : blanc, vert, bleu. Blanc comme la chaux des murs de sa vieille ville, un labyrinthe de ruelles et d'escaliers, de murets et de piazzette où même l'ombre est lumineuse. Vert, comme l'océan d'oliviers qui s'étale à ses pieds et dont elle tire sa richesse depuis presque 3 000 ans, grâce à l'huile produite dans les innombrables masserie qui l'entourent. Bleu comme le ruban étincelant de l'Adriatique qui souligne son horizon et d'où souffle un vent chargé de sel qui rafraîchit l'atmosphère à la tombée du jour. Le soir, c'est autour de la Piazza della Libertà et sur les marches de la Via Tamborino que bat le cœur de la ville. C'est là que la jeunesse dorée d'Ostuni se retrouve sous le regard de saint Oronce qui lui donne sa bénédiction du haut de sa flèche baroque.

NOS ADRESSES PAGE 154
Hébergement, restauration, achats, activités, etc.

S'INFORMER

Il Borgo Ostuni – *Piazza Libertà 65 - ✆ 083 17 98 833 - été : 10h30-13h30, 16h-19h - reste de l'année : 10h30-13h30 ; w.-end : 10h30-13h30, 16h-19h - www.borgostuni.it.*

SE REPÉRER

Carte de région C1 (p. 132) - plan de ville (p. 150). Ostuni est à 8 km de la côte adriatique, 40 km à l'ouest de Brindisi et 45 km à l'est d'Alberobello.

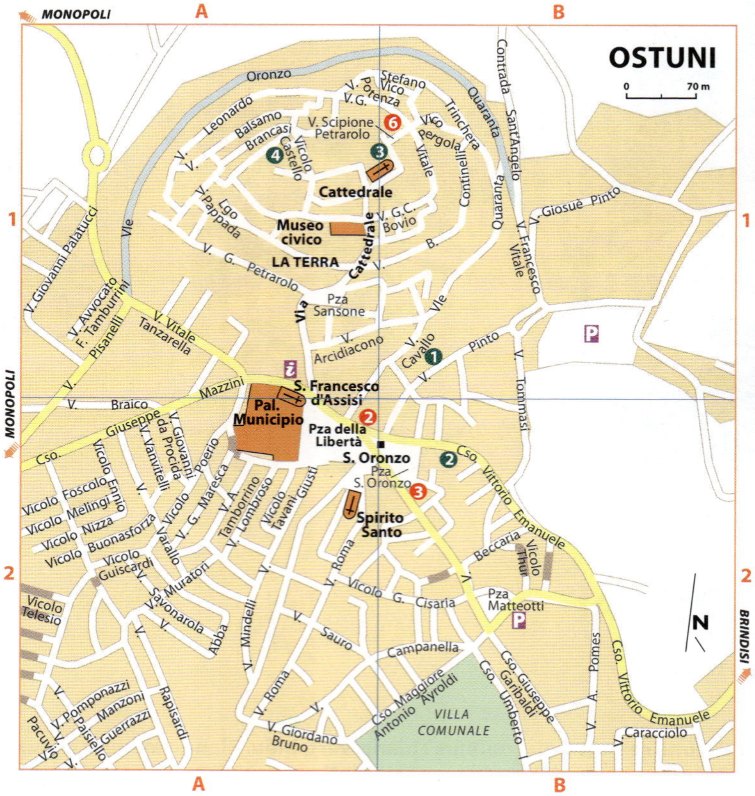

SE LOGER

- B&B Bienbi 1
- B&B Soleblu 2
- La Sommità 3
- La Terra Hotel 4

SE RESTAURER

- Coffee & More 2
- Osteria del Tempo Perso 6
- Caffé Cavour 3

SE GARER

Via Salvatore Tommasi, au bout de la Via Giosuè Pinto.

ORGANISER SON TEMPS

Comptez une journée pour la ville.

AVEC LES ENFANTS

Une randonnée dans le Parco delle Dune Costiere ; la grotta di Montevicoli à Ceglie Messapica.

Se promener Plan de ville

Piazza della Libertà A2

Point de départ naturel de toute découverte d'Ostuni, cette vaste place concentre des édifices publics importants, comme le **Palazzo del Municipio** (19e s.), reconnaissable à son fronton flanqué d'une horloge, et l'église **San Francesco d'Assisi**. À l'autre bout de la place, la **flèche de Sant'Oronzo** (1771), haute de plus de 20 m, porte la statue du saint patron de la ville.

AU PAYS DE L'OR VERT

Les oliviers des Pouilles fournissent 40 % de la production totale d'huile d'olive d'Italie (450 000 t en 2015), le 2e producteur mondial derrière l'Espagne. On en compte plus de 50 millions rien que dans les Pouilles. Et parmi ceux-là, pas moins de 5 millions sont des oliviers *monumentali*. Ces géants millénaires aux formes tourmentées sont placés sous tutelle : ils constituent le patrimoine le plus précieux de la région et, à ce titre, bénéficient de lois de protection très strictes. Numérotés et enregistrés, il sont constamment monitorisés pour éviter l'abattage ou la transplantation. Ce qui rend encore plus urgente la lutte contre la bien nommée *xylella fastidiosa* qui, depuis 2013, dessèche les oliviers âgés de plus de 100 ans, c'est-à-dire la grande majorité des sujets présents dans les Pouilles. Pour l'instant, aucun remède n'a encore été trouvé pour mettre fin à ce fléau.

Juste à côté, en retrait de la place *(Via Roma)*, poussez jusqu'à l'étroite silhouette de la **Chiesa dello Spirito Santo** (17e s.), avec son portail surmonté d'un remarquable bas-relief figurant la Dormition de la Vierge, aux personnages particulièrement expressifs.

★ La Terra AB1

De la Piazza della Libertà, la **Via Cattedrale** grimpe à l'assaut du centre historique (« La Terra »), qui occupe la plus haute des trois collines de la ville. Le bourg médiéval alterne ruelles et escaliers, dans un enchevêtrement à la blancheur immaculée, à mi-chemin entre la casbah et la cité grecque. Souvent creusées dans la roche et reliées par des arcs faisant office de contreforts, les maisons se bousculent derrière une enceinte jalonnée de tours, parfois constituée de maisons accolées pour former un rempart éblouissant. Linge suspendu aux fenêtres et marchands des quatre saisons ambulants… ici les traditions ont la vie dure, malgré l'essor du tourisme. Parfois, le regard surpris par une percée entre deux ruelles s'échappe au loin jusqu'à la plaine, couverte d'oliviers, et jusqu'à la mer adriatique, étincelante. Pour apprécier les plus beaux **points de vue**, rendez-vous Via Clemente Leonardo et sur le Viale Oronzo Quaranta qui fait le tour de la ville sous les remparts.

3

Museo Civico

Via Cattedrale 15 - ✆ 083 13 07 306 - www.ostunimuseo.it - juil.-août : 10h30-12h30, 16h30-21h30 ; sept.-juin : 10h-13h, w.-end 10h-13h, 16h-19h - 5 €.

L'église San Vito (18e s.), abrite ce musée municipal qui mérite tant pour la forme que pour le fonds. Au milieu des ors et des volutes baroques de l'église, sont exposés divers objets de la préhistoire et de la période messapienne (6e-2e s. av. J.-C.), issus des fouilles menées dans les environs. On y voit surtout les émouvants squelettes d'une femme enceinte et de son bébé (26 000 av. J.-C.), découverts près de la grotte de **Santa Maria di Agnano** qui abrite le **Parco Archeologico e Naturale**. *À 2 km d'Ostuni - navettes disponibles - 10h-13h (juil.-août aussi 16h-19h vend.-sam.) - fermé en sem. sept.-juin - réserv. au musée ou ✆ 0831 33 63 83 et 346 106 53 01 - 5 €.*

★ Cattedrale di Santa Maria Assunta

9h-13h, 15h-20h (19h sept.-juin).

On aperçoit d'abord le flanc de la cathédrale, avant de découvrir sa splendide **façade** de style gothique tardif (15e s.) qui combine avec élégance lignes concaves et convexes. Sa grande rosace dentelée, richement ornée, fait référence au décompte temporel par une suite d'éléments sculptés concentriques : 24 colonnettes pour les heures du jour, réduites ensuite à leurs chapiteaux pour les 12 mois de l'année et 7 têtes de séraphins pour les jours de la semaine entourent Jésus, maître du Temps. L'ensemble est cerné d'une frise figurant les 12 apôtres. L'intérieur, restauré à de multiples reprises, a perdu son aspect d'origine. Les peintures du **plafond** figurant la Vie du Christ sont du 18e s., de même que **l'autel** en bois doré, dans la chapelle du transept. En face de la cathédrale, l'horizon est barré par une splendide **loggia** (1759) qui relie le Palazzo Vescovile (évêché) au Palazzo del Seminario (siège de la curie).

À proximité Carte de région

Carovigno C1

À 8 km au sud-est d'Ostuni par la S 16.

Piazza N'Zegna - ✆ 0831 99 09 58 - 8h-13h30 (sam.-dim. : 9h-13h), et aussi 16h-20h jeu.-vend.

Située elle aussi sur un promontoire dominant une plaine d'oliviers, à quelques encablures de la mer adriatique, l'antique cité messapienne a conservé d'importants vestiges de son enceinte (6e-4e s. av. J.-C.) et préservé la tradition millénaire de la 'N Zegna, l'art de jongler avec des drapeaux.

Bâti au 15e s. à l'emplacement d'un château normand, l'élégant **Castello Dentice di Frasso** présente un plan triangulaire atypique, avec trois tours d'angle, une desquelles bâtie en forme d'amande pour esquiver les coups de feu. *Via Sant'Anna 2 - ✆ 0831 99 72 13 - 9h-13h, 17h-20h - dim. sur réserv. - gratuit.*

À 4 km au nord-est, la **Madonna del Belvedere** (1875) est le lieu d'un grand pèlerinage pendant la semaine après Pâques. Le sanctuaire se dresse au-dessus de deux grottes reliées entre elles par un long escalier. La première abrite l'image qui a donné lieu au culte de la Madonna del Belvedere.

Ceglie Messapica C1

À 13 km au sud-ouest d'Ostuni par la P 22.

Via Giuseppe Elia 16 - ✆ 0831 37 10 03 - www.ceglieturismo.it - été : 9h-13h,17h-21h - hiver : lun.-vend. 8h-14h.

Ceglie Messapica se targue d'être une étape gastronomique importante (preuve en est son école de cuisine très réputée et son choix de restaurants) et l'une des plus anciennes localités de la région. Son joli centre historique, extrêmement animé les soirs d'été sur la charmante place principale, **Piazza del Plebiscito**, où se dresse la tour de l'horloge, est parcouru de ruelles étroites bordées de maisons blanchies à la chaux. Ne partez pas sans avoir goûté les *biscotti cegliesi*, à base de pâte d'amande et remplis de confiture de cerises, figues ou raisin.

Sur la partie la plus élevée se dresse le **Castello Ducale**, dont l'édification remonterait au 12e s. Un portail en voûte ogivale donne accès à la cour intérieure, dominée par une belle tour carrée que l'on retrouve sur les armes de la ville. Dans la cour, un escalier Renaissance mène à la partie rénovée, au 1er étage, qui abrite la **Pinacoteca Emilio Notte** ; là sont exposées quelques toiles de l'artiste futuriste (1891-1982) né à Ceglie (la *Grande Crocifissione*). *Via Damiano Chiesa 11 - ✆ 0831 37 61 23 - 9h-13h, 16h-19h - fermé sam. matin - gratuit.*

La **Chiesa Collegiata**, qui fait face au château, a été construite au 16e s. et rénovée au 18e s. Elle abrite plusieurs fresques et tableaux de Domenico Carella (1721-1813). Non loin, près de la **Porta del Monterrone**, le **belvédère** offre une **vue★** sans égale sur la plaine.

De l'autre côté de la rue, sur la gauche, le **MAC**, tout nouveau Musée Archéologique et d'Art Contemporain de la ville, accueille quelques restes du paléolithique et des objets datant de l'époque messapienne. L'art

UN SAVOIR FAIRE MILLENAIRE

La production de céramique qui a fait la renommée de la ville s'explique par l'abondance d'argile dans les environs de Grottaglie. Née au 4e s. av. J. C., l'activité demeura artisanale pendant des siècles, focalisée essentiellement sur les *capasuni,* les jarres pour l'huile et le vin. Puis, elle s'intensifia à partir du 16e s. pour atteindre au 18e s. un niveau de production à grande échelle ; le tiers de la population de la ville y travaillait. La décoration typique est caractérisée par les motifs du coquelet et des fleurs stylisées, ainsi que les *pupe* (personnages féminins dont la *pupa coi baffi*, la fille à moustaches) et le *pomo* – du latin *pomum*, fruit – porte-bonheur souvent présent au coin des balcons. On réalise toujours les deux types de céramique en vigueur à la fin du 18e s. : *ruagnara* et *faenzara*. La première, plus proche de la tradition artisanale, est dévolue aux objets du quotidien, teintés de jaune, vert, rouge, tandis que la seconde, importée de Faenza (qui donnera « faïence » en français) et impliquant un processus plus long et plus soigné, est réservée aux pièces décoratives reconnaissables à leur fond blanc ou ivoire.

contemporain fait l'objet d'expositions temporaires. *Via Enrico de Nicola - ✆ 0831 37 61 23 - 16h-19h, dim. aussi 10h30-12h30 - gratuit.*

Avant de quitter Ceglie, faites un détour pour aller visiter la **Grotta di Montevicoli** aux milliers de stalactites filiformes qui tombent du plafond comme une pluie minérale. *À 2,5 km à l'ouest, par la SP 25 - ✆ 0831 37 10 03 et 327 190 91 48 - été : 17h-20h ; hiver : 15h-18h - 2 €.*

La campagne environnante compte de nombreuses **specchie**, d'époque messapienne (8e-7e s. av. J.-C.). La fonction de ces édifices circulaires, composés d'énormes blocs de pierre disposés en forme de cône, fait débat : tour de guet, habitat, sépulture ? Le **Specchia Miano** (*8 km au sud par la P 26*) mesure 20 m de diamètre pour 11 m de hauteur.

Grottaglie C2

À 30 km au sud d'Ostuni par la P 22.

Castello Episcopio - Largo Maria Immacolata - ✆ 099 56 23 866 - www.grottaglieturismo.it - 10h30-12h30, 17h-19h.

Son nom, qui dérive des grottes où vivaient les habitants de la région, renvoie aux céramiques qui ont fait sa renommée.

Castello – Érigé au 14e s. et remanié jusqu'au 18e s., il accueille le **musée de la Céramique**, un parcours thématique retraçant l'histoire de sa production à travers 300 objets des 18e-20e s. Remarquez la crèche monumentale dans la cour du château. *✆ 099 56 20 222 - tlj 10h30-12h30, 16h30-19h - gratuit.*

Quartier des Céramiques – Près du château, à partir de la Via Crispi, s'étend ce quartier caractéristique dans lequel sont rassemblés plus de 60 ateliers traditionnels creusés dans le tuf.

Centre-ville – Il recèle d'intéressants édifices religieux. La **Chiesa Madre** *(Piazza Regina Margherita),* d'origine médiévale, est dotée d'une façade au portail typiquement roman des Pouilles (14e s.) ; l'intérieur est de style baroque (18e s.) et conserve un bas-relief illustrant une belle *Annonciation* du 16e s. L'**église du Carmine** *(Via Pignatelli*) qui, comme le couvent annexe, remonte au début du 16e s., conserve une belle crèche en pierre de Stefano da Putignano (1560).

Parco Naturale Regionale delle Dune Costiere

À 12 km au nord-ouest d'Ostuni.

Albergabici - Montalbano di Fasano - ✆ 348 16 38 228 - www.parcodunecostiere.org - 9h-12h, 17h-20h - location de bicyclettes sur place : 10 €.

Ce parc qui s'étire sur 8 km, le long de la côte adriatique, entre Torre Canne et Torre San Leonardo, est une belle occasion de faire une balade à vélo. Plusieurs itinéraires possibles *(parcours de 6 km pour les enfants ; 18 km ou 40 km jusqu'à Egnazia)*. On traverse des champs d'oliviers ; on s'arrête près du **fiume Morelli** pour voir un élevage d'anguilles datant du 16e s. ; on visite la minuscule chapelle romane de San Pietro, la petite église rupestre de San Giacomo et un pressoir souterrain ; on découvre des *masserie*, des grottes et le grand **dolmen de Montalbano** (2e millénaire av. J.-C.).

NOS ADRESSES À OSTUNI

HÉBERGEMENT

PREMIER PRIX

B & B Soleblu – B2 - *Corso Vittorio Emanuele II 16 - 083 13 03 856 - www.webalice.it/solebluostuni - - 2 ch. 80 €* . Dans une maison du 17e s. proche de la vieille ville, cette adresse dispose d'une chambre spacieuse avec entrée indépendante. L'autre chambre, dans un bâtiment séparé, jouit d'une terrasse sur le toit.

POUR SE FAIRE PLAISIR

B & B Casa d'Autore – Hors plan par A2 - *Corso Giuseppe Mazzini 134 - 349 12 76 629 - www.casadautore.it - 4 ch. 100/160 €*. Chambres ravissantes, toutes blanches, dans une jolie maison avec jardin au centre d'Ostuni. Calme et élégant.

B & B Bienbi – B1 - *Via Giosuè Pinto 11 - 393 93 04 223 - www.bienbi.it - 4 ch. 100/140 €* . Ce B & B en contrebas de la place principale dispose de chambres spacieuses, simples et lumineuses. Le petit déjeuner bio est servi sous une voûte du 17e s. donnant sur un jardin où l'on peut profiter d'un hamac. Terrasse sur le toit.

UNE FOLIE

La Terra Hotel – A1 - *Via G. Petrarolo 16 - 083 13 36 651 - www.laterrahotel.it - 17 ch. 150/180 €* . Cet édifice du 13e s. situé dans la vieille ville dispose de chambres confortables, toutes différentes. Celles des étages les plus bas offrent le meilleur standing, mais les autres jouissent de plus de lumière. Nombreux coins salon et terrasses avec vue inégalée.

Ostuni Palace – Hors plan par B2 - *Corso Vittorio Emanuele 218 - 0831 33 88 85 - www.ostunipalace.com - 34 ch. - 180/250 € -* . Un immense olivier marque l'entrée de la grande villa qui abrite l'hôtel. Tout y est pensé pour votre bien-être : des chambres confortables, un accueil exquis, une atmosphère de palace et un restaurant délicieux. Luxe et confort.

La Sommità – AB1 - *Via Scipione Petrarolo 7 - 083 13 05 925 - www.lasommita.it - fermé en janv. - - 15 ch. 326 € -* . L'adresse la plus luxueuse d'Ostuni combine sobriété et sophistication. La chambre 8 jouit d'une terrasse privée avec une vue exceptionnelle. Le bar offre le même panorama sur la plaine et l'Adriatique. Spa et restaurant gastronomique.

RESTAURATION

PREMIER PRIX

Coffee & More – A2 - *Piazza della Libertà 14 - 328 27 11 189.* Une très agréable terrasse bien située pour déjeuner léger d'une salade ou se laisser tenter par un excellent choix de fromages et charcuteries.

POUR SE FAIRE PLAISIR

Osteria del Tempo Perso – B1 - *Via Tanzarella Vitale 47 - ✆ 0831 30 48 19 - www.osteriadeltempoperso.com - fermé lun. sf juil.-août. - 25/45 €.* Ce restaurant possède une salle dans une splendide grotte creusée et l'autre aux allures de musée, décorée d'objets anciens. On y sert une cuisine locale, terre et mer.

Caffé Cavour – B2 - *Corso Cavour 5 - ✆ 0831 30 17 09 - www.ristorantecaffecavour.com - fermé lun. - 35/50 €.* Un pressoir à huile souterrain datant du 12e s., qui garantit une température fraîche l'été et plus chaude l'hiver. Des tables raffinées pour découvrir une cuisine innovante et très bien présentée, à base de poisson.

Ceglie Messapica

BUDGET MOYEN

Osteria del Capitolo – *Via Orto del Capitolo 10 - ✆ 333 135 12 41 - www.osteriadelcapitolo.com - 25 €.* Un décor très simple où l'on sert quelques-unes des spécialités qui font la renommée de Ceglie. L'*antipasto della casa* est à lui seul un festival de saveurs des Pouilles.

POUR SE FAIRE PLAISIR

Braceria dei Santi – *Via Porticella 1 - ✆ 0831 382 099 - 35/45 € - fermé mar.* On dîne sous le regard des saints peints à fresque sur les murs d'une ancienne chapelle. Le restaurant vient d'ouvrir et, de l'avis général, c'est une révélation.

Cibus – *Via Chianche di Scarano 7 - ✆ 083 13 88 980 - www.ristorantecibus.it - 25/40 € - fermé mar.* Ce restaurant, qui combine tradition et innovation, est l'un des meilleurs de la ville : pâtes fraîches à l'aubergine, purée de fèves à la chicorée, *orecchiette* à la poutargue, *fettuccine* au ragoût d'agneau et tomate blanche… Produits de saison.

UNE FOLIE

Al fornello da Ricci – *Via delle Grotte 11 - ✆ 0831 37 71 04 - www.alfornellodaricci.com - jeu.-sam. le soir, dim. à midi - 50/75 €.* Une maison de campagne et un *trullo* au milieu de la verdure abritent cette bonne table de Ceglie, réputée pour ses viandes cuites au *fornello*.

Carovigno

UNE FOLIE

Già sotto l'arco – *Corso Vittorio Emanuele 71 - ✆ 0831 99 62 86 - www.giasottolarco.it - fermé dim. soir et lun. - 75 €.* Un excellent restaurant au charme fou, dans une maison baroque donnant sur la place de Carovigno. Réservation fortement conseillée.

PETITE PAUSE

Caffe'Centrale – A2 - *Piazza della Libertà 70.* Un excellent point d'observation sur la ville, en sirotant un café.

Casbah Art Caffè – A2 - *Via Capitano Vito Tamborrino 3/5 - ✆ 340 82 54 111.* On vient y manger un morceau, prendre un cocktail le soir après dîner, ou juste un café le matin à la petite table installée sur le minuscule balcon qui surplombe la rue.

EN SOIRÉE

White Ostuni Tito Schipa – B2 - *Corso Vittorio Emanuele II 19-21 - ✆ 083 10 93 465 - www.whiteostuni.it/titoschipa - fermé merc. sf été.* Ouvert en 2015, ce bar design au décor blanc porte le nom d'un chanteur ténor qui avait ses habitudes dans l'ancienne maison. Belle vue sur la ville depuis la terrasse et grand choix de cocktails. Ferme à 5h le week-end.

Riccardo Caffè – A1 - *Via G. Tanzarella Vitale 61-63 -*

✆ 083 13 06 046 - www.riccardocaffe.com - oct.-mai : fermé mar. Des poufs disposés le long d'une ruelle et une vaste grotte à la déco tendance… Un lieu chic au décor hors normes.

ACHATS

L'Ulivo che canta – A1 - *Via Gaspare Petrarolo 75 - ✆ 340 363 3679.* On peut admirer le travail de ce sculpteur sur bois d'olivier dans son atelier.

Suma – A1-2 - *Largo Lanza 31-21 - ✆ 083 13 06 131 - www.fischiettieceramiche.it.* Vases, assiettes, objets décoratifs… la boutique propose un choix de céramiques artisanales du Salento.

Cooperativa agricola Sololio – A1 - *Corso Mazzini 7 - ✆ 083 13 32 952 - www.sololio.it.* Une huile d'olive réputée.

ACTIVITÉS

Location de vélo – *Cristal - Piazza Libertà 14 - ✆ 0831 33 88 33 - www.bikecristal.com.* Location de bicyclettes, vélos électriques et VTT *(30 €/j).* Possibilité de participer à des balades accompagnées le long de la Via Trajana avec arrêt dégustation dans une *masseria (4h/30 km).*

Ape Calessino Ostuni Touring – *Via Giosué Pinto - ✆ 327 45 10 809 - www.ostuniapecalessino.com - 15 €/pers.- sur réserv.* Circuit en ville à bord d'un triporteur ou navette.

Plages

Le long des 20 km de côte entre Torre Canne et Specchiolle s'égrènent de longues plages de sable alternant avec des zones rocheuses qui donnent accès à la mer par de minuscules criques bordées de sable. La route est une succession de parkings. *Comptez 5 € le stationnement, 6,5 € la location d'un parasol et d'une chaise longue sur les plages « publiques » - tarifs variés sur les plages privées.*

Vous trouverez les plus belles plages dans le Parco Naturale Regionale delle Dune Costiere : **Lido Morelli, Bosco Verde** et **Pilone**. Le segment de côte le moins fréquenté se situe entre Tavernese et le Lido Kypos.

Chic et tendance, **Monticelli** constitue une halte de choix pour le déjeuner ou l'apéritif. À partir de Villanova di Ostuni jusqu'à Brindisi, le littoral se fait plus découpé, alignant une succession de petites criques soulignées de sable : l'une des plus belles est celle de **Torre Pozzelle**.

Ceglie Messapica

Cours de cuisine - MED Cooking School – *Via Giuseppe Elia 1 - ✆ 0831 38 20 65 - www.medcookingschool.it.* L'école de cuisine la plus réputée du sud de l'Italie propose d'apprendre les secrets de préparation des spécialités de la région. *Comptez 60 € pour 3-4h de cours avec dégustation - réserv. 3 sem. av.*

AGENDA

Cavalcata di Sant'Oronzo – *24-27 août.* Ostuni fête sant'Oronzo, son protecteur, en souvenir des miracles accomplis lors de l'épidémie de peste de 1657. La statue est sortie en procession sous l'escorte d'une vingtaine de cavaliers. La chevauchée se conclut par un feu d'artifice.

Carovigno

Festa della 'Nzegna - *Lun. de Pâques et sam. apr. Pâques -* Processions et démonstrations de lancer de drapeaux.

Oria

15 390 habitants - Province de Brindisi

Comme Sienne en Toscane, Oria est divisée en « contrades » et, comme Sienne, elle accueille un palio. Tous les ans, ce tournoi voit s'affronter les habitants des quatre contrades au cours d'épreuves de force, d'habileté et de vitesse, mettant en scène Frédéric II de Souabe et son cortège. Ville de fondation messapienne, très aimée par Frédéric II, Oria domine la plaine de ses 166 m d'altitude. Autour de son imposant château se déploie un entrelacs de ruelles et de placettes pleines de charme.

NOS ADRESSES PAGE 159
Hébergement, restauration, achats, activités, etc.

S'INFORMER

IAT Oria – *Via Gaspare Papadotero 3 - ✆ 0831 81 71 58.*

SE REPÉRER

Carte de région C2 (p. 132). Oria est à mi-chemin entre Brindisi (35 km au nord-est) et Tarente (43 km à l'ouest).

À NE PAS MANQUER

La vue panoramique depuis la place de la cathédrale.

ORGANISER SON TEMPS

Comptez une demi-journée pour Oria et ses alentours.

Se promener

★ Centre-Ville

La vieille ville a gardé son caractère médiéval avec ses rues bordées de maisons blanchies à la chaux. On y accède par la porte Manfredi (*au sud*), par celle de la Piazza Lama (*au nord*) ou celle degli Ebrei *(à l'ouest, Piazza Donnolo)*, ainsi nommée car elle conduit au pittoresque quartier de la **Judea**, lacis de ruelles aux maisons blanches, où vivait une riche communauté juive.

Cattedrale – *Piazza Cattedrale - 9h-12h, 16h-18h.* Au sommet de l'ancienne acropole messapienne, la cathédrale, reconstruite en 1750 après le tremblement de terre de 1743, en impose sur la place avec sa façade baroque. Depuis le **belvédère★**, qui embrasse une vue étendue sur la plaine, se dévoile la **coupole** en majolique. L'intérieur à trois nefs est somptueux et abrite des toiles des 17ᵉ et 18ᵉ s. Au sous-sol, la crypte des Momies héberge les corps momifiés, datés du 19ᵉ s., des membres de l'Archiconfrérie de la mort, une corporation laïque fondée en 1484 par les soldats de retour de bataille contre les Turcs à Otrante.

★ **Castello** – *Propriété privée - fermé aux visites au moment de la rédaction de ce guide, se rens. auprès de l'office de tourisme.* Très imposant, le château de forme triangulaire, commandité par Frédéric II de Souabe, fut érigé en 1227 et possède d'épais remparts qui sont en partie le fruit des travaux menés au 14ᵉ s. par Pierre d'Angicourt, architecte de prédilection de la maison d'Anjou. On y accède par la **Torre del Cavaliere** qui, conjointement à la tour carrée (la plus ancienne) et à celle du **Salto** (d'époque angevine), contribuent à assurer la protection contre les assauts ennemis cherchant à attaquer tout particulièrement le cœur antique de la ville. Depuis la cour intérieure, où sont aménagés des jardins, on peut apercevoir la **Torre dello Sperone**, ainsi que, à droite de la porte cochère, l'église **Santi Crisante e Daria** (9ᵉ s.).

À proximité Carte de région

Santuario di San Cosimo alla Macchia C2

À 5 km au sud-est d'Oria. Contrada San Cosimo alla Macchia, P 59 - ✆ 0831 89 69 20 - 7h30-12h, 16h30-18h30.

Ce sanctuaire, dédié aux Santi Medici (Côme et Damien sont appelés « saints médecins » en raison de leur pratique de la médecine), abrite aujourd'hui le **Musée ethnographique du Salento**. La collection qu'il renferme, de près de 4000 pièces, retrace plus de trois siècles (17ᵉ-20ᵉ s.) de vie paysanne et de pratiques agricoles, un jardin zoologique et une collection d'ex-voto.

Manduria C2

À 13 km au sud d'Oria par la P 57 puis P 97.

Ce joli village datant du néolithique parvint plusieurs fois, grâce à son enceinte murale bâtie par les Messapiens entre le 5ᵉ et le 2ᵉ s. av. J.-C., à résister aux attaques de Tarente qui cherchait à en contrôler le territoire. Aujourd'hui, Manduria mérite une étape pour son agréable centre-ville, son enceinte ancienne et une dégustation de son primitivo, un vin rouge fort plaisant.

Centre-ville – Sur la place principale (Piazza Garibaldi) se dresse le **Palazzo Imperiali** (18ᵉ s.) dont l'austérité est tempérée par l'élégant portail et la galerie baroque qui court le long de la façade principale.

Continuer sur la Via XX Settembre et la Piazza Commestibili.

Seul le clocher rappelle les origines médiévales de la **Chiesa Madre**, puisqu'elle fut remaniée dans les styles Renaissance et baroque. On perçoit mieux les restaurations successives à l'intérieur de l'édifice, avec les colonnes à chapiteaux séparant les trois nefs marquées par le style Renaissance, tandis que les chapelles et les toiles datent du 18ᵉ s. Remarquez le joli crucifix en bois du 17ᵉ s.

Non loin de l'église, sur le Vico degli Ebrei, se développe le petit quartier juif, qui conserve une petite synagogue des 16ᵉ-17ᵉ s.

Par la Via XX Settembre, on rejoint la Piazza Vittorio Emanuele II qui abrite un **calvaire** du 19ᵉ s., réalisé par Giuseppe Greco, un artisan de Francavilla Fontana, et l'église **San Francesco** (15ᵉ-17ᵉ s.) renfermant un presbytère monumental, décoré de 18 bustes en bois doré, réalisés au 17ᵉ s., ainsi qu'un cloître paisible.

★ **Parco Archeologico delle Mura messapiche** – *Entrée par la Piazza Scegnu, au nord de la ville, non loin de l'église Sant'Antonio - 9h-13h, confirmation des horaires au ✆ 338 13 40 466 - www.parcomuramessapiche.it - 3 € - plusieurs circuits de visite (40/70mn).* Le parc archéologique a été créé pour protéger la **triple enceinte murale**, datée entre le 5ᵉ et le 2ᵉ s. av. J.-C., qui atteint un périmètre de 5 km et permit à la ville de résister à sa rivale, Tarente.

Dans le parc se trouve aussi une source, nommée **Fonte Pliniano**, et l'église byzantine **San Pietro Mandurino** (10ᵉ-12ᵉ s.) qui conserve une tombe messapienne et une crypte rupestre médiévale.

LE PRIMITIVO DI MANDURIA

Ce vin rouge se décline aussi en liquoreux sec et liquoreux sucré, parfait pour le dessert. Il s'obtient à partir du cépage primitivo, dont le nom indique la maturation précoce du raisin. Le vin rouge, au parfum léger, est agréable au palais, rond en bouche, qualité qui s'accentue avec l'âge. Dans sa version liquoreuse, il est fort, fruité, épicé. C'est à cette petite merveille qu'est consacré le **Museo della Civiltà del Vino Primitivo** à Manduria (Consorzio Produttori Vini – *voir ci-contre - www.museodelprimitivo.it*).

Francavilla Fontana C2

À 5 km au nord-ouest d'Oria par la P 56.

Elle doit son nom aux libertés accordées par Philippe Ier d'Anjou, prince de Tarente, qui encouragea le développement de la ville après avoir retrouvé en 1310 une icône byzantine de la Madone.

Le **Castello degli Imperiali**, bâti en 1450, fut agrandi au 16e s. La famille qui donne son nom au château y fit ajouter en 1730 un théâtre et un grand escalier conçu par Ferdinando Sanfelice. La **Chiesa Madre** voisine fut édifiée à l'endroit où le prince retrouva l'icône (aujourd'hui placée sur l'autel du Cappellone) puis reconstruite à la suite du tremblement de terre de 1743.

NOS ADRESSES À ORIA

HÉBERGEMENT

Manduria

BUDGET MOYEN

Corte Borromeo – *Vico 1° Marco Gatti 11 - ✆ 099 97 42 510 - www.corteborromeohotel.it - P - 5 ch. et 2 suites - 90/140 € ☕ - ✕ en été.* Dans le centre historique, un bâtiment du 16e s. accueille cet hôtel de charme, qui conjugue à merveille l'ancien et le moderne. Chambres élégantes et personnalisées. Terrasse panoramique sur les toits et excellent petit déjeuner.

PETITE PAUSE

Oria

Bar Pasticceria Carone – *Via Roma 10 - ✆ 0831 84 53 72 - fermé dim. apr.-midi et lun.* Depuis 1938, LA pâtisserie d'Oria propose d'excellentes spécialités : *scarpette* (petites génoises couvertes de glaçage) ou massepain.

ACHATS

Manduria

Le Cannaturìe – *Piazza Commestibili 32 - ✆ 099 97 38 173 - fermé dim.* L'endroit idéal pour se ravitailler en crus et produits locaux.

Consorzio Produttori Vini e Museo della Civiltà del Vino – *Via F. Massimo 19, à droite apr. la voie de chemin de fer - ✆ 099 97 35 332 - www.cpvini.com - fermé dim. apr.-midi - visite et dégustation sur réserv. - 12/25 €.* Cette coopérative rassemblant 400 producteurs de la région est idéale pour des achats de primitivo.

Racemi – *Strada Comunale Santo Stasi Primo 42 - env. 4 km à l'ouest de Manduria - ✆ 099 97 11 660 - www.racemi.it.* Le domaine est engagé dans la promotion des vignobles autochtones de la région. Production de crus de différentes gammes.

AGENDA

Corteo storico di Federico II et Torneo dei rioni – *2e w.-end d'août.* En 1225, à l'occasion de son mariage avec Isabelle de Brienne, Frédéric II organise un tournoi des 4 *rioni* d'Oria. La tradition continue, précédée d'un défilé en costume. *www.torneodeirionioria.it*

Taranto

Tarente

★

199 153 habitants - Province de Taranto

Son surnom, « la ville des deux mers », ne laisse pas augurer un premier abord aussi abrupt : Tarente s'annonce dans les fumées du complexe sidérurgique de l'Ilva (le plus important d'Europe avec ses cinq fours), le va-et-vient des bateaux de la plus grande base militaire italienne après La Spezia (Ligurie), et une circulation intense. Héritière d'une colonie de Sparte fondée au 8e s. av. J.-C., Tarente dévoilera ses trésors aux visiteurs qui ne se laisseront pas rebuter : son magnifique musée archéologique, l'animation des rues quadrillées de sa ville nouvelle, l'atmosphère surannée de son cœur historique.

NOS ADRESSES PAGE 166
Hébergement, restauration, achats, activités, etc.

S'INFORMER

IAT Taranto – *Castello Aragonese - ✆ 344 28 44 098 - 9h-19.*

SE REPÉRER

Carte de région B2 (p. 132) - plan de ville (p. 162). À 100 km au sud de Bari et à 75 km à l'ouest de Brindisi.

SE GARER

Parking payant dans la ville nouvelle ou sur la Piazza Castello. Hors saison, on peut trouver des places de stationnement sur le Corso Vittorio Emanuele, qui longe la vieille ville.

À NE PAS MANQUER

Le MArTa, le château aragonais, la vieille ville.

ORGANISER SON TEMPS

Prévoyez une journée.

AVEC LES ENFANTS

Le MARTA.

Se promener Plan de ville

Le port naturel de Tarente, abouché au golfe homonyme, s'articule entre les eaux du **Mare Grande**, étendue d'eau canalisée à moitié par des digues artificielles et à moitié par les îles Cheradi et celles du **Mare Piccolo**, étendue circonscrite, reliée au large par deux canaux traversés de ponts. Cette conformation valut à la ville son titre de « ville des deux mers ».

Tarente est divisée en deux parties bien distinctes : la vieille ville, l'ancienne acropole de la ville grecque située sur un îlot, en cours réhabilitation, et la ville nouvelle, qui s'étend sur les vestiges de la *polis* (cité en grec) et de l'ancienne nécropole. Les deux parties sont reliées par le pont tournant.

★ CITTÀ VECCHIA (VIEILLE VILLE) AB 1-2

Circuit au départ du pont tournant tracé en vert sur le plan de ville (p. 162).
La vieille ville se présente comme un entrelacs de ruelles tortueuses bordées par des façades décrépites et des palais abandonnés. Le linge pend aux fenêtres, de vieilles dames s'interpellent par balcons opposés, quelques

Zeus d'Ugento, Musée archéologique de Tarente.
DEA/G DAGLI ORTI/De Agostini Editore/age fotostock

SE LOGER
Albergo del Sole 1
B & B Baja delle Sirene.......... 2
Hotel Europa 4

SE RESTAURER
Al Gatto rosso.......... 1
Forno Altamura........ 3
Trattoria del Pescatore . 5

Vespa s'engouffrent dans de sombres venelles : toute l'imagerie de l'Italie du Sud est réunie... L'ensemble, progressivement restauré, retrouve peu à peu son dynamisme.

Ponte Girevole B1

Réalisé en 1885 et restauré en 1957, le **pont tournant** constitue le passage le plus ancien pour accéder à la vieille ville et relie la terre ferme à l'îlot occupé par l'ancienne acropole de Taras. En 1481, on décida de creuser un canal navigable séparant la *città vecchia* du reste de la ville, comme ultime moyen de défense contre la menace turque.

★ Castello Aragonese AB1

Piazza Castello 4 - ✆ 099 77 53 438 - www.castelloaragonesetaranto.com - visites guidées tlj à 9h30, 11h30, 14h, 16h, 18h, 20h, 22h30 et 0h - gratuit.
élément défensif remontant à la période de construction du canal, bien qu'élevé sur les vestiges d'une forteresse souabe-angevine, le château, siège du commandement de la marine militaire depuis 1883, surveille la pointe orientale de la vieille ville. Construit sur un plan quadrangulaire, il est renforcé de grosses tours cylindriques. À partir des soubassements grecs du 5e s. av. J.-C. et des fortifications byzantines postérieures (10e s.), la visite dévoile la stratification de la ville. Aux 17e-18e s. le château fut utilisé comme prison : pendant deux ans, le général Dumas (1762-1806), père d'Alexandre, y séjourna. Son fils s'est notamment inspiré du récit de ce cruel emprisonnement pour écrire *Le Comte de Monte-Cristo*.
La visite du château se termine par la chapelle San Leonardo, datant de la forteresse souabe-angevine primitive, où fut célébré en 1407 le mariage de Marie d'Enghien, princesse de Tarente, et du roi de Naples Ladislas Ier.

Tempio greco arcaico A1

À côté de l'hôtel de ville se dresse l'un des rares vestiges de l'antique Taras : deux colonnes d'un temple dorique du 6e s. av. J.-C., traditionnellement appelé Tempio di Poseidone, l'un des plus anciens de la Grande-Grèce.
Suivez la Via Duomo qui traverse en longueur la città vecchia.

Via Duomo

Le long de la rue centrale de la vieille ville s'alignent désormais des *trattorie*, des bistrots et des cafés très animés. Sur la droite, l'ancien **Convento San Francesco** (14e s.) accueille aujourd'hui un siège universitaire.

DES « LIAISONS DANGEREUSES » À LA VILLE DE TARENTE

Sa notoriété littéraire a éclipsé sa carrière militaire. C'est pourtant cette dernière qui va mobiliser son énergie pendant plus de 40 ans. Issu de la petite noblesse, Pierre Ambroise **Choderlos de Laclos** (1741-1803) embrassa la carrière des armes pour redorer son blason. L'officier spécialisé dans l'artillerie se piquait aussi de littérature. Des congés qu'il s'accorda, six mois suffirent pour écrire un chef-d'œuvre de la littérature française : *Les Liaisons dangereuses* (1782). Son roman épistolaire, écrit pour dénoncer le libertinage, devint le bréviaire des libertins en quête de passions délétères. C'est en qualité de commandant de l'artillerie de l'armée d'observation qu'il partit sur ordre de Napoléon pour les États de Naples. Après 40 jours d'un voyage exténuant, Laclos arriva à Tarente. Frappé de dysenterie, il mourut peu après. Sa tombe fut détruite en 1815, date du retour au pouvoir des Bourbons.

TARANTO SOUTERRAINE
La ville moderne est établie sur la ville grecque et romaine. Parmi les empreintes de son passé qui nous sont parvenues : une nécropole des 7e-3e s. av. J.-C., des vestiges de maisons et plusieurs tombes, dont la célèbre Tomba degli Atleti. *Taranto Sotterranea, Via Marche (bus 8 ou 14 au départ de Piazza Castello) - ✆ 347 62 04 700 - http://tarantosotterranea.it.*

Duomo di San Cataldo A1

Piazza Duomo - 8h-12h, 17h-20h.
La façade du 18e s. dissimule l'origine médiévale (10e-11e s.) de l'édifice, plusieurs fois remanié, qui constitue l'une des plus vieilles églises des Pouilles. À l'intérieur, jetez un coup d'œil à la **Cappella San Cataldo★** revêtue de marbres polychromes et ornée de statues du 18e s. La crypte conserve son aspect médiéval primitif.
Continuez sur la Via Duomo.

San Domenico Maggiore A1

Via Duomo 1.
Quasiment située à l'extrémité de la vieille ville, l'église, fondée au début du 14e s., fut transformée à l'époque baroque. La façade, précédée d'un escalier du 18e s., conserve un beau portail surmonté d'une rosace. Quelques décennies plus tard, on y ajouta un couvent, dont on visite le joli **cloître**. *Chiostro di San Domenico – Via Duomo 33 - 9h-18h, sam. 9h-12h - fermé dim.*
Poursuivez la Via Duomo vers la droite, puis Via de Tullio jusqu'à la Piazza Fontana.

Piazza Fontana

Tout autour de la place et du port de pêche, tout proche, s'alignent des restaurants de toutes catégories qui célèbrent les poissons et les fruits de mer de la région, en faisant la part belle aux *ricci* (oursins).
Rejoignez ensuite le Lungomare Vittorio Emanuele et tournez à gauche.

Palazzo Pantaleo A1

Ce bâtiment construit en 1770, dont les plafonds sont couverts de remarquables **fresques★** peintes par Domenico Carella, accueille l'intéressant **Museo Etnografico Majorano**. *Vico Civico - ✆ 099 45 81 747 - 9h-13h - 2 €.*

Museo Ipogeo Spartano A1

Corso Vittorio Emanuele II 39 - dim. à 11h, autres jours sur RV : ✆ 330 43 86 46 - www.filonidetaranto.it - 3 €.
Les quatre salles souterraines du **Palazzo de Beaumont-Bonelli** (17e-18e s.) n'ont ici rien de funeste. Elles illustrent l'histoire plusieurs fois millénaire de la ville, à partir de sa fondation en 706 av. J.-C. Le musée expose une collection hétéroclite d'objets liés à l'histoire et à la culture tarentine.

BORGO NUOVO (VILLE NOUVELLE) BC 1-2

Bien qu'appelée « nouvelle », cette partie de la ville repose sur les vestiges de la ville grecque et romaine et de sa nécropole. En surface, en tout cas, c'est une ville typiquement 19e s. que l'on découvre, avec une topographie formée par des rues au tracé géométrique régulier. La **Via D'Aquino** s'ouvre sur des places monumentales : **Piazza Garibaldi**, **Piazza Archita** et **Piazza Maria Immacolata**.
La partie de la Via Due Mari qui, du pont tournant, longe le Mare Grande est dominée par l'emblématique *Monumento al Marinaio* (1974) et offre de

beaux points de vue. La perspective devient très dégagée lorsque la rue devient le **Lungomare Vittorio Emanuele★**, belle promenade plantée de palmiers et de lauriers-roses. L'architecture de style fasciste – style rationaliste en vogue à la fin des années 1920 – apparaît avec l'ouverture de larges rues et la construction des bâtiments de la poste (Cesare Bazzani) et de la préfecture (Armando Brasini) ; un peu plus loin, l'immeuble de la Banca d'Italia est aussi de Bazzani.

★★★ MARTa (Museo ARcheologico nazionale di TAranto) B1

Via Cavour 10 (en venant de la vieille ville, prenez au bout à gauche sur la place après le pont) - ✆ 099 45 32 112 - www.museotaranto.org - 8h30-19h30 - 8 €.

Le MARTA est l'un des musées archéologiques les plus riches et les plus intéressants d'Italie. Installé dans l'ancien couvent des Frati Alcantarini, bâti au 18e s. et remanié plusieurs fois au 20e s., il présente l'art de Tarente et de sa région, de la préhistoire à l'époque byzantine, avec une attention particulière portée à la période de la Taras grecque et aux objets retrouvés dans les nécropoles de la région. Fondée par des exilés de Sparte en 706 av. J.-C., Tarente atteint son apogée au 4e s. av. J.-C. sous le gouvernement d'**Architas**, philosophe-disciple de Pythagore et ami de Platon. Celle qui s'appelle alors Taras devient la ville la plus influente de la Grande-Grèce et exerce une véritable hégémonie sur les plans politique, économique, culturel et artistique, comme en témoigne l'extraordinaire richesse des objets exposés.

Le parcours démarre au 2e étage avec l'histoire du territoire et de la ville, du paléolithique jusqu'au 4e s. av. J.-C., qui met en évidence les liens entre Tarente et le pays environnant. Parmi les pièces les plus intéressantes : la remarquable statue de **Zeus★★** retrouvée à Ugento, datant du 6e s. av. J.-C. et de facture locale et les trousseaux funéraires des **tombes des Athlètes** de Tarente. Dans ces tombes, que l'on visite pendant le tour de la *Taranto Sotterranea (voir encadré ci-contre)*, ont été retrouvées des **amphores panathénaïques**, qui étaient réservées aux vainqueurs des Jeux olympiques.

Le 1er étage, dévolu à la période qui court du 4e s. av. J.-C. à la Tarente byzantine, rassemble les chefs-d'œuvre du musée. Coup de foudre pour les époustouflants **joyaux en or★★★** pour lesquels la ville était, à juste titre, réputée dans tout le monde antique entre le 4e et le 2e s. av. J.-C. Admirez la facture du diadème à feuilles, d'époque hellénistique, les nombreuses boucles d'oreilles ornées de pendeloques ou le curieux casse-noix formé de deux avant-bras en bronze lamé d'or. Également sublime, l'**ensemble de céramiques apuliennes★★★** à figures rouges. Remarquez aussi les célèbres « tanagréennes », figurines féminines qui représentent des danseuses aux poses recherchées.

Puis viennent les **mosaïques**, vestiges de l'âge impérial (2e s.). Les plus richement décorées sont issues des **thermes** mis au jour entre la Via Principe Amedeo et la Via Duca degli Abruzzi et de domus raffinées des alentours.

★ Giardini di Villa Peripato B1

Via Pitagora 71.

Embellis par une végétation exotique et luxuriante, ces jardins publics procurent une vue magnifique sur le bassin intérieur du port (Mare Piccolo).

Concattedrale Gran Madre di Dio Hors plan par C2

Via Blandamura 7, tout au bout de la Via Dante Alighieri.

L'architecte Giò Ponti a élevé en 1970 une cathédrale toute de béton. Les lignes épurées et la dentelle formée par les fenêtres de la façade en font une construction insolite et spectaculaire.

3

À proximité Carte de région

La côte à l'est de Tarente B2

Sur les 65 km de côtes reliant Tarente à Torre Colimena, les habitants de Tarente ont créé des stations balnéaires, construisant – non sans démesure – logements de vacances, clubs et plages privées. Sur la côte alternent zones bâties, qui ont défiguré de grandes parties du littoral, et espaces encore vierges où fleurissent plages et rochers et sur lesquels se dressent d'anciennes tours de contrôle rappelant la présence des Sarrasins dans le sud de l'Italie au 16e s. Dans les terres, à proximité immédiate de la côte, se trouvent les villages historiques de **Leporano**, à la remarquable forteresse du 17e s., et de **Pulsano**, dont le château du 15e s. est aujourd'hui le siège de la mairie.

La partie littorale autour de Campomarino est protégée par le **Parco delle Dune di Campomarino**, lesquelles sont recouvertes de maquis méditerranéen : genévriers, thym, hélichryses…

La côte à l'ouest de Tarente B1-2

Le littoral de Tarente à Metaponto (en Basilicate, 50 km à l'ouest, *voir p. 254*), composé de longues plages de sable bordées de pinèdes de pins d'Alep et de terres bonifiées, est lui aussi depuis longtemps exploité pour le tourisme, malgré l'existence, depuis 1977, de la **Réserve naturelle Stornara**, qui s'étend sur 1 456 ha de côtes. La côte a perdu ici aussi une grande partie de son charme à cause de la prolifération des résidences secondaires. La situation est un peu meilleure près de la frontière avec la Basilicate, où les grands travaux hydrauliques destinés à éradiquer la malaria ont épargné le **lac Salinella**.

NOS ADRESSES À TARANTO

Plan de ville p. 162.

HÉBERGEMENT

PREMIER PRIX

B & B Baia delle Sirene – A1 - *Via Giovanni Paisiello 56 - ✆ 099 98 71 781 - www.bajadellesirene.it - 6 ch. 80 €* ☕. Dans la vieille ville, à deux pas de la promenade du front de mer, ce B & B moderne et soigné dispose de chambres spacieuses et agréables (demandez une chambre avec vue sur la mer). Sélection et vente de produits locaux.

BUDGET MOYEN

Albergo del Sole – A1 - *Piazza Fontana 45 - ✆ 099 47 07 612 - www.albergodelsoletaranto.it -* P *- 26 ch. 95/120 €* ☕. Sur une place animée par *trattorie*, restaurants et poissonneries, un bâtiment ancien au décor contemporain propose des chambres lumineuses et confortables. Agréable terrasse-solarium avec vue sur la mer.

Hotel Europa – B1 - *Via Roma 2 - ✆ 099 45 25 994 - hoteleuropataranto.it -* P *- 42 ch. 90/110 €* ☕. Dans la ville moderne, sur la promenade du front de mer avec vue sur le Mare Piccolo, le château aragonais et le pont tournant, un hôtel très confortable, doté de chambres élégantes et panoramiques.

UNE FOLIE

Relais Histò – *San Pietro sul Mare Piccolo, 13 km au nord-est - ✆ 099 47 21 188 - www.relaishisto.it -* P 🏊 *- 44 ch. 160/210 €* ☕ - 🍴. Alchimie parfaite entre nature, histoire, art et technologie, cette adresse est le fruit d'une restauration dans la continuité d'une *masseria* médiévale entourée d'une grande oliveraie. Chambres modernes et spa.

RESTAURATION

PREMIER PRIX

Forno Altamura – A1 - *Via Duomo 254 - ✆ 099 47 07 924 - fermé sam. apr.-midi et dim. hors sais. - 15 €.* Sur une jolie placette de la vieille ville, une pizzeria qui ne paie pas de mine, mais qui propose des spécialités succulentes, parmi lesquelles la *puccia della casa*, un pain typique de la région farci de mozzarella, roquette, fromage et saucisson épicé.

BUDGET MOYEN

Trattoria del Pescatore – A1 - *Piazza Fontana 47-48 - ✆ 099 47 07 121 - www.pescheriatrattoriadamurianni.it - fermé dim. soir - 25/35 €.* Ce restaurant très prisé, jouxtant une poissonnerie, propose une cuisine classique composée de plats savoureux et très copieux.

POUR SE FAIRE PLAISIR

Al Gatto Rosso – B1 - *Via Cavour 2 - ✆ 099 452 98 75 - www.ristorantegattorosso.com - fermé lun. - 35/50.* Cadre simple et soigné pour ce petit restaurant de poissons. Tenu par la même famille depuis trois générations, il constitue une référence de la gastronomie tarentine. Terrasse à la belle saison.

PETITE PAUSE

Bernardi Cioccolateria – B1 - *Via D'Aquino 1 - ✆ 099 45 32 624 - fermé lun.* En face du château et du pont tournant, ce café est l'endroit idéal pour une pause sucrée ou un apéritif au coucher du soleil, sur la terrasse ou dans les salles au décor élégant.

EN SOIRÉE

Caffè letterario Cibo per la Mente – A1 - *Via Duomo 237 - ✆ 099 40 07 520.* Un lieu qui contribue à redonner vie à la vieille ville. Café tranquille le jour, le lieu est prisé le soir pour bières et cocktails, bons plats, ainsi que pour sa programmation musicale et ses événements culturels.

ACTIVITÉS

Excursions en bateau

Turismo Taranto – *✆ 324 68 64 917 - www.tarantoturismo.eu.* Pour explorer en bateau le Mare Grande avec les isole Cheradi et le Mare Piccolo.

Plages

À **Marina di Pulsano**, **Campomarino**, **San Pietro in Bevagna** et **Torre Colimena**, vous trouverez de belles plages de sable fin, souvent bordées de dunes.

AGENDA

Riti della Settimana Santa – La Semaine sainte donne lieu à deux processions tarentaises, parcourant la ville : la *Processione dell'Addolorata* commence à minuit le jeudi et dure jusqu'au matin suivant, la *Processione dei Misteri* a lieu du vendredi après-midi au samedi matin.

Palio – *8-10 mai.* En l'honneur de San Cataldo, régate traditionnelle entre les *rioni* de la ville, et procession durant laquelle la statue du saint est accompagnée du Dôme vers le large.

Massafra

★

32 980 habitants - Province de Taranto

Sur un éperon rocheux en équilibre entre deux ravins à la végétation luxuriante, Massafra et ses environs conservent l'empreinte de la surprenante civilisation rupestre qui se développa dans cette partie de la région entre le 8e et le 16e s. De superbes fresques (10e-15e s.) tapissent encore bien souvent les murs de ces curieuses églises souterraines qui raviront les férus d'histoire et d'architecture. On peut prolonger la visite par le ravin de la Madonna della Scala, qui vous révélera quelques secrets en matière de botanique, et terminer la journée en s'attablant dans l'une des jolies « trattorie » du quartier Santi Medici.

NOS ADRESSES PAGE 173
Hébergement, restauration, achats, activités, etc.

S'INFORMER

Nuova Hellas – *Municipio, Piazza Garibaldi 7- ✆ 099 88 04 695 ou 338 56 59 601 - www.massafraturismo.it - fermé dim.*

SE REPÉRER

Carte de région B2 (p. 132). À 20 km au nord-ouest de Tarente par la S 7 (Via Appia). La partie moderne est reliée au centre historique par deux ponts : Ponte vecchio (Via Garibaldi) et Ponte nuovo (Via Marconi).

SE GARER

Il est conseillé de s'approcher du centre sans y pénétrer, en passant par la Piazza Vittorio Emanuele où l'on pourra se garer pour éviter le dédale des ruelles de la vieille ville.

À NE PAS MANQUER

Le sanctuaire de la Madonna della Scala à Massafra, l'église San Nicola à Mottola.

ORGANISER SON TEMPS

Comptez une journée pour Massafra et ses environs. Il est impossible de visiter les églises rupestres librement : pour ne rien rater de ce patrimoine magnifique, réservez un guide quelques jours avant votre visite auprès des offices de tourisme de Massafra et de sa région. Équipez-vous de chaussures adaptées à la randonnée.

Se promener

Centre-ville

Massafra est surtout connue pour son extraordinaire ensemble d'habitations rupestres, mais ne délaissez pas pour autant le centre du bourg, bien agréable. De la **Piazza Garibaldi**, empruntez la Via Terra qui conduit à un imposant **château** normand. Dressé à l'extrémité de l'éperon rocheux sur lequel la ville fut bâtie, il accueille la bibliothèque et des événements culturels.

Du Ponte Vecchio, la **vue**★★ est époustouflante sur le **ravin San Marco** et le **village de Santa Marina** dont l'église éponyme – Santa Marina – conserve encore une crypte soutenue par des pilastres, une tombe et des éléments de fresques du 12e-13e s. Le village fut habité jusqu'au 18e s.

Le Ponte Nuovo, construit pour libérer le Ponte Vecchio de la circulation, offre lui aussi une **vue**★★ plongeante sur la ravine et permet de voir, en

UN PATRIMOINE EXTRAORDINAIRE

L'érosion des roches calcaires provoquée par l'eau forma il y a environ un million d'années des gouffres qui retenaient l'humidité de manière durable, permettant ainsi l'approvisionnement en eau et la formation d'une végétation très riche en plantes et en fruits. C'est ainsi que les anfractuosités, les grottes et les cavités naturelles commencèrent à servir d'abri à la population locale. C'est vraisemblablement autour des 9e-10e s. que l'homme trouva refuge dans les *ravins*. On note cependant, dès la fin du 8e s., la présence de lieux de culte occupés par des moines anachorètes, fuyant l'empire d'Orient à cause de la répression iconoclaste des empereurs byzantins et la pression des Sarrasins qui remontèrent jusqu'à Rome (846). Ainsi s'explique la coexistence – autour des villes de Massafra, Mottola, Laterza et Ginosa – de foyers d'habitations et de lieux de culte. Il est intéressant de constater les similitudes architecturales qu'entretiennent sacré et profane. Tout étant creusé dans la roche, les niches pour les lits ressemblent à celles destinées au tabernacle, les escaliers pour accéder aux demeures ainsi que les murs qui séparaient les maisons rappellent les courts pilastres qui divisaient les églises en petites nefs tronquées. Les églises rupestres, des temples chrétiens miniatures attachés aux plans et à la décoration des lieux de culte traditionnels constituent l'élément le plus intéressant de ce dédale souterrain.

aval, l'entrée de la crypte de la Chandeleur (Cripta della Candelora, *voir ci-dessous*).

Ne quittez pas Massafra sans faire une promenade dans le quartier plein de charme des petites maisons blanches accrochées autour de la **Piazza Santi Medici** ; de là, également une belle vue sur le château (*en arrivant de la Piazza Garibaldi, après avoir traversé le Ponte Vecchio, tournez à droite*).

Chiese rupestri

L'office du tourisme de Massafra (voir ci-contre) propose des itinéraires de découverte du patrimoine rupestre caché dans le centre-ville et aux alentours. 10 €.

Près de l'hôpital, la **Cripta di Sant'Antonio Abate**, qui date des 10e-11e s., a conservé des bribes de fresques réalisées entre le 14e et le 18e s. On notera ici la présence de deux absides, renseignant ainsi sur l'utilisation du lieu par deux communautés, celle de rite latin et celle de rite grec orthodoxe, caractérisé par l'autel isolé dans l'abside.

En direction du cimetière, la **Cripta di San Leonardo**, des 13e -14e s., a conservé des fresques de la même époque, mais la **Cripta della Candelora★**, surplombant sur le ravin et entourée de câpres et de figues de Barbarie, reste le site le plus remarquable. Remontant aux 11e-12e s., elle abrite des fresques des 12e-15e s. Elle tire son nom de la présentation de Jésus au temple, qu'on fête traditionnellement le 2 février, jour de la Chandeleur (fête des Chandelles). On notera l'image tendre et insolite de la Vierge tenant par la main Jésus qui marche.

À proximité Carte de région

★ Santuario della Madonna della Scala B1-2

À 2 km au nord-est par la Via Vittorio Veneto et la Via Santuario. Accès par un escalier de 125 marches ou par l'ascenseur. ✆ 099 88 52 265 - 9h-12h (apr.-midi, se rens.). On peut visiter librement le sanctuaire, mais la visite du ravin jusqu'à la Farmacia del Mago Greguro (1h30) est réservée aux visites guidées.

Une décoration murale de Santa Maria della Scala.
M. Marca/Michelin

Sur le flanc du ravin, qui s'étire sur plus de 4 km dans un **cadre naturel luxuriant★★**, le sanctuaire (18e s.) fut construit sur les fondations d'une ancienne crypte. À l'intérieur est conservée l'icône de la *Madonna della Cerva* (Madone de la Biche, 12e-14e s.) ainsi nommée car elle aurait été découverte au cours d'une partie de chasse grâce à une biche. À côté du sanctuaire, la **cripta de la Bona Nova**, qui remonte aux 6e-7e s., serait le plus ancien témoignage du rôle sacré du lieu. La décoration murale de l'intérieur (10e-14e s.) est remarquable.

Le **village rupestre**, habité au Moyen Âge par 1 500 personnes, est composé de plus d'une centaine de grottes creusées dans les parois de la ravine. Un groupe de douze petites chambres a pris le nom insolite de **Farmacia del mago Greguro** (pharmacie du magicien Greguro). La légende d'un magicien expert en botanique et en potions magiques qui aurait vécu ici est due au fait que l'habitat du ravin est très favorable à la croissance spontanée d'une grande variété d'herbes médicinales.

Circuit conseillé Carte de région

★ LES RAVINS TARENTINS

Circuit de 53 km au départ de Massafra tracé en vert foncé sur la carte de région p. 132. Comptez une demi-journée.

★ Mottola AB1

À 12 km au nord-ouest de Massafra par la S 7 et S 100.

Viale Jonio, à la hauteur du rond-point avec Viale Lucania - 099 886 7640 - www.mottolaturismo.it - fermé lun. en hiver.

Cette petite cité de 16 000 habitants juchée sur une colline culminant à 386 m est le point de départ d'un circuit d'étonnantes églises rupestres qui parsèment la campagne au milieu des champs d'oliviers. *Pour les découvrir, inutile de s'aventurer tout seul. La présence d'un guide est indispensable pour les localiser et pour comprendre leurs caractéristiques tout comme leur singularité.*

★ **Chiese rupestri** – *Visite (2h) avec un guide uniquement, sur réserv. auprès de l'OT, 4/10 € selon le nombre de participants.* La magnifique crypte **San Nicola★★**

est considérée comme « la chapelle Sixtine des églises rupestres » pour la richesse de ses fresques (entre le 11e et le 14e s.), mêlant traditions latines et byzantines, d'une étonnante vivacité. Le circuit comprend aussi les églises rupestres **Sant'Angelo** (11e, 12e s.), sur deux niveaux, avec une nécropole dans la partie inférieure, **Santa Margherita** (12e s.), aux fresques plus détériorées, et **San Gregorio**, qui présente une belle structure architecturale.

Le patrimoine rupestre de Mottola comprend aussi la **Gravina di Petruscio**, un village qui s'étend sur plusieurs kilomètres (au sud-est) et compte 200 grottes ayant servi d'habitations ou de lieux de culte. Le site fut abandonné au Moyen Âge et fut réquisitionné pendant la Seconde Guerre mondiale par les soldats polonais qui se battaient aux côtés des Alliés pour libérer l'Italie du joug nazi. *Visite uniquement avec un guide, sur réserv. auprès de l'office du tourisme.*

Centre-ville – La ville jouit d'une belle position panoramique et offre plusieurs belvédères. L'église **Santa Maria Assunta** (*Via Mazzini*), bâtie au 12e s. mais complètement remaniée aux 15e-16e s., présente une façade tripartite d'influence dalmate et un clocher roman. D'ici, une promenade dans le centre-ville révèle des coins pittoresques comme la vaste **Piazza XX Settembre**, pavée d'un labyrinthe en mosaïque, qui retrace l'histoire de Mottola aux 11e-12e s. Elle accueille l'imposant hôtel de ville (1887). Plus intime et suggestif, le **quartier Schiavonia**, qui se développe autour de la rue du même nom, est constitué d'un joli entrelacs de ruelles et placettes, et le petit **Vico Ruggi**, qui relie la Via Mazzini à la Via Purgatorio.

Mottola conserve aussi des vestiges de son enceinte hellénistique (4e s. av. J.-C.), visibles depuis la Via Piave.

Rejoignez la P 28 vers le sud-ouest pour atteindre Palagianello (10 km).

Palagianello A2

Le ravin au pied du **château**, d'une longueur exceptionnelle, abrite de nombreux lieux de culte, dont les églises-cryptes San Nicola, avec des fresques du 14e s., San Domenico, avec des fresques du 15e s., ainsi que la crypte des Ermites, qui fut décorée au 12e s. On a un bel aperçu de la *gravina* depuis la Via Antico Santuario, agréable promenade bordée de quelques maisons-grottes qui conduit du château au Santuario della Madonna delle Grazie.

La Chiesa Madre, dédiée à San Pietro, se dresse au milieu de la vaste **Piazza De Gasperi**, anciennement *Corte del Casale*, la place centrale du bourg Renaissance qui s'étendait à l'époque à côté du château.

Empruntez la P 26 vers le sud jusqu'à la S 7 où vous tournez à droite.

Castellaneta A1

Le ravin de Castellaneta est le plus grand de la région et fut habité à partir du 10e s. Aujourd'hui, ce n'est pas tant le magnifique paysage naturel que **Rudolph Valentino** (*voir encadré page suivante*) qui fait la renommée de la bourgade. En haut de la *gravina* qui entoure le centre historique, composé de deux quartiers, **Sacco** et **Muriello**, le premier d'origine médiévale, le second baroque, se dresse la **cattedrale di San Nicola**, érigée au 13e s. et reconstruite au 17e, comme en attestent les ornements et les toiles baroques à l'intérieur. Le clocher est du 14e s.

Fondazione Rodolfo Valentino – *Via Vittorio Emanuele 117-119 - ✆ 099 84 93 192 - www.fondazionevalentino.it - été : 10h-12h30, 17h-20h30 - fermé dim. mat. et lun. ; reste de l'année : vend.-dim. 10h-12h30, 16h-19h - 3 €.* Des affiches, des photos, des magazines américains et italiens racontent ce mythe très éphémère, mais élevé au rang de symbole de beauté absolue.

Prenez la S 7 puis bifurquez à gauche pour suivre la S 80.

UN MORCEAU D'HISTOIRE DU CINÉMA

En 1895 naît à Castellaneta Rodolfo Pietro Filiberto Raffaello Guglielmi, *alias* **Rudolph Valentino**. À 17 ans, la future vedette franco-italienne décide de quitter son village pour Paris. Désirant percer dans le milieu de la danse, mais n'y parvenant pas dans la capitale française, il embarque en 1913 pour l'Amérique. En 1915, il est remarqué par les producteurs de Hollywood qui le persuadent d'entreprendre une carrière dans le cinéma, encore balbutiant. Après quelques apparitions, il trouve le succès en 1921 avec *Les Quatre Cavaliers de l'Apocalypse*, où il danse un célèbre tango avec Alice Terry. C'est alors que son image se fixe : un physique méditerranéen, une virilité raffinée, les cheveux coiffés en arrière et brillants de gel. Au cours des cinq années qui suivent, il enchaîne les films : *Le Cheik, Arènes sanglantes, Monsieur Beaucaire, Le Fils du Cheik*, mais aussi les voyages, les mariages… et les rumeurs sans fin. Il meurt à New York en 1926, à seulement 31 ans d'une péritonite. Malgré sa brève carrière, il a joué dans plus de 40 films. Signe de sa renommée, l'association des « Veuves de Rudolph Valentino » compta plusieurs milliers d'adhérentes…

Laterza A1-2

Palazzo Marchesale, Piazza Plebiscito - ✆ 333 57 26 138 - www.visitlaterza.com.
Un petit bourg très agréable, recelant des trésors naturels et artistiques qui en font une destination très intéressante. Laterza produit notamment une faïence très prisée, caractérisée par des motifs bleus sur fond blanc et des scènes galantes. N'omettons pas pour autant son autre spécialité : un pain typique à base de semoule de blé dur qui rivalise avec celui, plus fameux, d'Altamura.

★ **Gravina di Laterza** – *Oasi LIPU Gravina di Laterza - Via Selva San Vito - ✆ 339 33 11 947 - www.oasilipugravinadilaterza.it.* Long de 12 km, il est l'un des canyons les plus importants d'Europe, véritable oasis pour les espèces végétales (orchidées sauvages) et animales (vautours, faucons, porcs-épics à crête, blaireaux…) qui peuvent s'y épanouir librement compte tenu de l'accessibilité limitée du site.

Centre-ville – Sur la Piazza Plebiscito se dresse le **Palazzo Marchesale**, du 14e s. et aujourd'hui siège de l'office de tourisme et du MuMa - **Museo della Maiolica**, qui expose des pièces du 16e au 18e s. *✆ 333 57 26 138 - www.muma-laterza.it - 10h-13h, 17h-19h - fermé lun.*

La **Chiesa Madre**, dédiée à San Lorenzo, est un édifice du 15e s. dont la belle façade rappelle celle de l'église de Mottola. Autre lieu de culte, le plus important de la ville : le sanctuaire baroque **Mater Domini** (1753) ayant pour crypte une église rupestre abritant des fresques du 12e s.

À ne pas manquer non plus, la mystérieuse **Cantina Spagnola**, autre lieu de culte rupestre orné de fresques mêlant sacré et profane. Son nom dérive du mot *cantina* (cavité) et du fait qu'elle fut ouverte en 1664 par le noble espagnol don Francesco Perez Navarrete, marquis de Laterza, pour y tenir des réunions galantes ou de type maçonnique. *Pour les visites, contacter l'office de tourisme.*
Poursuivez pendant 7 km sur la S 80.

Ginosa A2

Via Roma 10 - ✆ 099 82 92 514.
La petite ville est bordée de deux villages rupestres, **Casale** et **Rivolta**, qui renferment une série de grottes en partie transformées en églises-cryptes. Le Corso Vittorio Emanuele permet d'accéder au château et à la Chiesa Madre, d'où l'on jouit d'une belle vue sur les deux villages.

Le village rupestre de la Rivolta à Ginosa.
M. Marca/Michelin

De la Chiesa Madre, la Via San Giovanni, dans le prolongement de la Via Matrice, conduit jusqu'à la Rivolta. *Pour explorer le village, s'équiper de bonnes chaussures et s'adresser à l'office de tourisme.*

À 25 km au sud *(S 580)* se trouve **Marina di Ginosa**, qui offre de belles plages de sable tout à fait adaptées aux familles.

3

NOS ADRESSES À MASSAFRA

HÉBERGEMENT

PREMIER PRIX

B & B Santa Marina – *Via Lo Pizzo 6/9 - ✆ 099 400 10 60 - www.bebsantamarina.it - 7 ch. 90 €* ☕. À quelques pas de la Piazza Garibaldi, centrale, un B & B de charme, qui propose des chambres et des suites très soignées, d'une sobre élégance. Terrasse-solarium panoramique et belvédère sur le ravin de San Marco pour le petit déjeuner. Dans la cave, dégustation et vente de vins locaux. Excellent rapport qualité-prix.

POUR SE FAIRE PLAISIR

Masseria La Brunetta – *Via per Chiatona - SP 35, à 3 km au sud-ouest de Massafra - ✆ 335 42 78 00 - www.masserialabrunetta.it - P 🏊 - 5 ch. 120/150 €* ☕. Une belle masseria du 18e s. entourée d'oliviers et d'orangers, la garantie d'un séjour axé sur la détente et le bien-être. Chambres classiques et élégantes et grand jardin avec piscine.

Ginosa

BUDGET MOYEN

Tenuta Orsanese – *C. da Stornara, SP 11, Marina di Ginosa, 15 km au sud de Ginosa - ✆ 393 80 30 045 - www.tenutaorsanese.it - P - 4 ch. 90/130 € - ✕.* Cette villa des années 1930 est devenue une ferme biologique qui dispose de chambres soignées et d'un restaurant proposant une cuisine traditionnelle à base d'ingrédients bio.

Mottola

PREMIER PRIX

Village Vecchia Mottola – *Corso Umberto I, 78 - ✆ 099 886 64 24 - www.vecchiamottola.com - 15 appart. 70/85 €.* Appartements disséminés dans la ville, spacieux et bien équipés, bien qu'un peu vieillots. Décoration rustique, alliant le bois à la pierre, et mezzanine. Excellent rapport qualité-prix.

Masseria Cassiere – *Contrada Matine 180 - San Basilio, 12 km au nord-ouest de Mottola sur la S 100 - ✆ 349 32 69 302 - www.masseriacassiere.it - 7 ch. et 3 appart. 55/65 €* ☕. Une agréable masseria longeant la S 100, qui dispose de chambres très simples mais accueillantes. Le véritable atout de l'établissement est la propriétaire, Maria, guide touristique passionnée et compétente qui organise des visites du patrimoine rupestre de Mottola.

RESTAURATION

BUDGET MOYEN

La Volpe e l'Uva – *Via Laliscia/Vico IV Santi Medici 12 - ✆ 389 28 69 253 - www.ristorantelavolpeeluva.it - fermé merc. - 25/35 €.* Dans l'irrésistible quartier Santi Medici, un petit établissement qui propose une cuisine traditionnelle savoureuse accompagnée de crus de la région et de bières artisanales. L'établissement fait également pizzeria (essayez la *pizza nera*). On mange dans une salle troglodytique ou en terrasse.

POUR SE FAIRE PLAISIR

Falsopepe – *Via II Santi Medici 42 - ✆ 099 88 04 687 - fermé à midi, merc. et dim. - 30/40 €.* Un lieu adorable, articulé autour de plusieurs salles, cours et terrasse panoramique, où déguster une cuisine soignée et originale, basée sur des ingrédients de qualité issus du terroir et provenant parfois même du potager. Une référence gastronomique et un cadre chaleureux qui accueille aussi des événements et des expositions.

Ginosa

PREMIER PRIX

Macelleria Rosticceria Franco Dragone – *Via Roma 117 - ✆ 099 82 45 708 - fermé dim. et à midi - 15/20 €.* Boucherie-rôtisserie à la viande excellente.

Laterza

PREMIER PRIX

Macelleria Rosticceria Tamborrino – *Via Roma 58 - ✆ 099 82 16 192 - http://macelleriarosticceriatamborrino.it - fermé dim. - 15/20 €.* Boucherie-rôtisserie qui perpétue depuis 1950 la tradition des *fornelli pronti*, consistant à choisir sa viande avant qu'elle soit préparée et servie sur place.

Macelleria Rosticceria Rizzi – *Via Giannone 45 - ✆ 099 82 13 917 - fermé dim. - 15/20 €.* Une autre adresse de référence dans la tradition des *fornelli pronti.*

Trattoria del Purgatorio – *Via Concerie 46 - ✆ 099 82 13 321 - trattoriadelpurgatorio.jimdo.com - fermé lun. - 15/25 €.* Dans la salle voûtée ou sur l'agréable terrasse en face du ravin, on déguste une bonne cuisine traditionnelle.

Palagianello

POUR SE FAIRE PLAISIR

Masseria Petrino – *Zona Petrino, 2 km à l'est du centre de Palagianello - ✆ 099 84 34 065 - www.masseriapetrino.com - fermé* *dim. soir et lun. - 35/40 €.* Dans une grande maison du 19e s. entourée de verdure, Michele Rotondo est un jeune chef de retour dans sa région après l'avoir quittée pour expérimenter la haute cuisine. Il concocte des plats de poisson soignés, proposant parfois des alliances originales avec les accompagnements. Les produits font l'objet d'une sélection attentive.

PETITE PAUSE

Mottola

La Cremeria – *Via Palagianello 128 (SP 27) - ✆ 348 29 05 689 - www.lacremeriagelati.com.* Excellentes glaces artisanales aux parfums insolites, comme lait de chèvre et huile d'olive, *cassata siciliana* ou *sette veli* (spécialité associant chocolat, praliné, noisette et génoise). Pâtisserie et café.

ACHATS

Caseificio Laera Rocco – *Piazza Risorgimento 12 - ✆ 099 88 05 605.* L'endroit rêvé pour acheter les succulents fromages de la région, produits dans le laboratoire attenant : *burrata, caciocavallo, ricotta, giunchino…*

Pasticceria Tonigel – *Via Santa Caterina 1 - ✆ 099 88 01 995 - www.pasticceriazanframundo.it - fermé lun.* Un peu éloigné du centre-ville, mais les spécialités à base de pâte d'amande de cette pâtisserie très renommée valent le détour. Pendant la période de Noël, le Pandolce est un incontournable.

Ginosa

Angelo Inglese – *Piazza Marconi 22 - ✆ 099 82 92 572 - store.g-inglese.com - fermé dim.* Le nom de Ginosa circule dans le monde entier depuis que cette chemiserie artisanale, fondée en 1955, a été reprise par le fils de l'ancien propriétaire. Un exemple ? La chemise portée par le prince William le jour de son mariage était une chemise Angelo Inglese.

Laterza

Myolica – *Piazza Plebiscito - c/o Palazzo Marchesale - ✆ 333 57 26 138 - www.myolica.it - fermé lun.* Un atelier qui conjugue tradition et innovation : faïences de Laterza, mais aussi parapluies, boîtes, sets de table, cartes à jouer, tous décorés de motifs traditionnels.

AGENDA

Carnevale Massafrese – *De mi-fév. à déb. mars.* Massafra accueille l'un des carnavals les plus anciens et les plus réputés de la région. *http://carnevale.comunedimassafra.it.*

Brindisi

87 910 habitants - Province de Brindisi

Romains ou Byzantins, pèlerins ou envahisseurs, navires de croisière ou navires poubelles, cargos marchands ou de l'Indian mail service... Depuis deux millénaires, l'on embarque ou l'on débarque à Brindisi en provenance de la Grèce, des Balkans ou de l'Orient. Mais cette histoire semble aujourd'hui marquer une rupture. Avec la concurrence accrue du port de Bari et le déménagement à 5 km de l'embarcadère des ferries, le centre-ville a changé, perdant en animation ce qu'il gagnait en tranquillité et en élégance... Moins exotique que celui de Bari, laissant plus de place au contemporain, il présente néanmoins une harmonie évidente et quelques joyaux incontournables. Brindisi dispose de sérieux atouts pour jouer la carte du tourisme et ne pas devenir une belle endormie.

NOS ADRESSES PAGE 180
Hébergement, restauration, achats, activités, etc.

S'INFORMER

IAT Brindisi – *Lungomare Regina Margherita 44 - 083 15 23 072 - www.brindisiweb.it.*

SE REPÉRER

Carte de région D1 (p. 132) - plan de ville (p. 178).

À 120 km au sud-est de Bari par la S 379 et la S 16, et à 45 km à l'est d'Ostuni par la P 20 puis la S 379.

SE GARER

Parking Via del Mare.

À NE PAS MANQUER

Une balade sur les quais et dans le centre historique ; la visite des églises San Giovanni al Sepolcro, San Benedetto et Santa Maria del Casale.

ORGANISER SON TEMPS

Comptez au moins une journée. Le lundi, de nombreux sites sont fermés.

AVEC LES ENFANTS

La Réserve Naturelle de Torre Guaceto.

Se promener Plan de ville

Corso Roma et Corso Giuseppe Garibaldi B1-2

Suivant le parcours d'un ancien canal, le Corso Roma, qui se prolonge par le Corso Giuseppe Garibaldi, traverse le centre historique, des remparts à la **Piazza Vittorio Emanuele II**, à proximité des quais.

Le Corso Giuseppe Garibaldi est la principale artère commerçante de Brindisi et la **Piazza della Vittoria** est le centre névralgique de la cité.

Lungomare Regina Margherita B1

Une balade à pied le long du Lungomare Regina Margherita, récemment rénové et bordé de cafés, mène, à droite, au **Seno di Levante**, et à gauche, au **Seno di Ponente**. L'on jouit d'une belle vue sur l'entrée du port et, au loin, sur le Castello Svevo qui veille sur Brindisi depuis le 15e s.

En face, sur l'autre côté de l'anse, le **Monumento al Marinaio d'Italia** (1933) est un gigantesque gouvernail de 53 m élevé à l'époque fasciste en l'honneur de la marine italienne. *9h-13h,15h-20h, jusqu'à 16h30 en hiver - fermé lun.*

UN PORT EN TÊTE DE CERF

Précédée d'une baie ouverte sur la mer, la rade de Brinsidi forme un port naturel exceptionnel. Le **Porto interno** (port intérieur) comprend deux criques, le Seno di Ponente et le Seno di Levante, qui enserrent le centre historique. Pour gagner la mer, les bateaux empruntent un étroit chenal menant à une baie où se trouve le **Porto medio** (port du milieu), un bassin sous la protection du Castello Svevo. Au-delà s'étend le **Porto esterno** (port externe), délimité par des îlots reliés par une suite de rades et de jetées.

Colonna Romana B1

Cette colonne en marbre d'Afrique, érigée à l'époque romaine (1er s.) pour indiquer la fin de la Via Appia, est un point de départ idéal pour visiter la ville. Haute de 19 m et large de 2,65 m à sa base, elle se dresse en haut d'une volée d'escaliers descendant sur les quais. Les quatre faces du chapiteau représentent Jupiter, Neptune, Pallas et Mars, entourés de tritons. De sa jumelle, effondrée au 16e s., ne subsiste que le socle, mais l'on peut en admirer le chapiteau au Palazzo Granafei-Nervegna (*voir ci-dessous*). Sur le mur de la maison voisine, une plaque commémore la mort de Virgile à Brindisi en l'an 19, à son retour de Grèce. Ses cendres ont ensuite été transférées à Pouzzoles.

Duomo B1

Piazza Duomo 7.

La façade en pierre jaune de la cathédrale domine la **Piazza Duomo**, une jolie petite place presque fermée, mais son dôme échappe aux regards. Du sanctuaire élevé au tournant du 12e s., où l'empereur Frédéric II épousa Yolande de Jérusalem (1225), subsistent des mosaïques de pavement et des vestiges de l'abside externe. L'édifice actuel, élevé après le séisme de 1743, abrite un chœur en bois sculpté du 16e s. En partie détruite par des bombardements en 1941, la **tour-clocher** (1780) a été reconstruite dans son intégrité.

À droite de la cathédrale, le **séminaire** (18e s.) se distingue par son balcon en fer forgé, agrémenté de huit statues. En face, à l'angle de la Via Tarantino, le **Palazzo Balsamo** (14e s.) s'orne quant à lui d'un splendide balcon en pierre.

Museo archeologico provinciale Francesco Ribezzo (MAPRI) B1

Piazza Duomo - ✆ 083 15 65 501 - 9h30-13h30, mar. aussi 15h30-17h30 - fermé lun.-dim. - 5 €.

Précédé du joli **portique gothique** des Templiers (14e s.), ce musée rend compte du riche passé de la ville : épigraphes en latin, hébreu et grec, vases ornés de figures attiques, stèles, urnes funéraires préromaines… Deux **statues en bronze** retiennent l'attention : celle du consul romain Lucio Emilio Paolo, qui infligea une lourde défaite aux Macédoniens à Pidna (168 av. J.-C.), et celle d'un citoyen romain dans ses habits d'homme de loi. Elles faisaient partie d'une cargaison de bronzes retrouvés en 1992 dans l'Adriatique, à Punta del Serrone. Une proue de navire remplie d'amphores a été reconstituée.

Palazzo Granafei-Nervegna B1

Via Duomo - ✆ 083 12 29 647 - 16h-20h - gratuit.

Ce palais du 16e s. expose le **chapiteau** de la seconde colonne romaine (*voir ci-dessus*). On prend la mesure de la taille colossale de la sculpture.

Le palais jouxte la **zone archéologique** San Pietro degli Schiavoni. Les architectes de l'imposant **Nuovo Teatro Verdi** (2006) ont réalisé des prouesses afin que les ruines romaines soient conservées sous les piliers du théâtre.

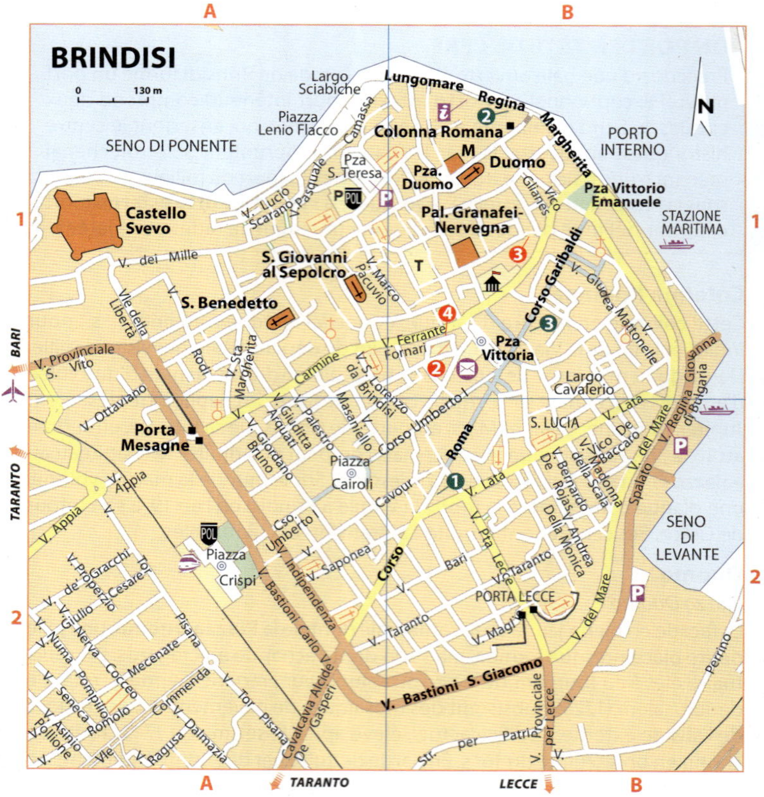

SE LOGER
- Grande AlbergoInternationale 2
- Hotel Colonna 1
- Hotel Orientale 3

SE RESTAURER
- Braceria Semeraro........... 4
- Escosazio 2
- Pantagruele................ 3

Museo archeologico provinciale Francesco Ribezzo (MAPRI)......... M

★ San Giovanni al Sepolcro A1

Via San Giovanni - 9h-13h,17h-21h - gratuit.

Élevé par les Templiers à leur retour de Terre sainte (11e s.), l'édifice présente une architecture circulaire, semblable à celle du Saint-Sépulcre de Jérusalem. On y accède par un portail architravé orné de reliefs et précédé d'un *protiro* soutenu par deux colonnes portées par des lions en marbre. L'espace intérieur est rythmé par une ronde de huit colonnes portant des arcs irréguliers, entre lesquels on aperçoit les restes de superbes **fresques** des 13e-14e s. Des fouilles ont mis au jour des **mosaïques** de pavement ayant appartenu à une maison romaine (1er s. av. J.-C.).

★ San Benedetto A1

Via Marconi 2 - ✆ 083 15 97 474 - 17h30-19h.

Cette splendide église romane du 11e s. a miraculeusement survécu aux aléas de l'histoire. Flanquée d'un robuste beffroi carré, son architecture uniforme est allégée par des arcs aveugles et par des fenêtres en ogive. Côté sud, de

UNE VILLE OUVERTE SUR LE MONDE

Ballottée pendant plus d'un millénaire entre Occident et Orient, Brindisi fut tour à tour un enjeu et un pont entre Rome et Byzance. Romaine dès 267 av. J.-C., sous le nom de Brundisium, elle est le principal port d'embarquement pour la Méditerranée orientale et le point d'arrivée de la **Via Appia**. Byzantine de 535 à 1070, à l'exception d'un épisode lombard au 7e s. et d'un sac par les Sarrasins au 9e s., son destin bascule du côté de l'Occident avec les Normands, au 11e s. C'est d'ici que part la 6e croisade, en 1228. Détruite par un **séisme** en 1456, Brindisi passe brièvement, en 1480-1481, sous la coupe ottomane. Dans les années 1990, elle connaît un afflux de migrants des Balkans. En décembre 2014, 768 Syriens sur un navire en perdition sont secourus par la marine italienne. L'histoire frappe de nouveau à la porte de Brindisi, qui retrouve son rôle de carrefour méditerranéen.

délicats bas-reliefs ceignent le **portail★** d'une frise en vannerie et d'un linteau figurant trois hommes en habits orientaux attaquant des lions et un dragon ailé. À **l'intérieur**, très simple et de dimensions modestes, un éclairage bien pensé imprègne les lieux de chaleur. Coiffés par des voûtes à croisée d'ogives, les trois vaisseaux sont séparés par des colonnes à chapiteaux corinthiens et décor zoomorphe. Côté nord, l'ancien **cloître★** est ceinturé d'un portique à fines colonnettes polygonales, aux arcs étroits et aux chapiteaux très stylisés.

Castello Svevo (Castello di terra) A1

Située au sein de la zone militaire, au bout de la Via della Libertà, la forteresse carrée construite par Frédéric II en 1227 reste fermée à la visite. À la fin du 15e s., Ferdinand d'Aragon lui adjoignit quatre tours cylindriques et des avant-murs, et au siècle suivant, Charles Quint entreprit d'importants travaux de consolidation. Convertie en prison en 1810, elle servit de base navale pendant les deux guerres mondiales. Au lendemain de l'armistice italien, Vittorio Emanuele III et le gouvernement de Badoglio fuirent Rome pour s'installer en ses murs, faisant de Brindisi la capitale de l'Italie de septembre 1943 à février 1944.

À proximité Carte de région

Riserva naturale di Torre Guaceto D1

À 20 km au nord-ouest de Brindisi par la S 379.

Centro Visite Al Gawsit - Via Piazzetta, A/32 - Serranova - 083 19 89 885 - www.riservaditorreguaceto.it.

La réserve s'étire sur une bande côtière préservée de 8 km qui alterne zones humides, garrigues, criques, dunes et plages. Le **Centro Visite** comprend un aquarium et un jardin botanique et propose des activités (randonnées à vélo ou à pied, cours de voile) pour aller à la plage de **Punta Penna Grossa** ou à celle de **Conchiglie**.

Au sud de Brindisi, les plages les plus proches sont à **Torre San Gennaro** (20 km) et **Torre Rinalda** (32 km).

★ Santa Maria del Casale D1

À environ 5 km au nord de Brindisi, accessible à pied du terminal de l'aéroport.

Perdue dans un environnement sans âme, près de l'aéroport, cette magnifique église édifiée au 14e s. à l'initiative de Philippe Ier d'Anjou et de sa femme, Catherine de Valois, constitue un exemple remarquable de transition romano-gothique. En **façade**, la marqueterie de pierre rouge et blanche fait forte impression. Un auvent de pierre décoré d'arcatures lombardes coiffe le portail. L'intérieur renferme un cycle de **fresques**★★ d'inspiration byzantine, qui surprend par sa dimension et la délicatesse de ses couleurs. Remarquez notamment les quatre registres du *Jugement dernier* et *L'Arbre de la Croix*.

Mesagne D1

À 15 km au sud-ouest par la S 7.

Castello Normanno, Via Castello 10 - 083 17 35 235.

L'antique Messania (4ᵉ-3ᵉ s. av. J.-C.) a été dévastée à plusieurs reprises, mais c'est finalement le 17ᵉ s. qui lui a imprimé sa marque la plus prégnante. Sur l'un des côtés du petit fort, l'église **Sant'Anna** (1690) offre un bel exemple de style baroque des Pouilles. Quant à la **Chiesa Madre**, complètement remaniée au 17ᵉ s., elle renferme une crypte du 10ᵉ s. Le **Castello Normanno Svevo** abrite le **Museo Archeologico** qui présente diverses trouvailles allant de l'âge du bronze jusqu'au Moyen Âge. *Via Castello 5 - été : mar.-dim. 9h-22h - 2 €.*

Pareille à un fruste monolithe de pierre posé au milieu d'une mer d'oliviers, la petite église **San Pietro di Crepacore** (6-8ᵉ s.) conserve des fresques d'époque ancienne. *À 8 km au sud, vers Torre Santa Susanna, par la P 69.*

Cripta di San Biagio D1

À 15 km à l'ouest, sur la S 16 (route de San Vito), indication sur la droite.

Isolée en rase campagne, ce crypte (*083 19 51 368/083 19 55 236*) est le vestige (12,5 m sur 4,5 m) d'un village rupestre qui renferme des fresques du 12ᵉ s., avec des inscriptions grecques. Il s'agit en fait d'un complexe comprenant tout un hameau, avec un cimetière et des habitations.

Non loin, l'église rupestre de **San Giovanni** conserve une belle représentation de l'archange Saint Michel.

San Vito dei Normanni C1

À 20 km à l'ouest par la S 16.

Piazza Carducci 2 - 083 19 55 236.

La visite du village commence sur la Piazza Leonardo Leo, sur laquelle se dresse le **Castello Dentice di Frasso** (12ᵉ s.). Les propriétaires l'ont transformé en maison d'hôte, dans un décor pur jus (mobilier ancien, lustres…). Dans le centre historique, on visite également l'église **Santa Maria della Vittoria**, érigée pour célébrer la victoire de Lépante (1571) contre l'empire Ottoman. Le **Museo della Strada dell'Olio** (Musée de la Route de l'huile) et celui de la **Civiltà rurale** (Musée de la Civilisation rurale), installés dans un couvent dominicain, méritent un détour. *Via Mazzini - 083 19 51 368.*

NOS ADRESSES À BRINDISI

Plan p. 178

ARRIVER/PARTIR

Aeroporto del Salento Papola-Casale – *4 km au nord du centre-ville - www.aeroportidipuglia.it.* Comptez 20 € pour rejoindre l'aéroport en taxi. En été, service de navette des bus de la STP *(www.stpbrindisi.it - Piazza Crispi - ttes les 30mn - trajet de 10/15mn).*

En bus – STP dessert Ostuni, Lecce, Cisternino (*www. stpbrindisi.it*). Ferrovie del Sud Est *(www.fseonline.it)* dessert les villes proches de Brindisi. Plusieurs points de départ possibles, renseignez-vous.

En train – La gare centrale se trouve Piazza Crispi.

HÉBERGEMENT

BUDGET MOYEN

Hotel Colonna – B2 - *Corso Roma 83 - ✆ 0831 562 557 - www.albergocolonna.it - 40 ch. 110/150 €* ☕. Cet hôtel moderne, un peu à l'écart du centre, est d'un bon rapport qualité-prix. Petit déjeuner servi sur le toit, en terrasse.

POUR SE FAIRE PLAISIR

Hotel Orientale – B1 - *Corso Garibaldi 40 - ✆ 083 15 68 451 - www.hotelorientale.it - P - 47 ch. 120/150 €* ☕. Bien situé dans le centre, l'hôtel possède des chambres agréables, à défaut de charme. Salle de fitness. Clientèle d'hommes d'affaires en semaine.

Grande Albergo Internazionale – B1 - *Lungomare Regina Margherita 23 - ✆ 083 15 23 473 - www.albergointernazionale.it - P - 67 ch. 115/160 €* ☕ - ✗. Le plus bel hôtel de Brindisi fait face au port. Vastes chambres (certaines avec vue sur la mer), décor classique, moquette épaisse… un vrai petit palace.

RESTAURATION

PREMIER PRIX

Escosazio – B1 - *Piazza Mercato 15 - ✆ 340 116 2585 - 18h-0h, fermé dim. sf l'été - 15 €.* Un *fornello pronto* où l'on choisit sa viande en vitrine avant de la déguster en salle ou attablé sur la place, une fois les étals du marché disparus. Lieu très animé le week-end.

Braceria Semeraro – B1 - *Piazza Mercato 24/25 - ✆ 083 15 21 524 - fermé lun. - 15 €.* L'autre *fornello pronto* de la place est lui aussi pris d'assaut le week-end.

BUDGET MOYEN

Cozza Nera – Hors plan par A2 - *Via Schiavone 19, angle Via Appia - ✆ 083 15 60 752 - fermé dim. soir et lun. - 15/30 €.* Une excellente adresse, quoiqu'un peu excentrée, pour déguster poissons grillés, moules farcies, risotto du pêcheur, *orecchiette* aux coquillages, calamars… dans une ambiance décontractée et des assiettes en plastique.

POUR SE FAIRE PLAISIR

Pantagruele – B1 - *Via Salita di Ripalta 1 - ✆ 083 15 60 605 - fermé sam. midi et dim. - 30/50 €.* Une table réputée, spécialisée dans les produits de la mer, où l'on sert une cuisine inventive. Bonne carte des vins. Accueil professionnel.

PETITE PAUSE

Pasticceria Bernardi – B1 - *Lungomare Regina Margherita 35/36 - ✆ 083 15 27 687 - www.bernardicioccolato.it.* Un bel endroit élégant sur les quais, pour déguster, en terrasse ou en salle, pâtisseries et chocolats.

Betty Café – B1 - *Viale Regina Margherita 6 - ✆ 083 15 63 465 - www.bettycafe.it.* Toujours sur les quais, mais moins chic, une adresse pour un déjeuner, une glace, une pâtisserie ou un verre.

ACHATS

Enoteca Fedele – B2 - *Via Porta Lecce 6 - ✆ 083 15 21 834 - www.enotecafedele.com - lun.-sam. 8h-13h30, 17h-21h.* Faites ici votre choix de vins italiens.

AGENDA

Processione a Mare dei Santi Protettori – *Fin août-déb. sept.* Cette procession maritime relie Castello Alfonsino au centre-ville. Plusieurs jours de fête.

Le Salento 4

Cartes Michelin Régional Italie 564 et Local Italie 363

Phare de Santa Maria di Leuca.

Isaac74/iStock

LE SALENTO
0
10 km
N
MARE
ADRIATICO
A
B
C
1
2
3
BRINDISI
S. Cataldo
Riserva Naturale Le Cesine
Acaya
Cavallino
LECCE
S. Maria di Cerrate
Roca Vecchia
Grotta della Poesia
Torre dell'Orso
Baia di Frassanito
Baia di Alimini
Baia dei Turchi
Mulino d'Acqua
Otranto
Lago Alimini grande
Lago Alimini piccolo
Calimera
Carpignano Salentino
Martano
Melpignano
Sternatia
Soleto
Corigliano d'Otranto
Galatina
Copertino
Nardò
Scala di Furno
Porto Cesareo
Torre Squillace
S. Isidoro
Torre Lapillo
Punta Prosciutto
Riserva Naturale Palude del Conte e Duna Costiera Porto Cesareo
P 366
P 297
P 48
P 212
P 26
P 30
P 31
P 140
S 16
P 367
P 46
P 125
S 101
P 298
P 133
P 100
S 613
P 357
S 7 Ter
P 119
P 20
P 18
P 124
P 17
P 13
P 4
P 6
P 359
P 21
P 286
P 340
P 365
P 75

Golfo
di Taranto
MAR
IONIO
Parco Regionale Porto Selvaggio
Torre Uluzzo
Porto Selvaggio
S. Caterina
S. Maria al Bagno
Lido Conghiglie
Gallipoli
Baia Verde
Punta della Suina
Punta Pizzo
Galatone
Noha
Casarano
Melissano
Ugento
Torre San Giovanni
Lido Marini
Torre Pali
Marina di Pescoluse
Pescoluse
Torre Vado
Marina San Gregorio
S. Maria di Leuca
Patù
Montesardo
Alessano
Specchia
Tricase
Tricase Porto
Marina di Novaglie
La côte au sud d'Otranto
Marina di Andrano
Cala dell'Acquaviva
Castro Marina
Grotta Zinzulusa
S. Cesarea Terme
Torre Minervo
Porto Badisco
Faro della Palascia
Dolmen di Scusi
Minervino di Lecce
Giurdignano
Giuggianello
Poggiardo
Muro Leccese
Maglie
Supersano
Ruffano
P 108
P 221
S 101
P 42
P 314
P 363
P 361
S 274
P 360
P 88
P 91
P 66
P 174
P 86
P 362
P 374
P 159
P 84
S 275
P 56
P 36
P 356
P 87
P 358
P 75
P 78
P 76
P 242
P 192
P 214
P 74
3
4
A
B
C
LECCE
★★★ Vaut le voyage
Gallipoli
★★ Mérite un détour
Otranto
★ Intéressant
Copertino
À voir
Ville de départ du circuit
La côte au nord d'Otranto
L'arrière-pays d'Otranto
La côte au sud d'Otranto
L'arrière-pays de S. Maria di Leuca
La Riviera Nord de Gallipoli
La Grèce Salentine

Grand angle

À la pointe du talon de la Botte, le Salento occupe l'extrémité orientale de la péninsule italienne, à seulement 72 km des côtes de l'Albanie, de l'autre côté du canal d'Otranto, qui ferme la mer adriatique.

SALENTO : SOLE, MARE E VENTO

Destination ensoleillée prisée depuis longtemps par les Italiens, et de plus en plus par les touristes étrangers, la province cumule les atouts : des villes d'art exceptionnelles, des villages classés parmi les plus beaux d'Italie, une culture singulière encore vivace et un littoral splendide à la rencontre de deux mers. Ce sont 200 km de criques, falaises, grottes marines, plages de sable, baignés par des eaux transparentes d'une propreté exemplaire. Et, toujours, ce vent constant qu'aucun relief n'arrête et qui apporte la fraîcheur de la mer, même au plus fort de l'été. C'est souvent lui qui détermine le choix de la plage. Le *scirocco,* le mal-aimé vent du Sud, vous fera privilégier les plages de la côte adriatique. En revanche, si c'est la *tramontana* qui souffle, c'est le moment de profiter des couleurs turquoise et du calme plat de la mer ionienne.

UNE TERRE ENTRE DEUX MONDES

L'éloignement des centres du pouvoir aurait pu sceller l'isolement de cette pointe de terre. Mais la géographie s'est révélée clémente avec l'ancienne **Messapie** (« terre entre deux mers »), lui octroyant, en plus de sa position stratégique aux portes de l'Orient, un relief dépassant rarement une altitude de 200 m et une côte propice à la création de ports protégés. Le Salento s'est ainsi retrouvé aux avant-postes de l'histoire. Crétois et Mycéniens s'y implantent probablement dès le 2e millénaire av. J.-C., suivis bien plus tard par les Messapiens (8e s. av. J.-C.), venus d'Illyrie (actuelle Albanie). Peu après, les Grecs fondent Gallipoli et Otranto. Intégré à la région romaine d'Apulie et Calabre, le Salento brille également à travers plusieurs cités comme **Lecce**, qui connaît un premier âge d'or sous Marc Aurèle (2e s. apr. J.-C.).

Pendant les siècles de domination romaine, la **culture grecque** vit toujours grâce aux descendants des colons grecs, les Italiotes. Elle se déploie de nouveau durant la période byzantine (6e-11e s.). Son empreinte reste si profonde qu'aujourd'hui encore subsiste un îlot de culture et de langue grecques, dans une douzaine de villages de l'arrière-pays *(voir p. 234)*.

Rançon de sa position géographique, le Salento se trouve en première ligne face aux menaces venues de la mer. Les incursions des Sarrasins sont fréquentes (9e-10e s.), mais c'est le **sac d'Otranto** par les Ottomans, en 1480, qui frappe les esprits. Le port ne s'en remettra pas. La « Terre d'Otranto » est désormais marginalisée politiquement. Ce changement profite à **Lecce**, plus à l'intérieur des terres et plus facile à protéger. Rattachée au Royaume de Naples depuis 1463, la ville bénéficie de privilèges et devient un centre commercial majeur. Sur décision de Charles Quint, le littoral se couvre de tours de guet et Lecce se voit dotée d'un château et d'une enceinte. Libérée de la menace ottomane après la **victoire de Lépante** (1571), la ville est bientôt saisie par la folie créative du *barocco leccese* *(voir p. 192)*.

Aujourd'hui, Lecce est la capitale du Salento. Ses autres joyaux urbains sont **Gallipoli** et **Otranto**, deux citadelles léchées par la mer, et, à l'intérieur des terres, **Nardò** et **Galatina**. Mais pour saisir le Salento, il faut arpenter la campagne hérissée d'oliviers, découvrir un vestige mégalithique ou pénétrer dans

Porto Tricase.
J. Arnold/hemis.fr

un pressoir à huile souterrain ; parcourir les villages de l'intérieur et assister à une fête patronale ou danser au grand festival de la Notte de la Taranta, à Melpignano, qui renouvelle chaque été l'ancienne tradition de la **pizzica**.

DES SAVEURS À FOISON

À tout seigneur tout honneur, l'huile d'olive de la **Terra d'Otranto** est la protagoniste incontestée de la table. Très douce, elle ne peut être produite qu'à partir d'olives cueillies exclusivement à la main avant le 30 janvier et selon un procédé très strict. Côté vins, les rouges du Salento sont réputés puissants. Parmi les nombreuses DOC de la province, le **salice salentino** et le **negroamaro** sont les plus connus.

Quant à la gastronomie, elle reprend les grands classiques des Pouilles, avec un penchant pour les produits de la mer, particulièrement à Gallipoli : le poulpe grillé ou « alla pignata », cuit dans un récipient de terre cuite appelé *pignata* les crevettes, les pâtes aux oursins, le *scapece* (poisson frit mariné dans du vinaigre, du safran et de la mie de pain). Mais les plats les plus typiquement salentins sont à base de légumes : *fave e cicorie,* une purée de fèves accompagnée de chicorée sauvage, *pasta e ceci* (pâtes aux pois chiches) et les *cecamariti* (littéralement les aveugle-maris), petits beignets de légumes frits à l'huile d'olive. Sont également très salentines les *frise*, petits pains ronds très durs, qu'il faut tremper dans de l'eau et de l'huile d'olive avant de les consommer avec des tomates et des anchois. Les *pucce* sont des sandwichs faits avec de la semoule de blé dur, tandis que les *panzerotti* sont de petits chaussons frits farcis de mozzarella et de sauce tomate.

La viande autrefois la plus consommée était le *quinto quarto* (« cinquième quart »), constitué des abats des animaux, en particulier de cheval. Les palais curieux goûteront les *gnumareddi,* un mélange de fressure d'agneau.

Enfin, côté douceurs, le Salento a pour spécialités le *pasticciotto* fourré à la crème pâtissière, il *fruttone,* à la pâte d'amandes ou au chocolat, et les *fichi mandorlati*, des figues sèches fourrées d'une amande et d'un brin de fenouil.

Lecce

★★★

95 000 habitants - Province de Lecce

Au centre du talon de la Botte italienne, loin des côtes et moins exposée aux attaques des Turcs, Lecce a laissé fleurir l'exubérance de son faste baroque autour de ses portails et de ses fenêtres, sur les façades de ses églises et de ses palais, sur ses fontaines et ses balcons. Mais le charme de Lecce ne s'arrête pas là. L'élégance joyeuse de son architecture se retrouve dans son art de vivre : dans l'accueil souriant de ses habitants, l'animation de ses rues, l'incroyable limpidité de l'air constamment rafraîchi par le vent et, partout, cette pierre qui capte comme nulle autre la lumière. Au cœur du Salento, entourée d'oliviers et inondée de soleil, Lecce, sa capitale, est l'une des plus belles villes d'Italie et mérite largement son surnom de Florence du baroque.

NOS ADRESSES PAGE 198
Hébergement, restauration, achats, activités, etc.

S'INFORMER

Info Point – Trois localisations : *Piazza Sant'Oronzo - ✆ 083 22 42 099 - 9h30-13h30, 15h30-19h30 (sans interruption l'été) - www.ilecce.it. Via V. Emanuele II 16 - ✆ 083 26 82 985 - été : 9h30-13h30, 15h30-19h30 ; hiver : 10h-13h, 16h-18h. Viale XXV Luglio - ✆ 083 22 46 517 - 9h-20h30 (23h l'été).*

SE REPÉRER

Carte de région B1 (p. 184-185) - plan de ville (p. 190-191). Lecce est à 12 km de la côte adriatique, à 40 km au sud de Brindisi (S 613) et 150 km au sud de Bari (SS379 et SS 16).

À NE PAS MANQUER

Une balade dans les rues du centre historique, la nuit ; la Piazza Duomo ; la façade de la basilique Santa Croce.

SE GARER

Le centre de Lecce est une ZTL. Privilégiez l'un des trois parkings situés au nord de la ville, près de la Porta Napoli *(2 €/j)* : au bout du Viale San Nicola, près du cimetière ; Via F. Calasso ; Piazza Carmelo Bene.

ORGANISER SON TEMPS

Comptez deux jours, en passant une soirée sur place.

Se promener Plan de ville

Circuit au départ de la Piazza Duomo, tracé en vert sur le plan de ville p. 190-191. Comptez une journée.

Lecce se visite à pied, le nez en l'air. À tout moment, vous verrez apparaître des angelots, des animaux, des personnages qui vous sourient. Une visite de Lecce, surnommée la ville aux cent églises, se transforme vite en un parcours de visite d'églises *(attention : la plupart ferment entre 12h30 et 16h)*. C'est la nuit, lorsque ses églises et ses palais illuminés la transforment en un formidable décor de théâtre, que la beauté de Lecce se révèle dans toute sa splendeur.

★★ Piazza del Duomo B2

Cette place fermée dévoile d'un coup sa beauté au visiteur quand il pénètre par le propylée couronné de statues qui la relie à la Via Vittorio Emanuele II.

Les édifices qui l'enserrent dessinent un ensemble remarquable d'équilibre et d'harmonie : sur la gauche, le **Duomo** (1659-1670) et son campanile, œuvres de Giuseppe Zimbalo ; en face, la façade baroque du **Palazzo Vescovile (**1758), de Manieri ; à droite, l'imposante façade du **Palazzo del Seminario** (1709), signée Giuseppe Cino.

★ Duomo B2

✆ 0832 308 557 - 8h30-12h30, 16h30-19h30.
Situé dans l'axe de l'entrée sur la place, le fastueux portail du flanc gauche du Duomo, surmonté d'une arcade aérienne abritant une statue de saint Oronce, tient lieu d'entrée principale. Le vaste volume intérieur et son riche décor doré devaient symboliser le pouvoir et l'autorité de l'Église. Sur les flancs, les nombreuses chapelles renferment des peintures, dont un saint Oronce de Coppola (1597-1659), le célèbre peintre de Gallipoli. La **crypte**, refaite au 16e s., est soutenue par 92 colonnes dont les chapiteaux présentent une décoration zoomorphe.

Museo Diocesano di Arte Sacra

✆ 328 832 25 77 - été : 10h-13h, 16h30-20h ; reste de l'année : 9h30-12h30 - fermé dim. - 4 € (1 € pour entrer dans la cour sans visiter le musée).
Situé dans le **Palazzo del Seminario**, le musée recèle le Trésor de la cathédrale, un **tapis** de 68 m² offert par Joachim Murat, roi de Naples de 1808 à 1815, ainsi que des peintures, en particulier d'Oronzo Tiso (1729-1800), *Il Trasporto dell'Arca Santa*. La section dédiée à la statuaire présente des statues en bois polychrome (*Assunta* de Nicola Fumo, 1689) et en papier mâché (*Giuditta con la testa di Oloferne*, de Raffaele Carretta (1898). On visite aussi la chapelle. Le **puits★** au milieu du cloître est une très belle œuvre de Giuseppe Cino.
En sortant de la Piazza Duomo, prenez la Via Giuseppe Palmieri, juste en face.

Via Giuseppe Palmieri B1-2

C'est l'une des rues les plus agréables de la ville. Vous y verrez plusieurs beaux palais d'un style baroque très exubérant, comme le **Palazzo Marrese**, dont le balcon est soutenu par les quatre jeunes filles les plus célèbres du *barocco leccese (voir encadré p. 192)*. Sur la **Piazzetta Falconieri**, à droite, se trouve le **Palazzo Guarini**. C'est ici que Joseph Bonaparte a séjourné en 1807. Ce fut

LA LOUVE ET LE CHÊNE

La légende raconte que la ville de Sybar a été fondée par les Mycéniens au lendemain de la guerre de Troie (12e s. av. J.-C.) autour du chêne sous lequel reposait une louve, animal sacré et symbole solaire par excellence. Avec l'arrivée des Romains, Sybar devient Lupiae, puis Licea avec les Normands, au 12e s. Ce sont eux qui, en agrandissant le château et en y fixant la résidence de la cour, ont fait de la ville le centre économique et culturel du Salento. Après une période souabe, puis angevine, l'époque aragonaise – à partir de 1463 – voit grandir l'essor de l'activité commerciale de la ville. Protégée de la menace turque par sa situation à l'intérieur des terres, elle voit affluer marchands génois, florentins, et surtout vénitiens. C'est le début d'une période faste qui va durer 250 ans. Liciae s'appelle désormais Lecce et se couvre de somptueux édifices, surtout après la victoire de Lépante sur les Turcs, en 1571. Au début du 18e s., la ville tombe dans l'escarcelle de la branche espagnole des Bourbons, rois de Naples. Excepté une petite parenthèse française (1808-1815), la domination des Bourbons perdurera jusqu'à l'annexion de l'Italie méridionale au royaume d'Italie, en 1860.

SE LOGER

Antico Belvedere B&B 2
B&B Arco Vecchio 1
B&B Centro Storico 3
B&B La Terrazza 10
B&B Palazzo Rollo 7
B&B Suites Chiesa Greca 11
Mirage B&B 5
Palazzo Personè 6

SE RESTAURER

Alle due corti 1

All'ombra del Barocco 13
I Merli 5
L'Angolino di Via Matteotti 2
La Torre di Merlino 10
Le Quattro Spezierie 8
Osteria degli Spiriti........... 6
Pizza&Co 7
Ristorante Via Cairoli 12
Tormaresca 14
Trattoria Le Zie - Cucina Casareccia 4

LE BAROCCO LECCESE

Le style que l'on appelle le *barocco leccese* est moins identifiable par la structure de ses bâtiments que par leur décor exubérant, travaillé à la manière d'un ouvrage d'orfèvrerie. Il est né à la fin du 16e s. de la conjonction de trois éléments.

Une victoire : celle de la flotte chrétienne à Lépante sur les Turcs, le 7 octobre 1571. Considérée à l'époque comme le triomphe de la chrétienté sur l'islam, elle met fin à 1 000 ans de terreur en Méditerranée ; et surtout dans le très convoité Salento, particulièrement exposé de par sa situation géographique. Fini le temps des constructions défensives, l'heure est à la liberté décorative.

Une dynastie : la très catholique branche espagnole des Habsbourg, qui a régné à Naples de 1516 à 1713. Champions de la contre-réforme, sous leur domination le baroque a été porté à des sommets. Et, en particulier, sa forme plateresque, importée d'Espagne (de *plata*, argent, à cause de sa ressemblance avec des pièces d'argent ciselé).

Une pierre : l'exceptionnelle *pietra leccese,* au grain très fin et à la belle couleur blanche qui se dore au fil du temps. Sa teneur en argile la rend particulièrement malléable, facile à travailler, parfois même à la main.

Le plus célèbre représentant du *barocco leccese* est **Giuseppe Zimbalo** (1620-1710). Les autres grands noms sont Francesco Antonio Zimbalo (1567-1631), son grand-père qui a introduit le baroque à Santa Croce, Cesare Penna (1607-1653), Giuseppe Cino (1645-1722) et Mauro Manieri (1687-1744).

ensuite Joachim Murat, qui y a laissé sa signature gravée dans un miroir avec le diamant de sa bague. Au bout de la rue se dresse un arc de triomphe élevé en l'honneur de Charles Quint, la **Porta Napoli** (16e s.).

Via Principi di Savoia

Cette rue au charme populaire pénètre dans le centre de Lecce par la Porta Napoli. Très vite apparaît sur votre gauche l'élégante silhouette de **Santa Maria della Provvidenza** (ou église des Alcantarine). Un peu plus loin, la Via Manfredi, à gauche, vous mène à l'église **Sant'Angelo** (1663), de Giuseppe Zimbalo. Sa façade n'a jamais été achevée (on dit que les relations entre les pères Agostiniens et Zimbalo n'étaient pas des plus pacifiques). Même partiellement terminée, elle reste un bel exemple du style de l'architecte.

Descendez la Via Umberto I vers le sud.

Au n° 28, entrez admirer l'un des plus beaux palais de Lecce, le **Palazzo Adorno**, siège du Gouvernement provincial.

Palazzo del Governo C1

L'ancien **Convento dei Celestini**, édifié par Giuseppe Zimbalo (rez-de-chaussée) et Giuseppe Cino (1er étage), abrite les services préfectoraux. Sa façade à bossages est percée de fenêtres chargées de *putti* et de décorations florales.

Traversez la cour intérieure.

Derrière le palais, la **Villa Comunale** est le plus grand espace vert du centre-ville. L'occasion d'une halte rafraîchissante.

★★ Basilica di Santa Croce C1

9h-12h30, 16h-19h30. Façade en cours de rénovation pour une livraison prévue fin 2018. La visite guidée sur les échafaudages est fortement recommandée : réserv. obligatoire 3 sem. av. sur www.restauro.santacrocelecce.it - gratuit.

M. Marca/Michelin

Basilica di Santa Croce.

M. Marca/Michelin

Santa Croce, détail.

M. Marca/Michelin

Santa Croce, détail.

Santa Croce est considérée comme le sommet du *barocco leccese*. Cette basilique est étonnante car on peut suivre l'évolution de son architecture comme dans un livre. Au début de sa construction (1549), dans sa partie basse, Gabriele Riccardi y a imprimé le style Renaissance assez sobre de l'époque. La date de fin de la première phase des travaux est indiquée au-dessus du portail : 1582. Puis Francesco Zimbalo est intervenu à partir de 1606. En faisant tout simplement pivoter à 45° les socles des quatre colonnes qui flanquent le portail, il a apporté à la paisible façade Renaissance un élément résolument baroque : le mouvement. La frise, les treize télamons et la balustrade appartiennent également à cette campagne de travaux. Les treize *putti* qui dansent joyeusement sur la balustrade sont encadrés par la Foi et la Force. Le registre supérieur, au baroque flamboyant, a été réalisé par un troisième architecte, Cesare Penna. Cette profusion d'angelots, de saints, d'animaux, de fleurs et de végétaux dans lesquels se cachent des personnages grimaçants, est un spectacle dont on ne se lasse pas. La frise supérieure est de Giuseppe Zimbalo, le petit-fils de Francesco. La date de clôture des travaux, 1646, est portée par deux lions encadrant la rosace qui semble avoir été conçue par une experte dentellière.

À l'**intérieur**, la Cappella San Francesco di Paola, au bout du collatéral gauche, abrite un beau **maître-autel** réalisé par Francesco Zimbalo.

À droite de la basilique de Santa Croce, le **Palazzo Taurino**, situé dans la Giudecca médiévale, témoigne à travers son exposition **Medieval Jewish Lecce** de l'histoire de la ville et de la communauté hébraïque au Moyen Âge.

Via Umberto I 9 - ✆ 0832 24 70 169 - www.palazzotaurino.com - visites guidées à 10h, 11h, 12h, 13h, 16h30 et 17h30 - 5 €.

Continuez votre chemin. Avant d'atteindre la Piazza Sant'Oronzo, faites un détour par la Piazza Castromediano sur votre droite.

Chiesa del Gesù ou del Buon Consiglio C1-2

Piazza Castromediano.

Construite entre 1575 et 1579 par les Jésuites, cette église est d'une austérité (relative) qui détonne par rapport aux autres sanctuaires de Lecce. Si elle est ouverte, entrez admirer le somptueux **autel baroque★** et, à gauche de l'entrée, l'étonnante statue-colonne de la Vierge.

Piazza Sant'Oronzo C2

Le cœur de Lecce se confond avec cette vaste place animée et sa colonne baroque portant la statue de saint Oronce, patron de la cité. Dans la partie sud, totalement remaniée au début du 20e s. pour l'édification de la Banca d'Italia, ont été mis au jour les restes d'un **amphithéâtre** (1er s.). C'est le témoignage le plus remarquable de l'époque romaine dans le Salento. Capable d'accueillir 25 000 spectateurs, il donne la mesure de l'importance qu'avait la cité sous l'empereur Hadrien. Juste à côté, l'étonnant **Palazzo di Seggio**, connu sous le nom de « **Il sedile** », mêle avec bonheur gothique et Renaissance (1592). Avec la petite église **San Marco** attenante, il forme le principal legs de la colonie vénitienne à la ville.

La Via dei Mocenigo, qui part vers l'est, vous mène au château.

Castello di Carlo V CD2

Viale XXV Luglio - ✆ 0832 24 65 17 - www.castellocarlov.it - 9h-20h30 (23h juil.-août), w.-end à partir de 9h30 - 3 € (prix variables pdt les expositions temporaires). Au moment de la rédaction de ce guide, la Chiesa di Santa Barbara, la Chiesa della Madonna di Costantinopoli, le Museo della Cartapesta, les prisons et les souterrains étaient fermés pour travaux.

Charles Quint, qui n'est pourtant jamais venu à Lecce, a fait remanier en 1553 le château normand qui servait de résidence aux seigneurs de Lecce. On visite les 1er et 2e étages, dont la magnifique **salle Marie d'Enghien** et les salles des **tours Magistra et Mozza**. Regardez, à droite de l'entrée de la tour Magistra, les articles de la loi inscrits sur le mur. Ils rappellent que cette salle abritait, aux 17e et 18e s., le Tribunale della Regia Udienza, l'ancêtre de notre Cour d'Appel. De la cour, on accède à la **Cappella di Santa Barbara**. La petite église de la Madonna di Constantinopoli se trouve sous la torre Magistra, tandis que sous la Torre Mozza ont été mises au jour les prisons.
Le château abrite également le **Museo della Cartapesta**, consacré à l'artisanat du papier mâché, apparu au 17e s. et toujours très vivant à Lecce.
En sortant, prenez à gauche, puis tout de suite à droite la Via Vito Fazzi jusqu'à Via degli Acaya, à gauche. Descendez-la jusqu'à Via Ascanio Grandi.

Museo Archeologico Faggiano C2

Via Ascanio Grandi 56 - ✆ 083 23 00 528 - www.museofaggiano.it - 9h30-20h - 3 €.
Ce musée privé présente les espaces dégagés lors des fouilles réalisées depuis 15 ans dans une demeure familiale. Certains datent de 2000 ans. Une balade amusante à travers l'histoire d'une maison.
Un peu plus bas, la Via dei Perroni, à gauche, aboutit à la **Porta San Biagio** (reconstruite au 18e s.), l'une des trois portes monumentales de la ville.
Prenez à droite le Viale Francesco Lo Re pour aller au Museo Provinciale.
Vous passerez devant des maisons à l'architecture éclectique, un style qui a fleuri en Europe à la fin du 19e s. Lecce est truffée de villas de ce genre, la plupart se trouvant Viale Francesco Lo Re et dans la rue qui le prolonge, Viale Gallipoli. Elles sont toutes privées.

★ Museo Provinciale Sigismondo Castromediano C3

Viale Gallipoli 30 - ✆ 083 26 83 503 - 8h30-19h - dim. : 9h-13h30 - gratuit.
Ce musée, à la lisière du centre historique, présente une section préhistorique passionnante et une très importante **collection de céramiques★** dauniennes, grecques et surtout messapiennes, vestiges de la civilisation qui a occupé le Salento dès l'an 1000 av. J.-C. La *trozzella* (vase) représentant Hercule au jardin des Hespérides est célèbre pour être la seule connue qui soit décorée d'un personnage. On y admire également quelques belles œuvres d'époque médiévale. La Pinacothèque, au 3e étage, n'est accessible que si l'on est accompagné. On y découvre une section dédiée au baroque, de beaux tableaux de l'école napolitaine (Andrea Vaccaro, Francesco Fracanzano, 17e s.) ainsi qu'un ensemble de peintures d'artistes du Salento (19e et 20e s.).
En sortant, rejoignez la Via Mario Bernardini puis traversez la Piazzetta della Luce pour retrouver la Via Perroni, à gauche.
Regardez les six jolies têtes qui soutiennent en souriant le balcon du **Palazzo Grassi**, au nº 12.

★ San Matteo C2

Via dei Perroni.
San Matteo (1667-1700), est l'œuvre de l'architecte milanais Achille Larducci. La **façade**, avec son ordre inférieur convexe et son ordre supérieur concave, présente un style proche du baroque romain de St-Charles-aux-Quatre-Fontaines. à l'intérieur, les neuf autels qui entourent la nef unique sont en revanche de fastueux exemples de *barocco leccese*.
Prenez en face la Via del Palazzo dei Conti di Lecce puis, à droite, la Via delle Arti della Cartapesta.

Vous passez à côté du **théâtre romain** (1er s. av. J.-C.) que l'on voit de la rue. Si vous voulez déambuler dans les gradins, il faut passer par le musée *(lun.-sam. - 9h30-13h30 - 3 €).*

Poursuivez votre chemin jusqu'à la Via Federico d'Aragona.

Entrez dans l'église **Santa Chiara** (1691) pour regarder son curieux plafond en papier mâché, l'un des seuls dans son genre.

Prenez à gauche la Via degli Ammirati.

MUST - Museo Storico della Città di Lecce C2

Via degli Ammirati 11 - ✆ 083 22 41 067 - www.mustlecce.it - tlj sf lun. 10h-13h, 15h-19h (sam. 23h) - gratuit.

Installé dans l'ancien monastère de Santa Chiara, le MUST a rouvert ses portes en 2015. Il se veut à la fois un musée historique (*ouv. prévue fin 2017*) et un musée d'art contemporain. Il expose essentiellement des sculptures, en particulier de Cosimo Carlucci (1919-1987). On y voit également des photographies de Jenny Okun, célèbre pour ses compositions cubistes de sujets architecturaux.

En sortant, à gauche, vous atteignez l'arrière du Duomo. À droite, la Via Arcivescovo Petronelli vous mène à la **Via Vittorio Emanuele II**, *la rue la plus animée de Lecce.*

Sant'Irene dei Teatini B2

Via Vittorio Emanuele II 11.

Construite par Francesco Grimaldi pour les Théatins (cet ordre religieux, fondé en 1624, se consacrait à la formation du clergé catholique), l'église conserve de somptueux **autels baroques★** attribués à **Francesco Antonio Zimbalo** (1567-1631). Elle est dédiée à sainte Irène, qui fut la patronne de la ville… avant d'être évincée par saint Oronce, érigé en patron de Lecce pour avoir mis fin à la peste en 1656. Au centre de sa façade, regardez la louve, symbole de la ville, dont était dérivé le nom latin *Lupiae*.

Descendez la Via Vittorio Emanuele II vers l'ouest.

Via Giuseppe Libertini A-C2

Cette rue très animée est bordée de certains des plus prestigieux édifices civils et religieux de la ville. Sur la gauche, vous verrez la façade inachevée de l'église **Santa Teresa**, puis le Conservatorio di Sant'Anna (18e s.). La rue se termine devant la belle église **San Giovanni Battista o del Rosario★**, reconstruite en 1691. Ultime œuvre du grand maître **Giuseppe Zimbalo**, elle présente une façade à la décoration surabondante, à la fois minutieuse et gracieuse. L'**intérieur★** est orné de plusieurs retables d'une somptuosité sans égale.

Face à l'église, remarquez l'ancien Ospedale di Santo Spirito (1548).

La **Porta Rudiae** (18e s.) marque la limite du centre-ville.

Terminez votre balade en remontant la Via Libertini, pour aller voir le soir tomber sur la Piazza del Duomo. Si vous le pouvez, revenez la nuit, lorsque la place est illuminée.

À voir aussi

Santi Nicolò e Cataldo Hors plan par A1.

Au nord de la ville, à gauche du cimetière, va Cimitero.

Édifiée par le Normand Tancrède de Hauteville au 12e s., elle a été refaite en 1716 par Giuseppe Cino, qui a respecté la partie centrale de la **façade romane**, avec sa petite rosace et son portail. Le cloître abrite un beau puits baroque (16e s). Avant de partir, allez voir, juste à côté, l'incroyable tombeau de Tito Schipa, le très célèbre et très aimé ténor né à Lecce en 1888 et mort à New York en 1965.

À proximité Carte de région

Cavallino B2

À 8 km au sud de Lecce.

Célèbre pour sa production d'huile, Cavallino fut un important centre messapien dont subsistent les fortifications auxquelles on accède par le **Museo Diffuso**. Cet écomusée propose des itinéraires cyclo-piétonniers qui permettent de découvrir *in situ* la riche histoire locale. *Piazza Fratelli Cervi - fermé lun. - gratuit.*

Mais le village vaut surtout le détour pour son palais ducal, l'austère et élégant **Castello Castromediano-Limburg** (15e-16e s.), qui domine la place principale plantée de palmiers. On peut contempler dans sa cour intérieure une immense **statue** de Kiliano di Limburg, surnommée Il Gigante (17e s.).

À l'intérieur, la voûte de la splendide **galerie★** du château est décorée de signes du zodiaque représentant les douze constellations. Les bustes et les statues ainsi que, au sol, une mosaïque de pierres en forme d'étoiles témoignent de l'ancienne splendeur du lieu. *Rens. sur les visites au ☏0832 68 29 85.*

San Cataldo B1

À 12 km à l'est de Lecce par la P 364.

Avec sa forêt de pins, son long ruban de sable et son lido aux murs délavés, San Cataldo fait figure d'extension balnéaire naturelle de Lecce. La tradition remonte au 19e s., quand les nobles venaient s'y adonner à la pratique révolutionnaire des bains de soleil. Les restaurants, hôtels et cabanons dessinent aujourd'hui une atmosphère populaire et plaisante. Au sud de la plage, on trouve les vestiges du port d'Hadrien, fondé au 2e s. par l'empereur romain, et, plus loin, la **réserve naturelle Le Cesine** *(voir p. 207)*.

Acaya B1-2

À 13 km à l'est de Lecce par la P 298.

Aujourd'hui endormie, cette passionnante ville-forteresse Renaissance a connu une invasion turque en 1714. Bâti entre 1506 et 1535, son **château★** présente une forme trapézoïdale, avec deux donjons à petites arcades et patères. Il abrite une exposition permanente sur le site archéologique de Roca. De sa **terrasse**, on embrasse les champs d'oliviers et la mer, à 5 km à vol d'oiseau. *Piazza Castello - ☏ 0832 68 35 85 - 10h-12h30 - 17h-19h - fermé lun. - 5 €.*

★ Santa Maria di Cerrate B1

À 20 km au nord de Lecce par la SS 613, puis la SP 100

☏ 0832 36 11 76 - www.visitfai.it/abbaziadicerrate- église en cours de restauration - fin des travaux prévue en avril 2018.

Immergée dans un océan d'oliviers, cette ravissante abbaye bénédictine est un chef-d'œuvre de l'art roman. Fondée par Bohémond de Hauteville (1054-1111), elle est vite devenue un centre religieux important, mais aussi une *masseria* prospère, convoitée par les Turcs qui l'ont dévastée en 1711.

Un portique orné de beaux chapiteaux (13e s.) longe le côté gauche de l'**église★** dont l'élégant portail est décoré de scènes du Nouveau Testament. À l'intérieur il subsiste une partie des fresques (12e s.) qui recouvraient entièrement les murs. Certaines (dont la splendide **Annonciation**) ont été transférées dans l'ancienne *Casa del Massaro*.

4

NOS ADRESSES À LECCE

Plan p. 190-191

HÉBERGEMENT

PREMIER PRIX

La Terrazza – D1 - *Via di Casanello 39 - ✆ 0832 30 17 41 - www. laterrazzabeb.com* - P - *4 ch. 60/80 €* ☕. Sa situation un peu excentrée, au nord du centre-ville, est une garantie de calme. Ce grand appartement dans un immeuble ancien propose des chambres confortables à la décoration classique. Vaste terrasse sur le toit.

Antico Belvedere B & B – C2 - *Via Andrea Vignes 15 - ✆ 0832 30 70 52 - www.beb-lecce. com - 6 ch. 50/70 €* ☕. Une adresse agréable et calme, dans une magnifique demeure restaurée du centre historique, près de la Piazza Sant'Oronzo. Lits en fer forgé et meubles anciens.

B & B Suites Chiesa Greca – C1 - *Vico degli Albanesi, 5 - ✆ 393 22 26 030 - www.chiesagreca.it - 7 ch. - 60/90 € - ☕ 2,50 €*. Très bon emplacement pour ce B & B à deux pas de Santa Croce. Les suites aménagées dans cette maison du 14e s. sont fraîches et spacieuses, certaines ont accès à une petite terrasse avec vue sur les toits de Lecce. Petit déjeuner dans un bar de la place Sant'Oronzo.

BUDGET MOYEN

B & B Centro Storico – C2 - *Via Andrea Vignes 2 - ✆ 0832 24 27 27 - www.centrostoricolecce.it - 4 ch. 60/110 €* ☕. Les chambres de ce palais du 16e s. sont un peu sombres, ce que compense la hauteur de plafond.
Une excellente adresse et un bon rapport qualité-prix. Très belle terrasse panoramique sur le toit.

Mirage B & B – D2 - *Via 47 Reggimento Fanteria 12 (Piazza Mazzini) - ✆ 0832 30 59 79 - www.bbmirage.com - 6 ch. et 3 appart. 70/100 €* ☕. Des chambres proprettes et bien tenues, décorées avec simplicité et bon goût. Un bon rapport qualité-prix.

B & B Palazzo Rollo – B2 - *Via Vittorio Emanuele II 14 - ✆ 328 95 40 585 - www. palazzorollo.it* - P - *6 ch. 85/95 €* ☕. Dans un palais du 17e s. reconnaissable à sa vigne vierge, en plein centre-ville, un immense appartement, divisé en chambres au décor élégant, avec mobilier ancien. Places de stationnement dans la cour et terrasse fleurie sur le toit. Trois appartements au rdc.

B & B Arco Vecchio – C3 - *Via Quinto Fabio Balbo 5 - ✆ 0832 2 43 620 - www.arcovecchio.com - 8 ch. et 1 suite 85/100 €* ☕. Au cœur de la vieille ville, des chambres tout confort de taille agréable, au décor minimaliste et raffiné. Personnel accueillant.

POUR SE FAIRE PLAISIR

Palazzo Personè – C1 - *Via Umberto I 5 - ✆ 0832 27 99 68 - www.palazzopersone.com - 6 ch. 90/150 €* ☕. Boiseries, pierre brute, marbre et ciment teinté, le design moderne dans un cadre ancien fait mouche… Grande hauteur sous plafond, mais peu de lumière naturelle au rdc.

Hotel Delle Palme – Hors plan par CD3 - *Via Leuca 90 - ✆ 0832 34 71 71 - www. hoteldellepalmelecce.it* - P - *96 ch. 110/170 €* ☕ - ✕. Passé le décor anglais de la réception, tout en cuir et boiseries, cette adresse propose des chambres spacieuses et lumineuses, avec lits en fer forgé.

RESTAURATION

PREMIER PRIX

L'Angolino di Via Matteotti – C1 - *Via Giacomo Matteotti 25 et angle Vico Della Saponea - ✆ 346 83 61 999 - fermé lun. - 5/10 €.* Une adresse réputée pour ses *pucce* (pain rond garni), à composer soi-même. Quelques tables en terrasse.

Pizza & Co – B2 - *Via Libertini 39/a - ✆ 346 470 4184 - - fermé lun. et à midi.* Cette pizzeria est tenue par deux frères napolitains, bonnes pâtes et amateurs de poésie. Délicieuses pizzas à manger sur place ou à emporter.

BUDGET MOYEN

All'ombra del Barocco – B2 - *Corte dei Cicala 1 - ✆ 0832 24 26 26 - www.liberrima.it - 25/30 €.* Le restaurant-bar de la librairie *(voir p. 201)*, installé sous de belles voûtes en pierre, propose chaque plat avec un vin en accord. Un piano dans un coin vous accompagne en musique. Concerts de jazz et blues l'hiver. Un endroit bien agréable.

I Merli – C2 - *Via Federico D'Aragona 29 - ✆ 0832 24 19 36 - www.imerli.it - 15/20 €.* Ce restaurant-bar à vin dans une rue stratégique du centre sert une cuisine italienne savoureuse (pâtes, poisson frais, fromage, charcuterie, pâtisserie…). Terrasse et petite salle de style contemporain. Choix de bières.

Ristorante Via Cairoli – B3 - *Via Cairoli 4 - ✆ 0832 24 24 30 - 35 €.* Dans une rue à l'écart de l'agitation du centre, une salle voûtée où l'on sert une cuisine locale sans surprise mais soignée. Quelques tables en terrasse.

Trattoria Le Zie - Cucina Casareccia – C1 - *Via Costadura 19 - ✆ 0832 24 51 78 - www.lezie.it - 35 €.* On se sent comme à la maison dans cette trattoria qui propose une cuisine sans sophistication (*antipasti* de légumes, purée de fèves à la chicorée, morue et pommes de terre au four).

Alle due corti – B1 - *Corte dei Giugni 1 - ✆ 0832 24 22 23 - www.alleduecorti.com - fermé dim. - 20/25 €.* Une cheminée en pierre, de vieilles gravures au mur et des nappes à carreaux… On y sert une cuisine du Salento savoureuse et roborative (assortiment de légumes frits du jardin, agneau aux oignons nouveaux…).

POUR SE FAIRE PLAISIR

La Torre di Merlino – C2 - *Via Giambattista del Tufo 10 - ✆ 0832 24 20 91 - 35/50 €.* Adresse touristique avec une grande terrasse, au cœur du centre historique. Au programme : une cuisine de qualité couvrant un large spectre, des fruits de mer aux pizzas en passant par les grillades.

Tormaresca – B3 - *Via Cairoli 25 - ✆ 0832 30 04 56 - www.tormaresca.it - 30/45 €.* Une formule ouverte, on peut ne prendre qu'un verre de vin accompagné d'une *frisa* (pain séché au four et humidifié à l'huile d'olive accompagné de différents ingrédients), accoudé au comptoir, ou un dîner complet (goûtez les *spaghetti ai pomodorini scattariciati*, une spécialité du Salento). Décor sympa. Quelques tables dans la rue.

UNE FOLIE

Osteria degli Spiriti – D1 - *Via Cesare Battisti 4 - ✆ 0832 24 62 74 - www.osteriadeglispiriti.it - fermé dim. soir et lun. midi - 40/70 € - réserv. cons.* Ambiance intime un peu guindée, vieilles voûtes de pierre et musique d'ambiance… Les saveurs sont au rendez-vous et la cuisine préparée par la chef ne déçoit pas (linguine au poisson, morue salée, filet de bœuf sauce au vin…).

Le Quattro Spezierie – C2 - *Hotel Risorgimento Resort - Via Augusto Imperatore 19 - ✆ 0832 24 63 11 - www.vestashotels.it - réserv. cons. le soir - 40/70 €.* Le restaurant du Risorgimento Resort sert une cuisine ancrée dans la tradition du terroir du Salento, dans un cadre sobre et élégant.

PETITE PAUSE

Baldo Gelato – C1 - *Via Idomeneo 78 - ✆ 328 07 10 290.* Ces glaces excellentes sont élaborées devant vous, dans le « laboratoire » séparé par une vitre, avec des ingrédients irréprochables, et se déclinent en une belle variété de saveurs.

Pasticceria Alvino – C2 - *Piazza Sant'Oronzo 30 - ✆ 0832 24 67 48 - caffealvino.it - fermé mar.* Une pâtisserie historique où goûter un *pasticciotto* à la crème pâtissière ou de petits poissons en pâte d'amande.

Avio Bar – D1 - *Via Trinchese 16 - ✆ 0832 30 41 50.* La meilleure adresse pour tester le fameux *caffè leccese*, un café moka avec glaçons et lait d'amande.

La Cotognata Leccese – D2 - *Viale Marconi 51 - ✆ 0832 30 28 00.* Un agréable café-pâtisserie où déguster un gâteau en terrasse. Sa spécialité ? La gelée de coings !

Frullalò – B2 - *Vico Santa Venera 2 - ✆ 349 525 05 60.* La bonne adresse pour un excellent smoothie préparé sur mesure pour vous.

EN SOIRÉE

Le Vico Giambattista del Tufo, la Via Federico d'Aragona et la Piazza Vittorio Emanuele II sont les centres de la vie nocturne.

Quanto Basta – Hors plan par C3 - *Via Guglielmo Paladini 17 - ✆ 347 008 3176.* Un chouette petit bar à cocktails, animé le soir, dont les habitants de la ville sont très fiers.

Caffè Letterario – B3 - *Via Guglielmo Paladini 46 - ✆ 083 22 42 351 - www.caffeletterario.org - fermé lun. sf en été.* Pour un café ou un en-cas. Dj's, concerts, performances. Lieu très vivant le week-end en soirée.

300 Mila – D2 - *Via Centoquarantesimo Reggimento Fanteria 11 - ✆ 083 22 79 990.* Un bar chic et tendance, tout en longueur. Sushis et pâtisseries.

ACHATS

Maglio – C1 - *Via Templari 16 - ✆ 083 22 43 816 - www.cioccolatomaglio.it* Amateurs de chocolat, ne passez pas à côté de cette maison.

Valentina – B2 - *Via Petronelli 3 - ✆ 083 23 00 549 - www.golositadelsalento.it - fermé dim. apr.-midi.* Vins, pâtes, taralli, antipasti, huile d'olive… le meilleur des Pouilles, à rapporter chez soi. Prix élevés.

La Bottega del Corso – B2 - *Via Giuseppe Libertini 52 - ✆ 0832 24 98 66 - www.bottegadelcorso.it.* Une autre épicerie fine où trouver vins locaux, huile d'olive, fromages, pains et pasta. Sélection pointue mais onéreuse.

Come Bio Comanda – B2 - *Via Palmieri 30 - ✆ 334 99 70 020.* Pâte d'amande, liqueurs, miels, confitures…, tous les produits bio confectionnés par les monastères bénédictins des Pouilles, mais aussi du reste de l'Italie.

Claudio Riso – B2 - *Corso Vittorio Emanuele 27 - ✆ 0832 24 34 10 - www.cartapestariso.it.* Cet artiste du papier mâché est l'un des plus célèbres élèves du maître Antonio Malecore, un grand nom de l'art du papier mâché à Lecce.

Cartapesta Leccese di Marcella Donno – C1 - *Via Matteotti (Corte dei Carnesecchi 3) - ✆ 328 26 11 806*. Figurines en papier mâché de grande qualité de Marcella Donno. Des pièces de collection sont également exposées dans une petite partie muséographique.
Francesca Carallo – C3 - *Vico dei Pensini 1 - ✆ 083 22 41 170 - www.francescacarallo.it*. La méthode du papier mâché appliquée à des créations contemporaines (lampes, décoration…).
Teti Artigianato d'Autore – C1 - *Via Matteotti 23 - ✆ 083 22 45 568*. Lampes, vases et objets déco en céramique.
Gusto Liberrima – C2 - *Via Vittorio Emanuele II 43 - ✆ 0832 24 26 26 - www.liberrima.it - 10h-21h (24h le w.-end)*. L'épicerie et l'œnothèque de la librairie **Liberrima**, qui se trouve juste en face, propose des paniers de produits, vins et livres qui racontent l'histoire des différents terroirs des Pouilles. Une belle idée de cadeau.
Libreria del Sole – C2 - *Via Francesco Rubichi 14 - ✆ 083 22 47 811*. Cette librairie ancienne possède un fonds intéressant en italien, anglais, français, et de belles cartes.
Merzbau con-temporary lab – B3 - *Via Cairoli 21 - ✆ 328 04 36 500 - fermé dim*. Vêtements femme et enfant, bijoux et accessoires de créateurs.
Tonda Design – B2 - *Via Palmieri 20 - ✆ 329 191 34 31 - www.tondadesign.it - 9h-20h*. De beaux bijoux, objets et meubles de design, à des prix très accessibles.

ACTIVITÉS

Info Tab – *Via Umberto I 18 - ✆ 0832 09 05 23 - www.infotab.it*. Cette agence organise des visites guidées de la ville, des circuits à vélo et des découvertes des principaux sites historiques juifs…
TouranGo! – *Via Lucca 22 - ✆ 347 57 24 615 - www.tourango.it*. Cours de cuisine, dégustation de vin, découverte de l'artisanat, sorties en canoë, visites guidées, randonnées à vélo…
Velo service – *Via Palmieri, 32 - ✆ 320 93 16 285 - www.veloservice.org*. Location de vélos, ou parcours à vélo ou en rickshaw.
Cantieri Teatrali Koreja – *Via Guido Dorso 70 - ✆ 083 22 42 000 - www.teatrokoreja.it*. Dans une ancienne briqueterie, à la périphérie nord-ouest de la ville, Koreja affiche une très riche programmation de spectacles de théâtre, de danse, de concerts, dans une recherche constante de nouveaux langages.

AGENDA

Cortili Aperti a Lecce – *Mai*. La journée portes ouvertes organisée par l'Associazione Dimore Storiche Italiane (ADSI) permet de découvrir des palais habituellement fermés au public. *www.leccenelsalento.it/cortili-aperti*.
Mercatini di Natale – Un marché de Noël et un marché des artisans. Stands avec des scènes de la Nativité en papier mâché ou en terre cuite.

Novoli

Focara – *Janv*. Un gigantesque bûcher de 30 m de haut fait de 80 000 sarments, rassemblés juste après la taille de la vigne, est allumé en l'honneur de saint Antoine Abbé. Concerts, gastronomie, feux d'artifice et illuminations sont également au programme. *www.fondazionefocara.com*.

Otranto

★

Otrante

5 715 habitants - Province de Lecce

Quand, le 11 août 1480, les soldats turcs d'Ahmed Pacha ont attaqué Otranto, la ville était en plein apogée. Trait d'union entre l'Orient et l'Occident par sa position à l'extrémité est de la Péninsule, elle était alors un port très important de la Méditerranée. Ses maisons s'agglutinaient autour de l'une des plus belles cathédrales du Salento. Mais les attaques répétées des Turcs ont mis fin à cet âge d'or. S'ensuivit un lent déclin de la ville qui est restée à l'écart des routes de l'histoire jusqu'à aujourd'hui. Excepté pendant la brève parenthèse de l'été qui voit affluer la foule des vacanciers attirés par ses plages splendides, Otranto reste la cité entre deux mondes qu'elle était au 15e siècle. Et c'est là tout son charme.

NOS ADRESSES PAGE 210
Hébergement, restauration, achats, activités, etc.

S'INFORMER
IAT Otranto – *Via del Porto et au château - ✆ 083 68 01 436 - été : 9h-13h, 16h-20h - hiver : 9h-13h, 15h-18h.*

SE REPÉRER
Carte de région C2 (p. 184-185) - plan de ville (p. 204). Otranto est la ville la plus orientale d'Italie, à 200 km au sud-est de Bari et 90 km au sud-est de Brindisi.

À NE PAS MANQUER
La mosaïque de la cathédrale, une balade sur les remparts à la tombée de la nuit.

SE GARER
Le centre historique est ZTL. Le parking Catona, en face de l'hotel Vittoria, coûte 3 € la journée.

ORGANISER SON TEMPS
Comptez une demi-journée pour la ville et une journée pour l'arrière-pays.

AVEC LES ENFANTS
Les plages et les lacs Alimini.

Se promener

C'est à pied que l'on parcourt le ravissant dédale des ruelles du centre historique, sans jamais savoir si l'on va déboucher sur un escalier, une impasse ou un mur. Le carrefour à angle droit n'a pas cours ici et semble une insulte à la poésie urbaine. La ville est particulièrement belle au coucher du soleil.

Le centre historique d'Otranto est enserré dans une enceinte imposante dont l'origine remonte à l'époque messapienne (8e s. av. J.-C.). Depuis, sous les menaces continuelles en provenance de la mer, les remparts ont été l'objet de constants remaniements. Une double porte commande l'accès principal à la vieille ville : la **Porta Terra,** qui précède la **Torre Alfonsina**.

Otranto.
Eunika Sopotnicka/Shutterstock.com

★★ Cattedrale di Santa Maria Annunziata A1-2

Juin-sept. : 7h-12h, 15h-19h (jusqu'à 17h le reste de l'année).
Cette splendide cathédrale (11e s.), la plus grande église de la région (54 m de long, 25 m de large), a miraculeusement survécu au saccage turc. Sa façade romane, ornée d'une rosace gothique à 16 rayons (fin 15e s.) et pourvue d'un portail au style baroque affirmé, présente une heureuse disharmonie. Magnifique d'amplitude et de dépouillement, l'intérieur est divisé en trois nefs par deux colonnades de granit poli portant de larges arcs élevés. En entrant, le regard est d'abord attiré par le **plafond** à caissons dorés (17e s.) et par **l'autel** (18e s.), un travail d'orfèvrerie napolitaine. Mais c'est au sol que se trouve le chef-d'œuvre de la cathédrale : son exceptionnel **pavement de mosaïque**★★★ réalisé en 1163 par le moine Pantaleone. Six cent mille tesselles polychromes recouvrent l'intégralité du sol de la cathédrale et composent une extraordinaire bande dessinée puisant dans tous les récits : Ancien Testament, légende arthurienne, bestiaire médiéval, épopée d'Alexandre le Grand ou simples scènes de la vie paysanne. Au centre, l'arbre de vie symbolise le chemin spirituel de l'homme qui tend à s'élever vers le Salut. Saints, empereurs, paysans, chevaliers y côtoient Caïn et Abel, la reine de Saba ou le roi Salomon… Tout l'imaginaire médiéval s'étale à vos pieds.

La chapelle des Martyrs, à droite de l'autel central, abrite les **reliques** vénérées des 800 Otrantins décapités par les Turcs le 14 août 1480 pour avoir refusé de se convertir à l'Islam. Par la nef latérale gauche, on accède à la **crypte semi-circulaire** (11e s.), avec ses trois absides en saillie, ses cinq nefs et ses 42 colonnes coiffées de chapiteaux hétéroclites.

Museo Diocesano Plan II A1-2

Fermé pour rénovation. C'est dans le **Palazzo Lopez** (16e s.), sur le parvis de la cathédrale, que sont conservés le Trésor de la cathédrale ainsi que des fragments de mosaïque du 4e-5e s. trouvés sous le pavement et des fonts baptismaux du 16e s.

SE LOGER
- B&B Palazzo de' Mori 1
- Hotel Palazzo Papaleo........ 2

SE RESTAURER
- Da Sergio 1
- La Bella Idrusa 3
- L'Altro Baffo 2
- Ristorante Peccato di Vino.... 4
- Terrazza San Pietro.......... 5

★ San Pietro B1-2

Ouverture aléatoire.

Nichée au cœur de la vieille ville, cette ravissante petite église (9e s.), à la coupole joliment festonnée, est l'un des monuments byzantins les plus remarquables du Salento. Les clergés grec et latin y ont officié de concert pendant des siècles. Le corps de la basilique, en croix grecque, présente trois absides. À l'intérieur, des fresques des 10e et 13e s. ornent les murs, certaines avec des inscriptions en grec et en arabe. Les plus anciennes sont *Le lavement des pieds* et *La Cène*.

Castello Aragonese B2

☎ 0836 21 00 94 - 10h-19h - 5 €.

Cette imposante citadelle fut entièrement reconstruite en 1485 par les Aragonais, après l'attaque des Turcs. Profondément remaniée au siècle suivant par le vice-roi Don Pedro de Tolède, elle a conservé une tour et des courtines d'origine. Le bâtiment, entouré d'un large fossé, comprend trois donjons cylindriques et deux bastions, côté port. Il accueille une exposition intéressante sur la Grotta dei Cervi (grotte ornée paléolithique, située à 10 km au sud d'Otranto). Descendez dans la fraîcheur des souterrains. Notez les mots

Une ville entre deux mondes

LA PROSPÉRITÉ

C'est dans la cathédrale d'Otranto qu'en 1096 ont été bénis les 12 000 chevaliers commandés par Bohémond de Tarente avant d'embarquer pour la Terre sainte. Ce groupe bigarré de cavaliers portant une croix cousue sur leur cape constituait la première croisade. Elle allait être suivie de sept autres, jusqu'en 1291.
À elles seules, les croisades ont emmené dans leur sillage plusieurs centaines de milliers de personnes. Elles venaient s'ajouter aux milliers de pèlerins, de commerçants et de mercenaires qui faisaient le voyage depuis bien plus longtemps et pour des raisons beaucoup moins pieuses. On embarquait à Bari, Brindisi ou Otranto, le port le plus oriental de tous. Cette intense activité a fait de la ville une plaque tournante du commerce avec les Vénitiens, les Dalmates et les Levantins et, au Moyen Âge, l'un des principaux centres d'échanges culturels avec le Moyen-Orient. Cet âge d'or a perduré longtemps après la fin des croisades… jusqu'au 28 juillet 1480.

LE MARTYRE

Le 28 juillet 1480, 150 bateaux turcs se présentent face à Otranto. Sous les ordres du grand vizir Gedik Ahmed Pasha, les 16 000 hommes de l'armée du sultan Mehmet II débarquent dans l'actuelle Baia dei Turchi et mettent le siège devant la ville. Otranto résiste 15 jours. Le 11 août, le massacre commence : tous les hommes de plus de 15 ans sont tués, le commandant de la garnison est découpé vivant et, le 14 août, les quelque 800 survivants qui refusent de se convertir à l'islam sont décapités, tandis que les femmes et les enfants sont réduits à l'esclavage.
Le souvenir de ces martyrs, canonisés par le pape François en 2013, est célébré chaque année à la mi-août *(voir l'agenda dans « Nos adresses » p. 212)*. Le projet de Mehmet II resta sans lendemain et la ville fut reprise par les Aragonais en 1481. Mais Otranto ne s'est jamais relevée de ce massacre.

MESSAGÈRE DE LA PAIX

S'ensuivit une très longue période d'isolement aggravé par l'apparition de la malaria dans la campagne environnante. Il a fallu attendre le bref épisode napoléonien (1808-1815) pour que s'amorce un début de reprise, après 300 ans d'immobilisme. Mais la vie n'a repris définitivement qu'à partir de 1868, avec l'assainissement de la campagne environnante qui a éradiqué la malaria et permis l'essor de l'agriculture.
Au 20e s., Otranto a vécu de nouveau des mouvements migratoires : émigration de ses habitants vers l'Allemagne et la Suisse, immigrations massives de réfugiés fuyant la guerre en Albanie et au Kosovo. Mais elle n'a pas oublié son rôle de trait d'union entre deux mondes. Otranto est une ville d'accueil, devenue le symbole du dialogue et de la solidarité interculturels et, à ce titre, a été incluse en 2010 dans la liste de l'Unesco des Sites Messagers de la Paix.

(Duce, La Vittoria è certa, Rivoluzione) gravés sur les murs : ce labyrinthe a longtemps servi de prison. L'imposante **Torre Matta** accueille des expositions et des manifestations culturelles.

L'Approdo. Opera all'Umanità Migrante Hors plan par B2
Via del Porto.
À l'entrée du port, un émouvant bateau rouillé de 21 m de long, traversé de plaques de verre, attire l'attention. C'est l'épave du Kater I Rades, le bateau albanais qui fit naufrage en mars 1997, heurté par un navire de la marine italienne. Il y avait 140 migrants à bord, dont 106 ont péri. L'œuvre, due au sculpteur grec Costas Varotsos, a été réalisée à la demande de la mairie en hommage aux migrants.

Santa Maria dei Martiri Hors plan par B2
À 1 km au sud de la ville, par la Via Ottocento Martiri, au sud du château.
Un escalier ombragé mène à l'église de Santa Maria dei Martiri, sur le Colle della Minerva où ont été décapités les 800 martyrs otrantins. Sur la droite, une chapelle abrite la pierre utilisée comme billot. À gauche, la colonne rappelle que le bourreau turc, lui, a été empalé le jour même pour s'être converti au christianisme dès la première décapitation.

À proximité Carte de région

Cava di bauxite (carrière de bauxite)
À 2 km au sud d'Otranto. Direction Laghetto d'Orte.
Un gouffre creusé au milieu de nulle part. Des murs de terre rouge ravinée dévalant jusqu'à la surface d'un lac. Ce paysage insolite et magnifique a été façonné par les ans après l'abandon de la mine de bauxite d'Orte, en 1966.

Baia delle Orte C3
À 2 km au sud-est d'Otranto par la P 369.
L'ancienne **Torre del Serpe** annonce la Baia delle Orte. À l'extrémité sud de la baie, le **Faro della Palascia** *(6 km au sud d'Otranto par la P 87)*, posté à l'endroit le plus oriental d'Italie (à la longitude de Gdańsk, en Pologne), est l'un des phares les plus importants de la Méditerranée par sa position. On vient ici pour profiter de la **vue** spectaculaire du haut de la falaise, qui porte jusqu'aux côtes albanaises (70 km) par beau temps… et assister au premier lever de soleil de la Péninsule, chaque 1er janvier.
Au-delà s'étend un littoral découpé, aux paysages spectaculaires, jusqu'à la pointe de Santa Maria de Leuca (*voir p. 217*).

Circuits conseillés Carte de région

LA CÔTE AU NORD D'OTRANTO

Circuit de 40 km au départ d'Otranto, tracé en vert sur la carte de région p. 184.
Comptez une journée pour profiter des plages et de la réserve.
Quittez Otranto par la P 366.

Les plages C2
Très courue, l'étroite plage de sable blanc de la **Baia dei Turchi** *(à 6,5 km au nord d'Otranto - parking à 3 € puis sentier)* s'étend au pied de petites falaises. Elle comprend une zone privée.
La **Baia di Alimini** *(à 4,5 km au nord de la Baia dei Turchi, accès direct de la route)*, dans son prolongement, attire également la foule.

Laghi Alimini C2

www.lalimini.it. Pour accéder à l'Alimini Piccolo, tournez à gauche à hauteur de la Baia dei Turchi et pour l'Alimini Grande, tournez à gauche à la hauteur de la Baia di Alimini.

Ces deux lacs splendides qui s'étirent dans un cadre bucolique, parallèlement à la côte, forment une zone humide appréciée des oiseaux migrateurs : hérons, cigognes, foulques, colverts, cormorans, mouettes…

Au sud, le lac **Alimini Piccolo**, ou Fontanelle, long de 2 km, n'atteint qu'un mètre de profondeur. Bordé d'une zone semi-marécageuse, il est alimenté par des sources d'eau douce et la nappe phréatique. Sur ses rives pousse l'utriculaire commune (*Utricularia vulgaris*), seule plante carnivore des Pouilles.

Juste au nord, l'**Alimini Grande** est alimenté par le Fontanelle grâce à un canal, et relié à la mer par un étroit chenal coupant la plage. De ce fait, son eau est beaucoup plus salée et son niveau varie en fonction des marées. Un bois de 20 ha s'étend sur sa berge ouest.

La jolie plage de **Frassanito** *(à 4 km au nord par la P 366)*, bordée par des dunes couvertes de maquis, ne recense que quelques cabanons et un camping pour toutes infrastructures. Des fêtes à l'ambiance décontractée s'y tiennent en été.

Continuez par la P 366 sur 5 km.

Torre dell'Orso C2

La route débouche sur cette grande baie ourlée d'une plage de sable et ponctuée à son extrémité sud par deux rochers jumeaux, les **Due Sorelle** (« deux sœurs »). Le panorama depuis la falaise nord, près de la tour en ruine, est spectaculaire, mais le site est pris d'assaut l'été.

Roca Vecchia C2

Sur cette petite côte rocheuse formant un abri naturel prisé tour à tour par les Messapiens, les Grecs et les Romains, des fouilles ont mis au jour une forteresse et des sépultures *(le musée du château d'Acaya présente une section dédiée à Roca, voir p. 207)*. Après la prise d'Otranto par les Turcs (1480), le château fut abandonné et devint un repaire de pirates jusqu'en 1544, année où Charles Quint le fit raser.

Sur la falaise d'en face, la roche est percée d'un large puits ouvrant sur la mer : la splendide **Grotta della Poesia★**.

Poursuivez 14 km sur la P 366. Tournez à droite à hauteur du golf.

Riserva Naturale Le Cesine C1

Centre des visiteurs - Masseria Le Cesine, Vernole - ✆ 083 218 26 132 - www.riservalecesine.it.

Gérée par le WWF, cette zone boisée et marécageuse de 620 ha s'étend sur 6 km en bord de mer. Elle est un point de passage important des oiseaux migrateurs entre l'Europe et l'Afrique. C'est à pied ou à vélo, accompagné de guides, que l'on parcourt le site. *2h de balade, départ à 16h30 en été, 10h30 le reste de l'année.*

L'ARRIÈRE-PAYS D'OTRANTO

Circuit tracé en violet sur la carte de région p. 185 - Comptez 1 journée (50 km).
Quand on se balade dans l'arrière-pays d'Otranto, il n'est pas rare de rencontrer un menhir au détour d'une rue, ou un grand dolmen solitaire au milieu d'un champ d'oliviers. Cette région regorge de **vestiges mégalithiques**.

4

On en dénombre presque deux cents. La plupart sont concentrés autour de Giurdignano, l'un des « jardins » mégalithiques les plus importants d'Italie.
Sortez d'Otranto vers l'ouest puis prenez à gauche la SP 277.

Giurdignano C3

Piazza Municipio - 340 79 88 635 et 389 53 68 789 - 10h30-12h30, 17h-20h. Il propose des circuits pour découvrir les menhirs et les dolmens.

Giurdignano est une petite ville très calme dont la vie s'organise paisiblement autour de sa Chiesa Madre et de son Palazzo Baronale. Si elle est ouverte, allez voir les étonnants plafonds sculptés de la **Cripta del San Salvatore** (8e s.). *Via San Vincenzo - rens. à l'office du tourisme.*

Mais Giurdignano est surtout célèbre pour ses monuments mégalithiques. Ne manquez pas, à la sortie du village, le **menhir San Paolo** *(Via Enrico Toti)*. Penchez-vous pour voir la curieuse et troublante fresque de *taranta* peinte dans la petite cavité juste en-dessous. Elle est là pour implorer la protection de saint Paul, le patron des *tarantate* *(voir encadré p. 235)*. Si vous continuez dans la même direction, la deuxième route à gauche vous mènera au **dolmen Grassi**, et la deuxième à droite au **dolmen Stabile**.
Empruntez la P 115 vers le sud sur 5 km.

Minervino di Lecce C3

Minervino mérite qu'on s'y arrête pour regarder la façade de sa **Chiesa Madre** dédiée à San Michele Arcangelo (16e s.), avec sa rosace un peu disproportionnée qui rappelle celle de Santa Croce, à Lecce.

À moins de 2 km, allez voir le **dolmen Scusi**, touchant de dépouillement dans son cadre bucolique de fleurs et d'oliviers *(sur la SP 56 en dir. d'Uggiano)*.
Poursuivez au sud-ouest par la P 56.

Poggiardo-Vaste C3

Piazza Dante - Vaste - www.sistemamusealevastepoggiardo.it - vend. : 17h-19h, w.-end : 9h30-11h30, 17h-19h - en dehors de ces horaires : 328 81 71 238 ou 329 44 83 076 - billet combiné pour tous les sites 8 €.

Poggiardo, la baroque, et Vaste, la messapienne, recèlent quelques trésors : dans la première vous attendent les belles fresques (11e-12e s.) de la Cripta di Santa Maria degli Angeli au **Museo degli Affreschi★**, sur la Piazza Episcopio. À Vaste, le Palazzo Baronale abrite l'importante collection d'objets messapiens et romains du **Museo Archeologico** *(Piazza Dante)*.

Au nord de Vaste *(à 1 km par la SP 363)*, la **Chiesa Rupestre dei Santi Stefani**, creusée dans le tuf, abrite trois nefs couvertes de précieuses **fresques** dont les plus anciennes datent du 11e-12e s. Dans le même secteur, les vestiges d'une cité et de remparts messapiens ont été mis au jour au **Parco dei Guerrieri di Vaste**. *Pour ces deux derniers sites, visites accompagnées sur demande au musée archéologique.*
Repartez vers le nord sur 6 km par la SP 213.

Giuggianello C3

Consacré au mode de vie paysan, le **Museo della Civiltà Contadina o Demoetnoantropologica** possède une belle collection d'objets et d'outils traditionnels, notamment liés à la culture du tabac, très répandue dans la région autrefois. *Via San Cristoforo - 0836 44 42 66 - été : tlj sf lun. 9h30-13h, 17h-21h ; reste de l'année : 9h30-13h, 15h30-19h - fermé dim. apr.-midi, lun. et mer. - 2,50 €.*

Notez l'étonnante façade étêtée de l'église **Sant'Antonio Abate**, juste à côté. Le village possède aussi le superbe **jardin botanique La Cutura★**, où l'on sert des repas au milieu des plantes ! *Contrada Cutura - 0836 35 41 64 - www.*

ALDO MORO ET LES ANNÉES DE PLOMB
L'assassinat d'Aldo Moro par les Brigades rouges, le 9 mai 1978, après 55 jours de captivité, reste un traumatisme pour la société italienne. Né à Maglie en 1916, le grand leader démocrate-chrétien fut d'abord professeur de droit à l'université de Bari, puis député à l'Assemblée constituante (1946). Réélu sans discontinuer jusqu'à sa mort, il occupe divers postes ministériels à partir de 1948, puis dirige cinq fois le gouvernement, entre 1963 et 1976. Au moment de son enlèvement, Aldo Moro œuvrait à un « compromis historique » qui aurait vu l'entrée des communistes dans un gouvernement de coalition avec les démocrates-chrétiens. Ce virage n'aurait pas été accepté par une partie de la classe politique italienne. Les amis politiques d'Aldo Moro refusèrent de négocier avec les kidnappeurs.

lacutura.it - avr.-sept. : 9h30-13h, 16h30-20h30, dim. 10h-20h30 ; reste de l'année : se rens. - 7 €.
Rejoignez la P 363 et, après plusieurs kilomètres, tournez à gauche dans la P 157.

Muro Leccese C3
Cette bourgade dépourvue d'enseignes et de panneaux publicitaires paraît figée dans le temps. La vie se concentre autour de la **Piazza del Popolo**, encadrée par les belles façades baroques de la **Chiesa Madre Annunziata** (17e s.)et de la **Chiesa dell'Immacolata** (fin 18e s.). Le **Palazzo del Principe** (16e s.), Renaissance, abrite le **Museo di Borgo Terra** *(✆ 0836 34 38 24 - www.museomuro.it - 9h30-19h - 3 €)*. La pièce la plus importante de son fonds est un casque turc en fer, peut-être abandonné pendant le sac d'Otranto ? On visite aussi les anciennes prisons et, dans une rue proche, le pressoir souterrain. Regardez de près les graffitis : tous ces bateaux, ces maisons, ces personnages semblent venir du Moyen-Orient. Certains y ont vu la bataille de Lépante…
Empruntez sur 4 km la SS 947.

Maglie C3
ℹ *Piazza Aldo Moro 1 - ✆ 083 64 85 448.*
À défaut d'édifice majeur, Maglie l'industrieuse se targue d'avoir un centre baroque homogène et d'une longue tradition artisanale : ferronnerie, vannerie, tannerie et dentelles (qui lui ont valu le surnom de « Burano du Salento »). Elle est la ville de naissance d'Aldo Moro, l'ancien président du conseil assassiné en 1978 par les Brigades Rouges *(voir encadré ci-dessus)*.
Cœur vibrant de la cité, la **Piazza Aldo Moro**, où se dressent le Palazzo Capece et l'hôtel de ville, est un bon point de départ. Empruntez la **Via Roma**, bordée de palais aristocratiques typique du *barocco leccese*. Le clocher de la **Chiesa Collegiata** (18e s.) et sa façade évoquent le Duomo de Lecce. À l'intérieur, on peut admirer plusieurs toiles du 18e s. et des autels baroques. La **Conceria Lamarque**, une ancienne tannerie transformée en hôtel-restaurant-musée (Corte dei Francesi) cultive la mémoire de cette activité dans une savante mise en scène des lieux. *Via Roma 168 - http://cortedeifrancesi.it - voir aussi « Hébergement » p. 210.*
La Via Roma débouche sur le Largo San Vito, où trône la **Colonna della Madonna delle Grazie** (1684), haute de 15 m. Elle rappelle celle de Sant'Oronzo, à Lecce.
Férus de paléontologie, mettez le cap sur le **Museo Civico di Paleontologia e Paletnologia**, consacré à la faune et à la flore de la préhistoire à l'âge du bronze. Il renferme le moulage d'un pingouin mis au jour dans la grotte Romanelli. *Via Vittorio Emanuele II 117 - ✆ 0836 48 58 20 - été : 9h-13h, 18h-20h30 - fermé sam. apr.-midi et dim. ; reste de l'année : 9h-13h - fermé w.-end - 3 €.*

NOS ADRESSES À OTRANTO

Plan p. 204

HÉBERGEMENT

POUR SE FAIRE PLAISIR

B & B Palazzo de'Mori – B1 - *Bastione dei Pelasgi - ✆ 0836 80 10 88 - www.palazzodemori.it - fermé nov.-mars. - 6 ch. 100/150 €* ☕. Une belle adresse au cœur de la vieille ville, avec des chambres d'une blancheur immaculée. Certaines jouissent d'un balcon panoramique. Petit déjeuner servi sur une terrasse fleurie, avec vue sur le port.

Profumo di Mare – Hors plan par A1 - *Lungomare Terra d'Otranto 5 - ✆ 0836 80 60 97 - www.hotelprofumodimare.com - 12 ch. - 90/130 €*. Un hôtel très années 1970, sur le boulevard qui longe la mer, très animé (et donc un peu bruyant) le soir. Chambres impeccables, literie large et confortable, presque toutes les chambres ont vue sur la mer.

Hotel Bellavista – Hors plan par A1 - *Via Vittorio Emanuele II 19 - ✆ 0836 801 058 - www.hotelbellavistaotranto.it - 22 ch. 120/160 €* ☕ - ✕. Un hôtel familial bien placé à l'entrée de la vieille ville, devant un jardin. Chambres simples et lumineuses avec balcon et vue sur la baie pour certaines. Celles sur cour sont plus calmes.

Vittoria Resort & Spa – Hors plan par A2 - *Via Catona - ✆ 0836 237 280 - www.vittoriaresort.it -* P 🏊 *- 66 ch. 130/160 €* ☕ - ✕. Élégance et confort, piscine sur jardin et chambres spacieuses… ce resort à taille humaine, proche du centre historique, est une bonne option.

UNE FOLIE

Hotel Palazzo Papaleo – B2 - *Via Rondachi 1 - ✆ 0836 80 21 08 - www.hotelpalazzopapaleo.com - 9 ch. 140/240 €* ☕ - ✕. Ce petit palace installé dans une vieille demeure du centre historique séduit par ses chambres à la décoration classique et chaleureuse. Terrasse avec jacuzzi et vue sur la mer, spa.

Giurdignano

POUR SE FAIRE PLAISIR

Nostra Signora dei Turchi – *Via Madonna del Rosario 4 - ✆ 0836 813 100 - www.nostrasignoradeiturchi.it -* 🏊 *- fermé nov.-avr.- 6 ch. et 1 suite 140/160 €* ☕. Cette propriété (18e s.) a longtemps accueilli un festival de jazz réputé, aux hôtes prestigieux : Michel Petrucciani, Paolo Conte, Georges Moustaki, Caetano Veloso, Chet Baker (qui a composé ici !)… Vaste salon, chambres simples (mais pas bon marché) et agréable jardin. Petit déjeuner copieux et accueil chaleureux.

Maglie

POUR SE FAIRE PLAISIR

Corte dei Francesi – *Via Roma 172 - ✆ 0836 424 282 - www.cortedeifrancesi.it - 10 ch. 130/180 €* ☕. Cette ancienne tannerie transformée en hôtel-restaurant-musée occupe un bâtiment de pierre du 16e s. Service très professionnel et chambres à la déco raffinée (peu lumineuses). Dans l'une d'elles, une antique cheminée fait office de salle de bains. Literie haut de gamme.

Hotel Bel Ami – *Via Roma 86 - ✆ 0836 312 930 - www.bel-ami.it - 9 ch. 120/190 €* ☕ - ✕. Cette nouvelle adresse dans une vieille demeure aristocratique propose de jolies chambres, hautes sous plafond. Design et vieux murs… le mélange fonctionne, mais oblige à des compromis : la chambre sur patio n'a pas de fenêtre. *Voir « Restauration ».*

Torre dell'Orso

UNE FOLIE

Hotel Belvedere – *Via Alessandro Volta 37 - ✆ 0832 841 244 - www.hotelbelvederesalento.com - fermé de nov. à mi-mars.- 51 ch. 220/260 € (gros rabais en basse sais.)* - Cet hôtel moderne, posté dans une ruelle en haut des falaises, jouit d'un panorama sans pareil sur la plage et d'une piscine sur le toit. Chambres au confort standard, avec ou sans vue.

RESTAURATION

PREMIER PRIX

La Bella Idrusa – A1 - *Via Lungomare Eroi 1 - ✆ 0836 801 475 - fermé à midi - 10/20 €.* Une adresse très courue, avec terrasse face à la mer à l'entrée du centre historique. Les pizzas sont aussi copieuses que savoureuses. Assiettes de produits de la mer.

BUDGET MOYEN

Da Sergio – B1 - *Corso Garibaldi 9 - ✆ 083 68 01 408 - fermé merc. hors sais. - 25/35 €.* Ce restaurant de la rue principale, qui compte deux petites salles et une terrasse, propose un bon choix de pâtes et de produits de la mer à la fraîcheur garantie !

Al Tartufo – Hors plan par A1 - *Via Idro, 32 - ✆ 0836 804456 - 30/35 €.* Pour changer des fruits de mer et de la cuisine traditionnelle. L'enseigne annonce la couleur : les truffes sont à l'honneur en assaisonnement d'une cuisine soignée, tournée aussi bien vers la mer que vers les champs.

Nautilus – Hors plan par A1 - *Via Antonio Sforza - ✆ 328 73 88 671 - 25 €.* D'après des avis autorisés, ce restaurant excentré, avec baies vitrées donnant sur la mer, sert les meilleurs poissons de la ville.

POUR SE FAIRE PLAISIR

Terrazza San Pietro – B1 - *Via Scupoli, 4 - ✆ 370 103 26 30 - 35/40 €.* Quelques tables alignées sur la petite rue qui domine la Piazza del Popolo pour dîner, et en contrebas, sur la place, des fauteuils pour prolonger la soirée. On y sert une cuisine inventive et soignée, que les patrons, Roberto et Alessandro, s'efforcent de renouveler régulièrement. Très agréable le soir.

Peccato di Vino – B2 - *Via Rondachi 7/9 - ✆ 083 68 01 488 - www.peccatodivino.com - fermé mar. - 28/45 €.* Un restaurant élégant et chaleureux, dans une ruelle calme du centre. Pâtes aux fruits de mer, thon grillé, mignon de porc au pesto… Riche carte des vins.

L'Altro Baffo – B2 - *Via Cenobio Basiliano 23 - ✆ 083 68 01 636 - www.laltrobaffo.com - fermé lun. en hiver - 30/40 €.* Fille de restaurateur célèbre, Cristina Conte a ouvert son lieu chic et informel. Sa cuisine sophistiquée puise dans la richesse des produits locaux avec beaucoup de plats de poissons. Une adresse qui sort du lot !

Giurdignano

BUDGET MOYEN

Osteria degli Amici – *Piazza Municipio 13 - ✆ 0836 81 30 01 - www.osteriadegliamici.it - fermé mar. hors sais. - 18/25 €.* Niché dans une petite cour donnant sur la place principale, ce restaurant avec cheminée et murs épais puise dans la tradition (*orecchiette* au navet, chicorée à la purée de fève et aux croûtons…). Terrasse.

Maglie

PREMIER PRIX

Osteria La Trombettiera – *Via Concetta Annesi 16 - ✆ 347 24 63 911 - fermé lun. et à midi - 15 €.* Une charmante terrasse dans une cour intérieure à l'ombre de citronniers. Boulettes frites ou à la sauce tomate, fruits de mer, poulet-pommes de terre au four, pâtisseries… Une cuisine simple et savoureuse.

POUR SE FAIRE PLAISIR

Bel Ami – *Voir « Hébergement » - 35/55 €.* Fruits de mer, poisson, charcuterie, pâtisseries… un régal pour le palais. À déguster dans une salle élégante ou en terrasse, sous la treille. Un sans-faute, mais la qualité a un prix.

PETITE PAUSE

Posto Fisso – *Via Papa Costantino I 15 - ✆ 0836 802976* - Enfin un lieu à Otranto où les prix sont raisonnables. D'autant que les *focacce*, *pucce* et autres sandwiches sont préparés sur place avec des ingrédients de première fraîcheur.

Giro di Boa – *Via Padre Lorenzo Scupoli 32 - ✆ 329 620 4685 - 19h-3h.* Une petite terrasse blanche sur le chemin de ronde, idéale pour siroter un verre avec *bruschette* et *friselle*, en regardant la nuit tomber sur le port.

Maglie

Caffè Della Libertà – *Piazza Aldo Moro 16 - ✆ 0836 483888* - Une terrasse très centrale pour observer l'animation de la rue en consommant un café, une pâtisserie ou une glace.

ACHATS

Otranto possède de nombreuses épiceries fines destinées aux touristes, mais les prix sont élevés.

Lillo – *Via Castello 32 - ✆ 339 337 16 62.* Beaux tissus fabriqués de manière artisanale, selon les procédés traditionnels du Salento. Également bijoux et céramiques.

Maglie

Pastificio Benedetto Cavalieri – *Via Garibaldi 64 - ✆ 0836 48 41 44 - www.benedettocavalieri.it* L'atelier de fabrication artisanale de cette marque de pâtes renommée.

Cioccolato Maglio – *Via San Giuseppe 48 - ✆ 0836 42 46 09 - www.cioccolatomaglio.it - 9h15-13h, 17h-20h30 - fermé dim. et lun.mat.* L'adresse pour les fondus de chocolat et de crèmes au chocolat artisanales !

Corto de'Droso – *Via Verdi 4 - ✆ 083 64 84 436 - www.cortededroso.it.* Une huile d'olive réputée.

AGENDA

Alba dei Popoli – *Déb. janv.* Festival de cultures méditerranéennes.

Festa dei Beati Martiri Idruntini – *13 -15 août.* Célébration du massacre des 800 martyrs de la ville par les Turcs. Concerts, processions, feu d'artifice sur le port, foire culinaire et artisanale.

Maglie

Mercatino del gusto – *Août - www.mercatinodelgusto.it.* Le grand marché gastronomique de l'association Slow Food s'impose comme le rendez-vous incontournable pour découvrir les produits des Pouilles.

Festa di Santa Domenica – *Scorrano - 5 -10 juil. - www. santadomenicascorrano. it.* Une fête spectaculaire avec processions, concerts, dégustations de vins et de spécialités locales, ainsi qu'un concours de feux d'artifice.

La côte au sud d'Otranto

★

Province de Lecce

Falaises plongeant dans la mer, petites criques et tours médiévales postées en vigie, collines tapissées de végétation méditerranéenne et ports de pêche... la côte sud-est du Salento compte parmi les plus belles des Pouilles. Classée Parc régional, elle doit sans doute à son relief complexe et à son absence de plage d'avoir été relativement préservée des bétonneurs. La beauté des paysages autant que les occasions de baignade, de plongée ou d'excursion en mer font d'elle une destination très courue.

NOS ADRESSES PAGE 215
Hébergement, restauration, achats, activités, etc.

SE REPÉRER
Carte de région C3-4 (p. 184-185).
53 km d'Otranto à Santa Maria di Leuca par la P 358.

À NE PAS MANQUER
Un bain sulfuré à Santa Cesarea Terme et une baignade salée à Porto Badisco ou Acquaviva.

ORGANISER SON TEMPS
Faites étape au moins une nuit à Castro Marina ou Santa Cesarea Terme.

AVEC LES ENFANTS
La grotte de Zinzulusa et sa piscine d'eau salée.

Circuit conseillé Carte de région

Circuit de 53 km au départ d'Otranto, tracé en rouge foncé sur la carte de région p. 185. Comptez 1 j. (2 j. si vous faites étape). Quittez Otranto par la P 87 vers le sud.

Passé le phare au sud d'Otranto (*voir p. 206*), entre la **Torre Emiliano** et la **Torre Minervo**, la route longe une baie envahie de fleurs multicolores au printemps. Le littoral rocheux se prête à la baignade près de la **Grotta dei Cervi** (*voir « Nos adresses » p. 216*), une grotte (*fermée au public*) où l'on a retrouvé d'extraordinaires pictogrammes datant du néolithique. L'endroit le plus couru est la plage de **Porto Badisco★**, lovée au fond d'une petite crique ravissante.
Poursuivez la jolie route littorale qui devient la P 358.

Santa Cesarea Terme C3

Via Roma 221 - 083 69 44 043.

Connue depuis l'Antiquité, cette **station thermale** accrochée au versant d'une colline tire profit de ses sources hydrothérapiques. Leurs qualités sont reconnues pour les soins dermatologiques et les maladies respiratoires. Plusieurs piscines et établissements de bains de mer aménagés dans les rochers au bord de l'eau permettent de varier les plaisirs.

À l'extrémité sud de la baie, une coupole orientalisante offre une belle illustration du style mauresque en vogue à la fin du 19e s. La plus belle réalisation du genre reste cependant le fantasque **Palazzo Sticchi★** (*Via Piave*) dont on peut admirer le dôme, la façade à colonnes et le décor sculpté.

★ Castro Marina C3

Via Fratelli Bandiera 59 - ✆ 083 69 43 317.

Implanté dans l'une des plus belles **calanques** de la côte, l'ancien village de pêcheurs est pris d'assaut l'été par les vacanciers. L'homme n'a pas ménagé ses efforts, creusant la roche, levant une digue et modelant le paysage afin de créer un port. Divers établissements y ont ensuite investi les rochers, créant un cadre propice aux activités balnéaires, dans ce site pourtant dépourvu de plage de sable. Les pêcheurs continuent d'arpenter les grottes grêlant les falaises.

Castro Superiore – Dans les ruelles du village perché, le passé reprend ses droits. Pour s'y rendre à pied, on est obligé d'emprunter la route en lacet qui gravit la colline. Du château et de la place principale, la **vue** embrasse la côte à perte de vue. Construit par les Aragonais sur les ruines d'une forteresse byzantine, le **Castello**, du 12e-13e s. et rénové au 16e s., sert d'écrin à une petite **Minerve** en bronze de 12 cm qui fait la fierté de la ville. Mise au jour en 2007, elle ferait de Castro le site mentionné par Virgile, où le mythique Énée, fuyant Troie, aurait débarqué en Italie avant de fonder Rome. Une thèse confirmée par la découverte, en juillet 2015, sous les remparts de la ville, d'un grand buste de Minerve (4e-3e s. av. J.-C.). *10h-13h30, 15h-19h - 2,50 €.*

Sur le flanc de la Chiesa dell'Annunziata (12e s., remaniée par la suite), on aperçoit les restes de l'abside d'une **église byzantine** (10e s.) ornée de fresques.

★ Grotta Zinzulusa C3

À 3 km au nord de Castro Marina par la P 358 - ✆ 083 69 43 812 - visite guidée 20mn - juin.-sept. : 9h30-18h30 (19h juil.-août) ; avr.-mai : 10h-18h ; oct.-mars : 10h30-16h30 - fermé les jours de mer agitée - 5 €, accès piscine 5 €.

Un passage aménagé dans les rochers conduit à cette bouche béante à fleur d'eau, baptisée Zinzulusa par les pêcheurs en raison des concrétions au plafond qui évoquent du linge en train de sécher, *zinzuli* en dialecte local.

En été, l'afflux de touristes peut gâcher un peu les conditions de visite. Longue d'environ 150 m, la grotte s'étire à travers une succession de galeries hérissées d'étranges formations minérales, jusqu'au petit lac Cocito où vivent des espèces rarissimes de crustacés, sans yeux ni pigmentation.

Entre les grottes Zinzulusa et Romanelli, une intéressante excursion sous-marine, le **Sentiero Blu**, traverse des prairies de posidonies océaniques et de grands fonds rocheux. Des peintures rupestres datant du paléolithique ont été découvertes dans la **Grotta Romanelli** (*fermée au public*), juste au nord.

À 2 km au sud de Castro Marina, la crique sablonneuse d'**Acquaviva**★★, au creux d'un vallon boisé, est un des joyaux de la côte. Autre possibilité de baignade à **Marina di Andrano** (*à 2 km au sud*), une petite station avec marina, parking et sentier aménagé sur les rochers.

Poursuivez vers le sud par la route côtière SP 358, sur 10 km.

Tricase Porto C4

Ce petit bourg connaît lui aussi un afflux estival, mais il a conservé son âme de port de pêche. Quelques restaurants sur les quais, au pied d'un édifice mauresque, une petite étendue de sable blond et une promenade aménagée sur les rochers suffisent à son charme.

Le village de **Tricase** *(4,5 km par la P 78, voir p. 219)* mérite amplement une incursion dans les terres.

Reprenez la route littorale P 358 vers le sud.

La jolie crique de **Marina di Novaglie**★ *(9 km au sud de Tricase Porto)* est la dernière étape avant Santa Maria di Leuca *(voir p. 217)*, à la pointe sud.

La route monte ensuite à l'assaut des falaises, traversant un paysage plus sauvage où les constructions se font plus rares. Les **vues★★** sont spectaculaires.

NOS ADRESSES SUR LA CÔTE AU SUD D'OTRANTO

Bon à savoir – Les tarifs peuvent être divisés par deux hors saison.

HÉBERGEMENT

Castro Marina

POUR SE FAIRE PLAISIR

Hotel Euromare – *Piazza Dante Alighieri/Via Vittorio Veneto - ✆ 0836 94 73 61 - www.hoteleuromare.it - 15 ch. 110/180 €* ☕ - ✕. Un établissement familial au confort simple mais correct. Les tarifs sont élevés pour le standing, mais c'est la seule adresse abordable de la station. Évitez les chambres en sous-sol.

Marina di Novaglie

BUDGET MOYEN

Lo Scalo – *À 8 km au nord de Santa Maria di Leuca - ✆ 0833 533 488 - www.ristoranteloscalo.it - 6 ch. 90/130 €* ☕ - ✕ *(voir « Restauration »)*. Cette petite pension moderne, au confort simple, est appréciée pour sa tranquillité. Sorties en mer.

Porto Badisco

UNE FOLIE

Masseria Panareo – *Strada Litoranea Otranto – Santa Cesarea Terme, 4 km au nord de Porto Badisco - ✆ 0836 812 999 - www.masseriapanareo.com -* 🏊 *- fermé nov. - 8 ch. 180/250 €* ☕ - ✕. Une adresse de campagne avec une vue imprenable sur la mer. Hébergement tout confort et superbe restaurant avec terrasse. Produits maison (huile d'olive, pain, bière, confiture…). Circuits à vélo, sorties en mer, tennis…

Santa Cesarea Terme

BUDGET MOYEN

Albergo Palazzo – *Via Roma 237 - ✆ 0836 9 44 316 - www.albergopalazzo.it -* P *- 77 ch. 100/120 €* ☕. Cet hôtel thermal public appartient à la province de Lecce. L'atmosphère démodée, le confort simple et le prix raisonnable en font une bonne adresse. Certaines chambres donnent sur la mer. Spa.

UNE FOLIE

Hotel Piccolo Mondo – *Via Litoranea per Santa Cesarea 238, SP 358, peu après la grotte Zinzulusa - ✆ 0836 947139 - www.hotelpiccolomondo.it -* P 🏊 *- fermé d'oct. à mi-avr. - 40 ch. 184/216 €* ☕ - ✕. Situé à flanc de falaise, à l'écart du village, cet hôtel est composé de bungalows dispersés dans un jardin en bord de falaise, avec vue imprenable sur l'Adriatique. Tennis et accès à la mer par un escalier.

RESTAURATION

Castro Marina

BUDGET MOYEN

La Pizzica – *Via Litoranea per Tricase 98 - ✆ 327 78 63 139 - fermé jeu. sf en été - 20/25 €*. Une petite adresse sympathique en front de mer, un peu à l'écart du centre. Accueil simple et chaleureux, tout comme la cuisine (produits de la mer de saison).

Marina di Novaglie

POUR SE FAIRE PLAISIR

Lo Scalo – *Voir « Hébergement » - ✆ 083 35 33 488 -*

www.ristoranteloscalo.it - 42/62 €. Une excellente adresse pour déguster des pâtes maison et des produits de la mer de première fraîcheur, servis sur une terrasse au bord d'une crique. Jude Law et Gérard Depardieu sont passés par ici. Les prix donc sont à la hauteur des célébrités !

Tricase Porto

BUDGET MOYEN

A Casa Mia– *Via Santa Marcellina 1 - ✆ 347 38 08 732 - 20/25 €.* Ce restaurant familial, à 150 m du port, dispose d'une terrasse avec vue sur la mer. Cuisine à base de produits de la mer, honnête mais sans surprise.

Anime Sante Ittiturismo – *Lungomare Cristoforo Colombo 147 - ✆ 083 37 75 213 - fermé à midi - réserv. cons.- 35 €.* Situé sur le port, ce restaurant de produits de la mer, à la fraîcheur garantie, sert des spécialités locales originales.

PREMIER PRIX

Porto Vecchio Bar Friggitoria – *Sur le port - ✆ 349 64 02 700 - 15 €.* Une terrasse sur les quais, à deux pas des bateaux, et une cuisine simple et savoureuse qui ne triche pas : boulettes de poulpe, pâtes aux oursins, poisson grillé…

EN SOIRÉE

Santa Cesarea Terme

Guendalina – *SP 259, à 2 km au sud de Santa Cesarea Terme - ✆ 340 85 91 777 - www.guendalinaclub.com* Un club mythique, avec piste en plein air.

Tricase Porto

Bolina – *Lungomare C. Colombo 3 - sur le port - ✆ 083 37 75 102.* Le bar de ce restaurant est le lieu rêvé pour un apéritif ou un cocktail.

ACTIVITÉS

Thermes de Santa Cesarea – *Via Roma 40 - ✆ 083 69 44 314 - www.termesantacesarea.it.* Le **Stabilimento Palazzo** est associé à l'hôtel éponyme et à la piscine sulfurée (27 °C) donnant sur la mer.

Plongée

Azzurra Sub Plongée – *✆ 06 16 86 46 61 - sites.google.com/site/azzurrasubplongee.* Ce club basé en région parisienne organise des séjours de formation ou d'exploration près d'Alessano.

DWD Diving – *Via Pastorizza 20, Castro Marina - ✆ 083 69 21 276 - www.divingdwddiso.it.* Plongées de tout niveau.

Baignade

Azienda Grotta dei Cervi– *Sur la SP 87 - Porto Badisco - ✆ 368 3826763 - www.grottadeicervi.com - P 3 € - accès pineta 5 €/pers. - buvette à 10mn à pied de la mer.* Une plage préservée à l'intérieur d'une réserve naturelle à l'accès réglementé. Quelques rochers saillants mais petite plage et accès à la mer facile. Location transats et parasols.

Caicco Stabilimento Balneare – *Via Roma 18 - Santa-Cesarea-Terme - ✆ 083 61 92 10 21 - www.termesantacesarea.it - entrée plage 4 €.* Dans les rochers, au cœur de la station : bar, cabines, parasols et piscine naturelle. Location transats et parasols.

Excursion dans les grottes

Durlindana – *Via Scalo delle Barche, Castro Marina - ✆ 338 89 79 996 - www.noleggiobarchecastro.com - à partir de 15 €.* Visite de grottes, excursion à la journée, pêche en mer, virée nocturne, sorties en voilier, pédalo, Zodiac…

Santa Maria di Leuca

Province de Lecce

« Finibus terrae », le bout de la terre... Postée à l'extrémité du talon de la Botte italienne, au point de rencontre entre l'Adriatique et la mer ionienne, Santa Maria di Leuca n'a pourtant rien d'un cul-de-sac. Elle est un point de chute idéal pour un circuit dans les petits villages de l'arrière-pays, ou tout simplement pour une pause de quelques jours passés à profiter sans complexe des multiples plaisirs nautiques.

NOS ADRESSES PAGE 219
Hébergement, restauration, achats, activités, etc.

S'INFORMER

Pro Loco Santa Maria di Leuca – *Lungomare Cristoforo Colombo 53 - 0833 75 81 11 - www.prolocoleuca.it.*

SE REPÉRER

Carte de région C4 (p. 184-185).

À 45 km au sud-est de Gallipoli par la S 274, 45 km au sud d'Otranto par la P 81 et, 72 km au sud-est de Lecce par la S 16.

À NE PAS MANQUER

Les villages de l'arrière-pays, le phare.

ORGANISER SON TEMPS

Comptez une journée pour voir tous les villages.

AVEC LES ENFANTS

Les plages et les grottes.

Se promener

Haut lieu du tourisme depuis le tournant du 20e s., Santa Maria di Leuca a conservé ses somptueuses **villas** Art nouveau ou néomauresques bâties par de grandes familles apuliennes. En saison, la foule se presse dans les restaurants de bord de mer, sur la promenade plantée de palmiers et sur la petite plage de sable. Côté est, derrière la marina, une impressionnante **cascade monumentale** de 250 m (fonctionnement intermittent), construite à l'époque fasciste, dévale le promontoire qui domine la ville à 102 m d'altitude.

Santuario di Santa Maria de Finibus Terrae

D'après la légende, saint Pierre serait venu sur cette colline et, fasciné par la beauté du lieu, aurait émis le souhait de revenir au moins une fois dans sa vie. Sur l'esplanade, une **colonne** portant la Vierge (1694) marque l'emplacement où il aurait prêché. La statue du pape Benoît XVI rappelle la visite du Saint-Père, en 2008. Lieu de pèlerinage très fréquenté, la **basilique** (1720) s'élève à l'emplacement d'un temple dédié à Minerve. De l'extérieur, elle ressemble davantage à un petit palais fortifié qu'à un lieu de culte, ses bâtisseurs ayant craint de nouvelles razzias turques.

Juste à côté de la basilique émerge la silhouette blanche du **phare** (1864), haut de 47 m, qui guide toujours les bateaux au large du cap. Un escalier en colimaçon de 254 marches permet de gagner la cabine pour jouir d'une splendide vue sur les deux mers, voire jusqu'à Corfou.

À proximité Carte de région

Grottes

Pour bénéficier pleinement de la lumière, visitez les grottes de la côte adriatique le matin ; celles de la côte ionienne s'apprécient à tout moment de la journée.

Les environs de Santa Marina di Leuca recèlent une trentaine de grottes, la plupart accessibles par bateau, ce qui permet d'admirer les parois rocheuses. Côté Ionien, la **Grotta Porcinara** (*accessible par la terre*) est certainement la plus fameuse. Creusé à l'époque messapienne, cet ancien sanctuaire conserve des inscriptions grecques et latines. Viennent ensuite, sur la Punta Ristola, à 150 m, la **Grotta del Diavolo** (*accessible par la terre*), celles du **Fiume**, du **Presepe** et des **Tre Porte**.

Côté Adriatique, la **Grotta Cazzafri** impressionne par son immense voûte de stalactites, celle nommée **Grande del Ciolo** se cache sous le pont qui enjambe cette petite gorge spectaculaire.

La côte ionienne

La petite crique de la **Marina di Felloniche** (à *4 km au nord-ouest par la route côtière*) possède une plage de sable, et une autre, plus grande, juste avant la **Marina San Gregorio** (*2 km*), où l'on se baigne au milieu des rochers.

Pour profiter de grandes étendues de sable bordées de dunes, sur 7 km, il faut se rendre à la **Marina di Pescoluse★★**, entre **Torre Vado** (*5 km*) et Torre Pali. Viennent ensuite les stations de **Lido Marini** (à *3,5 km de Torre Pali*), de **Torre Mozza** (*2,5 km*) et de **Torre San Giovanni** (*6,5 km*). Ensuite, le sable fin cède la place aux rochers.

Circuit conseillé Carte de région

L'ARRIÈRE-PAYS DE SANTA MARIA DI LEUCA

Circuit au départ de Santa Maria di Leuca (45 km) tracé en rose sur la carte de région p. 185. Comptez une journée. Quittez Santa Maria di Leuca par la P 74 vers le nord.

Patù C4

Posté devant la petite église **San Giovanni**, à la périphérie sud de Patù (*par la P 192*), le **Centopietre** est un monument singulier, qui véhicule son lot de légendes. Cette construction mégalithique rectangulaire (7x5 m), faite de cent pierres taillées, abrite sans doute le tombeau d'un chevalier du 9e s. À l'intérieur, on distingue les restes de fresques byzantines (11e et 14e s.).

Au nord de Patù, à 7 km, traversez Castrignano del Capo puis prenez la P 192 jusqu'à Barbarano del Capo, tournez à droite dans la P 190 ; à Montesardo tournez à gauche sur la S 275.

★ Alessano C4

Municipio, Piazza Don Tonino Bello - 0833 78 10 64.

Siège d'un comté (11e-15e s.) et ancien évêché, cette belle endormie recèle de splendides palais. Ne manquez pas le **Palazzo Sangiovanni** (15e s.), reconnaissable à sa façade en pointes de diamant, et le **Palazzo Ducale** (15e-16e s.). La **Chiesa Madre di San Salvatore** (18e s.), de style baroque, s'élève à l'emplacement d'une cathédrale du 12e s.

Au nord d'Alessano, prenez la P 275 pendant 7 km puis, à Lucugnano, la P 74 sur votre gauche.

★ Specchia C4

Via Garibaldi - ✆ 0833 35 91.

Classé parmi les plus beaux villages d'Italie, cet autre petit joyau médiéval perché sur un promontoire se parcourt à pied. Suivant une scénographie immuable qui est la marque des Pouilles, la **Piazza del Popolo**, soigneusement rénovée, vit dans l'ombre d'un face-à-face figé entre pouvoir religieux et pouvoir civil. La **Chiesa Matrice**, flanquée d'un clocher, se tient en face de l'élégant **Palazzo Risolo** (15e-18e s.). Quelques sculptures contemporaines complètent le décor. En coulisse, dans les ruelles médiévales, s'égrènent les maisons avec cour intérieure et façade baroque.

De Specchia, prenez la P 275, en direction de l'est (vous retraversez Lucugnano).

Tricase C4 *Voir aussi Tricase Porto p. 214.*

Palazzo Gallone, Piazza Pisanelli - ✆ 083 35 41 884.

Faites le détour pour admirer la **Piazza Giuseppe Pisanelli**, la plus belle place du village, où se dressent le **Palazzo Gallone** (15e s.), siège de l'hôtel de ville, et l'église **San Domenico** (17e s.). Non loin, la **Chiesa della Beata Vergine Maria** (18e s.) arbore une façade comme étêtée et envahie par le lichen qui contraste avec l'intérieur aux murs peints immaculés. Elle recèle des toiles de Véronèse (1528-1588) et de Palma le Jeune (1544-1628).

NOS ADRESSES À SANTA MARIA DI LEUCA

HÉBERGEMENT

PREMIER PRIX

Albergo Minerva – *Via Quinto Ennio 33 - ✆ 0833 758 564 - www.albergominerva.blogspot.fr - fermé nov.-mi-avr. - 14 ch. 63 € sans petit-déj.* À 500 m du front de mer, cette villa patricienne à l'atmosphère surannée loue des chambres spacieuses et impeccables. Certaines ont un balcon. Dans le salon, objets anciens et journaux jaunis trahissent une passion pour l'Italie de l'Entre-deux-guerres…

POUR SE FAIRE PLAISIR

Hotel Rizieri – *Via Colombo 24 - ✆ 0833 758 007 - www.hotelrizieri.it - 24 ch. 120 € ☕ - ✕.* Cet hôtel familial depuis trois générations occupe une belle maison blanche à colonnes, près du front de mer. Les chambres sont simples (certaines avec vue sur la mer). Terrasse agréable sur le patio.

Alessano

POUR SE FAIRE PLAISIR

Masseria Macurano – *Via Macurano 134 - SP 210, 2 km au sud-est d'Alessano - ✆ 0833 52 42 87 - www.masseriamacurano.com - P - 4 ch. et 1 appart. 118/128 € ☕.* Cette masseria fortifiée porte fièrement ses 400 ans. Distribuée autour d'une jolie cour en pierre ornée de glycine, elle possède un jardin à l'arrière. Belles chambres voûtées, au décor simple et sans apprêt.

RESTAURATION

BUDGET MOYEN

Cafè dò Mar – *Via Bolzano 7 - ✆ 339 5462369 - www.cafedomarleuca.it - 25/40 €.* Pâtes aux fruits de mer, poisson frais… rien d'original à la carte, mais une ambiance décontractée et un cadre agréable sur une terrasse dans une rue calme en retrait de la mer. Prix corrects.

4

Alessano

BUDGET MOYEN

Trattoria Da Eleonora – *Piazza Castello 4 - ✆ 339 46 47 081 - 25/40 €.* Une jolie terrasse bien située près du Palazzo Ducale. Ici aussi, le poisson est à l'honneur (testez les sardines ou le tartare de thon), sinon optez pour une salade ou une *burrata*.

Marina San Gregorio

BUDGET MOYEN

Bar del Moro – *Via del Mare 2, Marina San Gregorio, à 8 km au nord-ouest de Santa Maria di Leuca - ✆ 348 72 19 803 - fermé sept.-avr. - 20 €.* Une adresse sympathique aux tarifs raisonnables. La terrasse sur le toit surplombe la plage. Pâtes, antipasti et produits de la mer.

POUR SE FAIRE PLAISIR

Sant'Elia Trattoria – *SP 192, 1 km de Marina San Gregorio, vers Patù - ✆ 348 72 19 803 - www.santeliatrattoria.com - fermé lun. et à midi sf en été - 30 €.* Un restaurant en pleine campagne entouré d'oliviers. Au menu : poisson frais, filet mignon à la piémontaise, pâtes maison, dont les *tagliolini al nero di seppia* (à l'encre de seiche avec poulpes, crevettes, encornets…). Le chef a travaillé dans le restaurant de Francis Coppola, à San Francisco.

Patù

BUDGET MOYEN

Rua de li Travaj – *Via F. Cavallotti 44 - ✆ 349 05 84 531 - fermé à midi, merc. hors sais. - 25 € - réserv. cons.* Cuisine traditionnelle avec des produits locaux, servie en salle ou en terrasse, sur d'épaisses tables en bois. Les plats sont copieux et d'un bon rapport qualité-prix.

Tricase

PREMIER PRIX

El Paso – *Piazza Marinai d'Italia 2-3 - ✆ 0833 545530 - tlj en sais.* Près de la gare, cette adresse n'a rien de glamour, mais l'on y vient déguster la meilleure pizza de la région !

PETITE PAUSE

Martinucci – *Via Cavalier T. Fuortes - ✆ 0833 75 80 48.* Les *pasticciotti* sont la spécialité de la maison, mais on peut aussi déguster une bonne glace maison.

Tricase

Gelateria G. & CO – *Via Marina Porto 3 - ✆ 342 75 81 228.* Des glaces inoubliables !

EN SOIRÉE

Gibò – *Route littorale SP 358, à Gagliano del Capo, 7,5 km au nord-est de Leuca - ✆ 0833 54 89 79 - www.gibo.it.* Superbe club à flanc de colline, dominant la mer.

Tricase

Farmacia Balboa – *Piazza Giuseppe Pisanelli - ✆ 0833 77 25 85 - www.farmaciabalboabar.com.* Une ancienne pharmacie transformée en bar, sur la plus jolie place de Tricase… pour prendre le pouls de la ville.

ACTIVITÉS

Excursion dans les grottes

Consorzio Mari d'Oriente – *Lungomare C. Colombo - ✆ 327 21 51 275 - www.consorziomaridoriente.it - 15 €.* Excursion dans les grottes marines et bateau-bar. Départs toutes les heures en saison.

Gallipoli

★★

20 760 habitants - Province de Lecce

Gallipoli est une île entourée de murailles qui tombent à pic dans les eaux lumineuses de la mer ionienne. Elle occupe un site spectaculaire. Les Grecs la considéraient comme un joyau, mais l'époque de sa splendeur est arrivée beaucoup plus tard, vers 1550. Entre cette date et 1850 partaient de Gallipoli les bateaux chargés de l'huile qui éclairait les rues et les palais de toutes les grandes villes d'Europe du Nord, de Londres à Saint Petersbourg. La ville était cosmopolite, on y parlait toutes les langues, toutes les grandes puissances y avaient un consulat et l'argent coulait à flots. Aujourd'hui, cet âge d'or est révolu, mais elle en a reçu un bel héritage qu'elle déploie le long de ses ruelles. Les plages splendides de Gallipoli attirent l'été des foules de touristes ; mais cela ne dure qu'un mois, et, dès le retour au calme, elle retrouve intacte sa beauté de cité antique qui lui a valu le nom de Kalli polis, belle ville en grec.

NOS ADRESSES PAGE 228
Hébergement, restauration, achats, activités, etc.

S'INFORMER

IAT Gallipoli – *Via Antonietta de Pace 86 - ✆ 083 32 62 529 - En face de la cathédrale.*

SE REPÉRER

Carte de région AB3 (p. 184-185) - plan de ville (p. 224). Gallipoli est sur la côte ionienne, à 52 km au nord-ouest de Leuca par le littoral et à 43 km au sud de Lecce par la P 101.

SE GARER

Parking gratuit à l'entrée de la vieille ville, sur le port.

À NE PAS MANQUER

Arpenter les ruelles et faire le tour de la ville le long des remparts ; regarder le coucher du soleil de Santa Maria della Purità ; visiter un *frantoio ipogeo*.

ORGANISER SON TEMPS

Comptez une journée pour visiter la ville et avoir le temps de profiter de la plage. Évitez la période 15 juillet- 20 août.

AVEC LES ENFANTS

Les plages, le château, la visite d'un *frantoio*.

Se promener Plan de ville

A Gallipoli, la vieille ville est appelée la *Città* par les Gallipolitains, et même *lo Scoglio* (le rocher) par les puristes, alors que le *Borgo* désigne la ville moderne.

Piazza Aldo Moro C1

Au départ du pont qui mène à la *Città,* cette petite place sert de môle aux pêcheurs. C'est ici que l'on se réunit le 2 juillet pour voir émerger de la mer la statue de la **Madonna del Canneto**, dont l'**église** ferme la place.

À l'autre extrémité, la **Fontana Greca** fut longtemps réputée comme étant la plus ancienne d'Italie, mais elle daterait en réalité de la Renaissance. Elle fut installée à cet emplacement en 1560. Ses bas-reliefs illustrent des épisodes mythologiques.

Ponte Cittavecchia

Gallipoli n'a pas toujours été une île. Elle l'est devenue en 1484, quand les Vénitiens ont décidé de couper l'isthme étroit qui la reliait à la terre ferme pour mieux la protéger. Le pont a été construit en 1603, mais avec un pont-levis au bout, par précaution !

Castello B1

Piazza Imbriani - ✆ 083 32 62 775 - www.castellogallipoli.it - juin-sept. : 10h-21h (0h juil.-août) ; reste de l'année : 10h-13h, 15h-17h (19h avr.-mai) - fermé lun. oct.-mars - 5 €.

Précédé de la grande tour du **Rivellino** qui était destinée à le protéger, le château de Gallipoli marque l'entrée de la Città. Messapiens, Normands, Aragonais, Vénitiens, tous ont laissé leur empreinte dans cet immense édifice devenu le symbole de la ville. Avec ses beaux murs ocre délavé, la cour intérieure donne l'impression mélancolique d'un poste de frontière déserté. On pénètre dans la chapelle, dont il reste le *matroneo*, la tribune réservée aux femmes, et quelques traces de fresques, dont un beau visage à l'envers. Les pièces suivantes accueillent des expositions d'art contemporain. C'est dans l'immense salle circulaire au sous-sol de la tour du Drapeau (tour nord) que les canons étaient disposés pour tirer (un trou au plafond permettait d'évacuer la fumée). Le lieu ne résonne plus aujourd'hui que d'un curieux effet acoustique. En sous-sol, la tour à neuf côtés affiche des dimensions plus impressionnantes encore. Montez à l'étage supérieur pour la vue sur le port et la ville moderne, malgré l'inévitable et regrettable *grattacielo*. Retournez-vous et regardez comme s'imprime sur le sol de la cour la trace du *Terzo Paradiso* (le troisième paradis), le symbole de la nouvelle humanité que l'artiste **Pistoletto** a apposé un peu partout dans le monde et qui, ici, a laissé une marque indélébile longtemps après que l'on a enlevé les 151 blocs de pierre qui le dessinaient (2015).

Via Antonietta da Pace

C'est la rue principale de la cité, où se succèdent boutiques et restaurants touristiques. C'est aussi ici que se trouvent la plupart des sites à visiter.

Cattedrale di Sant'Agata B2

7h30-12h30, 15h45-21h.

La principale église de Gallipoli ne dévoile ses charmes qu'en façade, mais l'absence de parvis oblige à se tordre le cou pour la contempler. Construite en *carparo,* pierre locale plus jaune et plus friable que la pierre de Lecce, elle est presque dépouillée dans son registre inférieur, en contraste avec le baroque de la partie supérieure, où on reconnaît la patte flamboyante du grand Giuseppe Zimbalo *(voir p. 192)*. L'intérieur, en croix latine, surprend par

Le port de Gallipoli.
F. Dimier/hemis.fr

ses dimensions inattendues et par la quantité et la taille exceptionnelles des peintures aux tons assez sombres qui le recouvrent presque intégralement. La plupart sont du peintre gallipolitain Giovanni Andrea Coppola (1597-1659). Regardez en particulier son fameux *Martirio di Sant'Agata* (*à gauche dans la croisée*). Notez également l'**autel** en marqueterie de marbre et le bras un peu inquiétant qui tient le crucifix en haut de la chaire.

Museo Diocesano

Via Antonietta de Pace 51 - ✆ 0833 26 41 10 - www.museodiocesanogallipoli.it - juin-sept. : 10h-15h30, 18h-23h30 ; reste de l'année : 9h30-13h, et aussi 16h-19h le w-end - fermé lun. - 3 €.

Le riche Trésor de la cathédrale est exposé dans l'ancien palais du séminaire : reliquaires, *ex-voto*, parements et objets liturgiques, et les bustes en argent de sainte Agathe et saint Sébastien. Montez au 3e étage voir les toits en terrasse de la cité, inondés de soleil, avec au fond, la mer.

★ Frantoio ipogeo A2

Via Antonietta de Pace 87 - ✆ 083 32 64 242 - horaires variables, tlj de mars à oct., w.-end seult le reste de l'année - commentaires en français - 1,50 € avec guide.

Cette magnifique grotte creusée dans la roche au 17e s., sous le Palazzo Granafei, constitue une visite incontournable pour comprendre ce qui a fait la fortune de la ville du 16e s. au 19e s. Il faut imaginer cet espace où une dizaine d'hommes vivaient et travaillaient côte à côte avec ânes et chevaux, d'octobre à avril, sans jamais voir la lumière du jour, dans des conditions d'hygiène inexistantes et la puanteur des olives que l'on laissait macérer pour augmenter l'acidité de l'huile ; cela afin que l'huile brûlât sans faire de fumée, pour ne pas noircir les murs des palais londoniens et les icônes des églises russes.

Museo Civico A2

Via Antonietta de Pace 108, face au Frantoio - ✆ 0833 26 42 24 - www.museocivicogallipoli.it ou http://sistemamusealegallipoli.it - h variables - 3 € - Attention : dans une salle à part sont exposés des bocaux de formol contenant des fœtus d'humains et d'animaux mal formés : une vision susceptible de choquer un public non averti.

Des vases messapiens, des mines, le squelette d'une baleine, des coquillages, des animaux empaillés : le cabinet de curiosités du philosophe et médecin Emanuele Barba (1819-1887) occupe la vaste salle d'un palais du 19e s.

Collezione Coppola

Via Sant'Angelo 4 - ✆ 0833 26 22 24 - http://sistemamusealegallipoli.it - été : tlj, se renseigner pour les horaires ; reste de l'année : w.-end seult - 1 €.

SE LOGER
- B&B Insula 1
- B&B Palazzo Senapede de Pace 4
- B&B Punta Cutieri 5
- Dimora San Vincenzo 8
- La Riviera 7

SE RESTAURER
- La Lampara 11
- L'Angolo Blu 12
- La Puritate 4
- Osteria Briganti 2
- 51 Nodi 10

À deux pas du Museo Civico. Entre autres toiles, le lieu abrite une très belle nature morte dont l'attribution est incertaine : Giovanni Andrea Coppola, le peintre de la cathédrale, ou Giacomo Coppola, peintre napolitain contemporain de Giovanni Andrea, et dont ce serait la seule œuvre connue.

Continuez sur Via Antonietta da Pace, puis Via Briganti jusqu'à la Riviera Sauro.

Le Riviere

Les **Riviere Armando Diaz**, **Nazario Sauro** et **Cristoforo Colombo** constituent une promenade exceptionnelle le long des anciens remparts qui cernent la *Città* ; le tour requiert 15 minutes *(1 km)*, sachant que le plus beau parcours donne côté mer par la Riviera Armando Diaz (est et sud) et la Riviera Nazario Sauro (ouest). Le matin, préférez la Riviera Armando Diaz : elle est jalonnée d'églises, parfois accolées, qui, toutes, regardent la mer. Elles ont été élevées par les confréries des travailleurs de l'huile qui se sont constituées à Gallipoli à la fin du 16e s. La Riviera se termine par une vue plongeante sur le port des pêcheurs, juste avant le château. L'après-midi, la Riviera Nazario Sauro reçoit la plus belle lumière : elle surplombe la belle **Spiaggia della Purità★**, au pied de la muraille. Essayez d'y être en fin de journée. Le spectacle est autant sur la mer, à l'horizon, que sur les façades de la cité qui s'embrasent sous les rayons du couchant.

San Francesco d'Assisi A2

Riviera Nazario Sauro, à l'angle de la Via Saponere, à l'extrémité ouest de la ville.

San Francesco est reconnaissable à sa **façade** à deux niveaux et à la couleur ocre de sa pierre, le *carparo*. Mais elle est surtout célèbre pour les **statues des deux larrons**, de Vespasiano Genuino, dans la chapelle « espagnole » (*à droite en entrant*). L'un, Dismas, regarde vers le ciel et sera sauvé. L'autre, le *Malladrone*, d'une « horrible beauté » selon Gabriele d'Annunzio, arbore un sourire narquois, les vêtements en guenilles, la tête penchée vers le sol. Il ne sera pas sauvé. Éternel objet de la haine des Gallipolitains, il est devenu un personnage très populaire. Sous l'orgue se trouve une **crèche** du 15e s.

★ Santa Maria della Purità A1-2

Riviera Nazario Sauro, 47 - 10h-12h,16h30-21h30 (20h l'hiver)

Bâtie par la confrérie des débardeurs en 1662, elle arbore une façade blanche toute simple, sobrement décorée d'*azulejos*. L'intérieur, en revanche, étonne par la profusion de peintures aux tons sombres rehaussées de dorures. Comme à la cathédrale, pas un centimètre carré qui ne soit décoré : le baroque napolitain est ici à l'œuvre. Au-dessus de l'autel, la *Madonna della Purità* a été peinte par Luca Giordano. Les œuvres de la nef sont pour la plupart de Liborio Riccio (1720-1785). Demandez à la personne qui vous accueille de relever le tableau de la *Multiplication des pains,* sur la contre-façade. Dessous se trouve une belle fresque du 16e s. représentant les quatre Évangélistes. Avant de partir, regardez le lumineux pavement de majolique.

À proximité Carte de région

Baia Verde B3

▶ *Sur la côte, à 4 km au sud de Gallipoli.*

Dans cette baie de toute beauté, à la courbe parfaite, qui s'étire au sud de Gallipoli, alternent plages de sable privées et publiques. Celle dite **Baia Verde** souffre d'un afflux de touristes considérable en été. Adossée à des dunes couvertes de végétation méditerranéenne, la plage de **Punta della Suina★★** *(8 km au sud de Gallipoli)*, qui alterne lidos et plages publiques, est un must.

4

L'ARRIÈRE-PAYS DE GALLIPOLI

Casarano B3

À 20 km au sud-est de Gallipoli.

Typique du *barocco leccese*, la Chiesa Matrice (17e s.) abrite neuf autels latéraux particulièrement travaillés et surtout plusieurs toiles d'**Oronzo Tiso** (18e s.), l'un des peintres les plus importants du Salento durant cette période. La grande et impressionnante *Fornace di Babilonia* compte parmi ses œuvres majeures.

Considérée comme le plus important édifice byzantin des Pouilles, l'église **Santa Maria della Croce★** (5e s.), ou de Casaranello, présente un grand intérêt historique bien qu'elle ait subi de multiples transformations (13e, 14e et 18e s.). Derrière sa façade dépouillée, cette église paléochrétienne renferme des **mosaïques★★** (5e s.) à motifs géométriques ainsi que des **fresques** (13e s.) figurant des scènes du Nouveau Testament. *Via Casaranello, près de la gare.*

Ugento B4

À 23 km au sud-est de Gallipoli.

C'est ici qu'a été retrouvé le fameux Zeus (6e s. av. J.-C.) du musée de Tarente *(voir p. 165)*. Ugento vaut une halte pour ses deux passionnants musées d'archéologie : la collection privée **Adolfo Colosso** *(Via Messapica, 22)*, et le très beau **Nuovo Museo Archeologico** *(Largo Sant'Antonio, 1)* réouvert en 2009. *www.sistemamusealeugento.it - 9h-13h, 15h-21h - billet combiné 5 €.*

Le village est dominé par le **Castello d'Amore** (11e s.), où Charles d'Anjou séjourna en 1273. Le château est la propriété de la famille des princes d'Amore depuis 1643. Ils en ont fait une splendide **résidence baroque**, dotée d'un superbe escalier décoré de stucs, d'immenses salons en voûte à étoile ornée de fresques qui constituent un exemple unique de la peinture des 17e et 18e s. dans les Pouilles. Un autre panneau peint *a fresco*, d'origine normande, a été découvert et restauré en 2016 ; il constitue un témoignage fondamental de la présence des Normands sur ce territoire. Le « jardin des plantes utiles » et ses arbres pluri-centenaires sont un havre de paix.

Au milieu des salles médiévales et des salons baroques, le château propose neuf suites, un spa et un restaurant gastronomique. *Via d'Amore 4 - ✆ 0833 55 58 19 - www.castellodiugento.com - en exclusivité pour les lecteurs du Guide Vert : visite guidée sur demande à contact.passionarte@gmail.com.*

Avant de partir, arrêtez-vous à la sortie d'Ugento pour admirer les fresques remarquables et les curieuses créatures fantastiques du plafond de la **Cripta del Crocefisso★** (13e-14e s.) et, à côté, la **Cappella della Madonna di Costantinopoli** (déb. 17e s.). *Visite accompagnée - rens. au Museo Archeologico.*

Circuit conseillé Carte de région

LA RIVIERA NORD DE GALLIPOLI

Circuit tracé en rouge clair sur la carte de région p. 184-185.

Il suit la côte reliant Gallipoli à Tarente *(100 km)* où alternent plages de sable, parcs naturels, ports de pêche et stations balnéaires.

Quittez Gallipoli par la route côtière P 108.

Lido Conghiglie B3

La première **plage de sable** au nord de Gallipoli est bordée par une agréable petite station balnéaire.

Poursuivez vers le nord sur la P 108 pendant près de 3 km.

Santa Maria al Bagno A3

Les **Quattro Colonne** qui signalent l'entrée de ce port de pêche animé sont tout ce qui reste du fort bâti par Charles Quint pour protéger une source convoitée par les pirates. Le cœur du village se love autour d'une petite **crique sablonneuse** où les places de parasols sont chères en été.

Poursuivez vers le nord par la P 108 pendant près de 3 km.

Santa Caterina A3

Plus petit que le précédent, ce charmant port de pêche dépend de la municipalité de Nardò. Frangé d'un banc de sable, il est quant à lui placé sous la protection de la **Torre dell'Alto** (16e s.). La péninsule de Gallipoli émerge à l'horizon, au sud.

Poursuivez vers le nord par la Via Emanuele Filiberto, puis prenez la P 286 pendant 4 km, jusqu'à l'entrée du parc.

Parco regionale di Porto Selvaggio e Palude del Capitano A3

La route pénètre ensuite dans ce parc régional de 1 100 ha de pinède où poussent des espèces rares d'orchidées. Ses 7 km de littoral parfaitement préservés recèlent des grottes occupées à l'époque paléolithique. Dans sa partie nord, il compte plusieurs *spunnulate*, des effondrements de sol ayant donné naissance à des plans d'eau.

Depuis l'entrée, il faut marcher environ 1 km jusqu'à la splendide baie rocheuse de **Porto Selvaggio**. Plus au nord, sur la route, la **Torre Uluzzo** marque l'extrémité du parc. Une jolie baie ourlée de criques s'étend à ses pieds.

Poursuivez vers le nord sur la route côtière P 286 pendant 10 km.

Sant'Isidoro A2

Un beau croissant de **sable** avec, à son extrémité sud, une tour de guet.

Riserva Naturale Palude del Conte e Duna Costiera Porto Cesareo

www.porto-cesareo.net/riserva-naturale.

Cette longue portion de côte bordée de dunes, qui s'étire de **Torre Squillace** à **Punta Prosciutto**, sur 15 km, a beaucoup souffert du tourisme de masse et d'un bétonnage sauvage à partir des années 1970. Classé Réserve naturelle en 2006 (900 ha), le site tente de trouver un *modus vivendi* entre constructions illégales et lois pour la protection de la nature. On y trouve des essences rares, comme le genévrier de Phénicie, une plante médicinale qui peut vivre 500 ans, des forêts sclérophylles et des orchidées. La réserve marine abrite quant à elle une importante biodiversité.

Principale station du littoral, auquel elle a donné son nom, **Porto Cesareo** (*7 km au nord de Sant'Isidoro*) possède une marina et une plage sans grand intérêt. Elle se niche au pied d'une grosse tour carrée, à l'extrémité du grand lagon formé par la péninsule de Strea, refuge des hérons et autres animaux marins. Guère visité, le **Museo di Biologia Marina Pietro Parenzan** offre un éclairage sur la réserve marine. *Via Vespucci 13 - ✆ 083 35 69 502 - www.museobiologiamarina.unisalento.it - gratuit.*

À 3 km au nord, les petites **plages de Scala di Furno★** sont beaucoup plus prisées. Plusieurs hôtels et établissements de bains se disputent les vacanciers. Si vous préférez les grands espaces, optez pour la longue **Bacino Grande★**, située à **Torre Lapillo**, immédiatement après. À son extrémité est se détache la silhouette typique d'une **tour de guet**, avec escalier extérieur.

L'étroite **plage de Punta Prosciutto★** *(12 km de Porto Cesareo)*, avec ses dunes et son sable blanc baigné d'eaux bleues, est l'une des plus belles de la région.

NOS ADRESSES À GALLIPOLI

Plan de ville p. 224

HÉBERGEMENT

BUDGET MOYEN

La Riviera – A1 - *Riviera Nazario Sauro 7 - 083 32 61 096 - www.bedandbreakfastlariviera.it - - 6 ch. 130 €* . Postée au-dessus des remparts, cette adresse dispose de chambres petites mais agréables. Certaines ont une vue de rêve sur la mer. Autre atout : le petit déjeuner servi sur le bastion, au-dessus de la plage. Parking proche.

POUR SE FAIRE PLAISIR

B & B Insula – B1-2 - *Via Antonietta de Pace 56 - 083 3201 413 - www.bbinsulagallipoli.it - - 5 ch. 100/150 €* . Installé dans l'ancien Palazzo Balsamo (18e s.), cet immense appartement combine mobilier ancien et déco kitsch. Toutes les chambres sont spacieuses (6 m de hauteur sous plafond !), mais pour certaines, la salle de bains est extérieure à la chambre. Préférez celle avec l'étonnant lit-coquillage.

UNE FOLIE

B & B Punta Cutieri – A2 - *Riviera Armando Diaz 27 - 346 771 14 45 - www.puntacutieri.it - 6 ch. 120/180 €*. Une adresse un peu à l'écart, dans les quartiers sud de la vieille ville. Les plus belles chambres ont une cuisine, une terrasse privative et surtout une vue imprenable sur la mer ! Celles du rdc sont un peu sombres. Accueil sympathique.

B & B Palazzo Senape De Pace – B1 - *Via Monacelle 39 - 347 78 21 439 - www.palazzosenapedepace.it - 11 ch. 160 €*. La quinzième génération de cette famille occupe le 1er étage de cet immense palais (16e s.), tandis que les visiteurs logent au 2e, auquel on accède par un escalier monumental. Chambres simples et confortables. Petit déjeuner servi sur une jolie terrasse fleurie.

Dimora San Vincenzo – A2 - *Via Cesare Battisti 11 - 083 326 11 07 - www.dimorasanvincenzo.it - 6 ch. et 5 appart. - 80/270 €*. Les chambres ont gardé les hauts plafonds voûtés de l'ancien couvent où s'est installé cet hôtel, par ailleurs très bien situé au centre de la vieille ville et joliment décoré. Ne manquez pas le petit déjeuner sur la terrasse avec vue sur les toits de la *Città* et la mer.

Porto Cesareo

UNE FOLIE

Bacinogrande – *Via Torre Lapillo 35 - 083 3565 113 - www.bacinogrande.it - 16 ch. 120/250 €* - . Cet établissement jouit d'un emplacement exceptionnel, sur une plage de sable fin. Les chambres sont élégantes, mais tout cela a un coût !

Ugento

UNE FOLIE

Masseria Le Mandorle – *Via Indipendenza 135 - 333 91 42 242 - www.masserialemandorle.com - 15 avr.-15 sept. - 12 ch. - 145/400 € 1/2 P.* Une ancienne *masseria*, réouverte au printemps 2017, a été transformée en un lieu rêvé : chambres raffinées à l'élégance sobre, piscine extérieure chauffée et terrain multisport. Le Salento dans tout son éclat.

RESTAURATION

À Gallipoli goûtez la *pasta con i ricci di mare* (aux oursins) !

PREMIER PRIX

Pizzeria Terra del Sol – Hors plan par C1 - *Via Cinque 6 - ✆ 347 37 64 104 - fermé mar. et le midi - 5/10 €.* Cette adresse simple peut être une bonne occasion de sortir du centre historique. Au choix, pizzas ou spécialités locales : *pucceria, saccottini* aux fromage et épinards, *cornetti* aux champignons…

BUDGET MOYEN

51 Nodi – B1 - *Terrasse du castello di Gallipoli - ✆ 328 424 21 99 - 25/30 €.* Dès qu'il le peut, Marco part en Grèce sur son voilier. Mais l'été, il vous attend sur la terrasse du château pour vous faire partager ses deux passions, la mer et sa terre, à travers leurs saveurs : oursins, crevettes violettes de Gallipoli, poissons bleus, mais aussi, fromages, *focaccce, friselle* et l'étonnant *friscous*, à mi-chemin entre la *frisa* et le couscous. L'endroit est magique le soir.

La Lampara – B1 - *Via Porto - ✆ 0833 26 19 36 - www.pescherialalamparagallipoli.com - 20/30 €.* Les pêcheurs ont installé leurs points de vente sur le port, à droite du pont qui mène à la vieille ville. On y déguste, assis sur des tabourets à l'ombre de parasols, des fruits de mer crus avec un filet de jus de citron en apéritif (le fameux *aperifish*), ou même un poisson qui sera grillé pour vous (presque) sous vos yeux.

POUR SE FAIRE PLAISIR

L'Angolo Blu – A2 - *Via Muzio 45 - ✆ 0833 26 15 00 - www.langoloblutrattoria.it - 30/35 €.* La déco n'a rien d'extraordinaire, mais l'essentiel est là : des fruits de mer d'une fraîcheur irréprochable.

Osteria Briganti – A2 - *Via Antonietta de Pace 111 - ✆ 083 32 61 166 - fermé lun. - 30/35 €.* Une grande salle voûtée animée, dans une ruelle calme, où l'on déguste une cuisine terre et mer traditionnelle, dotée d'une touche de créativité : poulpe frit avec pesto à l'amande, poisson en croûte, pâtes aux fruits de mer, lapin aux champignons… Revigorant !

UNE FOLIE

La Puritate – A2 - *Via Sant'Elia 18 - ✆ 0833 26 42 05 - fermé merc. sf juin-sept. - 40/70.* Décoration à l'ancienne et terrasse couverte. Ce restaurant de fruits de mer est l'une des meilleures tables de la ville. Préparations simples ou sophistiquées : médaillon de merlu, seiches au vinaigre et porto, moules alla *gallipolina* (chapelure et huile d'olive), linguine aux coquillages…

Lido Conchiglie

BUDGET MOYEN

Scapricciatiello – *Lungomare C. Colombo - ✆ 0833 20 86 01 - 10/20 €.* Ce petit restaurant de poissons et fruits de mer, avec baie vitrée donnant sur les flots, attire la foule qui apprécie la qualité et la fraîcheur de ses produits.

Porto Cesareo

PREMIER PRIX

Sunset – *Piazza Nazario Sauro - ✆ 320 35 59 006 - tlj à partir de 17h.* Stores rouges et tables en plastique, cette pizzeria bien située ne mise pas sur la décoration. Également fritures de fruits de mer et *pucce*.

PETITE PAUSE

Caffè del Mar – A1 - *Riviera Nazario Sauro 5 - ✆ 340 898 45 91-* L'emplacement est tellement exceptionnel, sur le rempart de la vieille ville, juste en face du coucher du soleil et au centre de la Riviera, que l'on pardonne que le Spritz soit correct mais sans plus.

Matto – B2 - *Via Monacelle 2, face à la cathédrale* - Glaces artisanales.

Il Pasticciottino – Hors plan par C1 - *Via Buccarella 1/B* - *✆ 392 40 70 786*. Ses délicieuses pâtisseries maison valent le détour.

EN SOIRÉE

Aputea – Hors plan par C1 - *Via d'Angio 2/A - 349 504 90 38*. Bar branché.

ACHATS

Antica Farmacia Provenzano – B2 - *Via Antonietta de Pace 59 - ✆ 0833 26 15 67 - 8h30-13h, 17h-20h30 - fermé dim.* C'est dans cette ancienne pharmacie restée intacte depuis 1814 que vous trouverez la gamme de parfums et produits de soins Salentum, inspirés des senteurs du Salento.

La Bottega del Salento – A2 - *Via Antonietta de Pace 77 - ✆ 349 64 64 533 - www.labottegadelsalento.it*. Grand choix de produits du Salento.

Blanc – B1 - *Via XXIV Maggio 19-21 - ✆ 083 32 63 499 - www.blancgallipoli.com - 9h30-14h, 18h-2h*. Dans ce bar tendance, tout est à vendre (objets de créateurs, vêtements vintage, céramique, mobilier…).

Tulsi Shop – A1 - *Riviera C. Colombo 77 - ✆ 333 31 93 276 - www.tulsishop.com*. Vêtements et accessoires de créateurs pour femmes. Tendance hippie chic.

Nugae – B2 - *Via Antonietta de Pace 56 - ✆ 083 32 63 285 - www.nugaegioielli.com - été : 10h-21h ; hiver : 10h (11h dim.)-13h30, 16h30-20h*. Nichée au fond d'une cour, une jolie boutique d'accessoires, objets déco et bijoux de créateurs.

ACTIVITÉS

Plages

Les plages publiques sont nombreuses, mais vous pouvez sacrifier à la mode italienne des établissements de bains qui privatisent les plages.

Tabu Beach Club – *Via dei Bacini - Porto Cesareo - Loc. L'Approdo - ✆ 083 35 60 339 - www.ledune-iltabu.it*. Parasols, transats, bar…

Bacinogrande – *Via Torre Lapillo 35 - Porto Cesareo - ✆ 0833 565 113 - www.bacinogrande.it - 40 € - transat 10 €*. Parasols, transats, bar et restaurant. Ambiance chic.

AGENDA

Settimana Santa – *Avril*. Processions costumées des confréries dans les rues de la ville.

Festa della Madonna del Canneto – *2 juil.* Émersion puis procession de la Madone del Canneto, patronne des pêcheurs.

Festa di Santa Cristina – *23-25 juil.* Décorations lumineuses, procession, mât de cocagne installé à la proue d'un bateau de pêche, bal et feu d'artifice.

Torrepaduli

Festa di San Rocco – *5 j., mi-août*. Duels « de la danse des épées », feu d'artifice et installations illuminées.

Nardò

31 565 habitants - Province de Lecce

Nardò se trouve souvent en dehors des itinéraires touristiques. Pourtant, c'est ici que se trouve l'une des plus jolies places du Salento, la Piazza Salandra. Célèbre au 15e s. pour son université et son école de philosophie, Nardò l'intellectuelle est la cadette de Lecce. Arcs, balcons, loggias, portails sculptés se succèdent, apportant une élégance discrète aux façades roses et jaunes de ses rues. À moins de 10 km de la mer, Nardò s'avère un point de départ agréable pour découvrir les plages de la côte ionienne.

NOS ADRESSES PAGE 232
Hébergement, restauration, achats, activités, etc.

S'INFORMER
IAT Nardò – *Piazza Salandra - ✆ 327 751 3787 - https://infoturismonardo.wordpress.com - 10h-13h, 17h-20h - fermé lun. et dim. apr.-midi.*

SE REPÉRER
Carte de région B2 (p. 184-185). À 18 km au nord de Gallipoli par S 101.

ORGANISER SON TEMPS
Comptez une demi-journée.

Se promener

Au cœur de la ville, l'harmonieuse **Piazza Salandra★** sert d'écrin à une kyrielle d'édifices aux styles hétéroclites. Placez-vous sous la **Guglia dell'Immacolata** (1769), au centre de la place : s'imposent en premier lieu les arcades blanches du **Palazzo di Città** (16e et 18e s.), à la fastueuse pompe rococo, où se réunissaient les autorités de la ville, puis la **Fontana del Toro** (1930), ensuite la ravissante petite église **San Trifone** (18e s.), élevée en hommage au saint qui a libéré la ville d'une invasion de chenilles et, enfin l'élégant **Sedile di San Gregorio** (16e s.), à l'angle de la Via Duomo, où siégeaient les notables.

En suivant le Corso Vittorio Emanuele, on rejoint l'**Osanna**. Ce ravissant petit édicule octogonal (1603) est un monument unique en son genre : le fût central, peut-être une stèle votive archaïque, fut entouré plus tardivement par huit colonnes symbolisant la force du christianisme contre le paganisme.

Revenez sur la Piazza Salandra et prenez la Via Duomo, vers le nord.

Basilica Cattedrale di Santa Maria Assunta

Piazza Duomo.

Derrière sa façade du 18e s., la cathédrale cache des origines très anciennes (1080). À l'intérieur, on est frappé par la variété des styles en présence : arcs romans, ogives gothiques, fresques du 14e s., peintures du 19e s., autels baroques aux mille volutes et ciborium du début du 20e s. La 3e chapelle de gauche recèle un très beau **crucifix** en bois de cèdre (13e s.), dont la légende rapporte qu'un doigt, s'étant détaché, aurait saigné quand les Turcs tentèrent de le voler au 15e s.

Revenez sur vos pas et traversez la Piazza Salandra.

La **Fontana del Toro** s'adosse à l'église **San Domenico** (16e s.), en grande partie reconstruite après le séisme de 1743. Remarquez la gravité des personnages barbus et des angelots qui peuplent sa façade. On est loin de la légèreté insouciante des *putti* de Lecce.

Descendez la Via De Pandi.

Vous passerez devant les délicates formes de l'église **San Giuseppe** (1758), puis la Via Lata rejoint la Piazza Cesare Battisti et le **Castello degli Acquaviva** (15ᵉ-19ᵉ s.), siège de l'hôtel de ville. On ne visite pas le château mais vous pouvez faire un tour dans le petit jardin botanique de la **Villa Comunale**.
Avant de partir, passez Corso Garibaldi (nº 12) voir la façade de **Santa Teresa**.

À proximité Carte de région

Galatone B3

À 5 km au sud-est.
Chef-d'œuvre de Giuseppe Zimbalo, le maître du *barocco leccese*, la **Chiesa del Crocifisso** (1683-1696) arbore une **façade★** monumentale, rythmée par des statues et des pilastres à chapiteaux corinthiens. Une rare fenêtre à brise-soleil (grille en pierre) embellit la partie supérieure. À l'intérieur, un somptueux autel baroque, véritable flamboiement de stucs et de dorures, entoure l'icône du Crucifix, qui fait l'objet d'une grande dévotion.
Le **Palazzo Marchesale Belmonte-Pignatelli** (16ᵉ s.), en face de l'église, est l'autre édifice emblématique de Galatone.

Copertino B2

À 10 km au nord par la P 17.
Fameuse pour son vin, cette petite ville possède l'une des forteresses les plus remarquables du Salento. Le **Castello Angioino**, bâti au 16ᵉ s., écrase le centre-ville de ses dimensions. Doté d'un unique donjon carré et de quatre puissants bastions, ce vaste édifice trapézoïdal est entouré de douves. L'accès se fait par un **portail** richement décoré. L'on visite les galeries du château et la **Cappella di San Marco**, décorée de fresques (1568) du peintre maniériste Giansero Stragella. *www.castellodicopertino.beniculturali.it - 8h30-13h30, fermé lun. - 3 €.*
Non loin, au cœur du centre historique, l'élégante **Basilica della Madonna della Neve** (1088) fait la fierté de la ville. Maintes fois rénovée, elle arbore un beau portail Renaissance et un clocher baroque.

NOS ADRESSES À NARDÒ

HÉBERGEMENT

BUDGET MOYEN

Relais Il Mignano – *Via Lata 31 - ✆ 0833 572 506 - www.chateauxhotels.com/relais-il-mignano - 17 ch. 77/127 € ☕ - ✕.* On pénètre dans ce *palazzo* médiéval par un superbe portail baroque qui ouvre sur une petite cour. Chambres à la décoration classique. Belle terrasse et jacuzzi sur le toit. L'excellente table propose une cuisine traditionnelle et créative à la fois. On y parle français. Attention, ruelle bruyante en été.

POUR SE FAIRE PLAISIR

Monastero Santa Teresa – *Corso Garibaldi 31 - ✆ 0833 572 506 - www.monasterosantateresa.com - 10ch. 90/240 € - ✕.* On se fait vraiment plaisir dans ce somptueux palais du 13ᵉ s. restauré avec beaucoup de goût et dont on a conservé les fresques et les beaux sols d'origine.

Galatina

★

27 000 habitants - Province de Lecce

Au moment de sa fondation, au 9ᵉ s., Galatina s'appelait As Petro. On y parlait le griko, un dialecte proche du grec ancien. La légende veut que la ville ait été fondée en souvenir de saint Pierre, qui se serait arrêté ici en provenance d'Antioche. Le rocher sur lequel il s'est reposé est conservé dans la cathédrale de la ville, mais c'est surtout pour la basilique Sainte-Catherine-d'Alexandrie que Galatina mérite une halte. Dans cette petite ville baroque aux portes de la Grecía Salentina bat aussi le cœur du Salento profond, dépositaire d'une culture et de traditions millénaires étonnamment vivantes encore aujourd'hui.

NOS ADRESSES PAGE 237
Hébergement, restauration, achats, activités, etc.

S'INFORMER

IAT Galatina – *Via Umberto I 36 - ✆ 083 65 69 984 - www.comune.galatina.le.it - 9h-13h, 15h30-19h.*

SE REPÉRER

Carte de région B2 (p. 184-185).
Galatina se trouve à 23 km au nord-est de Gallipoli par la S 101 et la P 47 ; à 30 km de Lecce par la P 18 et la S 101.

ORGANISER SON TEMPS

Comptez une demi-journée pour Galatina et une journée entière pour faire le tour de la Grecía Salentina.

Se promener

★★ Basilica di Santa Caterina di Alessandria

Piazzetta Orsini 15 - ✆ 0836 568 494 - www.basilicaorsiniana.it - 8h30-12h30, 16h-18h30.

Raimondello Orsini del Balzo (1350-1406), comte de Soleto, commanda cette basilique en 1383. Hormis la jolie décoration de la rosace et du **portail**★ (regardez en particulier le beau bas-relief figurant le Christ entouré des apôtres), la façade est d'une simplicité qui ne laisse pas présager de la richesse de l'intérieur. Maria d'Enghien, l'épouse de Raimondello, en confia le décor à différents peintres d'Italie centrale et en particulier à un certain Francesco d'Arezzo.

Les **fresques**★★★ (15ᵉ s.) recouvrent entièrement les murs. Dès l'entrée, on est surpris par l'éclat, l'intensité des couleurs, la richesse des détails et on pense à la basilique St-François, à Assise, que Giotto a peinte 200 ans auparavant. Plusieurs thèmes sont abordés : dans la première travée de la nef centrale, à gauche, l'Apocalypse (style gothique tardif), puis, dans la deuxième, la Genèse (style giottesque), dans la troisième, le Nouveau Testament (les plus riches et les mieux composées) et, dans le presbytère, la vie de sainte Catherine d'Alexandrie. La nef de droite, où Maria d'Enghien venait prier, est dédiée à la vie de la Vierge. La comtesse de Lecce a d'ailleurs prêté ses traits à la plupart des figures féminines. L'**abside** octogonale, à voûte en croisée d'ogives, date de 1455-1460. La **sacristie** conserve un superbe meuble reliquaire en bois, très travaillé (17ᵉ s.) et le cloître sur le côté gauche de l'église, aux murs couverts de fresques du 18ᵉ s., abrite le **Museo della Basilica** (*8h-12h30, 16h-18h30*).

4

Détail du portail de Santa Caterina, à Galatina.
milla1974/iStock

La ville

De la basilique, suivez la Via Robertini et la Via Umberto I, puis tournez à gauche sur la Via Vittorio Emanuele II jusqu'à la Piazza San Pietro.

La grandiose façade baroque de l'église **Santi Pietro e Paolo** (14e s., reconstruite au 17e s.) illumine la place de sa couleur sable, typique de la pierre du Salento. La ruelle à gauche de l'église mène à la **Chiesa della Madonna Addolorata** (1710), qui renferme un **autel** monumental. Juste à côté se trouve l'exubérante façade du **Palazzo Bardoscia** (1772).

Non loin, le **Museo Civico Pietro Cavoti** expose en particulier des œuvres du plus grand artiste de Galatina, le sculpteur Gaetano Martinez (1892-1951). *Piazza Dante Alighieri 51 - ✆ 0836 561 568 - 9h30-13h,16h30-20h, fermé lun. et mar. matin.*

La Via Giuseppe Garibaldi, de l'autre côté de la Piazza San Pietro, vous mène au **Palazzo Tondi-Vignola** qui abrite la petite église **San Paolo**, haut lieu du tarantisme : notez le petit écriteau dans la chapelle interdisant de danser à l'intérieur de ses murs et de grimper sur l'autel. Le puits, dont l'eau miraculeuse guérissait de la morsure de la *taranta*, se trouve dans la cour *(voir encadré ci-contre)*. En poursuivant votre chemin, vos pas vous mèneront Piazza Libertà, Piazza Galluccio et Via San Mauro. Une belle balade baroque jalonnée de fenêtres, balcons et portails somptueux. Remarquez les *zagareddhre,* rubans de couleurs accrochés aux portes ou aux fenêtres, ceux-là même que les femmes s'attachent aux poignets pour danser la *pizzica (voir même encadré).*

Circuit conseillé Carte de région

LA GRECÌA SALENTINA (LA GRÈCE SALENTINE)

Circuit au départ de Galatina (env. 45 km) tracé en marron sur la carte de région p. 184. Comptez une journée.

Rien de plus étonnant que de découvrir au cœur du Salento ces boutiques aux enseignes grecques ou d'entendre parler le *griko*, un dialecte local hérité de la langue d'Aristote. Les treize communes formant la Grecia Salentina sont l'ultime témoignage (avec Bovesia, en Calabre) d'une présence qui a façonné le sud de l'Italie depuis les colonies antiques de la Grande Grèce.

LA DANSE DE L'ARAIGNÉE

Selon une croyance ancestrale, saint Paul aurait donné à l'eau du puits du Palazzo Tondi le pouvoir de guérir de la terrible morsure de la *taranta*, l'araignée vénéneuse qui infeste les champs du Salento. La victime est souvent une femme, la *tarantata*. Après avoir bu l'eau du puits, la *tarantata* ne peut émerger de l'état de torpeur causé par la morsure qu'au son d'une musique qui l'oblige à danser une tarentelle effrénée, la *pizzica*. Les musiciens se placent autour de la victime et jouent pendant des heures, jusqu'à ce que les effets du venin se dissipent, signe de la mort symbolique de l'araignée. Des rubans de toutes les couleurs attachés aux poignets des femmes sont agités à côté de la *tarantata* pour identifier la couleur qui a attiré l'araignée afin de l'arracher pour accélérer la guérison. Cette tradition subsiste à Galatina pendant la **Festa dei Santi Pietro e Paolo**, le 29 juin. Depuis quelques années, la *pizzica* connaît un nouveau souffle. Réinterprétée et imprégnée de rythmes rock et électro, elle attire les foules au **Festival de la Notte della Taranta** qui a lieu tous les ans en août dans les villages alentour et réunit plusieurs dizaines de milliers de personnes au *Concertone* final de Melpignano.

Beaucoup plus tard, au 8e s., les moines byzantins, fuyant la crise iconoclaste qui secouait l'empire, fondèrent des monastères et répandirent leur enseignement. Après la perte des derniers bastions byzantins de la Péninsule (11e s.), la culture grecque se maintint, renforcée après 1453 par l'arrivée de réfugiés en provenance de Constantinople, tombée aux mains des Turcs.

Si l'usage du rite orthodoxe s'est éteint au 17e s., l'empreinte grecque s'est perpétuée dans la langue ainsi que dans certaines légendes et certains rites.

Soleto B2

À 3,5 km à l'est de Galatina par la P 47.

Via Dante - 083 66 67 554.

Chef-d'œuvre du gothique tardif, la **Guglia di Raimondello★** (1395) est un clocher de 45 m au sommet duquel on distingue la mer ionienne et l'Adriatique. Selon la légende, il fut bâti en une nuit par un sorcier et des griffons, qui furent pétrifiés au lever du jour ; on les aperçoit aux angles du campanile.

De Soleto, la P 31 conduit directement à Sternatia, à 5 km au nord.

Sternatia B2

Via Platea 61 - 083 66 66 295/227.

Le dernier bourg à perpétuer l'usage du *griko* sur les enseignes des boutiques reste très ancré dans la tradition. Comme souvent, le village s'organise autour d'un palais et d'une église : le **Palazzo Granafei** (18e s.) en impose, notamment de par le plafond peint de son portique. Selon la légende, il serait relié à Otranto par une galerie souterraine. L'église **Maria Santissima Assunta** lui est contemporaine.

On pénètre dans le **Frantoio Ipogeo** comme on entre dans une crypte, mais c'est pour y découvrir un monde de travailleurs souterrains. Actif de 1530 à 1917, ce moulin à olives raconte un pan de l'Histoire, quand l'huile locale éclairait l'Europe entière. *Via Matteotti - 0836 66 62 27.*

Les fresques byzantines (11e s.) de la **Cripta di San Sebastiano** méritent aussi un détour.

Prenez la P 30 en direction de Calimera, à 5,3 km au nord-est.

Calimera B2

Le nom de ce gros village, « bonjour » en grec, annonce la couleur. On y visite la **Casa Museo della civiltà contadina**, consacrée à la culture grecque. *Via Costantini 52 - ✆ 0832 87 35 57 www.ghetonia.it - fermé dim.*

De Calimera, prenez la P 26 jusqu'à Martano, à 7 km au sud-est.

Martano C2

Le centre historique de ce village, l'un des plus beaux de la Grèce salentine, se flatte lui aussi de posséder un palais baronnal et une Chiesa Madre. Mais l'édifice le plus notoire de Martano est le **menhir del Teofilo** (4,70 m), le plus grand des Pouilles. Ne partez pas sans avoir goûté une *copeta* (nougat), la spécialité locale.

Prenez la P 48 en direction du sud-est et tournez à gauche à 3,5 km.

Carpignano Salentino C2

La **Cripta di Santa Cristina** conserve des fresques byzantines des 9ᵉ et 10ᵉ s., dont certaines comptent parmi les plus anciennes des Pouilles.

Empruntez la P 3, puis la P 212 en direction du sud et tournez à droite à hauteur de Cursi, par la P 36 qui mène à Melpignano (8 km).

Melpignano C2

ℹ *Antico Tabacchificio - Via Roma 16 - ✆ 083 63 31 589.*

Autrefois prospère grâce à sa production de tabac et à ses carrières de *pietra leccese*, Melpignano est célèbre pour accueillir le concert final du festival **Notte della Taranta** (*voir encadré p. 235*), qui peut rassembler 200 000 personnes devant la **Chiesa e Convento degli Agostiniani**. Isolée en périphérie, cette église (16ᵉ s.-17ᵉ s.) aux murs couverts de lichen forme l'un des témoignages les plus significatifs du baroque du Salento. Sa silhouette relevée d'un portail à colonnes ne manque pas de charme et l'intérieur abrite un superbe **autel** de Placido Buffelli (1656).

Le cœur de la vieille ville est la **Piazza San Giorgio★**, avec ses portiques Renaissance (16ᵉ s.-17ᵉ s.) qui abritaient le marché hebdomadaire et les transactions financières. Non loin se trouvent le vaste **Palazzo Marchesale Castriota** (1636) et le **moulin hypogée**. *Via Roma - ✆ 0836 33 21 61- 10h-12h.*

Prenez la Via della Libertà vers l'ouest et continuez dans le prolongement (P 228) jusqu'à Corigliano d'Otranto (4 km).

Corigliano d'Otranto B2

ℹ *Via Ferrovia 29 - ✆ 083 63 20 832.*

Posté à l'entrée du centre historique, le **Castello de' Monti** (16ᵉ s.) semble monter la garde. Sa longue façade baroque, encadrée par deux tours rondes, paraît disproportionnée pour un bourg de cette taille. Mais l'édifice est à la mesure de la crainte qu'inspirait la menace ottomane depuis le sac d'Otranto (*voir p. 186*). Flanqué à chaque angle d'une tour circulaire, il est entouré de larges douves. Dès le siècle suivant, le château perd sa vocation défensive et gagne un décor baroque. Aujourd'hui, il abrite le **Museo Multimediale della Grecìa Salentina** ainsi qu'un restaurant, et organise des visites guidées. *✆ 333 92 04 977 - 17h-20h - gratuit.*

NOS ADRESSES À GALATINA

HÉBERGEMENT

BUDGET MOYEN

Palazzo Baldi – *Corte Baldi 2 - ☏ 0836 56 83 45 - www.hotelpalazzobaldi.it - 16 ch. - 80/120 €.* En plein centre, cet hôtel occupe un ancien palais du 16e s. : chambres confortables et spacieuses au décor classique ; plusieurs suites à plafonds voûtés, parfois ornés de fresques. La suite Notar Verdosci peut accueillir jusqu'à 6 personnes.

RESTAURATION

BUDGET MOYEN

La Campina de Don Paulu – *Via Generale Carlo Alberto della Chiesa - ☏ 0836 210069 - www.lacampina.it - fermé lun. et à midi - 20/35 €.* Un restaurant de campagne au sud-ouest de la ville. On y mange dans la salle voûtée ou en terrasse sur le jardin. Vaste choix d'*antipasti* (pâtes, bruschette, *crostini*), viandes et fruits de mer.

Corte del Fuoco – *Piazza San Lorenzo 5 - ☏ 083 65 65 858 - www.ristorantecortedelfuoco.it - fermé lun.- 20 €.* Cette table est servie par un chef inspiré qui associe les saveurs dans une cuisine légère. Au menu : crevettes marinées au sambuca, poulpe aux amandes, poire poêlée au jus de mandarine…

POUR SE FAIRE PLAISIR

Anima e Cuore – *Corso Garibaldi 7 - ☏ 0836 564 301 - www.animaecuore.it - 30/65 €.* Au premier étage d'un *palazzo* donnant sur une petite cour, Anima e Cuore est réputé pour le savoir-faire de son chef, qui propose également des recettes véganes. L'été, on dîne sur la grande terrasse du palais.

PETITE PAUSE

Pasticceria Ascalone – *Via Vittorio Emanuele II 17 - ☏ 083 65 66 009 - fermé lun.* C'est dans cette pâtisserie au décor de bois sans âge, qu'ont été inventés le délicieux *pasticciotto leccese* et le *fruttone*, avec pâte d'amande, confiture et nappage de chocolat noir.

ACHATS

Cantine Valle dell'Asso – *Via Guidano 18 - ☏ 0836 56 14 70 - www.valleasso.it.* Ici, on vend un vin sérieux, d'un bon rapport qualité-prix.

Salvatore Stifanelli – *Via Vittorio Emanuele II 16 - ☏ 320 11 49 785 - https://stifanelli.com - 9h30-14h, 18h-21h - fermé dim. et jeu. apr.-midi.* Une épicerie fine où acheter des produits du Salento (vin, pâtes, etc.).

AGENDA

Brocante – *3e dim. du mois - Piazza Alighieri.*

Festa dei Santi Pietro e Paolo – *28-30 juin.* Processions, danses et transe de *tarantati*.

Carpignano Salentino

La Festa « Te lu Mieru » – *1er w.-end de sept.* Trois jours de concerts, danses et dégustations de produits locaux.

Melpignano

Notte della Taranta – *Août - ☏ 0832 82 18 27 - www.lanottedellataranta.it.* Ce festival de musique populaire se tient dans tous les villages de la Grecia Salentina, avec concert final à Melpignano. Danse à l'honneur avec la *pizzica salentina*.

La Basilicate 5

Cartes Michelin Régional Italie 564 et Local Italie 363

Castelmezzano, dans les Piccole Dolomiti Lucane.
A. Capone/AGF RM/age fotostock

LA BASILICATE

LA BASILICATE
0 15 km
MATERA ★★★ Vaut le voyage
Golfo di Policastro ★★ Mérite un détour
Aliano ★ Intéressant
Potenza À voir
Ville de départ du circuit
Autour du mont Vulture
La route des ravins d'argile
C
D
BARI
TARANTO
1
2
3
PUGLIA
APULIA
CALABRIA
MATERA
Parco della Murgia Materana
Cripta del Peccato Originale
L. di S. Giuliano
Calciano
Piccole Dolomiti
1151
Monte la Croccia
Montescaglioso
Bradano
Cavone
Basento
Misegna
Bernalda
Tavole Palatine
Metapontum
Metaponto
Stigliano
Craco
Pisticci
S 103
S 176
Aliano
S 598
S. Maria d'Anglona
Tursi
Agri
Eraclea
Policoro
Lido di Policoro
Lago di Monte Cotugno
S 653
Valsinni
GOLFO DI TARANTO
Chiaromonte
S. Costantino Albanese
S. Paolo Albanese
Parco Nazionale del Pollino
Viggianello
Monte Pollino
2248
S 96
S 99
S 7
S 100
A 14
S 407
S 106
N

Grand angle

« Sur cette terre sombre, sans péché et sans rédemption, où le mal n'est pas un fait moral, mais une douleur terrestre, le Christ n'est jamais descendu. » En écrivant *Le Christ s'est arrêté à Eboli*, Carlo Levi a dressé en 1945 le portrait sans concession d'une région isolée et longtemps abandonnée à son propre sort, symbole du sous-développement du Mezzogiorno, le Midi italien, dont elle occupe, entre les Pouilles et la Calabre, ce qui serait la cheville de la Botte italienne. Une région constituée en grande partie de sols argileux et sablonneux où l'érosion a modelé des paysages désolés et que la malaria, les tremblements de terre et la pauvreté ont dépeuplée au cours des siècles. Ce n'est pas par hasard si c'est en Basilicate que, sous le fascisme, étaient envoyés en résidence forcée les adversaires du régime, tel Carlo Levi. On les appelait à juste titre les « confinati », ceux qui sont à la frontière du monde. Pourtant, d'énormes progrès ont été faits à partir des années 1960 pour faire sortir la région de son isolement économique. Depuis une trentaine d'années, la Basilicate se libère tout doucement de sa gangue d'argile et s'ouvre à un tourisme réservé au visiteur initié qui découvre avec émerveillement des paysages saisissants, des villages aux constructions inouïes et des trésors artistiques exceptionnels. À une heure de route de Bari, le dépaysement est assuré.

BASILICATE OU LUCANIE ?

La Basilicate a beau porter ce nom depuis le 11ᵉ s., quand la région était dominée par les Byzantins et gouvernée par un *basileus* (roi), ses habitants n'ont jamais aimé utiliser le nom dérivé de Basilicate pour se désigner. Ils préfèrent se faire appeler Lucani, Lucaniens, du nom du peuple glorieux, et libre, qui, du 7ᵉ au 3ᵉ s. av. J.-C., a occupé la Lucanie, un vaste territoire qui englobait le sud de la Campanie, l'actuelle Basilicate et le nord de la Calabre. L'origine du nom est assez obscure : il proviendrait du terme *lucus* (le bois sacré en latin, faisant référence aux vastes forêts qui couvraient leur territoire), ou peut-être de *lux*, la lumière, ou bien du mot grec qui désigne le loup, alors très répandu dans la région dans l'Antiquité, avec l'ours et le sanglier. On sait qu'il s'agissait d'un peuple guerrier qui vivait de l'élevage et était très attaché à la démocratie, sauf en temps de guerre où il se choisissait un dictateur, ce qui devait être assez fréquent !

LA RICHE HÉRITIÈRE

Il y a eu les Lucaniens et, bien avant eux, les Œnotres, qui avaient établi dès le 9ᵉ s. av. J.-C. des échanges commerciaux avec la Méditerranée orientale, l'Afrique et même la mer baltique. Et puis, tout de suite après, les Grecs, qui ont fondé sur la côte ionienne, au 7ᵉ s. av. J.-C., Métaponte et Siris-Eraclea, connues dans la Grande-Grèce pour le luxe et le raffinement de leurs mœurs. Et, bien sûr, les Romains, qui ont entrepris de conquérir la région dès le début du 3ᵉ s. av. J.-C. et ont contribué au développement spectaculaire de l'intérieur des terres. Après la chute de Rome au 5ᵉ s. de notre ère, c'est un vrai défilé : Lombards, Byzantins, Sarrasins, Normands, Souabes avec l'empereur Frédéric II de Hohenstaufen au 13ᵉ s., Albanais, Angevins et Aragonais et, pour finir, une petite irruption napoléonienne : la branche espagnole des Bourbons, rois des deux Siciles, à qui la Basilicate a appartenu jusqu'à son rattachement au royaume d'Italie en 1860. Chacun a apporté sa civilisation, ses traditions,

Matera, fête de la Madonna della Bruna.
S. Torrione/hemis.fr

son art : les Grecs ont élevé des temples à Métaponte et Siris, les Romains ont pavé de mosaïques les « domus » de Grumentum et Venosa, les Byzantins ont festonné les clochers de leurs églises, les Normands ont érigé des forteresses à Melfi et Lagopesole, les moines basiliens ont couvert de fresques les murs des grottes de Matera, Frédéric II le Souabe a agrandi pas moins de 29 châteaux dans toute la région, les Aragonais ont doré les retables baroques des églises… tous ont participé à la constitution d'un patrimoine unique au monde, d'une richesse exceptionnelle.

UNE MOSAÏQUE DE PAYSAGES

Avec deux ouvertures sur la Méditerranée, une sur la mer tyrrhénienne qui pénètre les anfractuosités noires de la côte occidentale, et l'autre sur la mer ionienne, qui borde le rivage plat et rectiligne de la côte orientale, la Basilicate est en réalité une région tournée vers l'intérieur. Même le Christ de Maratea tourne le dos à la mer pour tendre ses bras vers les terres… des terres montagneuses et boisées à l'ouest et au sud, avec la chaîne des Apennins, dont certains sommets dépassent 2 000 m, des reliefs volcaniques autour du mont Vulture au nord-ouest, des collines désertiques au centre, où l'eau et le vent ont dessiné des reliefs lunaires, des plateaux désolés troués de grottes au nord-est et, à l'est, une plaine couverte d'arbres fruitiers qui va rejoindre doucement le sable doré longeant la mer ionienne. La variété des paysages de cette région est à l'image de la diversité de son patrimoine artistique et culturel ; comme son territoire n'est, somme toute, pas très étendu, il n'est pas rare en Basilicate de passer des Dolomites à la Cappadoce en l'espace de quelques heures.

Matera

★★★

60 347 habitants

Classée au patrimoine mondial de l'Unesco comme l'exemple le plus remarquable et le plus complet d'habitations troglodytiques de la région méditerranéenne, doté d'un ingénieux système de récupération des eaux, Matera, capitale européenne de la culture en 2019, garantit émerveillement et dépaysement. Construit dans la pierre claire au sommet d'un des plateaux des Murge, le centre historique surplombe un profond ravin qui traverse le territoire sur 20 km et au fond duquel s'écoule une rivière. La ville de Sassi s'élève en une succession harmonieuse de petites habitations imbriquées, creusées sur plusieurs étages dans la roche, créant un décor insolite. Abandonné par ses résidents dans les années 1950 au profit de logements plus salubres, ce labyrinthe de tuf est maintenant en grande partie réhabilité et cohabite avec des constructions modernes aux silhouettes épurées très réussies. La ville donne aussi à l'art contemporain la possibilité de s'exprimer dans des lieux dédiés. Tradition et modernité se frottent ainsi l'une à l'autre, laissant au visiteur l'impression de traverser les siècles et de vivre une expérience culturelle et artistique qui ne le laissera pas intact.

NOS ADRESSES PAGE 256
Hébergement, restauration, achats, activités, etc.

S'INFORMER

InfoMatera – *Piazza Vittorio Veneto 39 - ✆ 0835 68 02 54 - www.infosassidimatera.com - avr.-sept. : 9h-21h ; reste de l'année : 9h-13h, 15h-19h.* Plans, brochures et visites guidées *(en français sur réserv.)* dans les Sassi *(env. 2h)* et le Parco della Murgia Materana *(2h30 - 15/25 €)*.

SE REPÉRER

Carte de région C2 (p. 240-241) - plan de ville (p. 246). Matera (401 m d'alt.) est aux confins de la Basilicate et des Pouilles sur la S 7 (Via Appia). Sous la ville moderne, axée autour de Via XX Settembre, Piazza Vittorio Veneto, Via del Corso et Via Ridola, s'étendent le Sasso Barisano

Vue sur Matera.
bluejayphoto/iStock

(au nord) et le Sasso Caveoso (au sud).

SE GARER
Bien qu'une enfilade de rues carrossables (Via d'Addozio, Via Madonna delle Virtù, Via Buozzi) fasse le tour des Sassi, mieux vaut laisser la voiture dans l'un des parkings de la ville moderne : le Viale Aldo Moro, près de la gare, ou celui à multi-étages de la Via Pasquale Vena. Si vous séjournez dans les Sassi, renseignez-vous auprès de votre hôtel pour savoir où vous garer et comment accéder au parking.

À NE PAS MANQUER
La visite des Sassi avec les églises rupestres, le MUSMA, le Palombaro Lungo, la Cripta del Peccato Originale.

ORGANISER SON TEMPS
Comptez une bonne journée pour les Sassi. Octroyez-vous la possibilité de vous perdre dans les venelles de Matera et de cheminer au gré des nombreux escaliers ; mais si vous manquez de temps, la visite guidée vous permettra de ne pas passer à côté des lieux dignes d'intérêt.

AVEC LES ENFANTS
Le Palombaro Lungo.

Se promener Plan de ville

★★ Strada Panoramica dei Sassi B1

Cette voie panoramique, qui porte le nom de **Via Madonna delle Virtù**, longe la gorge sauvage en contournant le rocher sur lequel est construite la cathédrale, offrant ainsi une vision impressionnante des Sassi. La paroi rocheuse qui fait face abrite de nombreuses grottes naturelles ou artificielles. Les deux quartiers troglodytiques de la vieille ville sont le **Sasso Barisano**, au nord, et le **Sasso Caveoso**, au sud. Ce dernier forme l'ensemble le plus intéressant et héberge les plus importantes églises creusées dans la roche.

Bon à savoir – Pour un bel aperçu des Sassi, gagnez les **belvédères**★★ de la Piazza Vittorio Veneto ou de la Piazzetta Pascoli *(voir ci-dessous pour la description).*

★ IL PIANO A1/B1-2

L'expansion de Matera au-delà des limites des Sassi, dans la partie appelée « Piano » (plateau), commença à la fin du 16e s. Quand, en 1663, la ville devint chef-lieu administratif du territoire de la Basilicate (jusqu'en 1806, date à laquelle le titre revint à Potenza), sa population augmenta et s'étendit jusqu'au Piano. Aux 18-19e s., la ville moderne se développa sur les artères de Via Ridola, Via del Corso, Piazza Vittorio Veneto et Via XX Settembre.

SE LOGER

- B&B Alla Dolce Vita 1
- Corte San Pietro 3
- Locanda di San Martino 5
- Palazzo Gattini 10
- Hotel in Pietra 11

SE RESTAURER

- Baccanti 2
- Baccus 1
- La Latteria 4
- L'Abbondanza Lucana 6
- Nadì 5
- Panecotto 7
- Ristorante Francesca 3
- Ristorante Il Terrazzino 9
- Vicolo Cieco 10

Piazza Vittorio Veneto A1

La place regroupe des édifices remarquables : le **Palazzo dell'Annunziata** (1734), siège de la Biblioteca Provinciale, le **Palazzo della Prefettura** (ancien monastère San Domenico), l'église **San Domenico**, du 13e s. mais remaniée dans le style baroque, et, au centre de la place, les vestiges du **Fondaco di Mezzo**, l'ancien marché de la ville, et de l'église rupestre du Santo Spirito (8-9e s.). Pour jouir d'une belle vue aérienne sur la place, offrez-vous un café à la **Terrazza dell'Annunziata**, dans le palais du même nom qui surplombe la place, tandis que, pour un panorama sur les Sassi et le Duomo, vous avez à disposition le **belvédère**★★ de la place.

★ Palombaro Lungo A1

Piazza Vittorio Veneto - ✆ 339 36 38 332 - visites guidées (30mn) 10h-13h, 15h-18h - 3€.

Sous la place se cache une impressionnante citerne d'une profondeur de 16 m et de 50 m de longueur, aux parois d'argile, aboutissement d'un ingénieux réseau de canaux souterrains. Découverte en 1991, elle fut réalisée au 16e s. pour remédier aux besoins de la ville moderne qui se développait sur le Piano.

Empruntez la Via San Biagio.

★ San Giovanni Battista A1

Piazza San Giovanni Battista.

Cette église à la beauté austère a été construite en 1233, dans le style roman apulien. Sur les contours de la rosace, on distingue des colonnettes aux représentations zoomorphes. L'intérieur, qui suit un plan en croix latine à trois nefs, abrite des petites colonnes quadrilobées surmontées de chapiteaux tous décorés différemment.

Revenez sur vos pas sur la Piazza Vittorio Veneto.

Les plaisantes **Via delle Beccherie** et **Via Duomo** relient par un tracé sinueux la Piazza Vittorio Veneto à la cathédrale. Elles ont gardé leur traditionnelle vocation commerçante et, aujourd'hui, sont bordées d'ateliers d'artisans et de jolies boutiques.

★★ Duomo B1

Piazza Duomo. 9h-19h (16h en hiver) - 2 € audioguide aussi en français.

Au sommet de la « Civita », le col qui sépare les Sassi accueillit le premier habitat de l'époque préhistorique. Bâtie là en 1270, à l'emplacement du **monastère de Sant'Eustachio**, la belle cathédrale de style roman apulien affiche une superbe façade ornée d'une belle rosace et d'une galerie suspendue. Ses murs sont garnis d'arcs aveugles ; sur le flanc droit s'ouvrent deux riches portails.

L'**intérieur**, remanié aux 17e et 18e s., est caractérisé par un fastueux style baroque, mais conserve des vestiges de l'ancien bâtiment, comme la fresque du **Jugement Dernier**★ (13e-15e s.) dans le bas-côté droit. En face, dans le bras gauche, la **Cappella della Bruna** accueille l'image vénérée de la *Madonna della Bruna* (1270) qu'encadre un somptueux autel en marbres polychromes (18e s.). Presque au fond du bas-côté gauche, la **Cappella dell'Annunziata** (fin du 16e s.) est une remarquable réalisation Renaissance. Dans le bras du transept gauche s'ouvre la **Cappella di San Giuseppe** ou du Presepe, qui doit son nom à la **crèche**★ napolitaine d'Altobello Persio (1535), un très bel exemple d'art populaire.

Au-dessous de cette chapelle, de longs travaux de restauration, terminés en 2016, ont mis au jour deux chapelles décorées de fresques du cimetière appartenant au monastère Sant'Eustachio.

Remarquez ensuite le riche autel en pierre d'Altobello Persio (1529), une statue de la Madonna della Bruna, qui est la protagoniste de la fête du 2 juillet et, dans le chœur, les impressionnantes stalles du 15e s.

Une fois sorti de l'église, allez admirer le superbe **panorama**★★ qui s'ouvre sur le Sasso Barisano.

La Piazza Duomo offre l'accès le plus facile pour rejoindre la Casa di Ortega, qui se trouve dans le Sasso Barisano. De la place, prenez l'escalier situé sous la terrasse sur le Sasso Barisano, suivez la Via Gradoni Duomo et puis, à droite, la Via San Nicola del Sole.

L'homme et les Sassi

UNE SYMBIOSE PARFAITE ENTRE HOMME ET NATURE

La région de Matera a été habitée par l'homme dès le paléolithique. C'est grâce à sa situation favorable que la ville a pu se développer : un plateau propice à l'agriculture et à l'économie pastorale qui surplombe deux dépressions naturelles où établir des maisons rupestres. L'alimentation en eau était remarquablement organisée et a valu aux Sassi l'inscription au patrimoine mondial par l'Unesco. Recueillie sur le plateau, l'eau pluviale descendait jusqu'aux maisons par la seule gravité et était stockée dans la citerne de chaque habitation. Cette organisation resta la même jusqu'à la fin du 16e s. L'expansion de la ville sur le Piano, le plateau, entraîna la nécessité d'approvisionner en eau de manière plus traditionnelle, par un réseau d'aqueducs, comme en témoigne encore la citerne du Palombaro Lungo *(voir p. 247)*.

VIVRE DANS LES SASSI

Le plateau de « **calcarénite** », une roche tendre et calcaire qui affleure sur les flancs d'un profond ravin, la *gravina*, recèle de nombreuses grottes naturelles ; habitées dès le néolithique, elles ont ensuite été aménagées, puis agrandies ou abandonnées selon les vicissitudes de l'histoire.

À Matera, deux **Sassi** – quartiers troglodytiques – s'étagent le long de la gorge creusée par la rivière Gravina di Matera : le Sasso Caveoso et le Sasso Barisario. Au 8e s., ils sont investis par les moines anachorètes venus d'Orient qui fuient la répression iconoclaste. Le tuf est creusé, de nouvelles cavités apparaissent, reliées ou non à des grottes qui sont agrandies. Ainsi se développe dans la région et dans les Pouilles voisines toute une habitation troglodytique dont l'agencement et la décoration révèlent une influence byzantine. Pas moins de 150 églises rupestres sont dénombrées dans la ville et ses environs. La ville s'agrandissant, les maisons rupestres se multiplient et commencent à envahir la colline. Elles forment alors un lacis inextricable de ruelles, d'escaliers et de petites maisons blanchies à la chaux, superposées de telle sorte que les toits servent de rues à celles qui se trouvent au-dessus. Les maisons deviennent progressivement plus imposantes. À la Renaissance, on les dote de jardins en terrasses. Aux 19e et 20e s., les Sassi sont confrontés à une profonde dégradation. Leurs habitants, principalement des familles paysannes sans terres, font face à des conditions de paupérisation extrêmes auxquelles s'ajoutent surpopulation et paludisme. Il faut attendre la publication du roman de Carlo Levi *Le Christ s'est arrêté à Eboli* en 1945 *(voir p. 262)* pour que ce drame, révélé à l'Italie, trouve un aboutissement législatif. La loi De Gasperi ordonne le déplacement et le relogement de la population, qui compte alors, en 1952, entre 16000 et 20000 personnes, dans la ville moderne et le bourg rural de La Martella, à 12 km à l'est de Matera.

LE DÉFI DU PRÉSENT ET DU FUTUR

La réhabilitation des Sassi, engagée à partir des années 1980, a abouti à une récupération très réussie des anciens habitats.

Aujourd'hui, les sites accueillent près de 2500 habitants et doivent faire face au défi d'un tourisme de masse qu'ils peinent à soutenir. L'événement Matera 2019 est l'occasion d'ouvrir la voie à un mode innovant et supportable de gestion touristique d'un territoire fragile.

★★ La Casa di Ortega B1

Via San Nicola del Sole - ✆ 366 93 57 768 - www.casaortega.it - 10h-14h (avr.-sept. aussi 16h-20h) - fermé lun. - 5€.

Coup de cœur pour ce lieu magique, qui exprime au mieux la synergie entre l'esprit des Sassi et la force et le lyrisme du grand peintre espagnol José Ortega (1921-1990), qui habita Matera de 1972 au 1976 pendant son exil. Dans une ancienne maison fortifiée, dont Ortega acquit une partie, sont exposés les 20 bas-reliefs des séries *Passarono* et *Morte e nascita degli innocenti*, qu'il réalisa avec les maîtres-artisans de Matera spécialisés dans le travail du papier mâché. Pour donner forme à l'importance qu'Ortega attribuait au lien entre l'art et les anciens métiers, les pièces de la maison, laquelle accueille aussi des expositions temporaires, sont décorées avec des meubles réalisés par les artisans locaux.

Revenez sur vos pas sur la Via Duomo.

Traversez la **Piazza del Sedile**, qui tire son nom du siège du gouvernement de la ville (1540), devenu aujourd'hui le Conservatoire, et rejoignez la **Piazza San Francesco**, sur laquelle se dresse l'imposante église baroque éponyme.

On débouche sur la **Via Ridola** qui prolonge la commerçante **Via del Corso**, presque à la hauteur de la curieuse **Chiesa del Purgatorio** (18e s.) dont la façade convexe est décorée de crânes et de squelettes, en hommage à la consécration du temple au culte des morts.

Museo Archeologico Nazionale Domenico Ridola A2

Via Ridola 24 - ✆ 0835 31 00 58 - https://museoridola2.wordpress.com - 9h-20h, lun. 14h-20h - 2,50 €.

Installé dans l'ancien couvent Santa Chiara (17e s.), ce musée, qui porte le nom du grand archéologue de Matera, abrite une collection de matériel archéologique d'autant plus intéressante que Matera témoigne d'une activité humaine dès le paléolithique. Les objets exposés sont datés de la préhistoire à la Grèce antique. Mention spéciale pour la très belle **Collection Rizzon★**, qui rassemble un ensemble de 74 vases réalisés dans les ateliers lucaniens et apuliens (6e-4e s. av. J.C.).

La Via Ridola débouche sur la **Piazzetta Pascoli**, qui ménage un très beau **panorama★★** sur le Sasso Caveoso et, par-delà la *gravina*, sur le haut plateau de la Murgia.

Museo Nazionale d'Arte Medievale e Moderna B2

Piazzetta Pascoli 1 - ✆ 0835 25 62 540 - 9h-20, merc. 11h-20h - 3 €.

Le **Palazzo Lanfranchi** (17e s.), ancien siège du séminaire diocésain, abrite ce musée articulé en trois sections : l'art sacré régional du Moyen Âge au 18e s., la collection Camillo d'Errico, qui comprend quelque 300 toiles et 400 estampes de l'école napolitaine des 17e et 18e s., et l'art contemporain, consacré à l'œuvre picturale de **Carlo Levi** *(voir encadré p. 322)* et Luigi Guerricchio et aux photographies de Mario Cresci. Le point fort de la visite est, au rez-de-chaussée, la grande fresque murale **Lucania 61★**, une épopée dédiée à la Basilicate, réalisée par Carlo Levi à l'occasion du centenaire de l'Unité italienne.

★★★ SASSO CAVEOSO B1-2

Il est presque impossible de tracer un circuit sur une carte ou de donner des indications directionnelles pour la visite des Sassi, au vu de leur topographie irrégulière avec ruelles en escalier, impasses et passages cachés parmi les bâtiments.

LA BASILICATE FAIT SA STAR...

C'est Pasolini qui a lancé la carrière dans le cinéma de la Basilicate. C'était en 1964, à Matera, la Jérusalem de son *Évangile selon Saint Matthieu*. Il faut dire que la belle a des atouts : paysages d'un autre monde, villes figées dans le temps dont on n'a pas besoin de retoucher les images pour effacer les marques de la modernité, villages fantômes qu'on croirait construits exprès par un chef décorateur et un climat assez régulier pour ne pas retarder les plannings des prises de vues ! Depuis Pasolini, la Basilicate n'a pas arrêté de tourner. Beaucoup de films italiens bien sûr, sous la direction de grands réalisateurs comme Francesco Rosi (*Trois frères*, 1981 ; *Le Christ s'est arrêté à Eboli*, 1979), les frères Taviani (*Allonsanfan*,1974), Lina Wertmüller (*I basilischi*, 1963), Alberto Lattuada (*La Lupa*, 1953), mais aussi des superproductions hollywoodiennes : on reconnaît à Craco le lieu de tournage de la pendaison de Judas dans *La Passion du Christ* de Mel Gibson (2004), à Craco aussi et Montecotugno le décor de certaines séquences de *Quantum of Solace* (2008), à Matera, les autres séquences de *La Passion* de Gibson et, dernièrement, le remake de *Ben-Hur*, avec Morgan Freeman, sorti en 2016.

Nous indiquons ici un déroulé idéal de parcours, en laissant au visiteur le plaisir de trouver la bonne voie pour y arriver, sachant que les principaux monuments sont bien signalés. Au moment de la rédaction de ce guide, la ville était en pleins travaux pour Matera 2019. Les ouvertures des sites sont donc passibles de changements sensibles par rapport aux textes qui suivent.

Le Sasso Caveoso abrite quelques-unes des plus belles **églises rupestres** de la ville, renfermant des fresques remarquablement conservées.

À l'extrémité sud-est, dans le rione Casalnuovo, le **Convicino di Sant'Antonio** (12e s.) est un complexe formé de quatre églises donnant sur une cour (*fermé pour travaux au moment de la rédaction de ce guide*).

À quelques pas de là, la **Casa Grotta del Casalnuovo**, l'une des ces habitations typiques transformées en musée (vous en trouverez plusieurs au fil de la promenade) raconte la vie et les coutumes des habitants des Sassi jusqu'aux années 1950. *✆ 339 36 48 537 - www.casagrottadelcasalnuovo.com - 9h-19h30 (17h30 en hiver) - 2€.*

Tout à côté, la **Cripta di Sant'Andrea** est un minuscule cénobie datant du 12e-13e s., qui est surtout intéressant pour son système de citernes multiples. *✆ 339 36 48 537 - www.criptadisantandrea.com - 9h-19h30 (17h30 en hiver) - 2 €.*

★ Santa Lucia alle Malve B2

✆ 327 98 03 776 - www.oltrelartematera.it - avr.-oct. : 10h-19h ; reste de l'année : mar.-dim. 10h30-13h30 - 3 € ; billets combinés : 5 € pour 2 églises ; 6 € Santa Lucia alle Malve, Madonna de Idris-San Giovanni in Monterrone et San Pietro Barisano.

Creusée au 9e s., cette église rupestre fut utilisée par différentes communautés religieuses et ensuite transformée en habitation. Elle conserve de magnifiques **fresques** des 13e -17e s., parmi lesquelles *(bas-côté gauche), Vierge du lait, San Gregorio* et *San Michele Arcangelo*, datant tous du 13e s.

Casa Grotta di Vico Solitario B2

Vico Solitario 11 - ✆ 0835 31 01 18 - www.casagrotta.it - 9h30-19h30 (hors sais. se renseigner sur le site Internet) - 3 €.

Léguée par une famille de paysans, la maison-grotte a conservé tout le mobilier et les objets de la vie courante de ses anciens propriétaires. La visite comprend aussi une *neviera* (dépôt de neige), une grotte naturelle qui faisait fonction de place publique couverte et la petite église rupestre **San Pietro in Monterrone** (11ᵉ-12ᵉ s.).

Madonna de Idris et San Giovanni in Monterrone

Mêmes conditions de visite de Santa Lucia alle Malve.

Occupant un magnifique site panoramique sur l'éperon de roche qui domine la *gravina*, l'église Madonna de Idris recèle des fresques des 17ᵉ-18ᵉ s. Un passage à gauche de l'autel conduit à la **San Giovanni in Monterrone★**, plus intéressante, décorée de fresques datant des 11ᵉ-13ᵉ s.

★ San Pietro Caveoso B2

Piazza San Pietro Caveoso.

La très photogénique San Pietro, qui se dresse en toile de fond d'une jolie petite place surplombant la *gravina*, est la seule église des Sassi d'architecture traditionnelle. Elle fut érigée au 14ᵉ s., mais remaniée dans le style baroque au 17ᵉ s. L'intérieur abrite une *Vierge à l'Enfant* sculptée, du 16ᵉ s. (*bas-côté droit*), le beau polyptyque sur bois *Vierge à l'Enfant avec les saints Pierre et Paul* (1540), au maître-autel et, dans le bas-coté gauche, des traces de fresques du 16ᵉ s. (*2ᵉ ch.*) et des bas-reliefs de goût populaire (*3ᵉ ch.*). Le plafond en bois est une réalisation du 18ᵉ s.

★★ MUSMA (MUseo della Scultura contemporanea di MAtera) B1

Via San Giacomo - ✆ 366 93 57 768 - www.musma.it - mars-15 oct. : 10h-18h ; reste de l'année : 10h-14h - fermé lun. - 5 €.

Musée d'art contemporain entièrement dédié à la sculpture, le MUSMA est logé dans l'élégant Palazzo Pomarici (17ᵉ s.). Cette petite merveille muséographique accueille quelque 270 œuvres, d'une plasticité souvent audacieuse, donnant vie à de magnifiques espaces, en particulier à ceux qui s'inscrivent dans l'ancien réseau d'hypogées creusé dans la roche. La collection comprend des sculptures (en bronze, en bois, en papier mâché…) ainsi que des dessins, eaux-fortes, reliures, etc. Parmi les artistes, en grande majorité italiens (Medardo Rosso, Martini, Pomodoro…), figurent nombre de signatures internationales (Alechinsky, Beuys, Calder, Kounellis, Moore, Morellet, Richier, Tinguely, Zadkine…).

Casa Noha B1

Via San Potito/Recinto Cavone 9 - ✆ 0835 33 54 52 - www.visitfai.it/casanoha - 9h-19h (10h-17h nov.-mars) - fermé mar. - 5 €.

Un voyage multimédia dans les salles vides d'une maison du Sasso Caveoso. Une bonne étape pour comprendre l'histoire de la ville.

Une fois sorti de la Casa Noha, en se dirigeant sur la Via Madonna della Virtù, on remarque la silhouette du **Monastero di Santa Lucia e Sant'Agata**, bâti à la fin du 18ᵉ s. (*en restauration au moment de la rédaction de ce guide*).

★★ SASSO BARISANO AB1

La visite du Sasso Barisano peut se faire à la suite de celle du Sasso Caveoso en continuant sur la Via Madonna delle Virtù, ou en descendant sur le côté gauche du Duomo (voir ci-dessous).

★ Madonna delle Virtù et San Nicola dei Greci B1

Via Madonna delle Virtù - ✆ 377 44 48 885 - www.caveheritage.it - été : 10h-20h, avr., mai et oct. : 10h-13h30, 15h-18h ; reste de l'année : 10h-13h30 - 5 €.

Ce complexe extraordinaire de 1 300 m², disposé sur plusieurs niveaux, comprend deux églises rupestres superposées (11ᵉ-14ᵉ s.) décorées de fresques, un monastère et plusieurs habitations troglodytiques. Le parcours débute avec l'église Madonna delle Virtù (12e s.). Il se poursuit dans le monastère qui a servi de décor pour le tournage de la Cène (dans le film *La Passion du Christ* de Mel Gibson) pour grimper ensuite à l'église supérieure (pendant la montée, ne ratez pas la **vue** sur la gravina). Batie au 10e s., San Nicola conserve une iconostase et des fresques remarquables. La présence de tombes dans le bas-côté droit révèle l'emploi du lieu comme cimetière, au Moyen Âge. La visite se termine avec des maisons troglodytiques.

Sant'Agostino AB1

Via D'Addozio.

La montée jusqu'à cette église du 16e s. et l'imposant monastère attenant, qui veille comme une sentinelle sur les Sassi, est récompensée par une **vue magnifique★★** sur la *gravina* et le Sasso Barisano. L'intérieur de l'église baroque donne accès à l'église rupestre **San Giuliano** (15e s.).

Descendez sur la Via D'Addozio pour rejoindre la Piazza San Pietro Barisano.

★★ Casa Cava A1

Via San Pietro Barisano 47 - ✆ 0835 33 67 33 - www.casacava.it - 10h-13h, 15h-18h (seult le matin d'oct. à mars) - fermé merc. - 3 €.

Voilà un de ces lieux d'exception que seule Matera peut offrir. Cette carrière de calcarénite, exploitée du 14e au 16e s., offre un exemple magistral de cette « architecture en négatif » qui caractérise les Sassi. Découverte après un long abandon dans les années 1990, Casa Cava est devenu un centre culturel souterrain doté d'un auditorium extraordinaire, creusé dans la pierre, qui régale de concerts inoubliables. À ne pas manquer lors d'un séjour à Matera.

À côté se dresse **San Pietro Barisano**, la plus vaste église rupestre de la ville, érigée au 12e s. et agrandie plusieurs fois entre le 15e et le 18e s. La façade date de 1755. *Mêmes conditions de visite que Santa Lucia alle Malve (voir p. 250).*

Continuez sur la Via D'Addozio jusqu'au croisement avec la Via Fiorentini (à droite).

Au n° 251, la **Casa Grotta di Via Fiorentini** agrémente la visite de personnages en tuf, réalisés par l'artisan Eustachio Rizzi, qui mettent en scène des situations typiques de la vie quotidienne dans les Sassi. *Via Fiorentini 251 - ✆ 083 53 34 031 - www.anticamatera.it - 2 €.*

La **Via Fiorentini**, quant à elle, aligne de jolis palais des 17e et 18e s.

À proximité Carte de région

★★ Parco della Murgia Materana D2

À 13 km au sud-est de Matera. Suivez la SS 7 Via Appia en dir. Tarente jusqu'au km 583, puis tournez à droite - suivez les indications « Centro visite/ Centro di Educazione Ambientale ».

Jazzo Gattini - Masseria Radogna - Contrada Murgia Timone - ✆ 0835 33 22 62 ou 388 89 25 407 - www.ceamatera.it - 9h30-18h30 (16h30 en hiver). Visites guidées (aussi en français) sur les sentiers du plateau et dans la gravina - service de navette sur réserv. au dép. de Matera (5 €, transfert et parcours sur le site) . Dégustation et aire de stationnement pour camping cars.

Les rochers de la ville et des environs seraient creusés de plus de 150 églises formant le parc archéologique, historique et naturel des églises rupestres de Matera, un territoire protégé qui regroupe ces constructions surprenantes, parfaitement intégrées à la nature qui les entoure. Le parc occupe environ 6 000 ha sur les communes de Matera et Montescaglioso, comprenant le haut plateau formé par le rocher de la Murge, entre 300 et 500 m d'altitude.

À 1,5 km du Centro Visite, le **belvédère★★★** offre un panorama incomparable sur Matera et ses Sassi dominant le ravin.
Attention : certains jours fériés l'accès au belvédère est interdit aux voitures privées. Une navette au départ de la Piazza Matteotti, à Matera, permet de rejoindre le site. Se renseigner au Centro Visite.

★★ Cripta del Peccato Originale C2

À 13 km au sud-ouest de Matera sur la SS 7 (Via Appia) dir. Potenza-Metaponto jusqu'au km 564 puis prenez à droite sur SP Fondo Valle del Brandano.
Billetterie et RV : Azienda Agricola Fratelli Dragone, Contrada Petrapenta - ✆ 320 33 45 323 - www.criptadelpeccatooriginale.it - visites guidées (1h) avec réserv. obligatoire sur le site Internet - tlj sf lun. 9h-18h (15h oct.-mars) - 10,70 €. La crypte est à 700 m de la billetterie (piste carrossable en cas de problème de mobilité).
La crypte du Péché originel témoigne d'un style d'exécution rare dans l'art sacré médiéval de la région méditerranéenne par sa fraîcheur et son élégance. Les peintures murales de ce lieu de culte fréquenté par une petite communauté de moines datent du 8e-9e s. Cette réalisation extraordinaire est le fait d'un artiste inconnu, surnommé « peintre des fleurs de Matera » (vous en comprendrez la raison), rattaché à la tradition de la peinture lombarde de l'Italie du Sud, riche en influences byzantines.
La visite est théâtralisée par des jeux de lumières qui mettent en valeur les peintures.

Montescaglioso D2

À 20 km au sud-est de Matera par la S 175.
La position stratégique de Montescaglioso, qui domine la rivière Bradano, a fait l'objet d'innombrables convoitises. Grecs, Romains, Normands se sont à tour de rôle emparés de cette ville qui connut son point d'orgue au 12e s. comme en témoignaient à l'époque son château et ses murs défensifs, et aujourd'hui, l'**Abbazia benedettina di San Michele Arcangelo**. L'originalité du monastère, le plus imposant de la région, tient aux nombreux styles qui le composent. Il garde encore sur ses murs quelques fresques des 16e et 17e s., époque à laquelle l'église a été reconstruite. Le mobilier a malheureusement été transféré au 18e s. à Lecce par les moines.

Bernalda D2

À 40 km au sud de Matera par la S 7 (Via Appia) puis la S 380.
Ici, on est loin de l'enchevêtrement de ruelles, grottes et escaliers des villages typiques de la région. À Bernalda, les rues ont un tracé rectiligne, les touristes se baladent à bicyclette, une foule élégante se promène le soir sous les palmiers du **Corso Umberto I**, devant une succession de *palazzi* des 18e et 19e s., de terrasses de cafés, *gelaterie* et restaurants… Un petit vent de Hollywood souffle sur Bernalda depuis que **Francis Ford Coppola** a acheté en 2005 le **Palazzo Margherita**, l'ancienne demeure du podestat à la façade austère, qui ne laisse rien deviner du luxe du palais caché derrière ses murs *(Corso Umberto 64 - voir « Nos adresses »).*
Continuez votre balade jusqu'au Corso Italia et regardez par terre : ces immenses pièces de monnaie grecques sont en fait les regards du réseau de distribution de l'eau ! Le Corso Italia traverse la vieille ville et vous mène jusqu'à la belle place San Bernardino, au bout du village, où se trouve la Chiesa Madre. En face, l'imposant château, bâti au 15e s. à l'emplacement d'une ancienne forteresse normande, a été réaménagé par le seigneur de Bernalda, Bernardino de Bernaudo. Au début du 16e s., il a fait de Bernalda « sa » ville : il a, parmi beaucoup d'autres choses, dessiné le tracé des nouvelles rues, fait reconstruire la

Chiesa Madre et creuser une dizaine de puits pour doter la ville d'une réserve d'eau illimitée. Pour finir, il lui a donné son nom.

De la place San Bernardino, **vue** superbe sur la vallée du Basento, avec la mer en arrière-plan. La ville est aussi un bon point de départ pour découvrir les plages de la côte ionienne et les sites archéologiques de Metapontum et Siris-Eraclea, à 15 km.

★ Metaponto D2

À 45 km au sud-est de Matera par la S 175.

Près de 40 km de plages de sable fin s'étendent sur la côte ionienne, face à une mer limpide qui invite à la baignade. De la cité grecque fondée au 8e s. av. J.-C. qui s'étendait sur toute la campagne environnante ne subsistent plus aujourd'hui que quelques **vestiges archéologiques★** dont certains portent peut-être encore l'écho des voix du poète Horace *(voir encadré p. 284)* ou du mathématicien Pythagore, qui y implanta son école philosophique au 6e s. av. J.-C., après son expulsion de Crotone.

À 5 km au nord de Metaponto, les Tavole Palatine constituent le site archéologique le mieux préservé.

Tempio delle Tavole Palatine – *Strada Jonica 106 - ✆ 0835 74 53 27 - 9h-1h av. coucher du soleil - gratuit.* Sur une colline s'élèvent les restes d'un charmant temple de style dorique, datant du 6e s. av. J.-C., probablement dédié à Héra. À l'origine, le temple possédait douze colonnes sur les côtés les plus longs et six colonnes dans sa largeur. Quinze impressionnantes colonnes doriques se dressent encore au beau milieu de la prairie. En pierre dorée et toujours surmontées de leur architrave, elles furent restaurées en 1961. Leur appellation insolite dérive de la dénomination médiévale du site, *Mensae Imperatoris*, « table de l'empereur », liée à un séjour de l'empereur Otton II en 982, ensuite transformée en *Mensule Palatine* en l'honneur des paladins de France en lutte contre les Sarrasins.

Museo Archeologico Nazionale – *Via Aristea 21 - ✆ 0835 74 53 27 - 9h-20h - lun. 14h-20h - 2,50 €, billet combiné avec le Parco Archeologico.* Les trois grandes salles du musée regorgent de trésors provenant des sites archéologiques alentour, présentés selon une muséographie simple et moderne. Le musée expose une belle collection de céramiques (originaires du *kerameikos*, quartier des potiers) et de terres cuites (magnifiques statuettes de la fertilité des 7e et 6e s. av. J.-C.), de nombreux **vases cratères**, dans lesquels on mêlait l'eau et le vin lors des banquets, et de remarquables bijoux en or datant des 3e et 4e s. av. J.-C.

Area archeologica – *À la sortie de la ville face au musée, prendre au rond-point l'allée d'eucalyptus sur 1 km - ✆ 0835 74 53 27 - 9h-30mn av. coucher du soleil - 2,50 €, billet combiné avec le Museo Archeologico Nazionale.* Les pierres égrènent, de façon assez parsemée, les ruines de trois temples doriques (6e s. av. J.-C.) consacrés à Athéna, Héra et **Apollon** (les trois colonnes placées à l'entrée du parc appartiennent à ce dernier temple) ; le quatrième, plus récent d'un siècle, affiche son ordre ionique. Surgissent les vestiges d'un *ekklesiasterion* (édifice où se tenaient les réunions publiques), reconverti plus tard (4e s. av. J.-C.) en théâtre grec. Sa position dominante s'explique par la création d'un terre-plein qui palliait, à l'époque, l'absence de déclivité naturelle.

Policoro D3

À 70 km au sud-est de Matera par la S 380 et la S 106.

La route traverse la plaine de Métaponte, autrefois marécage insalubre infesté par la malaria. Grâce aux travaux d'assainissement et d'irrigation mis en place par la réforme agraire à la fin des années 1950, elle est aujourd'hui appelée

Metaponto, le temple des Tavole Palatine.
duchy/Shutterstock.com

la « Californie du Sud ». Et ce surnom n'est pas usurpé : les plantations produisent des fruits et des légumes récoltés en moyenne deux mois à l'avance par rapport au reste de l'Italie !
À deux pas de la mer ionienne, Policoro est une petite bourgade dont l'activité est essentiellement tournée vers l'agriculture (les **fraises** de Policoro sont fameuses dans tous les sens du terme). Le tourisme n'est pas en reste et les structures hôtelières sont nombreuses au Lido di Policoro, le long de la plage. Mais la ville mérite surtout une visite pour sa proximité avec le site d'Eraclea.

Eraclea D3

À 1,7 km au nord de Policoro. Prendre Via Napoli puis, à droite, la Via Cristoforo Colombo.
Colonie grecque fondée au 5e s. av. J.-C. sur les ruines de l'ancienne Siris, Eraclea a été, en 280 av. J.-C., le théâtre d'une bataille sanglante entre les Romains et les Grecs dirigés par Pyrrhus. C'est finalement lui qui a remporté la victoire, mais au prix de beaucoup de pertes. D'après Plutarque, il se serait exclamé à la fin de la bataille : « Encore une comme ça et je rentre tout seul à Épire. »
★ **Museo Archeologico Nazionale della Siritide** – *Via Cristoforo Colombo 8 - ✆ 0835 97 21 54 - 9h-20h sf mar. 14h-20h - 2,50€.* Les restes mis au jour lors des fouilles sont exposés dans ce musée, d'une richesse extraordinaire. On y découvre de nombreuses salles d'objets pratiquement intacts : statuettes votives, armes (les casques en bronze sont étonnants), bijoux (mention spéciale aux colliers d'ambre au design très moderne), vases, poteries, en particulier de nombreux cratères décorés selon la technique du peintre de Pisticci (5e s. av. J.-C.). Vraisemblablement originaire de Pisticci, ce céramiste est considéré comme le fondateur de l'école lucanienne de céramiques et précurseur dans la décoration des vases avec l'introduction de peintures à motifs rouges. Son style est austère et les scènes mythologiques y figurent comme son thème de prédilection. Dans la salle 10, les 21 vases, intacts, ont donné le point de départ des fouilles du site en 1959, sous l'impulsion du grand archéologue roumain Dinu Adamesteanu.

5

NOS ADRESSES À MATERA

Plan p. 246

HÉBERGEMENT

PREMIER PRIX

B & B Alla Dolce Vita – B2 - *Rione Malve 51 - Sasso Caveoso - ✆ 0835 31 03 24 - www.ladolcevitamatera.it* - P - *2 appart. 80 €* ☕. Ce B & B propose deux logements indépendants, avec cuisine équipée et balcon. La décoration est coquette : mobilier 19e s., tomettes, murs blancs, faïences et tableaux.

BUDGET MOYEN

Locanda di San Martino – A1 - *Via Fiorentini 71 - Sasso Barisano - ✆ 0835 25 66 00 - www.locandadisanmartino.it* - 🏊 - *33 ch. 90/150 €* ☕. Outre l'originalité des chambres, toutes différentes et creusées dans la roche, vous apprécierez particulièrement le spa de cet établissement, avec *frigidarium* et *caldarium*.

B & B Casastella – Hors plan par B2 - *Via Casalnuovo 257 - Sasso Caveoso - ✆ 335 65 34 040 - www.casastella.it - 3 ch. et 1 suite 80/160 €* ☕. Ce joli B & B vous accueille dans un beau salon décoré de meubles antiques. Les chambres, aménagées dans l'ancien grenier, la crèche ou les écuries, sont décorées avec soin.

Hotel in Pietra – A1 - *Via San Giovanni Vecchio 22 - Sasso Barisano - ✆ 0835 34 40 40 - www.hotelinpietra.it - 9 ch. 90/150 €* ☕. Au pied du Duomo, cet hôtel aux murs en tuf a conservé la belle quiétude de l'ancienne église du 17e s. qu'il occupe. La chambre 1004 et sa merveilleuse salle de bains marquent les esprits.

POUR SE FAIRE PLAISIR

Hotel del Campo – Hors plan par A1 - *Via Lucrezio sn - ✆ 0835 38 88 44 - www.hoteldelcampo.it* - 🏊 P - *35 ch. 120/150 €* ☕ - ✕. Un peu en dehors de la ville, à 4 km des Sassi, cet hôtel fonctionnel et élégant propose un service soigné, des chambres bien équipées, une belle piscine entourée par un jardin et un parking, très pratique pour ceux qui voyagent en voiture.

UNE FOLIE

Corte San Pietro – B2 - *Via Bruno Buozzi 97b - Sasso Caveoso - ✆ 0835 31 08 13 - www.cortesanpietro.it - 10 ch.180/235 €.* Corte San Pietro est un micro-quartier, avec une cour centrale sur laquelle donnent les pièces creusées dans le tuf. Les chambres, d'anciennes maisons troglodytiques, sont réhabilitées avec goût. Petit déjeuner composé de produits du terroir et accueil charmant. Un lieu de rêve.

Palazzo Gattini – B2 - *Piazza Duomo 13/14 - ✆ 0835 33 43 58 - www.palazzogattini.it - 16 ch. à partir de 200 €* ☕ - ✕. Sur la place de la cathédrale, et donc au point le plus haut, panoramique, de la ville, une maison patricienne du 15e s. a été transformée en hôtel de luxe. Une restauration soigneuse, et réussie, en a fait un lieu magique et raffiné abritant des chambres personnalisées, un petit espace bien-être et un restaurant gastronomique.

Bernalda

BUDGET MOYEN

Giardino Giamperduto – *Via Giamperduto - ✆ 0835 54 24 62 - www.giamperduto.com* - 🏊 P - *11 ch. 100/110 €.* Caché derrière un mur blanchi à la chaux se trouve un ancien corps de ferme restructuré devenu un hôtel très agréable. Les chambres, toutes de plain-pied, ont une petite terrasse privée qui donne sur un jardin planté d'oliviers où vous attend une piscine. Petit déjeuner copieux à base de produits régionaux.

UNE FOLIE

Palazzo Margherita – *Corso Umberto I 64 - ✆ 0835 54 90 60 - www.coppolaresorts.com - 2 ch. et 7 suites - à partir de 570 € -* ✕. Coppola a beau avoir transformé son palais en hôtel de luxe, on s'y sent comme chez un ami de longue date : on dîne tous ensemble à la grande table de la cuisine, après avoir participé à la préparation des *orecchiette*. Le dîner terminé, on s'installe au salon pour regarder l'un des films de la cinémathèque personnelle du maître de maison. Le Palazzo n'a pas d'entrée « publique ». Il faut sonner à une porte identique à toutes celles du Corso, comme chez soi… ou presque.

RESTAURATION

PREMIER PRIX

Panecotto – B2 - *Via Bruno Buozzi 10 - Sasso Caveoso - ✆ 0835 33 13 25 - www.panecotto.it - fermé lun. - 10/15 €.* Une adresse qui vend les produits locaux et promeut les traditions artisanales du terroir. Dans l'assiette, charcuterie et fromages typiques et variations autour du *panecotto*, une soupe à base de pain.

La Latteria – B2 - *Via Duni Emanuele 2 - ✆ 0835 31 20 58 - 10/15 €.* Une crémerie/charcuterie historique qui continue à vendre les bons produits de la région, mais propose aussi un coin restauration/dégustation.

Vicolo Cieco – B1- *Via Fiorentini 74 - Sasso Barisano - 0835 19 75 015 - fermé à midi sf w.-end et juil.- août - 15/20 €.* Une bonne adresse pour déguster la *cialledda*, un plat typique préparé avec pain sec, tomates cerises, huile, mozzarella et oignons rouges. Décor vintage et rétro pour des soirées musicales fréquentes.

BUDGET MOYEN

Ristorante Il Terrazzino – A1 - *Vico San Giuseppe 7 - ✆ 0835 33 25 03 - www.ilterrazzino.org - 17/35 €.* Goûtez aux délicieuses spécialités maison : *orecchiette al tegamino* (pâtes fraîches, tomates, mozzarella et boulettes de viande), *foglie d'ulivo* (pâtes fraîches maison en forme de feuille d'olivier) et viandes grillées. La terrasse offre une vue superbe sur les Sassi.

Nadì – A1 - *Via Fiorentini 1/3 - Sasso Barisano - ✆ 0835 33 28 92 - www.ristorantenadi.com - 25/40 €.* Un classique du Sasso Barisano : cette adresse familiale spécialisée dans les grillades propose une cuisine régionale simple et savoureuse. Salle intérieure en partie sous la roche et terrasse extérieure ensoleillée. En face *(Via Rosario 22)* l'œnothèque **Ptèj d'Nadi** propose des vins au verre accompagnés de spécialités locales. Excellente tarte maison à la ricotta.

Ristorante Francesca – B2 - *Via Bruno Buozzi 9 - Sasso Caveoso - ✆ 0835 31 04 43 - www.ristorantefrancescasassi.com - fermé jeu. en hiver - 30/40 €.* Une adresse en harmonie avec le cadre des Sassi : salle épurée, service agréable et cuisine soignée qui célèbre la tradition et les produits du terroir. À ne pas manquer : la *tripola maritata,* des pâtes avec tomates cerises, fromage scamorza et morceaux de pain frits ou les typiques *peperoni cruschi*. Délicieux !

POUR SE FAIRE PLAISIR

Baccus – A1 - *Vico Santa Cesarea 34 - Sasso Barisano - ✆ 0835 33 01 24 - www.ristorantebaccus.it - fermé lun. - 35/50€.* Dans une salle toute simple, avec vue sur la cuisine en hiver ou sur la terrasse aux beaux jours, on déguste des plats de tradition locale, comme les *orecchiette al tegamino* ou les *lasagne alla materana.*

L'Abbondanza Lucana – B2 - *Via Bruno Buozzi 1 - Sasso Caveoso - ✆ 348 89 84 528 - fermé dim. soir et lun. - 35/50 €.* Laissez-vous surprendre par la générosité des portions (surtout d'antipasti), et plus encore par la connaissance approfondie des produits et des spécialités de Lucanie. Un voyage gastronomique en Basilicate !

Baccanti – B2 - *Via Sant'Angelo 58/61 - Sasso Caveoso - ✆ 0835 33 37 04 - www.baccantiristorante.com - fermé dim. soir et lun. - 35/50 €.* Face au spectaculaire ravin du parc de la Murgia Materana, ce restaurant niché dans des grottes anciennes s'inspire de la tradition locale pour composer une cuisine plus actuelle, parfois créative et toujours d'excellente facture.

Bernalda

BUDGET MOYEN

Ristorante Alle Porte – *Via Redi 1 - ✆ 0835 54 36 66 - 15/30 €.* Difficile de résister à la terrasse couverte de bougainvillées de ce petit restaurant situé sur la place de l'église, en face du château, avec vue sur toute la vallée du Basento et, au loin, la frange bleu clair de la mer ionienne. En outre, les pizzas sont succulentes.

Cinecittà – *Corso Umberto I 66 - ✆ 0835 54 90 60 - 18/30 €.* Petite annexe du Palazzo Margherita, Cinecittà est un bistrot décoré comme il se doit de photos d'acteurs de cinéma, avec des tables sur le trottoir et la bonne surprise d'avoir la même carte que celle proposée aux clients de l'hôtel. Tous les ingrédients proviennent de la région, pour une cuisine lucanienne *ma non troppo.*

POUR SE FAIRE PLAISIR

La Locandiera – *Corso Umberto 194 - ✆ 0835 54 32 41 - fermé jeu. sf juil.-août - 30/45 €.* Accueil très chaleureux dans ce restaurant où vous goûterez les spécialités de la Basilicate que Zia Clara prépare avec beaucoup de talent et de créativité (en particulier les antipasti, tous excellents et les *bracioline di cavallino al ragù*). Très bonne sélection de vins Aglianico.

PETITE PAUSE

Gelateria Vizi degli Angeli – B2 - *Via Ridola 36 - ✆ 0835 31 06 37.* Un glacier artisanal spécialisé en glaces et granités aux fruits et… aux légumes.

Lanfranchi Caffè – B2 - *Piazzetta Pascoli - ✆ 334 57 13 717.* Un café très agréable au décor moderne qui, depuis sa terrasse, offre une vue magnifique sur le Sasso Caveoso.

Bernalda

La Scorzetta – *Corso Umberto I 196 - ✆ 0835 54 25 93 - www.lascorzetta.it - fermé lun.* Il n'y a qu'ici que l'on fabrique les *scorzette*, le biscuit typique de Bernalda à base de noisettes, sucre et jaune d'œuf.

SORTIR

Area 8 – B2 - *Via Casalnuovo 11/15 - Sasso Caveoso - ✆ 0835 31 09 64 - http://area8.it - fermé mar.* Dans un cadre éclectique et *shabby chic*, le lieu accueille en journée le bureau d'une agence de com' et devient à partir de 18h un café, un théâtre, une salle de bal ou un cinéma, selon les circonstances. Les cocktails y sont toujours délicieux et les en-cas *very glocal!*.

ACHATS

Vous trouverez l'inspiration en vous promenant sur la Via delle Beccherie, la Via Duomo ou la Piazza del Sedile.

Civico Nove – B1 - *Via Duomo 7/9 - ✆ 0835 33 22 98 - www.civiconovematera.it.* Un espace dédié au décor de la maison qui propose des objets d'artisanat très jolis : tissus, céramiques, lampes, bougies, etc.

Elisa & Janna – B2 - *Piazza del Sedile 23 - ✆ 0835 19 13 26 - www.elisajanna.com.* De la rencontre entre une artiste (Elisa) et une orfèvre (Janna) sont nés de merveilleux bijoux eco-friendly en cuivre, bronze ou aluminium.

Raffaele Pentasuglia/Sud – A2 - *Via delle Beccherie 65 - ✆ 320 30 09 196*. Ce sculpteur/céramiste fait revivre dans ses œuvres les personnages du folklore local : la *fattucchiera* (la sorcière), le *monachicchio* (le lutin), le gnomo della Murgia... Adorables !

Feelosophy – A2 - *Via delle Beccherie 67 - ✆ 339 53 29 718 - https://feelosophy.it.* Des tissus pour la maison imprimés à la main avec des timbres en bois, selon une technique traditionnelle.

Peperoncino – B2 - *Via Bruno Buozzi 184 - Sasso Caveoso - ✆ 0835 31 41 69 - www.peperoncinomatera.it.* Vous ne connaissez pas encore la *nduja*, le *pezzente*, les *cicerchie* ou les *peperoni cruschi* ? Faites un petit tour dans cette caverne d'Ali Baba pour tout savoir des produits du terroir. Vente en ligne.

Mancini – B2 - *Via Bruno Buozzi 87 - Sasso Caveoso - ✆ 328 38 56 753 - www.manciniartigianato.com.* Une idée originale pour un cadeau : un tampon personnalisable avec des lettres ou des symboles à appliquer sur le pain, réalisé par un artisan du bois. Un objet traditionnel à redécouvrir.

Geppetto Artigianato Artistico – B2 - *Piazza del Sedile 19 - ✆ 0835 33 18 57.* Un atelier artisanal où choisir l'objet culte de la ville, le *cucù*, un sifflet en forme de poule qu'on donnait aux époux comme symbole de bonheur et de fertilité.

Daddiego Arte Gallery – A2 - *Via delle Beccherie 39 - ✆ 0835 33 05 89 - www.daddiegoartegallery.it.* Un atelier artisanal historique qui produit objets en terre cuite, papier mâché, céramique et faïence. Il a plusieurs fois participé à la création du char de la fête de la Madonna della Bruna.

AGENDA

Festa della Bruna – *2 juil. - www.festadellabruna.it.* Cette fête célèbre depuis 600 ans l'apparition de la Madone aux portes de Matera. La légende veut qu'elle se soit transformée en statue sur un char triomphal que la population avait détruit, afin d'éviter que les autorités de la ville ne la séquestrent. Le point culminant de cette fête coïncide avec la destruction du char dont on se partage les fragments censés porter bonheur l'année durant.

ACTIVITÉS

Apeneisassi – *✆ 329 46 58 589 - www.apeneisassi.it.* À bord d'un Ape Piaggio, modèle culte à trois roues, des années 1960, Paolo et Andrea vous feront découvrir la vieille ville de façon originale. Un vrai voyage dans le temps !

La route des ravins d'argile

Collina Materana

★

Province de Matera

Au sud-est de la Basilicate, entre les montagnes de l'Apennin et la plaine de Métaponte, s'étend une région à la géomorphologie exceptionnelle. C'est la région des ravines, les « badlands », selon le terme consacré. Le mot badlands (mauvaises terres en français, c'est tout dire) désigne des terrains argileux érodés par les eaux de ruissellement qui y ont creusé des incisions linéaires, les ravines. Ce processus ne se manifeste que sur des terrains nus, constitués d'un mélange d'argile et de sable. Ils doivent en outre être exposés au sud, avec une pente présentant une déclivité entre 40 et 60°, et soumis à un été long et sec suivi d'une saison de pluies violentes. Ces conditions se trouvent justement toutes réunies dans cette partie de la Basilicate. Il en résulte un paysage désolé de collines grises et ridées qui s'étendent à perte de vue. Parfois, on voit surgir quelques arbres qui parviennent à pousser sur leur versant nord et, en hauteur, des villages monochromes, érigés là comme un défi lancé par l'homme aux lois de la nature.

NOS ADRESSES PAGE 264
Hébergement, restauration, achats, activités, etc.

S'INFORMER
Retrouvez les points d'information sous les localités concernées.

SE REPÉRER
Carte de région C2-3 (p. 240-241).
L'itinéraire proposé part de Pisticci, située à 55 km au sud de Matera *(par S 7, S 407 et S 476).*

À NE PAS MANQUER
La visite de Craco, le village d'Aliano, la Rabatana de Tursi.

ORGANISER SON TEMPS
Comptez deux jours avec une halte à Aliano.

AVEC LES ENFANTS
La ville fantôme de Craco.

Circuit conseillé Carte de région

Circuit de 115 km (routes assez abîmées) au départ de Pisticci tracé en rouge sur la carte de région p. 241. Comptez 2 jours.

Pisticci C2

Via Giovanni di Giulio 26 - ✆ 320 08 16 460 - tlj sf dim. 10h-12h, 16h-19h.
Ville du Sud, ville blanche à la lumière éblouissante qui efface les couleurs, Pisticci est un gros bourg de 18000 habitants perché sur trois collines argileuses entourées de profonds ravins. Son histoire et sa configuration sont intimement liées aux phénomènes d'érosion qui attaquent le sol sur lequel la localité est bâtie, provoquant des glissements de terrain qui ont entraîné l'effondrement de quartiers entiers de la ville. Le plus spectaculaire eut lieu le 9 février 1688 et entraîna l'effondrement d'une partie du quartier de **Terravecchia**, le centre de la vieille ville, qui dégringola de 30 m à côté de la Chiesa Madre, causant la mort de 400 personnes. Les habitants refusèrent de quitter leur ville. Deux

Paysage de la Collina Materana.
D. Donadoni/Marka/age fotostock

cents maisons furent alors rapidement construites à l'identique sur la coulée de terrain elle-même, constituant ainsi le quartier **Dirupo** (« précipice » en italien !). Longtemps marginalisé, il est en train de devenir un lieu de rendez-vous branché. La **Chiesa dell'Immacolata Concezione**★ *(visites sur RV au ✆ 0835 58 32 20)*, qui a miraculeusement échappé à l'ensevelissement en 1688, est un petit bijou baroque du 16e s. Depuis le parvis de l'église, jolie vue sur Dirupo et, au-dessus, sur Pisticci.

Quittez Pisticci par l'ouest en prenant le tunnel San Rocco qui mène à la S 176.

La route, en assez mauvais état, serpente entre les collines d'argile. On découvre de temps en temps des ravines impressionnantes. Soudain, on voit apparaître les vestiges de la tour du château de Craco érigé par les Normands au 11e s., mais très vite, au détour d'un virage, on se rend compte que c'est le village tout entier qui est en ruine.

Empruntez la S 176 sur 17 km pour rejoindre Craco.

★★Craco C2

Pour la visite, s'adresser à la Mediateca Comunale, Via Sant'Angelo - ✆ 0835 45 90 05 - www.comune.craco.mt.it - de 10h à la tombée de la nuit - guides parlant anglais - 10 €.

Craco surgit comme une apparition. Immense spectre de pierre aux orbites vides, effrayant et émouvant à la fois, Craco a noyé dans le silence de ses ruines l'écho de la vie qui habitait encore ses murs il y a moins de 40 ans, avant que les glissements de terrain répétés, les infiltrations d'eau, les tremblements de terre et… les erreurs humaines aient contraint la population à abandonner son village. Fondée au 8e s. av. J.-C., Craco est aujourd'hui officiellement devenue une ville fantôme, inscrite depuis 2010 sur la liste des sites à sauvegarder par le World Monuments Fund. L'atmosphère qui s'en dégage en fait un lieu de tournage très apprécié des réalisateurs et des photographes. Seules les visites guidées sont autorisées. Depuis la fenêtre de la tour, la vue sur la vallée de la Salandrella est impressionnante.

Prenez à l'ouest de Craco la SP Craco-San Mauro Forte puis la SS 103.

Stigliano C2

À presque 1 000 m d'altitude, Stigliano se trouve juste à la frontière entre le pays de l'argile, à l'est, et les montagnes boisées des Piccole Dolomiti Lucane, à l'ouest. Ne manquez pas, dans la **Chiesa Madre**, située à l'écart du centre, le retable baroque et le plafond en bois peint *(visites sur RV au ✆ 347 82 74 073)*. Plus au centre, la façade du **Convento di Sant'Antonio** (16e s.), flanqué de son clocher arabisant, est intéressante. À l'intérieur, l'église abrite un magnifique Christ en bois du 17e s., attribué à fra' Umile da Petralia, sculpteur de Christ en croix connu pour exalter dans ses œuvres la souffrance de Jésus. L'expression du visage et le réalisme des blessures ont contribué à son succès dans la Sicile espagnolisante du 17e s.

Reprenez la SS 103 pour quitter Stigliano vers le sud-est. À 7 km, tournez à droite dans la SP Val d'Agri Stigliano-Aliano. Attention : la route n'est pas toujours en très bon état.

On roule doucement dans un paysage vallonné où l'on a semé du blé partout où le terrain argileux l'a permis. Au fur et à mesure qu'on s'approche d'Aliano, les formations ravineuses sont plus profondes.

★ **Aliano** C2

Parco Letterario « Carlo Levi » - Via Martiri d'Ungheria 1 - ✆ 0835 56 85 29 - www.parcolevi.it - tlj sf lun. 10h30-12h30, 16h30-19h30 (jusqu'à 18h en hiver).

Les lecteurs de **Carlo Levi** (1902-1975) peuvent faire un pèlerinage à Aliano. Ils reconnaîtront ce site d'une âpre et rare beauté, l'un des lieux de tournage, avec Craco et Matera, de l'adaptation cinématographique du roman par Francesco Rosi.

Ce petit bourg de 1 300 âmes où l'écrivain vécut une grande partie de son exil (Aliano s'appelle Gagliano dans le récit) est agrippé à un éperon argileux au-dessus des plantations d'oliviers et des *calanchi*, ces fameuses « collines d'argile d'un blanc uniforme comme si la terre entière était morte et qu'il n'en était resté au soleil que le seul squelette blanchi et lavé par les eaux. [...] Le village, à première vue, n'avait pas l'aspect d'un village, mais d'un petit ensemble de maisonnettes éparses, blanches, avec une certaine prétention dans leur misère », décrit Carlo Levi.

Au centre du village se trouve la **Pinacoteca Carlo Levi** et, un peu plus loin, la **Casa di Carlo Levi**, vide, restée à dessein telle quelle depuis le départ de

UN CHEF-D'ŒUVRE INCONTOURNABLE

Le Christ s'est arrêté à Eboli (Gallimard, 1945) est un récit autobiographique ; il a la sobriété et la précision d'une ordonnance. L'auteur, il est vrai, est médecin, mais aussi peintre et activiste politique. Ce sont d'ailleurs ses prises de position antifascistes sanctionnées par le régime mussolinien qui font basculer son destin. **Carlo Levi** (1902-1975) est mis en résidence surveillée sur « cette terre sans consolation ni douceur où le paysan vit, dans la misère et l'éloignement, sa vie immobile sur un sol aride en face de la mort ». Sa qualité de médecin lui ouvre progressivement les portes de ce milieu paysan, fruste et méfiant, désabusé et généreux, où sévissent paludisme et malnutrition. De ces deux années d'observation (1935-1936), il va faire une œuvre ethnographique et littéraire, et révéler au monde en 1945 la misère du Mezzogiorno des années 1930. « Sur cette terre sombre, sans péché et sans rédemption, où le mal n'est pas un fait moral, mais une douleur terrestre, le Christ n'est jamais descendu. » Il se serait arrêté à Eboli, ville située à 200 km au nord-ouest d'Aliano.

l'écrivain en 1936, dont la partie inférieure héberge le **Museo della Civiltà Contadina** (Musée de la Civilisation rurale). Dans le musée, les lecteurs retrouveront ce fameux espace de la vie paysanne alors divisé en trois couches : le berceau suspendu, le lit et, sous le lit, les bêtes ; le tout sous l'œil noir de la madone de Viggiano, à côté des dents blanches de Roosevelt, le président américain ayant été élevé au rang de ces divinités magnétiseuses de richesses. En effet, nombre de paysans de la région migraient alors aux États-Unis jusqu'à la terrible crise de 1929. *Visites guidées uniquement tlj à 11h30 et 17h30 (16h30 l'hiver) au départ du Centro Visite Parco Letterario (voir adresses ci-contre) - 5 € billet combiné Maison et Pinacothèque.*

Ne manquez pas de visiter, sur la petite éminence dominant le village, le cimetière d'Aliano. La **tombe** de Carlo Levi, d'une simplicité émouvante, domine sereinement les *calanchi*. L'écrivain souhaitait, de sa « tombe-belvédère », pouvoir observer sa maison.

Prenez la SP di Aliano vers l'ouest et rejoignez la SS 598 en direction de Policoro. À l'intersection avec la SP 154, tournez à droite en direction de Tursi.

La route arrive dans la nouvelle Tursi, au pied d'une falaise d'argile. À son sommet se trouve l'ancienne agglomération. Continuez toujours tout droit et suivez les indications « la Rabatana ». La route serpente entre les arbres. On voit çà et là des grottes, la plupart encore utilisées comme entrepôts. Au sommet, on laisse sa voiture sur une vaste esplanade.

Tursi C3

C'est un paysage extraordinaire qui vous attend. Si vous avez la chance d'arriver en fin de journée, prenez le temps d'admirer le soleil descendant lentement derrière les collines qui s'étendent à perte de vue, avec, à droite, les toits de la ville que les Sarrasins ont fondée au 9e s., la **Rabatana★** (de l'arabe « rabat » ou « ribat », la ville).

« 'A Ravatène » est le poème le plus représentatif, le plus connu et le plus lu d'Albino Pierro. Deux fois nominé au prix Nobel de littérature, **Albino Pierro** (1916-1995) a offert à Tursi les plus beaux vers de son œuvre, écrite essentiellement en dialecte lucanien et empreinte du souvenir nostalgique de son enfance passée ici.

La Rabatana n'est plus habitée que par une dizaine de familles, sa population lui ayant préféré, à partir de la fin du 19e s., les habitations plus fonctionnelles de la nouvelle ville. Perdez-vous dans les ruelles de ce minuscule village.

★ **Santa Maria Maggiore** – *Via Duca degli Abruzzi 20 - ☏ 0835 53 31 35 - 10h-12h, 16h-18h.* L'église conserve un beau **triptyque** de l'école giottesque napolitaine représentant la Vierge à l'Enfant (14e s.) et une intéressante crypte du 7e s. L'une des chapelles est couverte de **fresques** du 16e s. attribuées à Giovanni Todisco, élève de Simone da Firenze. Regardez la richesse des décorations florales et le soin apporté à la représentation des tissus ainsi que les nombreux détails de la vie quotidienne dépeints dans la scène de la naissance de la Vierge. La chapelle attenante abrite une **crèche★** en pierre, également du 16e s., attribuée à Altobello Persio, qui en a réalisé une pratiquement identique pour la cathédrale de Matera. En sortant, montez jusqu'à l'emplacement où se trouvait le château et gravissez les quelques marches qui mènent tout en haut. Vous pourrez admirer, à l'est, la vallée de l'Agri qui rejoint au loin la mer ionienne, et, en contrebas à droite, la ville de Tursi, à laquelle on accède par une route vertigineuse suivant la crête d'un *calanco* entre deux ravins, la « pitrizza ». La descente de cette route est une expérience à elle seule. Tursi s'étage le long de la pente argileuse de la falaise. On peut visiter la **Casa di Albino Pierro** *Corso Umberto I 4 - ☏ 0835 500 000 - w.-end 15h30-19h.*

À proximité Carte de région

★ Santa Maria d'Anglona C3

À 10 km à l'est de Tursi par la P 154.

Après dix kilomètres de virages, on atteint l'église romane Santa Maria d'Anglona, érigée au 11e s. sous la domination normande, probablement dans le but de soustraire cette région à l'influence de l'église byzantine, à l'époque très présente dans le sud de l'Italie. La simplicité qui caractérise l'extérieur de l'édifice, avec son clocher carré massif et son portique surmonté de bas-reliefs représentant l'Agneau pascal et les symboles des quatre évangélistes, est visible à l'intérieur dans l'élégance de ses trois nefs séparées par deux rangées de colonnes carrées. Les fresques qui recouvraient l'église datent du 13e s. Malheureusement, celles du mur nord ont complètement disparu, seules subsistent celles du mur sud, qui narrent des scènes de l'Ancien Testament (on reconnaît la création d'Adam et Ève, l'histoire de Caïn et Abel, l'arche de Noé). Sur les piliers des colonnes, on peut encore admirer de belles représentations de saints, dont un magnifique *Saint Sébastien*.

NOS ADRESSES SUR LA ROUTE DES RAVINES

HÉBERGEMENT

Aliano

PREMIER PRIX

La Casa dell'Americano – *Via Martiri d'Ungheria 6 - ✆ 339 640 32 77 - www.casadellamericano.it - de Pâques à déb. nov. - 2 ch. 50 €.* Deux chambres sans prétention dans une maison au cœur d'Aliano. Un hébergement parfait pour les familles.

Pisticci

POUR SE FAIRE PLAISIR

Agriturismo San Teodoro Nuovo – *Contrada San Teodoro Nuovo km 442 - Marconia, à 15 km au sud-est de Pisticci - ✆ 0835 47 00 42 - www.santeodoronuovo.com - 🏊 - 10 ch. 120/140 € - ✕.* Cette *masseria* du 19e s. est au centre d'une exploitation agricole qui produit fruits et légumes et abrite d'agréables chambres et appartements décorés avec beaucoup de goût.

UNE FOLIE

Torre Fiore Hotel Masseria – *Contrada Terranova, à 7 km au sud-est de Pisticci - ✆ 0835 58 02 39 - www.hoteltorrefiore.com - 🏊 - 13 suites 190/270 € - ✕.* Un hôtel de luxe installé dans une ancienne ferme fortifiée. Les chambres entourent la cour intérieure qui a conservé sa tour de guet. Celle-ci abrite aujourd'hui une suite pouvant accueillir jusqu'à 6 personnes. Une véritable oasis.

Tursi

POUR SE FAIRE PLAISIR

Il Palazzo dei Poeti – *Via Manzoni - Borgo Antico Rabatana - ✆ 0835 53 26 31 - www.palazzodeipoeti.it - fermé nov. - 14 ch. 120/140 € ☕ - ✕.* Le Palazzo dei Poeti prend ses aises dans trois maisons installées dans la partie la plus haute de la Rabatana et reconstruites avec goût. Les chambres, meublées avec sobriété, sont confortables. Demandez celles qui ont vue sur Santa Maria Maggiore..

RESTAURATION

Aliano

PREMIER PRIX

La Contadina Sisina – *Via Roma 38 - 0835 56 82 39 - www.lacontadinasisina.com - - menu 20 €.* C'est LA table d'Aliano. La cuisine, simple, est basée sur les produits régionaux de saison. Bonne adresse, avec des figures locales sorties tout droit du roman de Carlo Levi. Quelques chambres au confort très rustique.

Tursi

POUR SE FAIRE PLAISIR

Il Palazzo dei Poeti – *Voir « Hébergement » - 35/45 €.* Vous découvrirez un choix inattendu de saveurs de la cuisine lucanienne, tout en regardant les pierres des maisons changer de couleur à mesure que la nuit tombe. Et Paolo Popia, le patron, vous accompagnera avec les vers nostalgiques d'Albino Pierro. Pour vivre un moment exceptionnel.

PETITE PAUSE

Pisticci

Bar Pasticci – *Piazza dei Caduti 3 - fermé lun. et août.* Un bar avec une petite terrasse (c'est rare) où boire un café, bien sûr, mais surtout goûter les excellentes pâtisseries préparées par le patron, dont sa spécialité, la Bianca, petit gâteau à base de ricotta et pâte d'amande.

AGENDA

Aliano

Premio letterario Carlo Levi – *Via Martiri d'Ungheria 1 - 0835 56 85 29 - www.aliano.it.* Chaque année, au printemps, une manifestation littéraire dédiée à Carlo Levi. Activités de recherche et concours littéraire rassemblent les grandes plumes du pays.

Pisticci

Lucanian Film Festival – *Piazza Chiesa Madre - 10-13 août.* Depuis 15 ans, ce festival met en compétition courts et longs-métrages du monde entier, projetés le soir à ciel ouvert dans le quartier de Terravecchia.Magique.

Parco Nazionale del Pollino

★

Provinces de Matera et Potenza

Le sommet du Monte Pollino (2 248 m) se trouve pile à la frontière entre la Basilicate et la Calabre. Ce n'est pas la montagne la plus haute, car le Dolcedorme, juste à côté d'elle, atteint 2 271 m, mais c'est la plus majestueuse et la plus familière, celle que pendant 2 500 ans des générations de bergers ont franchie pour rejoindre la Calabre. C'est aussi la plus mythique. Il n'est pas étonnant qu'elle ait reçu le nom du dieu préféré des Grecs et des Romains, Apollon. Les paysages grandioses et l'extraordinaire biodiversité du Parc national du Pollino, le plus grand d'Italie (deux fois celui des Cévennes, plus grand Parc national français), en font une destination de choix pour les amateurs de randonnée, de rafting, de spéléologie, de botanique…

NOS ADRESSES PAGE 269
Hébergement, restauration, achats, activités, etc.

S'INFORMER

Ente Parco Nazionale del Pollino – *Complesso Monumentale Santa Maria della Consolazione - Rotonda - ✆ 0973 66 93 35 - www.parcopollino.gov.it - 8h30-13h, 14h-16h30 sf w.-end.* Retrouvez aussi les coordonnées des points d'information sous les noms des localités concernées.

SE REPÉRER

Carte de région B-C3 (p. 240-241).

Le Parc national du Pollino est délimité par les villes lucaniennes de Castelluccio Superiore au nord-ouest et Valsinni au nord-est, et les villes calabraises de Castrovillari au sud-est et Orsomarso au sud-ouest.

À NE PAS MANQUER

La randonnée au départ du Colle Impiso vers Grande Porta del Pollino.

ORGANISER SON TEMPS

Comptez une journée pour une randonnée ou une activité dans le parc et une autre pour visiter les villages du parc en voiture.

AVEC LES ENFANTS

L'Ecomuseo du Parco del Pollino à Rotonda, le Volo dell'Aquila à San Costantino Albanese.

Découvrir Carte de région

Dans la partie lucanienne du parc qui nous concerne, on peut plus spécifiquement réaliser les activités mentionnées ci-dessus, au sud d'une ligne qui irait de Rotonda à Terranova del Pollino. Le Pollino est également connu pour la vivacité des traditions de ses villages : rites arborifères à Rotonda et Viggianello, que l'on célèbre au 21e s. avec la même ferveur qu'au 13e, ou les offices religieux assurés aujourd'hui, comme au 15e s., selon le rite orthodoxe à San Costantino Albanese et San Paolo Albanese (*voir encadré p. 268 et l'agenda dans « Nos adresses »*).

Rotonda B3

À 60 km à l'est de Maratea par la S 19.

Rotonda est un village de montagne dont l'activité traditionnellement agricole s'est beaucoup développée depuis qu'elle a accueilli le siège de l'Ente

Parco Nazionale del Pollino. Les ruelles bordées de maisons en pierre grise, dans la partie ancienne du village, mènent aux ruines du château (15e s.), d'où l'on jouit d'une belle vue circulaire sur la vallée du Mercure avec, en face, le massif du Pollino. En redescendant, remarquez les fontaines sculptées, une spécialité de Rotonda, et la maison derrière la Chiesa del Rosario, exemple de logement paysan au 17e s. avec l'étable en bas, l'entrée en hauteur et son four dépassant du mur. Dans l'enceinte de l'Ente del Parco, l'**Ecomuseo del Parco del Pollino** (*mêmes conditions de visite que le point d'informations ci-dessus)* présente l'histoire, la géographie, la faune et la flore du parc, avec une approche ludique très appréciée des enfants.

Viggianello C3

À 10 km à l'est de Rotonda par la SP 4.

D'origine beaucoup plus ancienne que sa voisine Rotonda, Viggianello se trouve sur la Via Popilia et non loin de la Via Herculea, les voies qui ont vu passer les éléphants d'Hannibal en route pour la conquête de Grumentum. Bien après eux, la suite de Frédéric II de Hohenstaufen séjourna deux fois dans le château et, encore plus près de nous, l'armée piémontaise en lutte contre les brigands. Aujourd'hui, la Via Herculea est devenue un sentier de randonnée, le château est désormais privé et Viggianello constitue une halte agréable pour qui visite les villages du Pollino. Tout près de Viggianello se trouve la source du fleuve Mercure, dont l'eau est commercialisée dans toute l'Italie sous la très populaire marque San Benedetto.

San Costantino Albanese C3

À 50 km à l'est de Viggianello par la SP 4.

Les panneaux routiers sont ici écrits en italien et en **arbëresh**, la langue dérivée de l'albanais du 15e s., celle que les habitants de San Costantino parlent encore aujourd'hui. Dans la **Chiesa Madre** dédiée à saint Constantin et sainte Hélène *(ouverte seult pdt les offices, sem. à 7h30, dim. à 10h30)*, c'est derrière une iconostase que la messe est célébrée par un pope, selon le rite orthodoxe, et

LES CHÈVRES DE SKANDERBEG

Lorsque le sultan Mourad II envahit l'Albanie au 15e s., **Georg Kastriot Skanderbeg** (du turc « Iskander Bey », c'est-à-dire prince Alexandre) eut l'idée de fixer des bougies sur les cornes de milliers de chèvres. Voyant en pleine nuit toutes ces torches qu'il prit pour autant de soldats ennemis, le sultan fit demi-tour, l'Albanie fut sauvée et la vénération des Albanais envers Skanderbeg une fois de plus raffermie. Mais ce sont surtout ses qualités de stratège qui ont fait de lui un modèle de prince chrétien, un symbole de la résistance contre l'Empire ottoman et l'allié du roi de Naples qui n'hésitait pas à faire appel à lui pour défendre son royaume. Sa mort en 1468 a laissé orpheline toute une population qui, fuyant l'occupation ottomane, s'établit en Italie du Sud, dans le royaume de Naples où son héros était venu se battre si souvent. Les Albanais ont apporté leur langue et leurs coutumes et, pendant près de 500 ans, ont vécu dans un tel isolement qu'aujourd'hui ce patrimoine est toujours vivant. Appelés les Arbëresh, du nom de la langue parlée en Albanie au moment de leur départ *(arbëresh)*, ils en ont conservé la prononciation et le vocabulaire malgré quelques ajouts d'italien. Un Albanais du 21e s. entendant parler deux habitants de San Paolo Albanese se sentirait comme un Français en train de converser avec Jeanne d'Arc ou Ronsard.

LES RITES ARBORIFÈRES

Maggio dans les Piccole Dolomiti Lucane, *Sagra dell'Abete* dans le Parco del Pollino : le mariage d'un hêtre et d'un sapin est célébré tous les ans dans plusieurs villages de Basilicate à l'occasion de la fête d'un saint patron, dans un mélange de rites païens et chrétiens auquel participe toute la population avec une ferveur impressionnante. Plus d'un mois à l'avance, un groupe de *pitaioli* s'aventure en forêt, à la recherche du *pitu*, le hêtre qui sera choisi pour sa droiture et sa taille (20 à 30 m) pour être l'élément masculin de ce mariage végétal. Le dimanche suivant, c'est au tour des *roccaioli* de partir, dans une forêt qui n'appartient pas au village cette fois, choisir la *rocca*, l'élément féminin, un sapin choisi pour l'élégance de son feuillage. Les festivités commencent par l'abattage de ces deux arbres qui sont ensuite transportés par un convoi de bœufs couronnés de fleurs (une bonne vingtaine) jusqu'au centre du village où ils sont unis avec des cordes et enfin érigés comme un totem, non sans avoir été bénis auparavant par le prêtre. C'est l'occasion d'assister à l'un des rares rites propitiatoires encore vivaces au 21e s. en Europe et dont l'origine se perd dans la nuit des temps.

c'est au *pijetore* qu'on entre boire un café en face de l'église, en passant devant les vieux messieurs assis sous le regard farouche du grand Georg Kastriot Skanderbeg. À deux rues de là, le **Museo della Civiltà Albanese** présente de nombreux objets et costumes traditionnels. *Via Demostene 3 - w.-end 10h-13h, 17h-19h ou sur RV au ✆ 347 125 33 49.*

Au nord du village, juste derrière le cimetière, se trouve la ravissante petite **Cappella della Madonna della Stella**, construite par les moines basiliens au 11e s., avec son clocher byzantin surmonté d'une coupole festonnée.

San Paolo Albanese C3

▶ *À 10 km à l'est de San Costantino Albanese par la SP 63.*

De l'autre côté de la vallée du Sarmento, San Paolo Albanese est beaucoup plus retiré que San Costantino. Ici, pas de *pijetore* sur la place de l'église. Les maisons, construites un peu de bric et de broc, sont plus sévères, les habitants moins visibles et l'attachement à la culture albanaise semble plus fort. Il n'est pas rare de voir surgir au coin d'une rue une vieille dame en costume traditionnel. Bien sûr, l'église est byzantine, le rite, orthodoxe, et le **Museo della Civiltà Albanese** logé dans une maison étonnamment moderne. La présentation des étapes de fabrication de la toile de genêt est particulièrement intéressante. *Pour la visite, s'adresser à l'hôtel de ville : Municipio/Kanxheljaria - Via Alessandro Smilari 19 - ✆ 0973 94 367 - 9h-13h, 16h-19h- 2 €.*

LE CHANT D'UNE SOLITUDE

Ainsi pourrait-on définir la poésie d'**Isabella Morra**, qui vécut toute sa vie enfermée entre les murs du château familial de Favale (aujourd'hui Valsinni) pour finir assassinée à 26 ans par trois de ses frères, au motif d'une relation hypothétique entre elle et le baron de Cosenza, Diego Sandoval de Castro, homme marié et, qui plus est, espagnol ! C'est pour la méditation lyrique et nostalgique (*La mia adversa e dispietata stella*, Mon étoile adverse et implacable, trad. Philippe Guérin) qui transparaît dans son œuvre assez restreinte (à peine 13 poèmes) qu'on la considère comme précurseur du poète romantique Giacomo Leopardi (1798-1837).

Valsinni C3

À 25 km au nord-est de San Paolo Albanese par la SP 13.

Piazza Carmine 20 - 0835 81 70 51 - http://parcomorra.it - 10h30-13h, 17h30-19h30.

La route s'éloigne des montagnes du Parco del Pollino et longe le Sinni jusqu'à Valsinni, que l'on reconnaît de loin à son austère château surveillant la vallée du haut de son éperon rocheux. Pour y accéder, on contourne le village et on monte à gauche vers le château.

Bon à savoir – Pour éviter la montée des 150 marches qui mènent au vieux village et au château depuis le premier parking, continuez la route, vous trouverez un autre parking plus haut.

Édifié par les Normands au 11e s., celui-ci doit sa notoriété à la poétesse **Isabella Morra** *(voir l'encadré ci-contre)*. Le **château** est aujourd'hui privé, mais l'on visite les trois pièces (meubles rustiques contemporains) et les jardins du rez-de-chaussée d'où l'on a une très belle vue sur la vallée du Sinni qui, à partir de là, s'élargit dans sa descente vers la mer ionienne. *338 32 25 407 - 10h-13h, 16h-19h30 - 2 €.*

NOS ADRESSES DANS LE PARCO DEL POLLINO

HÉBERGEMENT

Rotonda

PREMIER PRIX

Rifugio Fasanelli – *Località Pedarreto - 0973 66 73 04 - www.rifugiofasanelli.it - 12 ch. 80 €.* Une ambiance refuge de montagne (réveil au son des cloches des vaches qui passent sous les fenêtres compris) et toutes les commodités d'un hôtel. Programme complet et varié d'excursions guidées dans le parc.

Da Peppe – *Via Vittorio Emanuele 26 - 0973 66 12 51 - 4 ch. 60/70 € -* ✕. Situé dans le village, cet établissement propose des chambres sobrement décorées et très confortables. Mise à disposition de bicyclettes.

Viggianello

BUDGET MOYEN

Paradiso – *Via San Vincenzo - San Severino Lucano, à 20 km au nord-est de Viggianello - 0973 57 65 86 - www.hotelparadiso.info - 62 ch. 60/100 € -* ✕. Un point de départ idéal pour découvrir le Parco del Pollino. Chambres simples et immersion totale dans une nature préservée. Au menu, saveurs du terroir.

RESTAURATION

Rotonda

BUDGET MOYEN

Da Peppe – *Corso Garibaldi 13 - 09 73 66 12 51 - fermé dim. soir et lun., sf en août - 13/30 €.* Cet établissement fait découvrir les saveurs lucaniennes – antipasti, *baccalà con zafarani curshi*, desserts. Pari réussi !

A Rimissa – *Via Vittorio Emanuele III 8 - 0973 66 12 02 - www.arimissa.it - 18/40 €.* Braceria spécialisée dans les grillades de viandes locales. À noter, la *tagliata di vitello con tartufo nero* et les *cavatelli con crema di melanzana rossa*. Très belle carte de vins.

San Paolo Albanese

BUDGET MOYEN

Luna Rossa – *Via Marconi 18 - Terranova di Pollino, à 14 km au sud-ouest de San Paolo Albanese - 097 39 32 54 - www.federicovalicenti.it - fermé merc. - 25/35 €.* Cadre rustique et belle terrasse surplombant la vallée. Le chef revisite les plats traditionnels avec talent.

ACHATS

San Costantino Albanese

Agriturismo Conserva del Pollino – *Via Coronei 6 - ✆ 335 47 03 91 - www.conservadelpollino.it - fermé dim. - 6 ch.* Un riche choix de plats de pâtes et une bonne sélection de produits locaux, dont les *peperoni cruschi*.

ACTIVITÉS

Voir aussi le bureau d'informations de Rotonda *(p. 266)*. Pour réserver un guide officiel : *www.parcopollino.gov.it/index.php/homevivere-il-parco1/guide-ufficiali.*

Randonnée

Dix-huit sentiers sillonnent le versant lucanien du parc. La plus adaptée à des enfants va du Rifugio De Gasperi au Belvedere del Malvento *(comptez 1h30).*

Acquatrekking

ASD Pollino Discovery – *Via Carella 35 - Viggianello - ✆ 338 23 33 888 - www.pollinoacquatrekking.com - 15/20 € - réserv. obligatoire par email : pollinoacquatrekking@gmail.com.* Des balades très ludiques dans les cours d'eau qui peuvent être couplées avec des randonnées à pied. Deux parcours au choix : le « easy » pour les familles avec enfants, et le « canyon » un peu plus long et plus sportif.

Escalade

C'est autour de Viggianello que se trouvent les parois les plus adaptées pour l'escalade.

Rafting

LaoPollino – *Contrada Petroso - Laino Borgo - ✆ 0981 85 673 - pollinorafting.it.*
LaoRafting – *Corso Umberto I 120 - Laino Borgo - ✆ 0981 85 644 - www.laorafting.com.*
Toutes deux situées dans la partie calabraise du parc, ce sont les deux meilleures adresses pour faire du rafting et du kayak sur le Mercure (qui devient le Lao quand il traverse la Calabre). LaoRafting organise aussi des sorties en « softrafting » pour les enfants.

Deltaplane

Volo dell'aquila – *Località Torretta - San Costantino Albanese - ✆ 331 70 14 214 - www.volodellaquila.net - juil.-sept. : 10h-19h ; reste de l'année : 9h-16h - 15 €.* Pour petits (à partir de 10 ans) et grands, c'est une expérience qui vous donnera l'illusion de faire du deltaplane en toute sécurité grâce à un câble en acier. On atteint entre 60 et 80 km/h !

AGENDA

Sagra dell'Abete – *8-13 juin.* À Rotonda et Terranova di Pollino, célébration arborifère à l'occasion de la fête de saint Antoine de Padoue.

Sagra dell'Abete – *Dernière sem. d'août.* À Viggianello, célébration arborifère à l'occasion de la fête de saint François de Paule.

L'Estate d'Isabella Morra – *24 juil.-30 août.* Tous les soirs, à Valsinni, pièces de théâtre, récitations de poésies, spectacles vivants, visites du château sont organisées autour de la mémoire d'Isabella Morra.

Maratea

★★

5 130 habitants - Province de Potenza

Le Christ ne s'est pas arrêté à Eboli, il s'est arrêté à Maratea. On le voit de loin, silhouette blanche longiligne qui, du haut de la colline San Biagio, vous accueille les bras ouverts comme à Rio de Janeiro. Rendez-vous d'habitués, Maratea est un village élégant, discret, invisible de la mer, où l'on sent une volonté de ne pas se laisser envahir par le tourisme de masse. C'est ce qui fait tout son charme et explique aussi les tarifs des structures d'accueil touristiques un peu plus élevés qu'ailleurs. Laissez-vous gagner par la douceur de vivre raffinée de ce village aux maisons aux couleurs pastel et aux églises couvertes de beaux sols carrelés, vous comprendrez vite pourquoi on l'appelle la Perle de la mer tyrrhénienne.

NOS ADRESSES PAGE 274
Hébergement, restauration, achats, activités, etc.

S'INFORMER

Pro Loco Maratea – *Comune di Maratea - Piazza B. Vitolo 1 - ✆ 0973 03 03 66 - www.maratea.info - juil.-août : 10h-13h,17h-22h ; reste de l'année : lun.-vend. 8h-14h.*

SE REPÉRER

Carte de région B3 (p. 240-241).

À 170 km au sud-ouest de Matera, accroché à flanc de colline à 300 m d'altitude, le bourg de Maratea, englobe aussi des *frazioni* : six hameaux situés sur la S 18 qui longe la côte (Acquafredda, Castrocucco, Cersuta, Fiumicello, Marina di Maratea, Porto di Maratea) et deux autres à l'intérieur des terres (Massa et Brefaro).

À NE PAS MANQUER

Le village et le panorama depuis la statue du Christ Rédempteur ; à Marina di Maratea, la plage de Setteponti ; le site archéologique de Grumentum.

SE GARER

Il vaut mieux, l'été *(juil.-août)*, garer sa voiture dans l'un des parkings à l'entrée du village. Le reste de l'année, on trouve de la place au parking de la Via Roma.

ORGANISER SON TEMPS

Comptez une journée pour découvrir Maratea et ses environs, une autre pour profiter des plages exceptionnelles de la côte et une dernière pour visiter le site archéologique de Grumentum.

AVEC LES ENFANTS

La Grotta delle Meraviglie, les plages.

Se promener

Chiesa dell'Annunziata

Corso Sann Pietro.

Avec son clocher surmonté d'une coupole joliment festonnée de céramiques jaunes et vertes, c'est la plus célèbre et l'une des rares églises à être toujours ouvertes. Devant l'entrée se dresse la colonne de San Biagio, le saint patron de Maratea. Remarquez le joli sol en carreaux de céramique vernissée, que l'on retrouve dans la plupart des 44 églises et chapelles de Maratea et ses *frazioni*.

LE GOLFE DE POLICASTRO

Trois régions se partagent le **golfe de Policastro★★** qui enserre la mer tyrrhénienne entre la Punta degli Infreschi et le Capo Scalea : la Campanie au nord, la Basilicate au centre et la Calabre au sud. La Basilicate est celle qui a reçu la part la plus belle en partage. D'Acquafredda à Castrocucco, imaginez des dizaines de kilomètres d'une **côte rocheuse** noire couverte d'une végétation d'un vert lumineux qui plonge en une succession d'à-pics vertigineux dans une mer bleu indigo. Ce qui frappe d'abord quand on parcourt la route longeant le golfe de Policastro, c'est l'intensité des couleurs. Puis, on découvre les maisons fleuries de lauriers-roses, les **plages** qui s'étalent au fond de criques découpées comme de la dentelle dans la roche volcanique, le nombre incroyable de **grottes** terrestres et sous-marines (il y en a plus de 100 sur 30 km), les émouvantes tours de guet en ruine qui surveillent la mer depuis le 16e s., la multitude d'îlots noirs qui suivent la côte comme autant de points de suspension.

La côte tyrrhénienne de la Basilicate est probablement l'une des plus belles de la Méditerranée et, bonne surprise, elle est encore peu fréquentée.

Palazzo de Lieto

Via Sotto il Campanile Maggiore - juil.-août : 16h-21h ; reste de l'année : ✆ 0973 87 76 76 - entrée libre.

Cet ancien hôpital construit au 18e s. abrite aujourd'hui un petit **musée d'archéologie sous-marine** qui présente en particulier une étonnante collection d'ancres romaines retrouvées autour de la petite île de San Janni, au large de Maratea. On y fabriquait au 4e s. av. J.-C. le fameux *garum*, une sauce à base de viscères de poisson marinés, très apprécié des Romains raffinés. De la véranda du palais, très jolie vue sur le golfe de Policastro.

★★ Cristo Redentore

Monte San Biagio. Suivez la Via Roma, qui part de la Piazza B. Vitolo (où se trouve la fontaine de la sirène, l'emblème de Maratea) et sortez du village en montant dans la colline, jusqu'à un croisement qui indique, à gauche, « Cristo Redentore ». La route mène à un parking où, de mi-juin à mi-sept., on doit laisser sa voiture (4 €) et prendre une navette pour atteindre le sommet.

S'y trouvent la petite **basilique de San Biagio** qui abrite les reliques et surtout la **statue** blanche (22 m de haut) du Rédempteur, réalisée dans un mélange de marbre et de ciment en 1965 par le sculpteur florentin Bruno Innocenti, sous l'impulsion de Stefano Rivetti, entrepreneur piémontais qui a été, dans les années 1960, le promoteur du développement touristique de Maratea. Contre toute attente, on découvre que le Christ tourne le dos à la mer ! De là-haut, on bénéficie d'un superbe **panorama★★** sur le golfe de Policastro et la côte calabraise.

À proximité Carte de région

Porto

▶ À 3 km au sud-ouest de Maratea.

Petit bourg de pêcheurs aux maisons colorées qui surplombent les eaux. Ce n'est qu'en 1962 que le port s'est agrandi pour accueillir des bateaux de plaisance. Étonnante sensation que celle d'être dans un port d'où l'on ne voit pas la mer… Le soir, c'est là que se trouve la *movida*.

La plage de Santa Teresa, dans le golfe de Policastro.
M. Ripani/Sime/Photononstop

Grotta delle Meraviglie B3

À 6 km au sud de Maratea par la SS 18 (panneau marron Grotte di Marina). En venant de Maratea, vous trouverez, sous la route, l'entrée à droite. De mi-juin à mi-sept. : 9h30-12h30, 16h-19h - 3 €. Comptez 30mn.

De dimensions relativement réduites (70 m par 20 m et 7 m de hauteur), elle est surtout remarquable pour la profusion et la finesse de ses stalactites et stalagmites – tellement fins qu'on les nomme « spaghetti » – très bien mis en valeur par un éclairage réussi.

Bon à savoir – À l'intérieur, la température est d'environ 15 °C et le taux d'humidité de 95 %.

Rivello B3

À 23 km au nord de Maratea par la SP 3. Quittez Maratea par le nord en direction de Trecchina.

La route serpente dans la montagne, laissant découvrir de temps en temps de beaux panoramas sur le golfe de Policastro.

À Trecchina, prenez la direction de Lagonegro, puis descendez à droite vers Rivello.

En contrebas du village, le **Monastero di Sant'Antonio★** mérite que l'on s'y arrête pour découvrir les fresques de Giovanni Todisco et de son fils Girolamo (1559). En particulier, la grande fresque de la *Cène* qui décore un panneau du réfectoire. On reconnaît sur la table les mets habituellement consommés dans les repas de fêtes à Rivello au 16e s. : un poulet rôti, un lapin, des crabes d'eau douce, un pain en forme de huit, un melon, une grenade, des cerises… *Largo Monastero - ✆ 0973 46 511 - 7h30-13h, 14h-15h30, jusqu'à 20h en août - entrée libre.*

Grumentum B3

À 50 km au nord de Maratea par la SP 26 et la SS 103.

Une visite à Grumentum permet de découvrir l'un des sites archéologiques les plus importants de la Basilicate. La riche ville romaine de Grumentum

LES PLAGES

La côte tyrrhénienne de la Basilicate est magnifique et il est très difficile de résister à la tentation de faire un plongeon dans ses eaux transparentes. La plupart des plages autour de Maratea sont de sable ou de petits galets noirs. Elles sont généralement bien indiquées à partir de la SS 18 (panneaux marron), souvent équipées d'un parking, d'un bar et disposent, pour la plupart, de transats et parasols à la location. Il existe aussi beaucoup de plages « sauvages » facilement accessibles à pied. Les plus commodes d'accès avec des enfants sont celles de la Luppa, à **Acquafredda**, celle de Fiumicello et la Spiaggia Nera à **Marina di Maratea**. Les plus célèbres sont les plages de Grotta della Scala à Acquafredda, Il Nastro à **Cersuta** et Macarro à Marina di Maratea. Mention spéciale pour Setteponti, qui est restée totalement préservée (elle n'est pas indiquée) tout en étant d'accès facile *(sur la SS 18 en direction de Marina di Maratea, à 1 km après le panneau Grotte di Marina, prendre la deuxième petite route à droite – l'entrée est marquée par deux colonnes carrées en granit)*. Les plages d'Illicini, Calavecchia et La Secca sont magnifiques, mais l'accès est payant.

se trouvait sur la Via Eraclea, voie de communication est-ouest entre la mer ionienne et la mer tyrrhénienne, et non loin de la Via Popilia, axe nord-sud qui, partant de Capoue, au sud de Rome, allait jusqu'au détroit de Messine, au bout de la Botte italienne. Cette situation privilégiée a fait de Grumentum un centre d'échanges commerciaux très intenses qui ont contribué à son développement et à sa prospérité, comme en témoignent les éléments mis au jour par les premières fouilles réalisées sur le site : un théâtre, un forum, plusieurs temples, un amphithéâtre (l'un des plus anciens du monde romain, il remonte au 3e s. av. J.-C), des thermes ainsi que la fameuse *domus* des Mosaïques. Quand on pense que seulement 10 % du site a fait l'objet de fouilles, cela fait rêver ! Les objets retrouvés sont présentés dans le **Museo Archeologico Nazionale dell'Alta Val d'Agri★**, à 300 m du site archéologique. Regardez la tête ravissante de la troisième épouse d'Auguste, Livia Drusilla, très influente et assez peu scrupuleuse. *Contrada Spineta - Grumento Nova - ✆ 0975 65 074 - musée : tlj sf lun. mat. - 9h-20h - site : 9h-1h av. le coucher du soleil - 2,50 €.*

NOS ADRESSES À MARATEA

HÉBERGEMENT

Marina di Maratea

UNE FOLIE

Illicini – *Via Malcanale 6 - Spiaggia Illicini, SS18 km 236,7 - ✆ 0973 87 90 28 - www.illicini.it - 11 ch. 180/200 € - 1/2 P obligatoire en août -* ✕. Situé au bord de l'eau, entre les plages d'Illicini et de Calavecchia dont il détient la concession, cet établissement balnéaire très années 1960 propose des hébergements dans de petites maisons avec une ou deux chambres simples mais confortables (air conditionné, télévision et refrigerateur) ainsi qu'un restaurant, une piscine, une aire de pique-nique, des transats, de quoi passer toutes ses vacances sans sortir de la propriété.

Acquafredda

UNE FOLIE

Hôtel Gabbiano – *Via Luppa 24 - ✆ 0973 87 80 11 - www.hotelgabbianomaratea.it - de Pâques à fin oct. - 39 ch. 145/260 €.*

Bénéficiant d'une splendide situation, et d'un accès direct à la plage, cet hôtel donne parfois l'impression d'être sur un bateau.
Hotel Spa Villa del Mare – *Contrada Acquafredda - ✆ 0973 87 80 07 - www.hotelvilladelmare.com - de Pâques à fin oct. - 70 ch. 210/240 €.* Des chambres spacieuses, de bon goût, dotées de balcons donnant sur la mer. En contrebas, la petite plage privée de l'hôtel, une terrasse délicieuse où l'on prend son petit-déjeuner au soleil, un restaurant qui propose une cuisine raffinée et un centre de bien-être de grand luxe couronnent le tout. Seul bémol dans ce cadre idyllique : le passage du train qui peut perturber le calme environnant.

RESTAURATION

PREMIER PRIX

La Merenderia – *Trav. dietro l'Annunziata 12 - ✆ 349 14 71 918 - à partir de 18h30 - 12/20 €.* C'est le bistrot le plus sympa et l'un des moins chers de Maratea. On y va pour prendre un apéritif ou un dîner léger et découvrir les spécialités locales que l'on déguste en écoutant des chansons italiennes des années 1960. Demandez la *'nduja*, de la viande de porc au piment, ou le pâté de *lardo speziato*, terrine aux épices. En dessert *castagne al mosto cotto*, des marrons au vin.

POUR SE FAIRE PLAISIR

Taverna Rovita – *Via Rovita 13 - ✆ 0973 87 65 88 - www.tavernarovitamaratea.it - avr.-15 sept. - fermé mar. - 35/67 €.* Un cadre pittoresque avec un foyer authentique du 18e s. et des céramiques peintes aux murs. Dans l'assiette, les spécialités régionales préparées avec du savoir faire.

PETITE PAUSE

La Caffetteria – *Piazza Buraglia.* C'est le bar où l'on croise tout le monde à un moment où un autre de la journée, l'endroit parfait pour prendre son cappuccino le matin, à l'ombre des grands parasols, tout en regardant le village se préparer pour la journée.

Rivello

Da Clementina – *Piazza Regina Margherita - ✆ 0973 46 010 - 8h30-14h, 17h30-23h.* Un endroit inénarrable, à mi-chemin entre le bar, l'épicerie, la charcuterie et la confiserie, où les meubles n'ont pas changé depuis 1930 et où Clementina vous proposera son *pecorino moliterno* avec un bon verre d'Aglianico.

ACTIVITÉS

Excursions en bateau

Marvin Escursioni – *Porto di Maratea - ✆ 338 87 77 899 - 25 € la 1/2 j.* Le meilleur moyen de découvrir cette côte superbe dont criques et grotte uniquement accessibles par bateau.

Location de bateaux

Boat Maratea – *Porto di Maratea - ✆ 347 687 13 50 - www.boatmaratea.it - 100/150 €, hors essence.* Location de bateaux sans permis pour découvrir la côte en toute liberté.

Randonnée

Le sentier qui part en face de Santa Maria Maggiore et monte jusqu'à San Biagio constitue une balade agréable et facile *(comptez 2h A/R).*

Potenza et ses environs

67 211 habitants

La capitale de la Basilicate, au climat chaud l'été mais rigoureux l'hiver, est une ville verticale dont les immeubles s'étagent à flanc de montagne à plus de 800 m d'altitude et dont les rues sont reliées par un ingénieux réseau d'escaliers mécaniques, avec des lignes et des correspondances, comme un métro. Potenza, que les séismes répétés n'ont pas épargnée (le 23 novembre 1980, 90 secondes ont suffi pour endommager gravement la ville et détruire 131 villages dans la région), a été obligée tout au long de son histoire de se reconstruire régulièrement… avec plus ou moins de bonheur. Sa capacité à se réinventer continuellement en a fait une ville extrêmement vivante, qui accueille une population estudiantine nombreuse venue du monde entier. Potenza est une ville à l'ambiance à la fois sobre et gaie, moderne et familière, qui offre aussi une base excellente pour découvrir les beautés naturelles et artistiques de ses alentours.

NOS ADRESSES PAGE 282
Hébergement, restauration, achats, activités, etc.

S'INFORMER
APT Potenza – *Via del Galitello 89 - ✆ 0971 50 76 11 - 9h-13h sf w.-end.*

SE REPÉRER
Carte de région B2 (p. 240-241) - plan de ville (p. 278).

SE GARER
Parcheggio Multipiano UNO *(accès par Via Mazzini et Via Matera - 24h/24)*. Accès direct aux escaliers mécaniques de la Via Armellini pour rejoindre le centre-ville. Attention : les escaliers mécaniques ferment de 23h à 7h.

À NE PAS MANQUER
Le Museo Archeologico Nazionale, la cathédrale d'Acerenza, les villages de Castelmezzano et Pietrapertosa, le Ponte alla Luna à Sasso di Castalda.

ORGANISER SON TEMPS
Comptez une journée pour visiter la ville et deux jours pour parcourir les environs.

AVEC LES ENFANTS
Parco della Grancìa à Brindisi di Lucania, Parco di Gallipoli Cognato Piccole Dolomiti Lucane, le château de Lagopesole.

Se promener Plan de ville

La visite du centre-ville suit l'axe central formé par la Via Pretoria, de son extrémité orientale à celle occidentale.

Via Pretoria A2-C1

Si l'on pouvait choisir l'heure idéale pour découvrir Potenza, ce serait 19h, et le lieu, Via Pretoria. À l'heure de la *passeggiata*, pratiquement toute la population de la ville se retrouve, déambulant d'un bon pas. Sur son passage se dressent d'imposants *palazzi* roses et jaunes, la plupart du 19e s., au portail en arc de cercle et aux fenêtres encadrées de pierre grise.

Duomo di San Gerardo B1

Largo del Duomo.
Bâtie au 13e s. sur les vestiges d'un temple paléochretien, la cathédrale, dédiée au patron de la ville, fut remaniée au 18e s. en style néoclassique.

L'intérieur a gardé quelques traces de l'ancien bâtiment dans la crypte, au-dessous du presbytère. Le bras droit du transept accueille la chapelle qui abrite la dépouille de San Gerardo.

★★ Museo Archeologico Nazionale Dinu Adamesteanu B1

Palazzo Loffredo - Via Andrea Serrao 11 - ✆ 0971 32 31 11 - www.basilicata.beniculturali.it - 9h-20h, lun. 14h-20h - 2,50 €.

Ce musée d'une richesse inouïe présente le panorama le plus complet de l'histoire de la Basilicate entre l'âge du fer (9e s. av. J.-C.) et la fin de la domination romaine (5e s. apr. J.-C.). Les collections sont exposées sur deux étages de façon très didactique, selon un ordre chronologique et géographique. Les épées et les céramiques œnotres, aux décorations très graphiques, sont particulièrement intéressantes. S'il ne fallait retenir que quelques objets, ce serait sans doute le trésor du tombeau d'une petite princesse qui a vécu au 5e s. av. J.-C. à Serra di Vaglio et décédée à 7 ans, ainsi que le *polos*, couronne en vermeil ayant appartenu à une prêtresse grecque à la fin du 6e s. av. J.-C., et bien sûr le **prometopidion**, l'extraordinaire masque en bronze doré datant du 5e s. av. J.-C. qu'un prince grec avait fait fabriquer pour protéger le chanfrein de son cheval. Cette pièce rare et précieuse est devenue l'emblème du musée. Mais il y en a beaucoup d'autres, et il en reste au moins autant dans les sous-sols !

Piazza Pagano A2

Ouverte au 19e s. et délimitée par le Palazzo del Governo (19e s.), le Palazzo dell'INA (1937) et le Teatro Stabile (1881), elle constitue le cœur élégant, et animé, du centre-ville.

San Francesco A2

Élevée en 1274, cette église, qui faisait partie d'un complexe conventuel, présente une simple façade de pierre ouverte par un beau portail de style catalan et des précieuses **portes★** en bois datant de 1499. C'est un miracle que l'église ait survécu à tous les séismes qui ont frappé Potenza depuis 750 ans et justement à son intérieur elle abrite la **Madone du tremblement de terre**, beau portrait de la Vierge à l'Enfant d'origine orientale datant du 13e s., vénérée par la population qui la fête le 16 décembre : si la ville fut gravement endommagée en cette journée de l'année 1857, les victimes furent cependant moins nombreuses qu'ailleurs. Juste à côté, regardez les deux fresques représentant saint François d'Assise et sainte Claire et, en face, le *Martyre de saint Sébastien*, réalisé en 1550 par Giovanni Todisco, à qui l'on doit les plus belles fresques de la Basilicate.

San Michele Arcangelo A2

Bien que remaniée en 1849, cette église fondée en 1178 a conservé son aspect roman. L'intérieur abrite plusieurs toiles, fresques et sculptures datant du 15e au 18e s. réalisées par des maîtres lucaniens et apuliens.

★ Museo Archeologico Provinciale Hors plan par C1

Via Lazio 18 - ✆ 0971 44 48 33 - 8h-13h, 16h-19h - fermé mar. apr.-midi, dim. et lun. - entrée libre.

Situé un peu à l'écart, au nord de la ville, le musée abrite une très belle collection d'archéologie consacrée aux Œnotres, Grecs et Lucaniens, dont la pièce la plus remarquable est la déesse de Garaguso devant son petit temple datant du début du 5e s. av. J.-C., et de beaux éléments d'armures en bronze. À côté du Museo Archeologico, une petite pinacothèque abrite quelques tableaux intéressants des 19e et 20e s., dont les impressionnants *Enfants* de Carlo Levi.

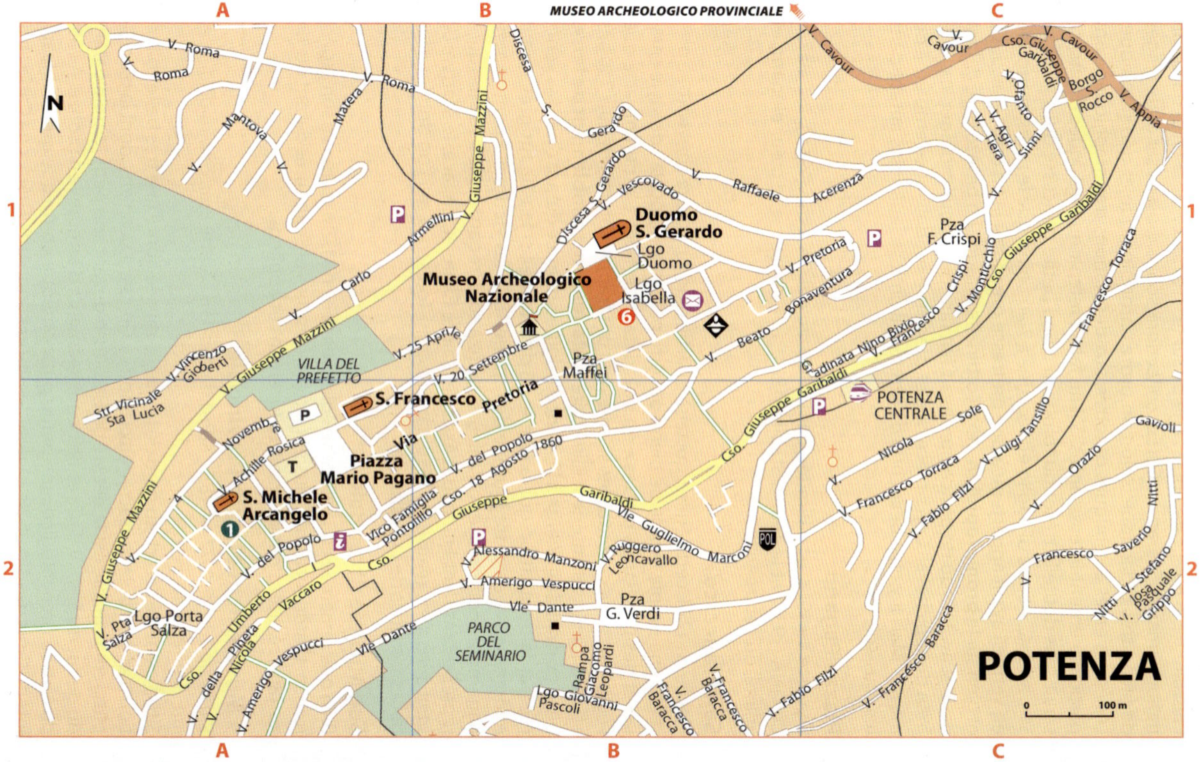

SE LOGER

B&B Al Convento....... 1

SE RESTAURER

Trattoria Al Duomo..... 6

LE BRIGANDAGE

« Le brigand est comme un serpent, si on ne le taquine pas, il ne mordra pas. » La formule est de Carmine Crocco, originaire de Rionero in Vulture, le « Napoléon Ier des brigands », le symbole de la révolte paysanne contre celui qu'on appelait l'« usurpateur piémontais », Vittorio Emanuele II, alors tout nouveau roi d'une Italie unifiée. Contrairement aux bandits qui agissent pour leur intérêt personnel, les brigands avaient des motivations essentiellement politiques. Le brigandage, manifestation de la colère des populations confrontées aux états étrangers ayant occupé leur territoire en exigeant toujours plus et sans rien donner en échange, a toujours existé en Italie du Sud. C'est cependant en Basilicate, à partir de l'arrivée des Bourbons sur le trône de Naples (1759), qu'il a connu ses heures les plus intenses. Après un court répit en 1860, au moment de l'annexion de la région au royaume d'Italie, il a repris de plus belle quand la population a vu son attente pleine d'espoir dans l'Unité italienne finalement déçue, une fois de plus. Mais cette fois-ci, les autres étaient italiens.
Le brigandage a officiellement pris fin en Basilicate en 1870, après une dure répression qui a duré 10 ans et à laquelle ont participé pas moins de 100 000 hommes. Et pourtant, c'est le portrait de Crocco qui est placardé aujourd'hui sur les murs de Potenza quand les habitants protestent contre la hausse des tarifs des parcmètres…
Pour une vision spectaculaire de cette histoire, mettez le cap sur le Parc de la Grancìa à Brindisi di Montagna *(voir ci dessous)*.

À proximité carte de région

Brindisi di Montagna B2

À 23 km au sud-est de Potenza par la E 847.
Les maisons de Brindisi di Montagna s'étagent sagement au pied des ruines du château perché sur le sommet qui préfigure les montagnes des Piccole Dolomiti Lucane, visibles au loin.
Le village accueille le **Parco della Grancìa** : inspiré du Puy-du-Fou et dédié au milieu paysan et à l'histoire du **brigandage** en Basilicate, il propose un grandiose ciné-spectacle nocturne. *380 176 23 30 - www.parcograncia.it - sam. en juil. et sept., vend.-sam. en août - fermé oct.-juin - ouv. du parc (entrée libre) à 10h ; spectacle La Storia Bandita (28 €) à 21h30.*

Lagopesole B1

À 25 km au nord de Potenza par la SS 658.
Le **château★** massif domine le paysage du haut de sa colline. Bâti par les Normands au cours du 12e s., il fut remanié par Frédéric II qui l'utilisait comme résidence de chasse. Après avoir traversé le portail décoré, on accède à la grande cour. À l'intérieur, on visite la belle chapelle de style angevin et plusieurs salles, dont celles de l'empereur et de l'impératrice. Le château accueille aujourd'hui un *antiquarium* et des expositions. *Via Castello - 0971 86 083 - www.castellodilagopesole.com - 9h30-13h, 16h-19h (15h-17h oct.-avr.) - 1,50 €.*

Pietragalla B1

À 30 km au nord-est de Potenza par la SS 658.
Le village entoure l'imposant palais ducal construit au 15e s. à l'emplacement d'un ancien couvent aujourd'hui occupé par des résidences privées. Le palais a été le théâtre d'un affrontement sanglant entre la population de Pietragalla

et les brigands du général Borjes les 16 et 17 novembre 1861, mettant définitivement fin au brigandage dans cette région. Remarquez la coupole byzantine ourlée de sept rangs de tuiles qui surmonte le clocher de la Chiesa Madre datée du 13e s. Si vous avez la chance de la trouver ouverte, entrez voir la jolie fresque de la petite chapelle où se trouvent les fonts baptismaux. À droite de saint Jean-Baptiste, remarquez le cactus. Cette plante n'existait pas en Europe à l'époque et sa présence sur la fresque reste un mystère.
En sortant de Pietragalla par la route en direction de Bari, on remarque des **palmenti**, petits édifices caractéristiques bâtis dans la roche et utilisés pour la production du vin. Les *palmenti* ont servi jusqu'à la fin des années 1960.

★ Acerenza B1

À 38 km au nord-est de Potenza par la SS 169.
Via Umberto I, 3 - ✆ 329 42 33 465 - www.prolocoacerenza.it.
Établie sur un site magnifique au sommet d'une colline haute de 883 m, souvent enveloppée par le brouillard, se dresse l'antique Acheruntia, dont la riche tradition historique est liée à la présence, à partir du 11e s., du diocèse qui fit ériger sa cathédrale, l'un des monuments les plus remarquables du Sud de l'Italie.
Sur le chemin du monument, profitez-en pour flâner dans le joli village et parcourir son axe principal, le **Corso Umberto I**, bordé de maisons patriciennes du 17e s.
★★ Cattedrale – *8h-19h.* Elle fut bâtie en 1080 sous l'impulsion du premier archevêque d'Acerenza, le moine clunisien Godan, grâce au financement de Robert Guiscard. La façade, très dépouillée, est dominée par un puissant campanile du 16e s. et animée par un édicule encadrant le portail dont les deux fines colonnettes reposent sur des singes et des figures humaines aux poses obscènes; ces bases historiées symbolisent le pêché que l'on doit abandonner avant de franchir le seuil.
À l'**intérieur**, les maîtres d'œuvre français qui participèrent à l'édification de la cathédrale ont appliqué certains éléments caractéristiques de l'architecture clunisienne, comme le chœur entouré d'un déambulatoire à chapelles rayonnantes. Dans le bras droit du transept, admirez la *Madonna del Rosario* d'Antonio Stabile (1583) et, du même artiste, dans le bras gauche, la *Pietà*. Sous le presbytère s'ouvre la riche **Cappella Ferrillo★** (1524), qui marque la transition vers la Renaissance : l'élégant sarcophage des Ferrillo est une œuvre de Francesco da Milano.
Après la visite, faites le tour du bâtiment pour admirer son magnifique chevet et rejoindre le **Belvedere Torretta**, qui offre une **vue★** magnifique sur la vallée du Brandano, les Murge et les Dolomiti Lucane.

★ Parco Naturale di Gallipoli Cognato Piccole Dolomiti Lucane

Località Palazzo - Accettura - ✆ 0835 67 50 15 - www.parcogallipolicognato.it - avr.-juin : 10h-17h ; juil.-août : 9h30-17h30 ; sept. : vend.-dim. 10h-17h.
Castelmezzano est à 37 km au sud-est de Potenza par la E 847.
Au sud-est de Potenza s'ouvre un **paysage★★** étonnant, formé par un ancien complexe montagneux caractérisé par de hautes aiguilles qui ressemblent par leurs formes aux Dolomites du Trentin. La faune (cerfs, loups, sangliers et de drôles de porcs noirs qu'on rencontre assez fréquemment, même près de la route) y est très abondante.
Dans ce paysage évocateur, à l'abri des aiguilles aux formes fantastiques, se trouvent les beaux villages de **Castelmezzano** et **Pietrapertosa★** dont les tissus urbains se confondent avec le rocher à vif. Côté patrimoine, le premier abrite dans la Chiesa Madre une belle Vierge à l'Enfant en bois sculpté (14e s.),

Le vertigineux pont tibétain de Sasso di Castalda.
M. Marca/Michelin

tandis que le deuxième, le plus haut village de la Basilicate (1 088 m), conserve les restes d'une forteresse sarrasine transformée en château par les Normands. L'église du couvent San Francesco (1470) renferme un chœur en bois sculpté, un remarquable polyptyque et des fresques du 16e s. Ces deux villages constituent, grâce aux paysages exceptionnels de la région, une destination très appréciée des randonneurs *(voir les activités proposées dans Nos Adresses p. 283)*.

Une autre destination prisée dans le parc (et aussi son principal centre de visite) est **Accettura** qui, au mois de mai, accueille la plus importante célébration arborifère de la Basilicate *(voir Agenda dans Nos Adresses)*.

Parco Nazionale dell'Appennino Lucano Val d'Agri Lagonegrese

Masseria Crisci - C/da Vallarano - Lago del Pertusillo - www.parcoappennino-lucano.it - mar. et w.-end 10h-13h.

Satriano di Lucania est à 25 km au sud-ouest de Potenza par la E 847.

Situé entre les parcs nationaux du Pollino et du Cilento, le plus jeune parc national italien (créé en 2007) comprend plusieurs sommets parmi les plus hauts des Apennins lucaniens. Il se caractérise par d'intéressants habitats comprenant des hêtraies, des sapins blancs et de vastes forêts qui alternent avec les prés et les pâturages. Les jolis villages qui se trouvent à la lisière occidentale du parc constituent de bonnes bases de départ pour son exploration.

Satriano di Lucania – Pietrafesa jusqu'en 1887, ce village donna le jour au peintre **Giovanni De Gregorio** (1580-1665), dit le Pietrafesa, qui travailla beaucoup dans la région. Ce bourg paisible orne depuis 1983 ses maisons de **murales** ; il donne aussi l'occasion de tout connaître sur le piment grâce à **Pepem**, un petit musée multimédia dédié à cet ingrédient essentiel à la cuisine du Sud. *Via De Gregorio - visite sur RV - ✆ 0971 99 16 61.*

Brienza – *À 10 km au sud de Satriano.* À 713 m d'altitude, ce joli bourg a gardé sa structure médiévale et conserve de belles fresques du Pietrafesa dans l'église Madonna degli Angeli. La promenade à travers le village permet de rejoindre les vestiges du château Caracciolo, du 16e s.

Sasso di Castalda – *À 6,5 km à l'est de Brienza.* Préparez-vous à des montées d'adrénaline : en 2017, le bourg a inauguré un **pont tibetain★★**, suspendu à 120 m de hauteur et long de 300 m, qui offre une expérience à couper le souffle, tant pour la beauté du site que pour l'émotion procurée. Le nom officiel de l'attraction est *Ponte alla Luna* en honneur à Rocco Petrone (1926-2006), l'ingénieur aérospatial directeur du programme Apollo, dont les parents étaient natifs de Sasso di Castalda. Pour les moins aventureux, une plate-forme panoramique permet de jouir également du paysage. *Rens. : www.pontetibetano sassodicastalda.com - interdit aux -14 ans; les 14-18 ans doivent être accompagnés par un parent.*

Sant'Angelo le Fratte – *À 20 km au nord-ouest de Sasso di Castalda.* Cette bourgade agréable est décorée elle aussi de **murales** et de sculptures, parsemés un peu partout. C'est une destination très prisée lors de la manifestation *Cantine aperte* qui se déroule au mois d'août dans une partie très pittoresque de la localité : les caves creusées dans le rocher qui domine le village.

NOS ADRESSES À POTENZA

Plan p. 278

HÉBERGEMENT

PREMIER PRIX

B & B Al Convento – A2 - *Piazza San Michele Arcangelo 21 - ✆ 348 330 76 93 - www.alconventopotenza.it - 4 ch. 80/90 €.* Petit établissement très bien situé à 20 m de la Via Pretoria. Le matin, on prend un excellent petit déjeuner sur la place de l'église San Michele.

BUDGET MOYEN

La Primula – Hors plan par A1 - *Via delle Primule 84, à 4 km à l'est du centre-ville - ✆ 0971 58 310 - www.albergolaprimula.it - P - 46 ch. 100/140 € - .* À 5 mn du centre-ville vous attendent des chambres personnalisées et un agréable jardin bien entretenu qui accueille une grande piscine. Au restaurant, dans un cadre recherché et intimiste, priorité aux saveurs régionales.

Brienza

BUDGET MOYEN

La Voce del Flume – *Vico del Carmine 7 - ✆ 333 26 66 256 - www.vocedelfiume.it - 7 ch. 90/120 €.* À l'ombre du château Caracciolo, chaque chambre de ce romantique B & B porte le nom d'une pierre précieuse. Pour un séjour de pure détente.

Pietrapertosa

BUDGET MOYEN

Le Costellazioni – *Via Stazione 1 - ✆ 0971 17 46 699 - www.lecostellazioni.eu - 10 appart. 80/180 €.* Un *albergo diffuso* qui propose des appartements restaurés disséminés dans le charmant bourg de Pietrapertosa.

RESTAURATION

BUDGET MOYEN

Trattoria Al Duomo – B1 - *Via Serrao Andrea 24 - ✆ 0971 24 848 - 15/30 €.* En face du Museo Archeologico Nazionale et à deux pas du Duomo, cette trattoria, installée dans des caves voûtées, propose, outre les plats régionaux classiques, d'excellents plats à base de poisson (seulement le vendredi).

POUR SE FAIRE PLAISIR

Antica Osteria Marconi – Hors plan par B2 - *Viale Marconi 235 - ✆ 0971 56 900 - www.anticaosteria*

marconi.it - fermé dim. et lun. soir - 32/48 €. L'établissement est de petite taille, avec sa terrasse et son unique salle, mais la cuisine est créative et gourmande.

Accettura

BUDGET MOYEN

Locanda Pezzolla – *Via Roma 21 - ✆ 0835 67 50 08 - www.ristorantepezzolla.it - 30 €.* Ce restaurant familial mérite une halte pour la qualité de sa table *slow food*. Accueil on ne peut plus chaleureux, dans un décor rustique très simple.

Castelmezzano

BUDGET MOYEN

Al Becco della Civetta – *Vico I Maglietta, 7 - ✆ 0971 98 62 49 - 25/35 € - 22 ch.* Aux fourneaux, la patronne fait revivre avec passion les recettes de sa mère et de sa grand-mère. Des chambres, vous pourrez apprécier le somptueux panorama sur les Dolomites lucaniennes. Accueil chaleureux.

ACHATS

Acerenza

Pasticceria Tirì – *Via Antonio Gramsci 2/4 - ✆ 0971 74 91 82 - www.tiri1957.it - fermé dim.* Le four est une affaire de famille depuis 1957, mais c'est le jeune Vincenzo qui lui a donné une renommée internationale grâce aux prix gagnés avec ses *panettoni* et ses *colombe*. Une halte immanquable !

ACTIVITÉS

Parco Gallipolli Cognato Piccole Dolomiti Lucane – **Lucania Outdoor Park** gère les nombreuses activités sportives que l'on peut pratiquer dans le parc. *Loc. Palazzo - Accettura - ✆ 348 34 08 902 - http://lucaniaoutdoorpark.it.* On peut s'initier à des parcours acrobatiques dans les arbres, au tir à l'arc, participer à des excursions à pied, en VTT ou à cheval, ou faire des randonnées culturelles dans les villages du parc. Aire de pique-nique.

Randonnée – Parmi les activités proposées, la plus classique est le parcours des sept pierres *(Il percorso delle sette pietre).* Sur les pas des femmes qui ont suivi ce chemin pendant des siècles pour aller laver leur linge à la rivière Caperrino, on effectue un parcours en sept étapes « littéraires », inspirées des légendes de Castelmezzano. *Difficulté moyenne - 2 km de descente puis de montée - comptez 1h30 - rens. : Lucania Outdoor Park.*

Volo dell'Angelo – *Via Maestri del Lavoro, 19 - ✆ 331 9340456 - www.volodellangelo.com - ouv. en été - 35/40 € vol unique, 63/72 € vol en couple - interdit -12 ans, 12-16 ans avec un adulte.* Un câble d'acier de 1 550 m de long suspendu entre Castelmezzano et Pietrapertosa : 120 km/h à 400 m du sol !

AGENDA

Célébrations arborifères

Accettura – *Dim. de Pentecôte - Maggio di Accettura - www.ilmaggiodiaccettura.it.* Le plus important *culto arboreo* se déroule à l'occasion de la fête de San Giuliano, patron de la ville.

Oliveto Lucano – *12 août.*

Castelmezzano – *12 et 13 sept.*

Pietrapertosa – *13 juin.*

Sant'Angelo le Fratte

Cantine Aperte – *Sem. de Ferragosto (15 août).* Parcours œno-gastronomiques lucaniens dans les jolies *cantine* du village.

Venosa

★

11 863 habitants - Province de Potenza

Isolée sur les plateaux qui confinent avec les Pouilles, la cité de Venosa se développe autour de son altier château aragonais, sous le regard du mont Vulture, qui pointe à l'horizon. S'étirant depuis la forteresse, la Via Vittorio Emanuele II, artère principale de Venosa, conte, par les trésors qu'elle abrite, l'illustre passé de la ville d'Horace.

NOS ADRESSES PAGE 288
Hébergement, restauration, achats, activités, etc.

S'INFORMER

Pro Loco Venusia –
Via Roma 22 - ✆ 0972 36 958 - www.comune.venosa.pz.gov.it/turismo - 9h-13h, 16h30-20h.

SE REPÉRER

Carte de région B1 (p. 240-241).
À 100 km au nord-ouest de Matera.

SE GARER

Parking (payant) sur la Piazza Umberto I, où se dresse le château.

À NE PAS MANQUER

L'abbazia della Santissima Trinità, après avoir déambulé Via Vittorio Emanuele II.

ORGANISER SON TEMPS

Comptez une journée pour Venosa et le Vulture.

Se promener

★ Castello

Piazza Umberto I.

Au sud-ouest de la ville, l'imposant château aragonais intronise le centre historique. Ce château fortifié aux douves verdoyantes, érigé par le duc Pirro del Balzo Orsini (14e -15e s.), devint au 16e s. la résidence des cercles intellectuels de l'Italie par la volonté d'un homme aux ressorts très mystérieux : **Carlo Gesualdo** (1564-1610). Neveu de cardinaux prestigieux, petit-fils du pape Pie IV, ce musicien d'une grande inventivité, à la légende sulfureuse et à la tendance sadomasochiste (il aurait assassiné sa femme et l'un de ses enfants), a fait résonner entre ces murs à la fois les cris de ses pénitences

HORACE ET MÉCÈNE

De son nom latin Quintus Horatius Flaccus, Horace naquit en 65 av. J.-C. à Venusa, alors colonie romaine. Fils d'un esclave affranchi qui le poussa à s'instruire, il suivit des cours de philosophie et de poésie grecques avant d'être enrôlé dans l'armée républicaine de Brutus, l'un des sénateurs meurtriers de César. La défaite de Brutus face à Antoine et Octave lors de la bataille de Philippes (42 av. J.-C.) priva Horace de tous ses biens. Reconverti en scribe, il se piqua de poésie et rencontra Virgile, qui le mit en relation avec un ministre d'Auguste ; ce personnage influent et fortuné s'appelait Mécène. Le plus grand nom de la poésie latine est ainsi l'un des tout premiers artistes à avoir été sous mécénat.

(il se faisait fouetter par ses serviteurs) et les notes de sa musique dissonante et sombre qui séduisirent jusqu'à Wagner ou Stravinski.

Museo Archeologico – *℘ 0972 36 095 - www.basilicata.beniculturali.it - 9h-20hm mar. 14h-20h - 2,50 €, billet combiné avec le Parco Archeologico.* Le château héberge un musée archéologique qui expose les objets provenant de fouilles régionales. Les matériaux présentés s'étendent du paléolithique inférieur (fossiles de rhinocéros, d'ours, de cerfs, d'éléphants, d'équidés) à la période normande. Parmi les pièces les plus intéressantes, remarquez l'élégante **tête de Diadumène★**, un jeune athlète ceignant sa tête du bandeau de la victoire, datée du 2e s. Longtemps conservée illicitement aux États-Unis, elle a été rendue à l'Italie en l'an 2000.

En sortant du château, sur la droite vous remarquerez l'harmonieuse façade baroque de la **Chiesa del Purgatorio**, bâtie en 1679.

Empruntez la Via Vittorio Emanuele II.

Via Vittorio Emanuele II

Bordée de palais, cette rue traverse le centre-ville de l'ouest à l'est et relie le château au parc archéologique et à l'abbazia della Santissima Trinità. À mesure que l'on s'enfonce dans la rue, on découvre **Piazza Orazio**, l'ancien couvent **San Domenico** (13e s., remanié au 18e s.), le **Palazzo del Baliaggio** (14e s.), la **Fontana di Messer Oto** (14e s.) dont le beau lion qui la domine provient des ruines romaines.

La **Piazza Municipio** est entourée par le **Palazzo Calvino** (18e s.), siège de la mairie, et la **Cattedrale di Sant'Andrea** (1531), construite par Pirro del Balzo Orsini sur la base d'une ancienne église dédiée à San Basilio.

Une centaine de mètres plus loin, sur la droite, le Vico (ruelle) Orazio conduit à la dite **Casa di Orazio** (maison d'Horace), édifice romain à plan semi-circulaire qui tient davantage de la maison thermale. *Pour la visite : ℘ 0972 36 542.*

Dirigez-vous ensuite au-delà de la Piazza Don Bosco : route provinciale Ofantina.

★ Parco Archeologico et Chiesa Incompiuta

℘ 0972 36 095 - tlj sf mar. 9h-1h av. coucher du soleil - 2,50 €, billet combiné avec le Museo Archeologico.

L'entrée dans le parc archéologique se fait par le cloître de l'église San Rocco (16e s.). Les vestiges de la Venusia antique permettent de distinguer des thermes (Ier s. apr. J.-C.), une *domus* du 2e s. av. J.-C., un complexe d'habitations du 2e s. apr. J.-C. et les vestiges d'une basilique paléochrétienne du 5e-6e s.

Le site donne accès également à ladite **Chiesa Nuova o Incompiuta★**, probable extension de la Chiesa Vecchia de l'Abbazia della Santissima Trinità : réalisée aux 11e et 12e s. à partir de matériaux prélevés sur l'amphithéâtre romain et les catacombes hébraïques, elle ne fut jamais achevée, d'où son nom en italien. Le plan de l'église révèle la présence de maîtres d'œuvre français dans la région.

Les restes de l'amphithéâtre, non accessibles, sont situés de l'autre côté de la route.

★ Abbazia della Santissima Trinità

Précédée par le petit palais abbatial qui faisait fonction d'hôtellerie, l'abbaye de La Trinité, ancien monastère bénédictin, se compose de deux églises : la première, la **Chiesa Vecchia** (vieille église) a été édifiée à partir du 5e-6e s. sur un ancien temple païen consacré à Hymen, divinité présidant aux noces. Trois nefs portées par des arcs ogivaux sont complétées par un transept, une abside et un déambulatoire pavé de mosaïques. En 1059 Robert Guiscard y fit enterrer ses frères ; lui-même et sa femme (répudiée) Aubrée y furent

L'AGLIANICO

Les Grecs l'appréciaient tellement qu'ils n'ont pas oublié d'emporter ce cépage dans leurs galères au moment de partir fonder la Grande-Grèce au 7e s. av. J.-C. Ils avaient bon goût puisque d'Horace à Frédéric II, puis à Charles d'Anjou, sa renommée n'a jamais faibli. Il est aujourd'hui encore considéré comme l'un des vins rouges les plus importants d'Italie et c'est probablement l'un des plus anciens consommés au monde. Alors, rien que pour cette raison, cela vaut la peine de le goûter. L'« ellenico » (hellène, grec) est devenu avec le temps « aglianico » peut-être sous la domination aragonaise, à cause de la prononciation du double « l » en espagnol qui donne « gli » en italien. Ce vin sec, couleur rubis, devient velouté avec l'âge et prend une belle teinte orangée. DOCG (Denominazione di origine controllata e garantita) depuis 2011, l'aglianico del Vulture est produit dans une quinzaine de communes sur les pentes du Vulture, souvent dans des grottes creusées dans la montagne.

ensuite inhumés. Aujourd'hui seule la tombe d'Aubrée *(bas-côté gauche)* nous est parvenue intacte. Les murs et les colonnes du bâtiment sont décorés de **fresques** datant des 14e-17e s.
La seconde église, la Chiesa Incompiuta, est accessible à partir du parc archéologique *(voir ci-dessous)*.

Catacombe Ebraiche

Visites sur réserv. du lun. au vend. de 9h à 13h - ✆ 0972 36 095.
Ces catacombes hébraïques témoignent de la présence entre le 4e et le 9e s. apr. J.-C. d'une communauté juive très active dans la région.

À proximité Carte de région

Rapolla B1

À 20 km à l'ouest de Venosa par la S 168 et la S 93.
On quitte Venosa par le nord-ouest et on rejoint Rapolla, centre thermal et vinicole qui possède une belle cathédrale du 12e s.

★ Melfi B1

À 25 km à l'ouest de Venosa par la S 303.
Entourée par des **remparts** du 15e s. bien conservés, Melfi se dresse au pied du mont Vulture. Elle est positionnée stratégiquement entre les Pouilles et la côte tyrrhénienne, et Frédéric II en fit l'un de ses principaux lieux de résidence. Au décor du centre médiéval, avec la belle **cathédrale**, s'oppose le panorama moderne d'un pôle industriel dominé par l'entreprise FCA (Fiat Chrysler Automobiles). L'imposant **château★**, érigé par les Normands aux 11e-12e s., fut remanié par Frédéric II, qui y rédigea les *Constitutiones Melphitanae*, le premier texte organique de lois écrites de l'époque médiévale. Il accueille aujourd'hui un riche et moderne **Museo Nazionale d'Archeologia★**, qui réunit les objets mis au jour dans les fouilles de cette partie de la Basilicate, parmi lesquels le remarquable **sarcophage★** romain retrouvé à Rapolla. *Via Castello - ✆ 0972 23 87 26 - 9h-20h, lun. 14h-20h - 2,50 €.*
Chiesa rupestre di Santa Margherita – *✆ 09 72 23 97 51 ou 328 948 84 79.*
Cette église souterraine renferme de remarquables fresques du 13e s. Outre la peinture figurant sainte Marguerite, remarquez une saisissante représentation des vivants face aux morts, parmi lesquels figure Frédéric II.

L'Abbazia di San Michele veille sur le lac de Monticchio.
Edmondo Ciccolella/Shutterstock.com

Circuit conseillé Carte de région

AUTOUR DU MONT VULTURE

Circuit de 57 km au départ de Melfi tracé en vert sur la carte de région p. 240-241. Comptez 2h.

Cette région sauvage et boisée de la partie nord-ouest de la Basilicate est dominée par la sévère silhouette du mont Vulture (1 326 m), un volcan âgé d'un million d'années et éteint depuis 40 000 ans qui a nourri de ses laves le terrain alentour où poussent les vignobles donnant une AOC rouge très appréciée, l'**aglianico-del-Vulture**, produit dans les villages de la région au sud de Melfi jusqu'à Atella.

Quitter Melfi par le sud-ouest.

L'agréable route SS 401 fait le tour du mont Vulture en passant par **Monticchio Bagni**, une station thermale très touristique, et les **laghi di Monticchio**, pittoresques et boisés, formés dans deux cratères secondaires du volcan. Au milieu de la riche végétation de hêtres, pins, sapins et châtaigniers se détache la silhouette blanche de l'**Abbazia di San Michele**, fondée par les Bénédictins autour de grottes occupées auparavant par les moines basiliens dont on voit encore trace dans l'église, et qui offre une belle vue panoramique sur les lacs.

Des lacs de Monticchio prenez la SP 167 pour rejoindre Rionero in Vulture.

Rionero in Vulture B1

Du village, vous pouvez monter par une route *(env. 6 km)* jusqu'au sommet du mont. On peut visiter le **Museo Multimediale del Brigantaggio Post-Unitario** installé à l'endroit même où étaient emprisonnés, au 19e s., les brigands dont on présente aujourd'hui les hauts faits. *Largo Mazzini - w.-end 9h30-13h, 17h30-20h - entrée libre.*

Emprunter la SS 401, au nord de Rionero in Vulture.

Barile B1

Ce petit village de 3 000 âmes a conservé de ses origines albanaises le culte à la Madone de Constantinople dans le sanctuaire situé à 1 km du village, qui abrite une fresque de la Vierge datant du 14e s. On ne parle pratiquement plus arbëresh à Barile et le rite orthodoxe a été remplacé par le rite catholique romain au 17e s. En sortant du village par la route de Bari, regardez à droite : c'est là, dans ce village de grottes, qu'ont été filmés en 1964 l'Annonciation, la Nativité et le Massacre des Innocents de l'*Évangile selon saint Mathieu* de Pasolini. L'endroit est resté tel quel depuis le tournage.

Prenez la SP 8 sur 12 km vers le sud-est pour parvenir à Ripacandida.

Ripacandida B1

Un petit détour par **Ripacandida** permet de découvrir l'église San Donato, du 14e-16e s., complètement revêtue de **fresques★** du 16e s., qui illustrent dans un style naïf et populaire les épisodes bibliques et la vie des saints.

Retour à Venosa par la SP 10 (12 km).

NOS ADRESSES À VENOSA

HÉBERGEMENT

PREMIER PRIX

Hotel Orazio – *Via Vittorio Emanuele 142 - ✆ 0972 31 135 - www.hotelorazio.it - 14 ch. 65 €* ☕ - ✕. Ce palais du 15e s., situé dans le centre historique et ancien siège du bailli des chevaliers de Malte, accueille aujourd'hui un hôtel avec des chambres simples, agréables et fonctionnelles.

Barile

POUR SE FAIRE PLAISIR

Grand Hotel Garden – *Località Giardino - SS 93 km 75 - ✆ 0972 76 15 33 - www.grandhotelgarden.com - 46 ch. 110/150 €* ☕ - ✕. Immergée dans un parc d'oliviers, cette structure sobre et moderne propose des chambres fonctionnelles et bien entretenues ainsi qu'un petit centre de bien-être. Dans le cadre raffiné du restaurant *Il Tulipano*, vous pourrez déguster une cuisine authentique, dans la tradition lucanienne *(à midi exclusivement sur réserv.)*.

Melfi

BUDGET MOYEN

Relais la Fattoria – *Località la Cavallerizza, SS 658 sortie Melfi Nord - ✆ 0972 24 776 - www.relaislafattoria.it -* 🏊 🅿 *- 112 ch. et 4 suites 90/120 €* ☕ - ✕. Importante structure de construction récente, entourée d'oliviers et de vignobles. Chambres et salles à l'élégance sobre. Emplacement éloigné du centre, mais aux portes de la ville.

RESTAURATION

BUDGET MOYEN

L'Incanto – *Via Discesa Capovalle 1 - ✆ 0972 36 082 - www.ristorantelincanto.it - fermé lun. et dim. soir - 25/40 €.* Le chef Pompeo Limongiello fait des merveilles avec des produits du terroir surprenants de fraîcheur. Une cuisine recherchée où chaque saveur est un concentré des traditions locales.

Melfi

POUR SE FAIRE PLAISIR

Novecento– *Via Monticchio - Contrada Incoronata - 1,5 km à l'ouest de Melfi - ☏ 0972 23 74 70 - www.novecentomelfi.it - - 7 ch.* Un espace agréable à l'élégance sobre, juste en dehors du centre-ville, où savourer des plats du terroir revisités et allégés. Gâteaux maison moelleux et délicieux. Chambres confortables et piscine.

Agriturismo La Villa – *SS 303, en dir. de Rocchetta Sant'Antonio, au nord 1,5 km - ☏ 0972 23 60 08 - fermé dim. soir et lun.- 25/35 €.* Cuisine locale préparée à base de produits du pays (farine et œufs sont produits par des voisins). Accueil soigné et prévenant de la famille qui gère le restaurant. Notre recommandation ? Les *cavatelli in boccaccio con funghi* et, en dessert, *la torretta al pistacchio di Stigliano.*

Rionero in Vulture

BUDGET MOYEN

La Pergola – *Via Luigi Lavista 27/31 - ☏ 0972 72 11 79 - 20/35 € - 42 ch.* Une longue expérience (plus de 50 ans !) et un cadre charmant, telles sont les caractéristiques de cette adresse hautement recommandable. La cuisine n'est pas en reste (des plats comme à la maison, le gril est toujours prêt). Agréable terrasse ombragée à l'arrière. Enfin, les chambres – simples et accueillantes – sont d'un excellent rapport qualité-prix.

ACHATS

Cantina di Venosa – *Via Appia 86 - ☏ 0972 36 702 - cantinadivenosa.it.* Ne quittez pas la ville d'Horace sans une halte dans cette belle cave. Elle rassemble le travail de 400 viticulteurs associés et représente le plus grand producteur d'aglianico del Vulture. Parmi ses vins, le carato venusio aglianico est le haut de gamme.

COMPRENDRE LES POUILLES ET LA BASILICATE

Champ d'oliviers, dans la province de Brindisi.
L. Maisant/hemis.fr

Les Pouilles et la Basilicate aujourd'hui

Les Pouilles et la Basilicate ne manquent pas d'atouts pour devenir des destinations phares : des littoraux superbes, des paysages variés, un art de vivre méridional jalousement préservé et un héritage culturel aussi riche qu'original, façonné par les apports successifs des peuples qui ont tour à tour investi la région. Certes, pour des raisons historiques, ce Mezzogiorno souvent méprisé a longtemps souffert d'un isolement… dont il peine à sortir. Mais les deux régions ne manquent ni de dynamisme ni de charme, et encore moins de personnalité. Un symbole de ce renouveau ? Matera, jadis qualifiée de « honte de l'Italie » et qui sera élevée en 2019 au rang de capitale européenne de la culture.

Le talon et la cheville de la Botte italienne

Les Pouilles

La région des Pouilles (Puglia), ancienne Apulie, s'allonge au sud-est de l'Italie, le long de la côte adriatique et de la mer ionienne. Région à la fois la plus orientale et la plus méridionale de l'Italie, elle n'est qu'à 72 km des côtes albanaises (par le canal d'Otranto) et 80 km de la première île grecque. Ponctuée de ports qui firent tant sa fortune (lors des croisades, notamment) que son malheur (en particulier lors des razzias sarrasines et ottomanes) et dotée de 800 km de littoral, la région, connue pour avoir été le grenier à blé de l'Italie, présente un paysage rural façonné par le travail des paysans.

Peuplée de 4 millions d'habitants (l'Italie en compte plus de 60 millions), la région, de près de 20 000 km^2, a pour capitale Bari.

Elle est divisée en six provinces : Foggia, Barletta-Andria-Trani, Bari, Taranto, Brindisi et Lecce.

La Basilicate

Baignée par deux mers (tyrrhénienne et ionienne), bordée à l'ouest par la Campanie, à l'est par les Pouilles, au sud par la Calabre), la Basilicate (ancienne Lucanie) est l'une des plus petites régions italiennes (10 000 km^2).

Ce territoire de moyenne montagne, peuplé de 577 000 habitants, est divisé en deux provinces, Matera et Potenza, cette dernière étant également la capitale de la région.

LES RÉGIONS ITALIENNES

Abruzzo : *Abruzzes*
Basilicata : *Basilicate*
Calabria : *Calabre*
Campania : *Campanie*
Emilia-Romagna : *Émilie-Romagne*
Friuli Venezia Giulia : *Frioul-Vénétie Julienne*
Lazio : *Latium*
Liguria : *Ligurie*
Lombardia : *Lombardie*
Marche : *Marches*
Molise : *Molise*
Piemonte : *Piémont*
Puglia : *Pouilles*
Sardegna : *Sardaigne*
Sicilia : *Sicile*
Toscana : *Toscane*
Trentino Alto Adige : *Trentin-Haut-Adige*
Umbria : *Ombrie*
Valle d'Aosta : *Val d'Aoste*
Veneto : *Vénétie*

Une économie en développement

Les Pouilles

Riche **terre agricole**, ses plaines (le Tavoliere, en particulier) produisent céréales et légumes et sa viticulture est réputée, le tout étant mis en valeur par le label « Prodotti di Puglia ». Les Pouilles sont aussi et surtout connues pour leur huile d'olive : avec 270 000 l par an, elles produisent 40 % de l'huile d'olive italienne. On comprend donc l'inquiétude des oléiculteurs face au danger qui menace cette production immémoriale *(voir encadré p. 294)*. La pêche, jadis un des atouts de la région, est en net déclin, du fait de la raréfaction des ressources,

MENACE SUR L'OR VERT

Elle s'appelle **Xylella fastidiosa**. Elle est apparue en 2013, peut-être arrivée dans des plants de café venus du Costa Rica. Et on ne lui connaît aucun antidote. Cette **bactérie tueuse d'oliviers** a déjà décimé 2 millions d'arbres, souvent centenaires, dans les Pouilles. Seule solution proposée : l'abattage de parcelles de façon à mettre en place un « cordon sanitaire », mais les cultivateurs s'y opposent…

ce qui amène parfois les pêcheurs à se reconvertir dans le « tourisme de pêche ».

L'**industrie** a pris son essor durant la Première Guerre mondiale, la région et ses ports étant considérés à l'abri des hostilités. Les industries mécaniques connaissent alors un développement spectaculaire grâce à l'effort de guerre, de même que l'arsenal militaire de Tarente.

Grâce à une prise de conscience au début des années 1960, l'État crée la « Cassa per il Mezzogiorno », active entre 1950 et 1992 *(voir p. 313)*. Cette action permet de multiplier les investissements dans les infrastructures, rendant possible l'implantation de nouvelles industries : c'est ainsi que Brindisi, déjà bien pourvue dans les secteurs de la mécanique et de l'aéronaval, s'est dotée de grands complexes pétrochimiques. En 1965, à Tarente, s'est établi le complexe sidérurgique Italsider, un des premiers producteurs d'acier en Europe : privatisé en 1995, le groupe a pris le nom d'**ILVA**… et a fait beaucoup parler de lui ces derniers temps *(voir ci-après)*. Bari, grâce à son port moderne, se spécialise dans le commerce.

Citons aussi l'industrie du meuble, qui emploie environ 8 000 personnes. Le groupe **Natuzzi**, fondé en 1959, en reste le fleuron.

Aujourd'hui, face à la crise, la mondialisation et les questions environnementales, on assiste

Conversation.
L. Maisant/hemis.fr

PRÉSENCE DE LA MAFIA

Si la Mafia proprement dite n'existe qu'en Sicile, d'autres organisations similaires sont présentes en Italie méridionale, fonctionnant sur le même modèle de groupe soudé par ses rapports de parenté et de réseaux amicaux, pratiquant la corruption, des opérations financières occultes, s'impliquant dans tous les trafics (drogue, prostitution, médicaments), sans oublier les marchés publics (ordures ménagères, travaux publics), dont elle tire des revenus importants, recourant à l'intimidation et, si besoin, au meurtre. Dans les Pouilles, la **Sacra Corona Unita** serait née de l'alliance entre mafieux assignés à résidence dans la région et les contrebandiers du coin. Les mafias ont trouvé dans l'immigration de nouvelles sources de revenus.

à la multiplication de PME qui maintiennent le tissu industriel en misant sur les technologies de pointe. Par ailleurs, le secteur des services se développe, notamment grâce à l'essor du tourisme. Résultat : la région des Pouilles est considérée comme la région la plus riche du Mezzogiorno.

La Basilicate

Plus pauvre, la Basilicate fait cependant valoir quelques atouts, notamment grâce au nécessaire assainissement des régions côtières. Celles-ci sont devenues une riche terre d'**agriculture** (agrumes, fruits, légumes, tabac). L'olivier est surtout présent sur les collines, mais l'essentiel de la production concerne les céréales (froment). L'**industrie** s'y est implantée : chimie autour de Potenza, industries alimentaires (huile d'olive) et textile, sans oublier le secteur de l'automobile à Melfi. Autre atout : les gisements de **méthane** (vallée du Basento) et de **pétrole** (val d'Agri) qui constituent 80 % des ressources en énergie fossile du territoire. Mais leur exploitation se heurte à la résistance des écologistes. Enfin, le tourisme pourrait être un vecteur de croissance, bien que la région souffre d'un manque de notoriété. La promotion de Matera, bientôt sous les feux de la rampe en tant que capitale européenne de la culture en 2019, pourrait bien contribuer la région environnante.

Le souci de l'environnement

Si les Pouilles se veulent à la pointe du progrès avec le parc photovoltaïque de Brindisi (un des plus grands d'Europe),

LA QUESTION DE L'EAU

En dehors du Gargano, les Pouilles, pauvres en rivières, manquent d'eau. Le grand **aqueduc des Pouilles**, projeté dès 1868, visait à régler le problème en acheminant l'eau puisée en Campanie et en Basilicate. Le projet prévoyait la construction d'un canal principal, long de 245 km, comprenant la traversée de l'Apennin par un tunnel de 12 km. Les travaux menés par une société génoise furent longs et coûteux, au point que l'on disait : « L'aqueduc donne plus à manger à Gênes qu'à boire aux Pouilles ! » L'eau arriva à Bari en 1915, à Tarente l'année suivante. En 1927, Lecce et Foggia étaient desservies. L'ouvrage fut achevé en 1939, sans que le problème fût résolu pour autant. Aujourd'hui, l'aqueduc vieillit mal. Il souffre d'une gestion opaque et d'un manque d'entretien des conduites (39 % de déperdition) qui entraîne des coupures récurrentes de l'approvisionnement.

le développement industriel a son prix. Les prospections pétrolières ne sont pas les seules à heurter les défenseurs de l'environnement : en 2003, le projet d'enfouir les déchets nucléaires dans la province de Matera déclencha une énorme manifestation qui entraîna son annulation.
L'industrie lourde est aussi attaquée pour l'insouciance coupable de certains décideurs. Le symbole, c'est l'ILVA, une aciérie construite en partie sur l'eau à Tarente, et mise sous séquestre en 2012 en raison de taux de dioxine catastrophiques… Mais ainsi vont les choses : malgré ce désastre, personne ne souhaite que l'aciérie ferme, mettant à la rue 15 000 employés…

Société et politique

PROBLÉMATIQUES SOCIALES…

Terre d'émigration vers le « Nouveau Monde » ou le nord de l'Italie et de l'Europe, la région souffre dès la moindre crise d'un chômage qui, depuis 2008, a augmenté quatre fois plus que dans le reste de l'Italie (21,5 % en 2014 dont 58,5 % des 18-24 ans, 14 % en Basilicate). Une nouvelle vague d'émigration se dessine, mais ce sont des cerveaux et non plus des bras qui fuient la région. Celle-ci se vide de ses jeunes diplômés, même si l'économie « souterraine », qui emploie 17 % des actifs, relativise un peu cette question, tout en créant d'autres problèmes (sécurité, couverture sociale…). 66 % des actifs des Pouilles travaillent dans le secteur des services (l'administration en particulier), 25 % dans l'industrie, et seulement 8 % dans l'agriculture (contre 58 % en 1950). En Basilicate, ces chiffres sont respectivement de 54 %, 22 % et 17 %. Malgré les modifications sociologiques engendrées par le monde actuel, la structure familiale, encore traditionnelle, permet de pallier en partie la détresse du chômage grâce à la solidarité naturelle de ses membres.
Autre problème humain : l'immigration, qui fournit une main-d'œuvre corvéable à merci dans certaines campagnes.

PAYSAGE POLITIQUE

Du fait de la décentralisation, les pouvoirs exécutifs régionaux ont obtenu des compétences en matière d'urbanisation et de travaux publics. Longtemps vouées à la Démocratie chrétienne, les Pouilles ont effectué un virage politique en 2005 (confirmé en 2015) en élisant un gouvernement guidé par le Parti démocrate de centre-gauche, comme la Basilicate.

Bari, procession de la Saint-Nicolas.
F. Dimier/hemis.fr

Ferveur populaire

En dépit des crises, de la modernité et des mutations qu'elle entraîne, les habitants du Mezzogiorno perpétuent les traditions ancestrales avec ferveur, n'hésitant pas, dans une forme de syncrétisme religieux, à maintenir vivants des pratiques venues du fond des âges, comme les rites arborifères dans le Pollino *(voir p. 268)*.
Souvent spectaculaire dans ses manifestations, la dévotion est une des caractéristiques marquantes. Ce n'est sans doute pas un hasard si le fameux **Padre Pio** *(voir p. 103)* a vécu dans le Gargano, attirant des foules de croyants. Cette ferveur, aux accents parfois presque païens, se retrouve dans les processions de la **Semaine sainte**. L'atmosphère qui s'en dégage, notamment à Tarente avec les pénitents masqués de *l'Addolorata* (le Jeudi saint) et des *Misteri* (le vendredi), pourra émouvoir jusqu'aux plus incrédules. Ce même jour, Alberona met en scène la Passion du Christ.
Outre le saint patron du village, on vénère la Vierge Marie, saint Michel Archange, les saints guérisseurs Côme et Damien et saint Nicolas de Myre (« l'ancêtre du père Noël »), dont les reliques « empruntées » en Asie Mineure ont fait de Bari le grand centre religieux de la région.
Le **carnaval** n'est pas en reste. Celui de Putignano, le plus connu, commémore depuis 1394 l'arrivée dans le village des reliques de saint Stéphane. Masques et chars en papier mâché animent les lieux… tandis que des poètes locaux déclament leurs vers en dialecte sur la place.
Voir aussi Agenda p. 350.

« L'INVASION » ALBANAISE DE 1991

Le 8 août 1991, pris d'assaut par des Albanais fuyant les derniers soubresauts du régime communiste, le cargo *Vlora* arrive dans le port de Bari. Combien sont-ils à bord ? 10, 15, 20 000 ? Beaucoup trop pour les structures d'accueil, d'autant que c'est le point culminant d'une vague d'émigration qui a commencé au printemps, et qu'on ne compte plus les embarcations tentant de traverser le détroit. Si les premiers arrivants ont pu être accueillis et répartis dans toute l'Italie, il n'en va pas de même pour ceux-là. Parqués dans des stades, ils seront finalement rapatriés.
Ces Albanais ne faisaient que suivre les traces de leurs ancêtres qui, au 14e s., fuyaient la menace ottomane. Réfugiés dans le Pollino, ils ont conservé leurs particularismes, dans le costume traditionnel et certaines pratiques religieuses, ainsi que leur langue, l'**arbëresh** *(voir p. 267)*.

Nature et paysages

Un long littoral dont les eaux turquoise attirent chaque été les touristes ; une chaîne de montagnes aux reliefs parfois spectaculaires, bien que d'altitude relativement modeste ; de grandes plaines fertiles propices aux cultures : les Pouilles et la Basilicate offrent aux visiteurs une belle variété de paysages.

Baignée à l'est par la mer adriatique, au sud par le golfe de Tarente, la région des Pouilles et de la Basilicate s'étend au pied de la partie méridionale du massif des Apennins, colonne vertébrale de la « Botte » italienne.

Des montagnes…

L'Apennin lucanien

Issus d'un plissement tertiaire, les Apennins présentent en général des reliefs calcaires moins élevés que ceux des Alpes. L'Apennin lucanien, qui occupe près de la moitié du territoire de la région, culmine au nord de Potenza à 1 126 m avec le **mont Vulture**, volcan aujourd'hui éteint. Il se prolonge au sud avec le **massif du Pollino**, que la Basilicate partage avec la Calabre, aux reliefs beaucoup plus aigus et élevés (5 sommets dépassent les 2 000 m). Sillonné de vallées d'altitude, creusé de gouffres et longtemps difficile d'accès, le Pollino est depuis 1993 un parc national, le plus grand d'Italie (192 000 ha), protégeant sa faune (loups, aigles, chevreuils), sa flore (une rare variété de pins) et son mode de vie.

Le massif du Gargano

Unique zone montagneuse des Pouilles, le massif du Gargano, séparé de l'Apennin par la plaine du Tavoliere, se prolonge vers la mer, constituant en quelque sorte l'éperon de la Botte. Dépouillé et sauvage, recouvert de forêts, le massif qui culmine au **mont Calvo** (1 055 m) se jette en à-pic dans la mer. De nature karstique, classé parc national en 1995, il est riche en eaux souterraines et se prolonge au large par les **îles Tremiti**.

90 SECONDES…

… suffirent à transformer la vie de milliers de personnes et à bouleverser le nord de la Basilicate et la province d'Avellino (Campanie). Le dimanche 23 novembre 1980, à 19h34, se déclenche une première secousse de magnitude 6,9 sur l'échelle Richter, suivie d'une deuxième de magnitude 5. L'ensemble dure environ 90 secondes. Les dégâts sont colossaux. Une faille de 30 km de long court de Sant'Angelo (Campanie) à Balvano (Basilicate). Le bilan définitif est de 2 735 morts.

… et la plaine

Au sud du Gargano, entrecoupée de collines, s'étend la plaine née de l'accumulation de sédiments charriés par les eaux de l'Apennin, et qui couvre l'essentiel des Pouilles. Rien de monotone cependant dans ce paysage façonné par l'homme, malgré l'absence de cours d'eau de surface.

Au nord, la plaine du **Tavoliere** occupe, avec celle de **Foggia**, la **Capitanata**, l'un des deux greniers à blé du pays. Au sud, elle se poursuit avec le **Salento**, territoire voué à la viticulture, qui s'étend du littoral de la province de Bari jusqu'à l'extrémité du talon de la Botte. Enfin, en Basilicate, la plaine de Métaponte est propice aux cultures fruitières.

Les Pouilles et la Basilicate se partagent les **Murge**, vaste plateau rocheux coupé de collines (*murgia* désigne des rochers aigus), couvert d'oliviers dans sa partie basse, qui s'étend de la Terra di Bari au Salento. De formation karstique, la région est sillonnée de canyons étroits, les **gravine**.

Histoire

Difficile de trouver une région plus convoitée que cette riche terre agricole, trait d'union, grâce à ses ports, entre l'Occident et l'Orient, où peuples et souverains venus de tous horizons se sont succédé. Certains ont fait sa richesse et sa gloire, à commencer par les colons de la Grande-Grèce ou l'empereur Frédéric II. D'autres se sont contentés de la piller ou de faire régner la terreur. Il en est résulté un mépris des gens du Nord pour ce Sud « sous-développé » et, dans le Mezzogiorno, un sentiment d'abandon que l'État italien essaie tant bien que mal de dissiper.

Une Antiquité brillante

LES PREMIERS FOYERS DE PEUPLEMENT

- **187 000 av. J.-C.** – Au paléolithique, l'homme d'Altamura, cousin de l'homme de Néandertal, vit dans les grottes de l'Italie méridionale. Les peintures rupestres de la grotte des Cerfs et de la grotte Romanelli datent de cette époque.
- **3 000-1 000** – Début de l'âge du bronze. Dolmens, menhirs et constructions mégalithiques sont érigés dans le Salento, tandis que l'on voit naître une poterie à décor par impression à Molfetta (Pouilles). Plus tard, les poteries à décor peint apparaissent à Matera.
- **1 000** – Aux peuples Italiques descendus du nord (comme les **Osques** qui se fixent en Basilicate), se joignent les **Iapyges** (Dauniens, Peucètes et Messapiens) provenant des Balkans et de l'Illyrie.

LA GRANDE-GRÈCE

Le terme désigne l'ensemble des cités grecques créées autour du golfe de Tarente et, par extension, dans toute l'Italie méridionale qui allait vite s'imprégner de la culture hellénique.

- **753** – Fondation mythique de Rome.
- **750** – Les Grecs établissent des colonies autour du golfe de Tarente, sans chercher à s'aventurer loin des côtes. C'est ainsi que naissent les cités de Sybar (Lecce), Astu Neon (Ostuni), Hydrous (Otranto), Galathena (Galatina), Callipolis (Gallipoli) et Metaponte. Ces nouvelles cités (dix-huit au total) prospèrent très vite, d'autant qu'à l'exception des Iapyges, qui font régner une certaine insécurité autour de Tarente, les populations

ITALIQUES ET ITALIOTES

Les Italiques venant des Alpes étaient des peuples indo-européens apparus sur le territoire de la Péninsule vers 1 500 av. J.-C. Rien à voir avec les Italiotes, descendants des colons grecs de la Grande-Grèce et qui s'exprimaient en grec. Certains Romains les surnommaient avec mépris les *Graeculi* (les « petits Grecs »).

autochtones, constituées d'agriculteurs et de bergers, semblent avoir accepté sans trop de problèmes les nouveaux venus. Ceux-ci introduisent des cultures jusqu'alors inconnues telles que l'olivier ou la vigne. Ces cités se mettent elles-mêmes à essaimer, créant à leur tour des colonies.

- **700** – Fondation de **Taras** (Tarente).
- **510** – L'opulence n'empêche pas les rivalités, et celles-ci dégénèrent parfois en guerres : la cité de **Sybar**, accusée d'avoir persécuté et massacré les pythagoriciens, est détruite par les Grecs de Crotone, où **Pythagore** avait fondé son école. Par la suite, les menaces barbares ralentissent l'activité économique et commerciale…
- **Vers 390** – Le tyran de Syracuse, Denys l'Ancien, fait main basse sur la partie méridionale de la Grande-Grèce. Ce sera la chance de Tarente, qui va alors étendre son influence sur les autres cités italiotes.
- **367-361** – Tarente est gouvernée par un ami de Platon, **Archytas**, à la fois philosophe, ingénieur et musicien. Son port devient l'un des plus actifs du monde méditerranéen.

Les grandes voies romaines

Indispensables pour le commerce comme pour l'armée, les voies romaines, rectilignes et sûres, ont beaucoup fait pour la prospérité des Pouilles et de la Basilicate.

Tracée à partir de 312 av. J.-C., la plus ancienne d'entre elles, la **Via Appia**, reliait Rome à Capoue, puis fut prolongée entre 284 et 264 vers Brindisium (Brindisi), port d'embarquement pour l'Orient. Sur son tracé, les Romains fondèrent Venusia (Venosa).

Variante de la première, la **Via Traiana**, réalisée par l'empereur Trajan en 108-110, avait pour but de désenclaver la côte adriatique.

L'ÉPOQUE ROMAINE

- **282** – Cependant, Rome, en train de réaliser l'unité de l'Italie, commence à convoiter le Sud. Les Romains établissent une garnison à Thourioi, sur le golfe de Tarente. C'est dans ce contexte que se poursuivent les travaux de prolongement de la Via Appia jusqu'à Brindisi.
- **276** – Le roi d'Épire **Pyrrhus Ier,** à qui Tarente a fait appel, est battu à Bénévent.
- **272** – Tarente se soumet et reçoit le statut de « ville alliée » mais perd son indépendance politique.

Les guerres puniques

La puissante cité de **Carthage** (sur le golfe de Tunis) va bientôt se heurter aux intérêts romains. Contrôlant une partie de la Sicile, les Carthaginois voient d'un mauvais œil l'expansion romaine vers le sud de l'Italie. Le contrôle du détroit de Messine va par ailleurs être l'enjeu de la première des trois guerres puniques (264-241), au terme de laquelle Rome fait main basse sur la Sicile, puis la Sardaigne et la Corse (238). Mais à partir de 237, le général carthaginois Hamilcar Barca, puis à compter de 220, son fils Hannibal, se constituent un empire en Espagne. En 220, la prise de Sagonte, ville alliée aux Romains, par Hannibal, marque le déclenchement de la deuxième guerre punique. En 218, c'est le début de son audacieuse équipée, lorsqu'il traverse les Alpes avec les fameux éléphants et, parvenu en Italie, remporte victoire sur victoire.

- **216** – Déroute des Romains à Canne della Battaglia (à 70 km au nord de Bari) face à Hannibal… mais le général carthaginois hésite à marcher sur Rome et décide de laisser reposer son armée à Capoue (en Campanie) pour profiter de sa « dolce vita » (d'où l'expression « les délices de Capoue »). Cependant, les cités de la Grande-Grèce, Tarente en tête, y voyant sans doute une occasion de recouvrer leur indépendance, s'allient aux Carthaginois.
- **210-202** – Rome reprend le dessus avec Scipion ; Hannibal est vaincu, et la répression envers les cités rebelles n'est pas véritablement tendre. Quant à Carthage, elle sera prise et détruite par les Romains en 146, lors de la troisième guerre punique. La Grande-Grèce a vécu… même si, culturellement, les vaincus vont profondément influencer leurs nouveaux maîtres.

La romanisation

Une fois intégrées dans le territoire romain, les Pouilles constituent la région d'**Apulie**, tandis que la Basilicate et la Calabre forment le **Bruttium**, devenu par la suite la **Lucanie**.

- **89** – Malgré quelques soubresauts (révolte de Venusia dont les habitants veulent être reconnus comme citoyens romains), l'époque de l'Empire est marquée par une longue phase de prospérité économique, entretenue grâce aux grandes voies tracées par les Romains, facilitant le commerce avec la capitale.
- **78** – La révolte des esclaves de Spartacus est matée en Apulie.
- **108-110 ap. J.-C.** – Construction de la Via Traiana.
- **382** – Théodose le Grand fait du christianisme la religion d'État.

La chute de Rome

- **476** – Rome tombe sous les assauts du Germain Odoacre et la capitale de l'empire est transférée à Byzance.
- **490-535** – Période relativement stable sous les Ostrogoths, romanisés et christianisés.
- **535-553** – La reconquête byzantine menée par **Justinien** a

pour but de reconstituer l'empire romain à partir de Constantinople. Cependant, après la mort de l'empereur, l'Apulie est dirigée par des exarques (hauts fonctionnaires) installés à Ravenne et assez peu motivés, ce qui permet à la papauté d'affirmer peu à peu sa puissance dans la Péninsule.

Pour l'Apulie s'ouvre une période de décadence économique, en raison de la menace constante d'invasions qui génèrent une insécurité peu propice au développement.

Un long Moyen Âge

LOMBARDS, FRANCS ET SARRASINS

- **À partir de 568** – Originaires de l'actuelle Hongrie, les **Lombards** se taillent un territoire comprenant le Nord de l'Apulie : ils s'approprient le sanctuaire de Monte Sant'Angelo.
- **774** –Charlemagne devient roi des Lombards, scellant ainsi l'arrivée des **Francs** sur les terres italiennes.

- **800** – Charlemagne est couronné empereur d'Occident à Rome.
- **827** – Débarquement des **Sarrasins** à Mazara del Vallo, en Sicile. Jusque-là, ils s'étaient contentés de raids isolés sur les villages côtiers, pillant ce qui pouvait l'être et emmenant les habitants en esclavage. À ces razzias qui vident le littoral succède une autre politique : profitant de la désunion entre Byzantins, Francs et Lombards, ils s'attaquent au continent après avoir conquis l'île.
- **840** – Prise de Tarente.
- **841** – Prise de Bari, où se crée un petit émirat.
- **846** – Sac de Rome (846) par les Sarrasins.
- **Février 871** – La flotte envoyée de Byzance par Basile Ier reprend Bari aux Sarrasins. Deux tentatives menées par **Louis II** (alors « empereur d'Occident »), en 852 et 866, avaient échoué.
- **880** – Tarente tombe à son tour. Mais la région, redevenue byzantine, est sous la menace constante des raids des Hongrois et des Illyriens… qui se livrent au pillage sans retenue.
- **962** – Fondation par Otton du Saint Empire romain germanique.
- **967** – L'empereur byzantin Nicéphore Phocas reconstruit Tarente : rassurées, les populations redonnent vie au littoral du golfe.

Naissance d'un royaume

Aventuriers dans l'âme, des nobliaux normands venus du Cotentin profitent de leurs passages lors de pèlerinages à Jérusalem (Bari était le port d'embarquement) pour constater un certain désintérêt des puissants pour cette région de l'empire… et nourrir quelques appétits.

- **1041 et 1053** – Deux victoires militaires contre les Byzantins (à Melfi, puis à Civitate) rendent les **Normands** maîtres de la Lucanie, puis des Pouilles.
- **1054** – Grand schisme scellant la séparation définitive des Églises d'Orient et d'Occident.
- **1059** – **Robert Guiscard** (« Le Rusé ») de Hauteville gagne le titre de duc d'Apulie et de Calabre, après avoir signé avec le pape Nicolas II le Concordat de Melfi. C'est avec la bénédiction papale que Guiscard s'emploie à chasser non seulement les Sarrasins mais aussi les Byzantins.
- **1072** – Roger (le frère de Robert) s'empare de la Sicile.
- **1089** – La conquête est parachevée par **Roger II de Sicile** qui, en prenant Naples, réunit sous son contrôle l'Italie du Sud, fixe sa capitale à Palerme, et se voit reconnaître roi par le pape. Sous son règne, comme sous celui de son successeur **Guillaume Ier**, une administration remarquablement efficace, de type féodal, se met en place, et la région connaît pour la première fois depuis longtemps la sécurité et la stabilité.

LES POUILLES, PORTE DE L'ORIENT

- **1095** – Les Turcs ayant interdit le pèlerinage chrétien à Jérusalem, le pape Urbain II prêche la **Ire croisade**. Cinq autres vont se succéder jusqu'en 1228. Elles apportent aux Pouilles une richesse sans précédent, puisque ce sont de ses ports que les preux chevaliers embarquent… et reviennent avec leur butin. La région profite de cette prospérité pour se couvrir d'églises (c'est là que naît le style roman apulien) tandis que les villes prennent une allure orientale (Bari).
- **1194 –** La couronne revient aux Hohenstaufen, à la suite du mariage

Frédéric II, *stupor mundi*

Ce surnom donné de son vivant à l'empereur du Saint Empire romain germanique, **Frédéric de Hohenstaufen** (1194-1250), illustre pleinement la personnalité complexe et fascinante de cet esprit exceptionnel qui a marqué de son sceau le sud de l'Italie, et la région des Pouilles en particulier. Orphelin à 4 ans, il porte très tôt le fardeau d'un auguste héritage : petit-fils de l'empereur Frédéric « Barberousse » et fils de l'empereur Henri VI, il est par sa mère, Constance d'Hauteville, petit-fils du roi normand de Sicile, Roger II. Roi des Romains à 2 ans, roi de Sicile, duc des Pouilles et roi d'Allemagne à 4 ans, Frédéric doit beaucoup au théâtre de son enfance, Palerme, premier berceau de son immense culture : son attirance pour la civilisation de l'islam, sa largesse d'esprit, sa tolérance religieuse, sa connaissance des langues, dont le latin, le grec, l'arabe et l'hébreu, son goût du faste, mais aussi son autorité, sa méfiance et parfois sa tyrannie. Fragile proie de toutes les convoitises, marionnette solitaire vagabondant dans une Palerme raffinée et cosmopolite, il est marqué à jamais par les vestiges de cette grandiose civilisation arabo-normande, synthèse de l'Orient et de l'Occident – « lieu de rêverie et de délices ininterrompues », se souvient-il. Ces premières années forgeront à jamais un amour indéfectible pour son vaste **royaume de Sicile** comprenant l'Apulie, certaines villes de Campanie, la partie méridionale du Molise et des Abruzzes, la Basilicate et la Calabre.

« PUER APULIÆ », L'ENFANT DES POUILLES

Confronté dès son jeune âge à une situation politique confuse au sein de son empire, sa détermination, sa lucidité, son aspect fragile et l'attachement qu'il voue à son royaume du Sud lui valent ce sobriquet, tantôt moqueur (de la part des guelfes, partisans du Pape), tantôt affectueux (pour ses fidèles gibelins). Marié dès sa majorité (14 ans) par son tuteur Innocent III à une autre pupille pontificale, Constance d'Aragon (1179-1222), couronné empereur à 21 ans, fasciné par le siècle d'or de la *Pax Romana* de l'empire d'Auguste, le jeune Frédéric aspire à construire un empire universel : réhabilitant la sculpture antique du temps des Césars, il fait battre monnaie à sa propre effigie, tel Auguste, et promulgue un ensemble de lois, les fameuses **Constitutions de Melfi**, considérées comme l'acte de naissance de la bureaucratie moderne : il en résultera un essor économique immense pour le sud de l'Italie.

« LE PREMIER EUROPÉEN SELON MOI » (NIETZSCHE)

Sa finesse d'analyse et son héritage éclectique l'incitent à respecter la diversité de ses peuples : il n'impose pas les mêmes lois à l'Allemagne, encore féodale, et à son royaume de Sicile, où l'anarchie règne depuis la mort de son père. Son mariage avec Yolande de Brienne (1212-1228), héritière du royaume de Jérusalem, lui vaut le titre, symbolique, de **roi de Jérusalem**. Bravant la sentence d'excommunication lancée contre lui par le pape pour n'avoir pas honoré à temps sa promesse de « prendre la croix » (pas plus que celle de renoncer au trône de Sicile pour ne pas encercler les états pontificaux), il réussit l'exploit de mener en Terre sainte **une croisade pacifique**. Ses talents diplomatiques éclatent dans les subtiles négociations qu'il mène auprès du sultan Malik Al-Khamil, obtenant la restitution des lieux saints à la chrétienté pendant 10 ans. Lors de son sacre, aucun dignitaire n'étant présent à la cérémonie, il posera lui même sa couronne sur son front, tel Napoléon six siècles plus tard.

Miniature illustrant les Chroniques de Giovanni Villani : Frédéric II et le sultan de Jérusalem.
DEA PICTURE LIBRARY/De Agostini Editore/age fotostock

« SI TU DOUTES DE MON POUVOIR, REGARDE MES CONSTRUCTIONS »

Cet empereur bâtisseur s'inspire de ses voyages en Orient pour la construction de **plus de 200 châteaux ou palais**, symboles de son pouvoir, en Souabe, en Calabre, en Basilicate, dans les Pouilles, en Sicile.
Dans l'emblématique Castel del Monte, près d'Andria, il assouvit sa passion pour la chasse au faucon. « **Homme de la Renaissance avant l'heure** », il y convie une cour humaniste composée de poètes, de savants, de philosophes, d'astrologues, issus d'horizons religieux et culturels très divers – ce qui ne va pas sans éveiller la méfiance du pape. La diffusion de la culture est l'un des enjeux fondamentaux de son règne : fondateur de l'université de Naples et de l'école de médecine de Salerne, il crée également l'École sicilienne de poésie, où l'usage du « sicilien vulgaire » présage du *Dolce Stil nuovo* qui triomphera dans la littérature italienne. Dante lui rendra hommage dans son *Convivio*, le baptisant « le dernier des empereurs romains ».

« LE SOLEIL DU MONDE S'EST COUCHÉ »

Ainsi, le fils chéri de l'empereur, Manfred, annonça-t-il la disparition de son père. Moins glorifiée que celle de ses contemporains, saint Louis ou saint François d'Assise, l'image de Frédéric II fut, pendant des siècles, ternie par ses rapports difficiles avec la papauté qui l'avait excommunié deux fois puis finalement déposé au concile de Lyon : les papes successifs craignaient cet esprit indépendant ainsi que son mode de vie trop oriental à leur goût.
Ce n'est qu'à la fin du 19e s. que l'historiographie allemande s'empara de la figure de Frédéric II pour lui donner une dimension mythique, faisant de lui l'archétype extratemporel du prince de la Renaissance – « homme moderne couronné », ayant vécu dans un monde médiéval qui n'avait pas su saisir son génie précurseur. Le projet d'un grand empire s'éclipsa avec la mort de Frédéric, mais la main anonyme qui grava sur son cercueil « *vivit et non vivit* » (il ne vit plus et pourtant il vit encore) avait saisi la pérennité de son aura.

d'Henri VI, avec Constance, fille de Roger II de Hauteville.

- **1197-1250** – Règne brillant de Frédéric II de Hohenstaufen. Période d'opulence pour la région qui se couvre de constructions voulues par ce souverain exceptionnel *(voir p. 306-307)*.

DES ANGEVINS AUX ESPAGNOLS

- **1265** – Les successeurs de Frédéric sont victimes de la rivalité entre la papauté et le Saint Empire. Le pape Clément V appelle à la rescousse le jeune frère de Saint Louis, Charles Ier d'Anjou, et le couronne roi de Sicile.
- **1282** – « Vêpres siciliennes ». Les Siciliens, exaspérés par la politique féodale de Charles Ier d'Anjou, se soulèvent et massacrent les Français – avec le soutien tacite du roi d'Aragon Pierre III. La dynastie d'Anjou se réfugie à Naples.
- **1442** – Alphonse V d'Aragon réunit Naples et la Sicile et crée le royaume des Deux-Siciles. Les luttes opposant la maison d'Anjou (puis les rois de France) aux Aragonais durant deux siècles

COMPRENDRE LA SUCCESSION DES DYNASTIES RÉGNANT SUR LA BASILICATE ET LES POUILLES

1041-1194 – Les **Normands**, après avoir chassé Byzantins et Sarrasins, deviennent maîtres de la Sicile puis de Naples, créant un royaume qui comprend la Basilicate et les Pouilles.

1194-1265 – Règne des **Hohenstaufen**, notamment de Frédéric II.

1268-1435 – La maison d'Anjou, appelée par le pape, fait main basse sur le royaume avec **Charles Ier d'Anjou**. Mais celui-ci fait l'unanimité contre lui et perd en 1282 la Sicile au profit du roi d'Aragon, se repliant à Naples.

1435-1516 – Réunification du royaume par les **Aragonais**.

1516-1713 – Après l'unification des couronnes aragonaise et castillane, longue domination espagnole avec la **dynastie des Habsbourg**.

1713-1734 – Après la guerre de la Succession d'Espagne, le royaume est intégré à l'**empire autrichien**.

1734-1860 – Règne des **Bourbons** issus de la famille souveraine espagnole (à l'exception des années 1808-1815, durant lesquelles le royaume est confié par Napoléon à Joachim Murat).

1860 – La **réunification de l'Italie** marque la fin du royaume.

L'ÉMERGENCE DE LA BOURGEOISIE

Sans changement notable au cours des siècles, le système féodal s'est perpétué jusqu'à l'unité italienne : grands propriétaires souvent absentéistes et paysans misérables. Certes, dans les villes telles que Bari, Foggia ou Tarente, est apparue une bourgeoisie enrichie grâce au commerce, mais, du fait de la structure féodale du royaume et faute de cités-États comme ailleurs en Italie, son poids politique va rester très limité jusqu'au 19e s. Après avoir participé activement à la République parthénopéenne, la jeune bourgeoise (officiers, étudiants) va se retrouver au sein de la société secrète des Carbonari et lutter activement pour l'unité italienne, sans toutefois parvenir à entraîner l'adhésion des paysans.

pour le contrôle de l'Italie du Sud marquent le début d'une longue décadence. L'instabilité politique, les guerres continuelles, les révoltes (en Basilicate notamment avec la « conjuration des Barons » en 1485-1486), la peste noire et la pression fiscale étouffent une région qui se sent à juste titre abandonnée, et bientôt menacée qui plus est par un nouveau danger extérieur.

- **1480** – **Sac d'Otranto** après un long siège par les **Ottomans** : 800 habitants sont exécutés en raison de leur refus de se convertir à l'Islam. Ils seront canonisés en 2013 par le pape François. La passivité des Aragonais et de leurs alliés naturels (Venise, notamment) permet aux Ottomans de dévaster les provinces de Lecce, Tarente et Brindisi. Otrante ne sera reprise qu'en septembre 1481, alors que les Turcs se sont retirés en raison de querelles dynastiques.

L'ADMINISTRATION ESPAGNOLE

- **1516** – **Charles Quint**, roi d'Espagne et souverain du Saint Empire romain germanique, reçoit en héritage l'Italie méridionale.
Dès lors, le royaume de Naples est administré par des vice-rois qui laissent prospérer le pouvoir des grands propriétaires terriens. Cela ne va pas sans grincements de dents ni révoltes.
- **1571** – Victoire navale de Lépante contre les Turcs qui écarte définitivement le danger ottoman.
- **1641** – Insurrection conduite à partir de Naples par **Masaniello**, qui entraîne notamment un soulèvement général de milices paysannes, vite réprimé, en Basilicate.
- **1713** – Après la guerre de la succession d'Espagne, l'Italie méridionale est cédée à la maison de Habsbourg.
- **1734** – La région est de nouveau envahie par les Espagnols qui, après la bataille de Bitonto (1734), placent sur le trône une branche cadette de la maison royale espagnole, les Bourbon-Sicile.
Ceux-ci vont développer une politique absolutiste bornée et accroître encore la pression fiscale, suscitant l'exaspération générale.
- **1798-1799** – La **République parthénopéenne** proclamée à Naples en 1798 par l'armée française qui chasse Ferdinand Ier de Bourbon en Sicile : réforme administrative (division en départements), promesses de réforme agraire et de constitution se succèdent, mais l'expérience sera de courte durée…
- **1805** – Napoléon Ier se proclame roi d'Italie, royaume qui englobe celui de Naples.
- **1808-1815** – Le flamboyant **Joachim Murat**, roi de Naples, succède à Joseph Bonaparte.

● **1815** – Revenus sur le trône après le Congrès de Vienne, les Bourbons vont réunifier le royaume des Deux-Siciles et reprendre leur politique comme si de rien n'était, matant au passage une conjuration conduite par les Carbonari (1820) et les rébellions qui secouent la Basilicate (1828 et 1848). La Sicile est reprise par le roi Ferdinand II après d'intenses bombardements.

L'Italie unifiée

● **1860-1861** – Portée par **Cavour**, **Giuseppe Mazzini** et **Giuseppe Garibaldi**, l'idée de l'unité italienne vient incontestablement du nord de la Péninsule. C'est cependant dans le Sud qu'elle va prendre forme avec l'**Expédition des Mille** commandée par Garibaldi qui s'empare de la Sicile, puis marche sur le continent, libérant Naples, puis la Basilicate qui s'était soulevée en août 1860 (**insurrection lucane**) et enfin les Pouilles, restées fidèles aux Bourbons. Le Mezzogiorno est rattaché au royaume de Sardaigne, première ébauche de l'Italie réunifiée.

● **1861** – **Victor Emmanuel II** est proclamé souverain de l'Italie unifiée. Loin d'apparaître comme une délivrance, l'indépendance et l'unité italienne ne font que creuser le fossé entre le Nord et le Sud, d'autant que la réforme agraire prônée par **Garibaldi** ne voit jamais le jour. Les taxes et impôts que la mise en place du nouvel État nécessite saignent une population en grande partie misérable, et la conscription obligatoire finit d'exaspérer.

BANDITISME ET ÉMIGRATION

● **1861-1867** – En Basilicate se développe le banditisme. Cette sanglante guérilla (plus de

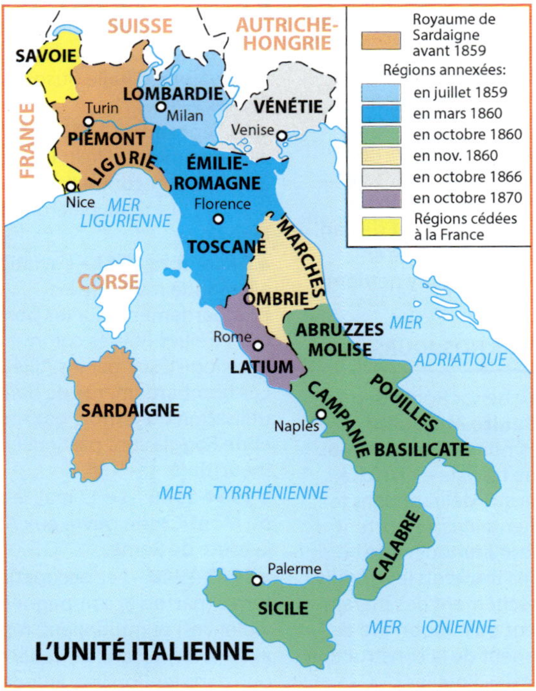

LE SUD, VICTIME DE L'UNITÉ ITALIENNE ?

Cette thèse fut défendue dès 1875 par un historien, Pasquale Villari. Selon lui, les nouveaux gouvernants, Piémontais pour la plupart, étaient incapables de comprendre les mentalités méridionales et jugeaient avec mépris ces terres vouées au sous-développement. Le célèbre Antonio Gramsci abonda plus tard dans ce sens en parlant d'une véritable exploitation des richesses du Mezzogiorno par les capitalistes du Nord. La vérité est sans doute plus nuancée, même si les Méridionaux se sentent volontiers abandonnés par leurs voisins septentrionaux qui cultivent souvent la vision caricaturale d'un pays d'assistés gangrené par la Mafia et des politiciens véreux, refusant toute solidarité avec ces régions jugées « arriérées ».

10 000 rebelles sont passés par les armes) ne fait qu'accentuer la misère. Surnommé « le Napoléon des Brigands », **Carmine Crocco**, un des chefs emblématiques de cette rébellion, mourra en prison… en 1930 !

- **1880-1915** – Des millions de paysans méridionaux partent pour le Nouveau Monde chercher fortune, laissant derrière eux un pays privé de la part la plus dynamique de sa main-d'œuvre (il y en aura 872 000 pour la seule année 1913 !). De nombreuses terres sont abandonnées.
- **1914-1918** – Première Guerre mondiale. Restée neutre dans un premier temps, l'Italie finit par se joindre aux Alliés en 1915. La région n'est pas directement touchée par le conflit, si l'on excepte le bombardement de Bari par une flotte autrichienne en mai 1916. Dix-huit civils y perdent la vie.

DU FASCISME À NOS JOURS

- **1922** – Marche sur Rome depuis Naples par **Benito Mussolini** et ses Chemises noires. Il est douteux que le régime fasciste ait suscité un enthousiasme délirant dans le Sud où les mentalités ne portent pas à un amour immodéré de la police. Notons toutefois les grands travaux : assèchement des marais, aménagement du Lungomare de Bari, achèvement de la construction de l'aqueduc des Pouilles.
- **1930** – Inauguration de la Foire du Levant à Bari, moteur du développement économique.
- **Juillet 1943** – L'arrestation de Mussolini entraîne l'occupation de l'Italie par l'armée allemande… d'autant que les forces alliées ont débarqué à Syracuse. Après avoir libéré la Sicile, les Anglo-Américains prennent pied sur le continent le 3 septembre, tandis qu'une division aéroportée britannique débarque à Tarente le 9.
- **10 septembre 1943** – La famille royale se réfugie à Brindisi qui devient ainsi capitale éphémère du royaume d'Italie (jusqu'en février 1944).
- **21 septembre 1943** – Matera est la première ville italienne à se soulever contre l'occupant. Dix-huit otages le paieront de leur vie.
- **Décembre 1943** – L'aviation allemande multiplie les bombardements sur les ports des Pouilles utilisés comme base logistique par les Alliés. Les bombardements de Bari (avec utilisation du terrible gaz moutarde) et de Foggia sont particulièrement meurtriers.
- **1944-1945** – Le 17 mai, la prise du Mont-Cassin ouvre aux Alliés la route de Rome.
- **1945-1948** – Les occupations de terres (parfois accompagnées de violences) se multiplient, réprimées avec sévérité, tant en Basilicate que dans les Pouilles, au point que

UNE RÉFORME AGRAIRE IMPARFAITE

Après 1945, la question agraire ne peut être réglée que par une grande réforme, d'autant que les révoltes paysannes et les occupations de terres se multiplient, avec l'appui des communistes, alors auréolés de leur action dans la Résistance. Il est vrai que la situation foncière l'imposait : les *latifundia* (100 à plus de 1 000 ha) appartenant à des propriétaires souvent absentéistes, couvraient un tiers du territoire cultivable, ce qui contribuait à bloquer tout progrès tant économique que social. Votée en 1950, la loi prévoyait que 760 000 ha seraient expropriés et divisés en parcelles de 6 à 8 ha distribuées à 113 000 familles. Ces petites propriétés se consacreraient aux cultures de la vigne, des oliviers et des arbres fruitiers.

Le résultat de la réforme est assez mitigé. Si, dans la province de Bari, le nombre d'emplois agricoles a été multiplié par quatre entre 1960 et 1980, certains font remarquer que ce sont les terres les plus pauvres qui ont été redistribuées et que l'absence de structures collectives (coopératives, etc.) les a rendues difficilement rentables. Pour mieux comprendre l'atmosphère des ces années-là, lisez *Prends garde,* de Milena Angus et Luciana Castellina (éd. Liana Levi), qui raconte un fait réel survenu à Andria en 1946.

l'on a pu parler de « **Guerre des Pouilles** ».

- **1946** – Lors du référendum qui aboutit à abolir la monarchie, celle-ci recueille 63,8 % des suffrages dans le Mezzogiorno.

LA « QUESTION MÉRIDIONALE »

- **1950** – Les années d'après-guerre ont été marquées par une prise de conscience à laquelle le retentissement du livre *Le Christ s'est arrêté à Eboli,* de **Carlo Levi**, n'est pas étranger, de l'urgence d'améliorer la situation du Sud. Le gouvernement d'**Alcide De Gasperi** crée la Cassa per il Mezzogiorno, censée favoriser le développement du Sud en multipliant les infrastructures et en implantant des complexes industriels.
- **1950-1970** – Le « miracle économique italien » (1950-1970) a certes des répercussions dans le Sud où la misère a reculé, mais ce progrès reste fragile et le chômage entraîne une nouvelle émigration massive. Environ deux millions de personnes quittent le Sud pour trouver un emploi dans les usines de l'Italie et de l'Europe du Nord.
- **Mars-mai 1978** – La séquestration suivie de l'assassinat d'Aldo Moro plongent l'Italie dans la consternation. Né à Maglie, près de Lecce, cinq fois président du Conseil, ce démocrate chrétien était élu à Bari depuis 1948.
- **Août 1991** – À Bari, arrivée en masse de milliers de migrants fuyant le régime communiste d'Albanie.
- **1992** – La Cassa per il Mezzogiorno est supprimée. Environ un tiers du budget alloué a été englouti par la corruption… et par le « clientélisme » des politiciens locaux.
- **2005** – Virage politique dans les Pouilles qui, après de longues années de pouvoir démochrétien, élisent un gouvernement de gauche avec **Nichi Vendola**, suivi en 2015 par **Michele Emiliano**.
- **2012** – Scandale écologique de l'aciérie ILVA de Tarente.
- **2019** – Matera, capitale européenne de la culture.

Arts et culture

Peu de régions peuvent se vanter d'avoir su interpréter, dans une admirable synthèse, des styles architecturaux aussi connus que le roman ou le baroque jusqu'à créer des styles à part entière. C'est le cas des Pouilles avec le « roman apulien » et le « baroque de Lecce » qui, à eux seuls, suffisent à ravir les amateurs d'art. Ajoutons-y les châteaux du roi Frédéric II et, en Basilicate, l'extraordinaire paysage urbain des Sassi de Matera, et voilà un voyage amplement justifié dans ces régions méconnues qui ont su inspirer de grands écrivains comme Carlo Levi et un cinéaste de la taille de Pasolini.

Architecture

Le néolithique a parsemé la région de **monuments mégalithiques** : pierres levées sacrées et menhirs (parfois « christianisés » depuis) et dolmens, dont l'un, celui de la Chianca, présente un *dromos* (couloir d'accès à la chambre funéraire), de près de 7 m de long. Les Messapiens (8e-5e s. av. J.-C.) ont laissé autour de Brindisi de mystérieuses constructions, les **specchie** : des tas de cailloux pouvant atteindre 20 m de haut. On se demande encore quelle était leur fonction : tours de guet, tumulus funéraires ou lieux de culte ?

SOUS L'ANTIQUITÉ

Du fait de l'abandon des sites ou de leur réemploi, assez peu de vestiges subsistent de la Grande-Grèce. On voit cependant, près de Metaponte, les *Tavole Palatine*, temple dorique dédié à Hera, caractéristique du style dit archaïque (6e s., av. J.-C.). Le site archéologique révèle, outre un théâtre à double *cavea* (rangée de gradins), un des rares temples ioniques d'Italie.

Du côté des Romains, Lupiæ (Lecce) a conservé les vestiges d'un vaste théâtre dont la *cavea* a été creusée à même la roche, ainsi qu'un amphithéâtre qui occupe la place principale de la ville. En Basilicate, le site de Venusia permet de découvrir des vestiges de thermes, les ruines d'un amphithéâtre et d'une chaussée romaine.

ART SACRÉ

Les églises rupestres

Du fait de prédispositions géologiques favorables, plusieurs cités de la Basilicate et des Pouilles ont vu se bâtir des maisons et des églises troglodytiques. Les moines basiliens de rite byzantin, fuyant Byzance, alors en pleine crise iconoclaste, ont creusé dans le calcaire des grottes qu'ils ont ensuite décorées de fresques.

Les plus spectaculaires se trouvent à Matera (Basilicate) et dans sa région où pas moins de 130 **églises rupestres** ont été creusées dans le tuf, une roche calcaire tendre où abondaient les grottes naturelles. Ces **Sassi** ont été aménagés dès le 8e s. par des moines anachorètes qui ont agrandi les grottes naturelles et en ont creusé d'autres, créant un réseau devenu de plus en plus complexe : grottes artificielles

Basilique de Santa Maria di Siponto.
G. Baviera/Sime/Photononstop

communiquant avec les grottes d'origine, le tout finissant par constituer un inextricable dédale de ruelles parfois superposées. Les églises rupestres, construites entre le 10e et le 14e s., illustrent, tant dans leur agencement que leur décoration, la tradition byzantine, notamment par leurs superbes fresques.

Sassi à Matera, Cripta del Peccato Originale, Massafra et les ravins tarentins.

L'art roman

Du 11e au 13e s., la reprise de l'économie, la naissance de nouveaux ordres religieux, la conquête normande et les croisades, pour lesquelles Bari et Brindisi servaient de ports d'embarquement, expliquent la frénésie de constructions d'édifices sacrés, dans le style roman de l'époque. Cependant, le mélange d'influences normandes (nefs étroites coiffées de plafonds et non de voûtes, alternance de colonnes et de piliers) et lombardes (arcatures aveugles), associées aux éléments byzantins (thèmes orientaux des sculptures) et parfois même islamiques (coupoles), a fait naître un style original que l'on appelle le « **roman apulien** ». De plan basilical, les façades et les murs latéraux sont d'une extrême sobriété. Cette architecture serait austère sans les extraordinaires décors sculptés qui encadrent les baies, les arcatures et les rosaces. Quant à la décoration intérieure, elle mêle allègrement décors fleuris byzantins, réalisme normand et tradition lombarde, pour achever de constituer un ensemble unique.

San Nicola et San Sabino à Bari, cathédrale de Bitonto, cathédrale de Trani, cathédrale de Ruvo di Puglia.

Le baroque de Lecce

Surnommée « La Florence du baroque », Lecce doit d'avoir été le siège de cette révolution architecturale à la présence d'un calcaire blond particulièrement malléable et à l'essor des ordres religieux dus à la Contre-Réforme. Ce fut l'occasion pour le rejeton d'une lignée d'architectes

Églises romanes

Basilique San Nicola di Bari (11e-12e s.)

Emblématique du style roman apulien, cette église montre une combinaison originale d'éléments caractéristique des styles lombard, normand et pisan. Elle fut construite à l'emplacement du palais du *Catapano byzantin*, qui aur fourni de nombreux éléments pour la construction de l'église, voire une partie des murs.

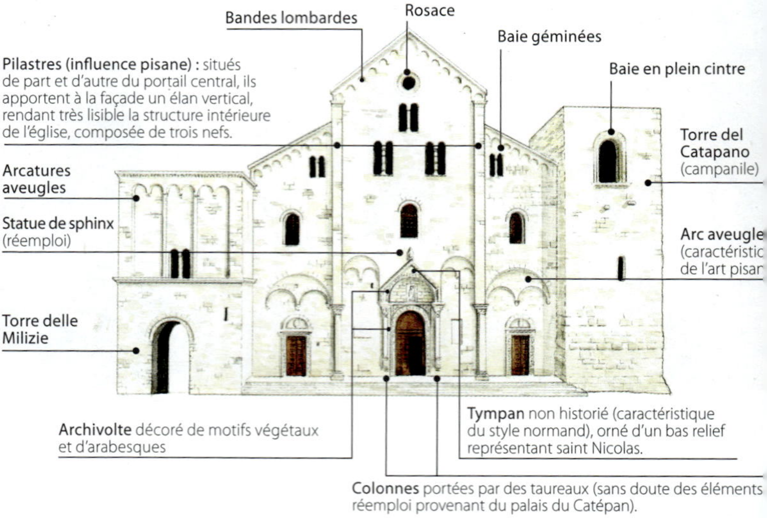

Cattedrale de Trani (12e- 13e s.)

Dédié à saint Nicolas le pèlerin, pieux ascète, mort – dit-on – d'épuisement en 1094 sur les marches de l'église qui s'élevait alors à cet endroit, le duomo fut d'abord élevé pour accueillir les reliques du saint, s'imposant bientôt comme un lieu de pèlerinage important. Il offre une synthèse harmonieuse des styles qui se sont succédé durant cette période.

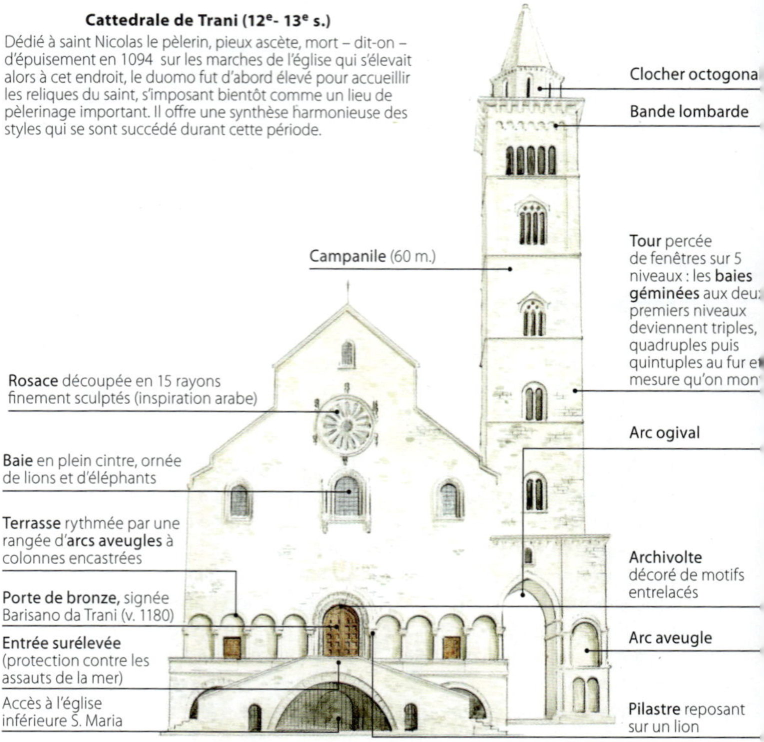

Architecture civile

Castel del Monte (13e s.)

Édifié à l'initiative de Frédéric II, probablement comme lieu de repos, le château est dominé par le chiffre 8 : de plan octogonal, il comprend huit tours également octogonales et huit pièces par étage.

ÉGLISE BAROQUE
Lecce – Basilique de la Sainte-Croix (15e-17e s.)

À Lecce, le style baroque se nourrit des expériences romanes et de la préciosité espagnole ; le goût pour l'exubérance et l'explosion décorative renvoient au style plateresque espagnol (15e-16e s.), où les façades se cisèlent avec la même minutie qu'un ouvrage d'orfèvrerie.

Rosace de Santa Croce de Lecce.
M. Marca/Michelin

locaux, **Giuseppe Zimbalo** (1617-1710), de donner libre cours à sa fantaisie créatrice. Celui-ci, dont le grand-père **Francesco Antonio Zimbalo** (1567-1631), en commençant la cathédrale, avait introduit le style baroque dans la région. Le petit-fils approfondit et développa les recherches de son aïeul en s'inspirant du plateresque espagnol (décor sculpté qui s'apparente à un travail d'orfèvre) qu'il adapta au baroque italien en multipliant les décors ciselés avec une fantaisie délirante. Créatures mythologiques, personnages fantastiques, décors floraux flamboyants occupent la moindre parcelle des exubérantes, voire extravagantes façades, au point que l'on estime qu'il a créé un style propre.

Piazza del Duomo à Lecce, façade de la cathédrale de San Martino à Martina Franca.

DE CHÂTEAUX EN PALAIS

Importé de France, l'art gothique n'est guère présent dans l'architecture religieuse, à l'exception notable de l'église de Galatina. On le trouve cependant dans les imposantes forteresses aux massives tours carrées élevées par les Normands. Frédéric II, le roi bâtisseur, les a souvent agrandies, mais a également élevé ses propres châteaux, parmi lesquels le fabuleux Castel del Monte : cette citadelle octogonale, outre ses dimensions symboliques un peu ésotériques, intègre les innovations gothiques de Bourgogne, mêlées à des influences venues du monde arabe comme de l'Antiquité.

Les fortifications de la Renaissance apparaissent sous la domination espagnole avec des ingénieurs militaires au service de Charles Quint, comme **Evangelista Menga** (v. 1480-v. 1570) qui adopte la structure en étoile permettant de résister aux assauts de l'artillerie. Plus tard, les châteaux se muent en résidences raffinées, parfois de style baroque, tel le Palais ducal de Martina Franca (1668), avec sa façade dotée d'un balcon à balustrade en fer forgé, ou à Francavilla Fontana (début 18e s.).

L'ARCHITECTURE PAYSANNE

Les trulli

S'il est une architecture paysanne caractéristique des Pouilles (région d'Alberobello, notamment), c'est bien aux *trulli* que l'on pense. Les plus anciens remontent au 12e s. et certains y ont vu l'influence des croisades, car ces constructions rappellent les « maisons en pain de sucre » de la région d'Alep, au Proche-Orient. De forme cubique, ces habitations aux murs de pierre sèche parfois blanchis à la chaux sont coiffées d'une fausse coupole de tuiles en calcaire gris, soutenue par des *chiancarelle* (dalles de pierre) posées en rangées concentriques. La clé est une sorte de cuspide couronnant le tout et coiffée d'une sphère ou d'un pinacle relevant, dit-on, d'un symbolisme lié à la magie. Chaque *trullo* est composé d'une pièce habitable entourée de pièces latérales (les parties renflées de l'édifice). La construction des *trulli* s'est poursuivie jusqu'au 18e s.

La Terra dei trulli.

Les masserie

Caractéristique du paysage des Pouilles, la **masseria** est une ferme isolée, dont l'origine se rattache à la villa romaine. Cette « citadelle autonome », souvent fortifiée et englobant parfois d'anciens hameaux, est toujours située dans des lieux difficiles d'accès. Elle a pris sa forme actuelle au 13e s., sous Frédéric II, qui développa un système efficace de production agricole. Centrée autour d'une cour, elle comprend, outre la maison de maître, différents locaux agricoles et parfois une chapelle. Aux 18e et 19e s., la *masseria* s'est raffinée, se dotant de terrasses, de loggias, de salons parfois décorés de fresques, de tours, etc. Blanchies à la chaux vers Bari et Brindisi, les *masserie* laissent découvrir leur pierre blonde dans la région du Salento.

ARCHITECTURE CONTEMPORAINE

Longtemps oubliée de tous et réputée pour sa pauvreté, la région n'a guère fait l'objet de gros investissements à l'époque contemporaine. Tout juste peut-on citer le Lungomare de Bari, conçu selon les normes monumentales de l'architecture fasciste. Plus récemment, **Ettore Sella** a dessiné un théâtre à Matera, dans un style rationaliste (1949), et **Giò Ponti** a conçu l'étrange concathédrale de Tarente (achevée en 1971). Quant à **Renzo Piano**, il est l'auteur en 1990 du stade San Nicola de Bari, surnommé l'« Astronave » (le Vaisseau spatial), et du sanctuaire dédié au fameux Padre Pio à San Giovanni Rotondo.

Peinture et sculpture

La « première Renaissance » voit s'affirmer **Stefano da Putignano** (v. 1471-v. 1539), originaire des Murge, sans doute formé dans les Abruzzes puis à Naples. Il a laissé de très nombreuses sculptures en pierre polychrome dans les sanctuaires des Pouilles et de la Basilicate, qui se caractérisent par leur grande expressivité.
En Basilicate, **Giovanni Todisco** a réalisé de nombreuses fresques (Potenza, couvent d'Oppido Lucano…) entre 1545 et 1558. Se situant à la charnière entre les styles gothique et Renaissance, cet artiste marqué par une influence flamande se caractérise par la minutie avec laquelle il décrit personnages et paysages.
L'âge baroque est marqué par le Napolitain **Paolo Domenico Finoglia** (1590-1645), très influencé par le maître du clair-obscur, Caravage. Très actif à Lecce entre 1610 et 1616, cet artiste consacra les dernières années de sa vie à décorer le château du comte de Conversano pour lequel il réalisa des séries de toiles d'après l'œuvre du Tasse, *La Jérusalem délivrée*.
En Basilicate, son collègue **Pietro Antonio Ferro** (1570-v. 1642) a

décoré de nombreuses églises dans un style maniériste.
Né à Molfetta, **Corrado Giaquinto** (1703-1765), fut élève à Naples de Francesco Solimena. Ce peintre rococo fut appelé à la cour d'Espagne par le roi Alphonse VI et travailla notamment à l'Escorial.

Les courants de la modernité

Francesco Netti (1832-1894), né dans les environs de Bari, s'est vite rapproché de l'école napolitaine qui s'opposait à l'académisme de son temps, puis, en France, de l'école de Barbizon. De sa terre natale il a laissé des paysages empreints de réalisme. **Giuseppe De Nittis**, de Barletta (1846-1884), s'est fixé à Paris en 1867 où il s'est lié d'amitié avec les impressionnistes (Degas, Caillebotte). Il nous a laissé des paysages lumineux.
Né à Ruvo di Puglia, **Domenico Cantatore** (1906-1998) rejoignit à Milan, vers 1930, le groupe Corrente, qui entendait rompre avec les tendances anciennes et considérait que l'art devait être un cri de colère reflétant la place de l'artiste dans la société. En 1938, à Paris, le jeune peintre enrichit sa palette en découvrant les impressionnistes, Picasso et Matisse, et se lia d'amitié avec le peintre d'avant-garde et scripteur **Carlo Levi**. De ces multiples influences est née une peinture généreuse, aux tons chauds et vifs, privilégiant les paysages et les personnages de sa région natale. Son élève, **Michele Circiello** (né en 1944), se consacre exclusivement à la sculpture depuis 1980. Ses œuvres parfois monumentales, souvent réalisées en céramique peinte, exaltent sa région natale, le Gargano.
Tout autre fut la démarche de **Pino Pascali**, né à Bari (1935-1968), au cours de sa brève carrière. Ce tenant de l'Arte Povera se fit connaître en 1964 avec ses « tableaux-objets » détaillant l'anatomie féminine, et, en 1968, avec ses « fausses sculptures » représentant des « animaux naturels », dans une imitation parodique de la nature. Un accident malencontreux vint hélas mettre un terme prématuré à ses recherches. Son contemporain **Luigi Guerricchio** (1932-1966), adepte du mouvement des Jeunes Réalistes, s'est attaché à représenter les Sassi de Matera, sa ville natale. Citons encore **Donato Rizzi** (né en 1958) imprégné d'art africain, qui ne se lasse pas de peindre Matera, sa ville natale, de façon parfois crépusculaire, et le sculpteur **Renzo Buttazzo** (né en 1963 à Santa Cesario di Lecce) qui remet à l'honneur la pierre de Lecce.

Arts décoratifs

La **céramique** était bien connue des peuples italiques, notamment des lapyges, dont les céramiques à décor géométrique ont connu une grande diffusion, surtout lorsque les Grecs de Tarente leur ont fait découvrir l'usage du tour.
Plus tard, le **Maestro di Pisticci**, sans doute originaire de Métaponte, fut le premier à introduire en Italie les peintures à figures rouges sur ses vases et cratères (grands vases servant à mélanger l'eau et le vin) et ses successeurs portèrent à son apogée la céramique apulo-lucanienne.
Parmi les autres arts décoratifs florissant en Grande-Grèce, mentionnons le travail de l'ambre, les ivoires et la joaillerie.
Musei archeologici : Altamura, Brindisi, Taranto (Pouilles) ; Métaponte, Melfi, Potenza (Basilicate).

Photographie

Les Pouilles ont vu naître et exercer deux photographes de talent, **Giuseppe Cavalli** (1904-1961) et **Mario Giacomelli** (1925-2000).

Peinture de Francesco Netti.
DEA/FOTOGRAMMA/e Agostini Editore/age fotostock

Tous deux ont dépeint leur région natale (paysages, portraits, natures mortes, vie quotidienne) avec rigueur et sans céder à l'esthétisme. Originaire de Gênes, **Mario Cresci** (né en 1942), connu pour son langage photographique confinant à l'abstraction, a beaucoup travaillé quant à lui en Basilicate.

Littérature

Si la période romaine fut fertile en écrivains, citons le Tarentais **Livius Andronicus** (280-200 av. J.-C.), premier poète latin connu ; **Quintus Ennius**, de Rudiae dans le Salento (239-169 av. J.-C.), surnommé « le père de la poésie latine ; et surtout l'historien **Horace** né à Venosa. Par la suite, faute de cour royale ou aristocratique, écrivains et poètes du Sud se concentrèrent à Naples où à Palerme, où Frédéric II von Hohenstaufen fonda l'école sicilienne de poésie, dont les écrits rayonnèrent dans toute les Pouilles. Une exception, toutefois, et de taille : **Isabella Morra** (1520-1546), fille du baron de Valsinni, près de Matera (elle connut un destin aussi romantique que tragique, tuée par ses frères en raison de sa liaison supposée avec un poète espagnol, *voir aussi encadré p. 268*), qui a laissé une œuvre poétique brève (dix sonnets et trois *canzoni*) pleine de délicatesse et très personnelle, empreinte de l'influence de Pétrarque et de Dante.

Littératures d'aujourd'hui

Né à Tursi, le poète **Albino Pierro** (1916-1995) qui s'exprimait en dialecte lucanien est considéré comme un des grands poètes du siècle et son nom fut plusieurs fois mentionné pour le prix Nobel. Une sélection de ses poèmes a été publiée en français (*Métaponte*, éd. La Différence, 1997). Autre poète, trop tôt disparu, **Rocco Scotellaro** (1923-1953) a laissé des œuvres en partie posthumes, parmi laquelle un roman autobiographique inachevé. On a pu parler à son propos d'écriture « anthropologique » pour son usage des structures dialectales. Plus près de nous, **Raffaele Nigro** (né en 1947 à Melfi) a publié entre autres des romans historiques

POUR L'AMOUR DE LA LUCANIE

Carlo Levi (1902-1975), né à Turin, également médecin, fut un peintre rattaché aux courants les plus novateurs des années 1930. Très engagé politiquement contre le régime fasciste, il fut arrêté et déporté à **Aliano** (Gagliano dans ses écrits), près de Matera, en 1935. Ce séjour forcé de deux ans (le *confino* des antifascistes dans des îles ou des villages du Mezzogiorno était une pratique courante du régime) lui inspira un grand roman, *Le Christ s'est arrêté à Eboli* (publié en 1945), décrivant la condition paysanne et dont le titre reprend une exclamation désespérée des habitants de la région oubliée de Lucanie (l'actuelle Basilicate). Ce roman trouva une nouvelle popularité lorsqu'il fut adapté en 1979 au cinéma par **Francesco Rosi**, avec Gian Maria Volontè dans le rôle principal.
Quarante et une des toiles du peintre sont exposées à Matera (Museo Nazionale d'Arte Medievale e Moderna), parmi lesquelles le saisissant *Lucania 61*, immense tableau d'une force expressive hors du commun. Selon ses vœux, l'artiste a été inhumé à Aliano où un « parc littéraire » permet de marcher sur ses traces.

(*Les Feux du Basento*, 1989, et *La Baronne de l'Olivento*, 1996, tous deux édités chez Verdier) dans un style que l'on rapproche parfois du « réalisme magique » cher aux auteurs sud-américains. L'enfant terrible de la littérature italienne **Niccolò Ammaniti** (né à Rome en 1966), chef de file du « mouvement cannibale », a situé en Basilicate l'histoire de *Je n'ai pas peur* (2000), roman adapté au cinéma par Gabriele Salvatores en 2003. Et l'on parle beaucoup d'un auteur de Bari, **Nicola Lagioia** (né en 1973), auteur de *Case départ*, qui a obtenu en 2010 le prestigieux prix Viareggio. Enfin, parmi les écrivains étrangers qui ont puisé leur inspiration dans la région, on citera le créateur anglais du « roman gothique » **Horace Walpole** (1717-1797) avec *Le Château d'Otrante* et, bien entendu, **Laurent Gaudé** pour le prix Goncourt 2004 *Le Soleil des Scorta* *(voir p. 100)*.

Au nom de la loi

Né en 1961 à Bari, **Gianrico Carofiglio**, avant d'être élu sénateur, fut longtemps magistrat au pôle anti-mafia de sa ville natale. C'est dire si les mœurs de la Sacra Corona Unita n'ont guère de secrets pour lui. Il les dévoile aux lecteurs dans une série de « polars judiciaires » (dont une grande partie de l'action utilise la dramaturgie des procès) mettant en scène un personnage récurrent, un avocat du nom de Guido Guerrieri. Lui aussi magistrat, **Giancarlo De Cataldo** (né à Tarente en 1956) a connu un succès fulgurant avec *Romanzo criminale* (2006, adapté à la télévision et au cinéma) et sa suite (*La Saison des massacres*, 2008), campant des bandes rivales dans la Rome des « années de plomb ».

Cinéma

Une terre de cinéma

C'est en 1964 que **Pier Paolo Pasolini**, en posant des caméras à Matera devenue la Jérusalem de *L'Évangile selon saint Matthieu* fit de la Basilicate un décor plus qu'apprécié par les cinéastes, puisque, dès lors, une quarantaine de films y ont été tournés. Parmi ceux-ci, *Allonsanfan* des frères **Taviani** (1974). La cité a retrouvé son rôle préféré avec Mel Gibson (*La Passion du Christ*, 2004) tandis qu'un remake de *Ben Hur* y a été tourné en 2015.
Les Pouilles ne sont pas en reste : Lecce a servi de cadre à *Le Premier qui l'a dit* de Ferzan

Ozpetek (2009) ; Bari à *Poussière d'étoiles* (1973) d'Alberto Sordi et à *L'Été où j'ai grandi* (2003) de Gabriele Salvatores, tourné aussi en Basilicate ; *Tale of Tales* (2015) adaptation par Matteo Garrone du *Pentamerone* de Giambattista Basile, fut tourné en partie dans la région.

Les châteaux de Melfi et de Lagopesole ont été le cadre de *Sexum superando*, réalisé par l'actrice **Marta Bifano** (2005), qui retrace la tragique histoire d'Isabella Morra.

Il arrive aussi que la région n'ait rien à voir avec le sujet du film : Daniele Luchetti a tourné à Foggia une histoire censée se dérouler près de Rome *(Mon frère est fils unique)*, Giuseppe Tornatore a fait de Matera une cité sicilienne *(Marchand de rêves)* et Daniele Cipri a reconstitué Palerme à Brindisi *(Mon père va me tuer)*…

Des réalisateurs

Le cinéma ne pouvait donc que susciter des vocations, et plusieurs réalisateurs de la région se sont fait connaître. Au premier rang d'entre eux, un homme de théâtre, connu pour ses mises en scène exigeantes (et parfois « décoiffantes ») de Shakespeare, **Carmelo Bene** (1937-2002), né à Campi Salentina (province de Lecce) fit entre 1967 et 1978 une brève incursion dans le monde du cinéma en réalisant quatre films. Le premier d'entre eux, devenu culte, *Notre-Dame-des-Turcs* (1968), tourné à Lecce, est une sorte d'autobiographie aussi brûlante que baroque, d'une inventivité formelle peu commune, et dans laquelle il joue à peu près tous les rôles.

Sergio Rubini (né en 1959 près de Bari) a tourné, en 1990, *Le Chef de gare* et, en 2006, *Notre terre* dans la province de Brindisi et à Nardò. **Daniele Vicari** (né à Bari en 1967) a adapté en 2008 un polar de Carofiglio, *Le Passé est une terre étrangère*. En Basilicate, **Rocco Papaleo** (né à Lauria en 1958) a fait sensation en 2010 avec son road movie *Basilicata coast to coast*, mettant en scène quatre amis musiciens traversant à pied la région pour se rendre à un festival.

Auteur de documentaires, **Pippo Mezzapesa** (né à Bitonto en 1981) a signé en 2011 son premier long-métrage de fiction, *Il Paese delle spose infelici*, dont l'action se déroule à Tarente.

Enfant adoptif du Salento, **Edoardo Winspeare**, né en 1965, tourne avec des acteurs non professionnels des films dans sa région de prédilection, en dialecte et parfois sous-titrés en italien : parmi ceux-ci *Pizzicata* (1996), *Sangue vivo* (2000) consacré à la *pizzica*, et *Galantuomini* (2008) où il s'attaque à la Sacra Corona Unita.

Et la diaspora

On aura garde de ne pas oublier **Francis Ford Coppola** qui revendique avec fierté ses origines : son grand-père a émigré du village de Bernalda, dans la province de Matera… ainsi que la star hollywoodienne des années 1920, **Rudolph Valentino** (1895-1926), né à Castellaneta.

Musique

Les grands compositeurs issus de la région sont rares. On citera toutefois Carlo Gesualdo, dit **Gesualdo da Venosa** (1566-1613), auteur de madrigaux, **Egidio Romualdo Duni** (1708-1775), de Matera, maître de chapelle à Bari avant de s'installer à Paris (Jean-Jacques Rousseau compta parmi ses « fans »), et **Niccolò Piccinni**, de Bari (1728-1800) qui, formé à Naples, fit carrière à Versailles, à la cour de Louis XVI, et composa nombre d'opéras.

Pour les musiques populaires, voir p 327.

ALTA PASTICCERIA

Terre de traditions

Même si les choses évoluent un peu, l'oubli dans lequel a longtemps été laissé le Mezzogiorno a permis aux Pouilles et à la Basilicate de maintenir vivantes leurs traditions comme leur dialecte local qui varie d'un village à l'autre… Ces traditions s'expriment notamment dans une cuisine du terroir où l'huile d'olive est reine, riche de saveurs que les voyageurs gourmets ne manqueront pas d'explorer, une musique aux racines ancestrales, un artisanat bien vivant ainsi que dans une ferveur religieuse hors du commun.

Gastronomie

Les produits du terroir sont à l'honneur : le blé dur, les légumes (fèves, courgettes, poivrons, tomates, artichauts…) et, bien entendu, l'huile d'olive *(voir encadré ci-dessous)* entrent dans la composition de tous les repas, sans oublier les poissons et fruits de mer, sur le littoral. Le blé dur sert à la fabrication d'un pain délicieux, souvent cuit dans des fours à bois communaux : celui d'Altamura a même obtenu le label DOP *(voir p. 69)*. Quant aux tomates, elles sont consommées fraîches en salade, séchées ou préparées en sauce, en accompagnement de viandes, fruits de mer et légumes.

Antipasti et apéritif

Toujours assaisonnés à l'huile d'olive et au citron, relevés à l'ail, les hors-d'œuvre mettent en valeur les légumes (tomates séchées, aubergines et cœurs d'artichauts grillés, fèves et *cicoria* ou chicorée sauvage) ainsi que les fruits de mer et les crustacés souvent servis en salades (poulpes au basilic). On trouvera en outre d'excellents *salumi* (charcuteries) en Basilicate. Immanquable sur

CHOISIR SON HUILE

Avec 40 % de la production nationale, les Pouilles sont le royaume de l'**huile d'olive**. On y compte cinq appellations d'origine (DOP) et une multitude de cultivars (l'équivalent des cépages). Certains sont très répandus *(coratina, ogliarola, cima di Bitonto)*, d'autres plus confidentiels comme la *bella di Cerignola* que l'on ne trouve que dans ce village de la province de Foggia, ou la *peranzana*, introduite au 17e s. dans le Gargano depuis la Provence. La DOP terra d'Otranto *(oglianella, cellina dI Nardò, leccina)*, au goût fruité avec un fond d'amertume et de piquant, est idéale pour les salades, les poissons et les viandes. La terra di Bari-Bitonto *(coratina, bitonto)*, au goût très vert, sera utilisée pour les salades, poissons et fruits de mer. Les terre tarantine, collina di Brindisi et colli dauni *(peranzana)*, aux saveurs d'herbe fraîche se mariant à la perfection aux légumes crus et aux salades, sont les autres DOP. En Basilicate, où la production sert surtout aux besoins locaux, on apprécie l'huile de la vallée de Vulture *(ogliarola)*.

Bari, boulangerie Panificio Fiore.
F. Dimier/hemis.fr

LES LAMPASCIONI
Il s'agit de petits oignons sauvages que l'on récolte dans les Murge, et que les paysans locaux consommaient cuits sous la cendre et aromatisés à l'huile et au vinaigre. On les prépare aujourd'hui cuits au four avec des pommes de terre (à Conversano) ou en omelette.

les tables des Pouilles, les **taralli** sont l'une des spécialités de la région, déclinée en version salée, mais aussi sucrée. Avec du vin ou de la bière, accompagnés par de grosses câpres, des olives et des tomates séchées, ils ont la part belle pendant l'apéritif.

Primi piatti
Le blé dur entre dans la composition des pâtes locales, les **orecchiette** (« petites oreilles ») confectionnées, cela va de soi, à la main avec de l'eau et du sel, mais sans œufs. On en trouve partout, et elles sont accommodées de diverses façons, traditionnellement *alle cime di rapa* (pousses de navets, souvent remplacé par des brocolis). Autre plat de pâtes traditionnel : les **maccheroni al forno**, mélange de pâtes et de boulettes de viande couvert d'une pâte à tarte. Signalons aussi les pâtes typiques du Salento, les **sagne torte**, en forme de spirale.
Parmi les plats plus élaborés, citons le **riso, patate e cozze**, mélange de riz, de pommes de terre et de moules.

Secondi piatti
Les ovins et les caprins traditionnellement élevés dans la région constituent les viandes les plus courantes : l'agneau cuit au feu de bois dans une *rosticceria* est un régal ! Les plus aventureux savoureront avec délices le **turcinieddu**, entrailles d'agneau aromatisées au laurier.
Parmi les poissons, servis le plus souvent grillés, on trouvera des rougets, daurades, loups, anchois et aussi le poulpe, grillé ou « alla pignata » (cuit dans un récipient de terre cuite appelé *pignata*).
Le **sarago**, depuis toujours roi de la table du Mezzogiorno, est très prisé, surtout dans le Salento.

Fromages et desserts
On trouvera surtout des fromages de brebis comme le *pecorino* ou, en Basilicate, le *caciocavallo* ou le *canestrato*. La **burrata di Andria** est un fromage frais élaboré à partir de mozzarella, à consommer au plus tard 24 heures après sa fabrication.
Les desserts sont le plus souvent à base d'amandes, de miel et de *cotto di fichi*, concentré de figues. Les **biscotti Cegliesi** (de Ceglie Messapica) sont des gourmandises à base de pâte d'amande et de confiture de cerise, figue ou raisin. Les **bocconotti**, petits gâteaux feuilletées farcis selon l'humeur du pâtissier, se trouvent partout. Citons enfin les **maritate**, les « mariées », préparées pendant l'été pour être dégustées à Noël : une figue séchée remplie d'une amande grillée, de zeste de citron et d'un peu de fenouil sauvage, repassée au four.

Vins
Territoire viticole, les Pouilles produisent parmi les plus réputés des vins rouges d'Italie, obtenus à partir de cépages locaux comme nero di Troia, primitivo, negroamaro ou susumanieli. Le primitivo di Manduria, le gioia del colle primitivo, le salice salentino rosso, ou le castel del monte bénéficient chaque année des meilleures cotations des guides spécialisés. Dans le terroir de Locorotondo et de Martina Franca, vous trouverez un blanc léger non pétillant issu du cépage verdeca ou bianco d'Alessano, tandis que l'aleatico di Puglia, vin doux liquoreux, ou le

muscat de Trani accompagneront vos desserts.
Côté Basilicate, l'aglianico del Vulture est le roi du panorama œnologique régional, mais aussi l'un des meilleurs vins rouges du pays *(voir p. 286)*.

Musiques

Au rang des musiques et danses traditionnelles, la plus connue est la **tarentelle**, qui devrait son nom à la tarentule, une araignée dont la morsure entraînerait des convulsions… comme le traduit le rythme crescendo de cette danse accompagnée au violon et au tambourin, parfois aussi à la mandoline et à l'accordéon.
La **pizzica** est une danse de la même famille, originaire du Salento, remise à l'honneur par le cinéaste Edoardo Winspeare dans ses films *Pizzicata* et *Sangue vivo*. Toujours populaires, ces « tourbillons guérisseurs » ont connu de grands interprètes comme **Uccio Aloisi** (1928-2010), et sont mis à l'honneur lors du festival La Notte della Taranta (fin août à Melpignano). Ils sont parfois revisités, au grand désespoir des puristes, par des groupes tels que Tarabanda, Officina Zoè ou Arakne Mediterranea.
Les **bande musicali** sont des orchestres de rue qui se produisent notamment lors des fêtes religieuses ou patronales. Bien plus que de simples fanfares, elles interprètent des airs d'opéra et des symphonies… La Banda de Ruvo di Puglia, dirigée par Pino Minafra, a acquis une renommée internationale.
Enfin, le chant choral reste une tradition. Un groupe de jeunes femmes, **Faraualla**, se distingue avec ses polyphonies où les voix sont utilisées comme des instruments de musique.
Enfant du pays et étoile internationale, **Domenico Modugno** (1998-1994), né à Polignano a Mare, est connu surtout pour sa *Nel blu dipinto di blu/Volare*.

Musiques d'aujourd'hui

Sans pour autant renier la tradition, de jeunes musiciens ont choisi des voies plus contemporaines.
Le jazz est représenté par le Daunia Orchestra du pianiste de Foggia, Umberto Sangiovanni, et par le groupe Puglia Jazz Factory créé en 2011. Le rock est l'apanage de Negramaro, qui a pris le nom d'un célèbre cépage du Salento. Le reggae est illustré par Sud Sound System, et par la chanteuse Mama Marjas. Et même le *rap pugliese* existe grâce à Michele Salvemini, dit « Caparezza », de Molfetta.

Artisanat

La tradition artisanale, qui reste bien vivante, permet aux visiteurs de rapporter des souvenirs empreints d'authenticité.
Ainsi, l'art de la **cartapesta** (papier mâché) subsiste dans des ateliers de Lecce : on peut s'y procurer de superbes figurines de la Nativité. Certaines sont de véritables pièces de collection.
Grottaglie est le grand centre de la **céramique**. Le décor traditionnel, très simple, est tracé en bleu sur fond couleur crème.
Signalons également les **tissages** de Surano (Lecce) où l'on emploie une technique héritée des Sarrasins, et de Galatina, ainsi que la vannerie en jonc ou en rameaux d'olivier (Alberobello).
À Matera, en Basilicate, vous trouverez des **sifflets** en terre cuite *(fischietti* ou *cucù)*, utilisés jadis par les bergers. Ils sont aujourd'hui devenus des objets décoratifs peints de couleurs vives. Le musée de Rutigliano, dans les Pouilles, est dédié à cet artisanat.

ORGANISER SON VOYAGE

Barques sur le lac de Lesina.
F. Cogoli/Sime/Photononstop

Types de séjour

CÔTÉ CULTURE	
Préhistoire	Manfredonia, Museo Archeologico Près de Bisceglie, dolmen della Chianca Autour de Giurdignano, le circuit des menhirs et des dolmens.
Antiquité	Tarente, musée archéologique MARTA★★★ Potenza, Museo Archeologico Dinu Adamesteanu★★ Ruvo di Puglia, Museo Nazionale Jatta★ Metapontum★ Grumentum Ugento, Nuovo Museo Archeologico
Églises rupestres	Matera★★★ et ses alentours (Parco della Murgia Materana★★ et Cripta del Peccato originale★★) Massafra★ et Mottola★
Moyen Âge	**Art byzantin** Ognissanti di Cuti★ Manfredonia, Santa Maria di Siponto★ Ugento, Cripta del Crocifisso
	Art roman Bari, Basilica di San Nicola★★ Trani, Cattedrale di San Nicola Pelegrino★★★ Bitonto, Cattedrale di San Valentino★★ Ruvo di Puglia, Duomo★
	Art romano-gothique Galatina, Basilica di Santa Caterina di Alessandria★★ Otranto, Cattedrale di Santa Maria Annunziata★★
	Architecture civile Castel del Monte★★★ Monte Sant'Angelo★
	Architecture défensive Melfi, castello★ Trani, castello svevo★ Gallipoli, castello Otranto, castello Aragonese Oria, castello svevo★ Gioia del Colle, castello
Époque baroque	Lecce★★★ Nardó★ Conversano, Chiesa dei Santi Cosma e Damiano★ Martina Franca★
Époque contemporaine	Barletta, Pinacoteca Giuseppe de Nittis★ San Giovanni Rotondo, Chiesa di Padre Pio★
Villes et lieux insolites	Alberobello★★★ Matera★★★ Craco★★ Monte Sant'Angelo★ Villages albanais dans le Parco del Pollino

CÔTÉ CULTURE (suite)	
Fêtes et traditions	Fête des *fischietti* (sifflets), à Rutigliano Carnaval (à Putignano et à Massafra) Autour de la Semaine sainte et Pâques : processions à Bari, à Ruvo di Puglia, à Conversano, à Tarente Fête de la 'Nzegna à Carovigno (semaine après Pâques) Rites arborifères dans le Pollino, en été Tarentelle et pizzica à Melpignano et à Galatina Fête de San Nicola à Bari La Focara, à Novoli Palio à Tarente
PAYSAGES ET NATURE	
Paysages et points de vue remarquables	Parco Nazionale del Gargano★★★ Le golfe de Policastro, vu depuis le Cristo Redentore de Maratea★★ Isole Tremiti★ Route des ravins d'argile★ Parco Nazionale del Pollino★
Faune et flore	Dans le Parco Nazionale del Gargano, Monte Sacro et Foresta umbra★★ Isole Tremiti★ La gravina de Laterza★ Parco Nazionale del Pollino★
Ravins et mondes souterrains	Grotte di Castellana★★★ Gravina in Puglia, Gravina Sotterranea★ Castro Marina, grotta Zinzulusa★
SPORTS ET LOISIRS	
Randonnée	Parco Nazionale del Gargano★★★ Parco Nazionale del Pollino★ Parco Nazionale dell'Alta Murgia
Baignade et bord de mer	Sur la côte entre Otranto et Santa Maria di Leuca : Porto Badisco★ Au sud de Gallipoli : Punta della Suina★★ et Marina di Pescoluse★★ Au nord de Gallipoli : Bacino Grande★ et Punta Prosciutto★ Autour de Maratea★★ Isole Tremiti★ Promontoire du Gargano : Pugnochiuso★, baia delle Zagare★, plages de Vieste et Rodi Garganico Riviera d'Ostuni : plages de Pilone, Costa Merlata et Santa Lucia-Torre Pozzella Laghi Alimini Torre Guaceto

Aller dans les Pouilles et en Basilicate

En avion

Les principaux aéroports sont **Bari** et **Brindisi**.

Bon à savoir – Vu l'étendue de la région et les distances, il peut être intéressant d'arriver à Bari et de repartir de Brindisi ou vice versa. Après, il faudra louer une voiture pour mieux profiter de son temps.

COMPAGNIES RÉGULIÈRES

Rares sont les **compagnies régulières** à proposer des vols directs pour Bari ou Brindisi. **Alitalia** (www.alitalia.com) et **Air France** (www.airfrance.fr) assurent des vols avec escale à Milan ou Rome (compter entre 3h30 et 5h de voyage). **Swiss International Air Lines** (www.swiss.com/fr/fr) propose des vols directs pour Bari et Brindisi au départ de Zurich.

Bon à savoir – L'aéroport de **Naples**, situé à la sortie « est » de la ville, à proximité immédiate des autoroutes A16 (en direction de Bari, compter 2h30) et A3 (en direction de Potenza, compter 1h30) constitue une intéressante option pour qui se rend en Basilicate ou dans le nord des Pouilles.

COMPAGNIES LOW COST

Attention, certaines liaisons sont proposées uniquement en saison et changent fréquemment.

Easyjet – www.easyjet.com. Dessert Brindisi (Paris, Bâle-Mulhouse et Genève) ainsi que Naples (Paris, Lille, Lyon, Nice, Bruxelles, Bâle-Mulhouse et Genève).

Ryanair – www.ryanair.com. Au départ de Paris-Beauvais et Bruxelles-Charleroi, dessert Bari et Brindisi.

Tui fly – www.tuifly.fr/fr. Dessert, au départ de Bruxelles, l'aéroport de Brindisi (mai-sept.).

En train

AU DÉPART DE LA FRANCE

Difficile de rejoindre le sud de l'Italie sans changer de train à **Milan** (directement relié à Paris-gare de Lyon) par le train de nuit « Thello » ou, de jour, par le TGV *Via* Lyon et Chambéry (compter 7h et environ 130 € pour un aller simple).

EN ITALIE

Bari est reliée quotidiennement aux grandes villes italiennes : comptez 7h de trajet à partir de Milan *Via* Bologne et env. 4h de Rome.

En direction de la Basilicate, trains quotidiens de Rome et Naples pour **Maratea** (comptez 2h au mieux).

Rens. : www.trenitalia.com.

Voir aussi « Sur place de A à Z », rubrique Transports p. 346.

En voiture

AU DÉPART DE LA FRANCE

Les voies d'accès pour l'Italie, hormis le passage côtier Menton/Ventimille, sont tributaires des cols et tunnels alpins (col du Montgenèvre, tunnel du Fréjus et col du Mont-Cenis, col du Petit-St-Bernard, tunnel du Mont-Blanc).

EN ITALIE

L'autoroute **A14** relie Bologne à Tarente et Foggia à Bari. L'**A16** relie Naples à Bari, en rattrapant l'A14 à hauteur de Canosa di Puglia, à une soixantaine de kilomètres au nord de Bari. De Naples, on peut aussi prendre l'**A3** qui file *Via* Potenza vers le sud.

CARTES ROUTIÈRES

Cartes Michelin **Régional Italie 564** et **Local Italie 363**.

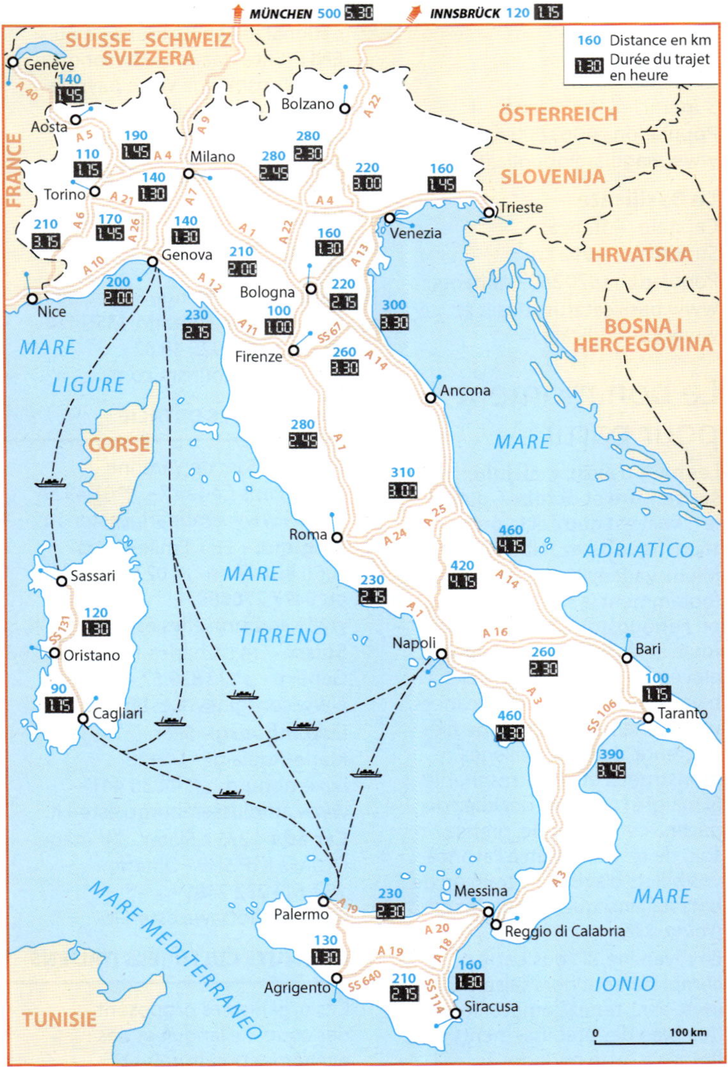

Avant de partir

Identités régionales

Les Pouilles
Capitale : Bari
Superficie : 19 358 km^2
Population : 4 063 800 habitants
www.viaggiareinpuglia.it

La Basilicate
Capitale : Potenza
Superficie : 9 992 km^2
Population : 570 360 habitants
www.basilicataturistica.it et www.aptbasilicata.it/

Le bon moment pour partir

Les mois d'**avril**, **mai**, **juin**, **septembre** et **octobre**, quand le climat est doux et la présence touristique assez faible.

Mieux vaut éviter juillet et août (notamment la semaine du 15 août, ou Ferragosto). La chaleur, la foule et les prix incroyablement élevés (au minimum 30 % de hausse) feraient de vos vacances un cauchemar composé de files d'attente, d'embouteillages monstrueux et d'air irrespirable. Si malgré tout vous décidiez de partir à cette période, prenez soin de réserver bien à l'avance vos billets d'avion, de train ou de bateau, ainsi que les nuitées d'hôtel *(voir p. 337)*.

En revanche, si vous partez complètement hors saison (nov.-avr.), tenez compte du fait que bien des établissements sont fermés à cette période.

Adresses utiles

OFFICES DE TOURISME D'ITALIE

Pour organiser votre voyage, vous pouvez vous adresser à l'Office national italien de tourisme ou **ENIT** (Ente Nazionale Italiano per il Turismo) de votre pays de résidence : www.italia.it.

France – 23 rue de la Paix - 75002 Paris - ✆ 01 42 66 03 96 - lun.-vend. 11h-16h45.

Belgique – 28 rue Émile-Claus - 1050 Bruxelles - ✆ 02 64 71 154 - lun.-vend. 9h-17h.

Canada – 110 Yonge Street, Suite 503 - Toronto (Ontario) M5C 1T4 - ✆ (00 1 416) 925 48 82 - www.italiantourism.com.

AMBASSADES D'ITALIE

France – 51 r. de Varenne - 75343 Paris Cedex 7 - ✆ 01 49 54 03 00 - www.ambparigi.esteri.it.

Belgique – 28 r. Émile-Claus - 1050 Bruxelles - ✆ 02 643 38 50 ou 0477 278680 - www.ambbruxelles.esteri.it.

Suisse – 14 r. Charles-Galland - 1206 Genève - ✆ 22 839 67 44 - www.consginevra.esteri.it.

Luxembourg – 5-7 r. Marie-Adélaïde - L-2128 Luxembourg - ✆ 44 36 441 - www.amblussemburgo.esteri.it.

Canada – 275 r. Slater - 21e étage - Ottawa K1P 5H9 - Ontario - ✆ 1 613 232 2401 - www.ambottawa.esteri.it.

INSTITUTS CULTURELS ITALIENS

Ces organismes proposent des cours de langue et des événements culturels et

disposent de bibliothèques et vidéothèques.
France – 50 r. de Varenne - 75007 Paris - ✆ 01 44 39 49 39 - www.iicparigi.esteri.it - lun.-vend. 10h-13h, 15h-18h. L'institut est également présent à Grenoble, Lille, Lyon, Marseille et Strasbourg.
Belgique – 38 r. de Livourne - 1000 Bruxelles - ✆ 02 533 27 20 - www.iicbruxelles.esteri.it.
Suisse - Tödistrasse, 65 - 8027 Zurich - ✆ 44 202 48 46 - www.iiczurigo.esteri.it.
Canada – 1200 Dr Penfield Avenue - Montréal H3A 1A9 - Québec - ✆ 1 514 849 3473 - www.iicmontreal.esteri.it.

SITES INTERNET

www.italia.it : site de l'Office national italien du tourisme, très complet. Tous les renseignements pratiques.
www.museionline.info : infos sur tous les musées du pays et les expositions à ne pas manquer.
www.viaggiareinpuglia.it : site de l'office du tourisme de la région des Pouilles.
www.basilicataturistica.it et **www.aptbasilicata.it :** sites de l'office du tourisme de la région Basilicate.
www.touristie.com/italie : infos pratiques pour un voyage de A à Z.
www.ticketone.it : pour l'achat et la réservation d'événements.
www.parks.it : fédération italienne des parcs.

VOYAGISTES SPÉCIALISÉS

Voyages culturels

Clio – ✆ 01 53 68 82 82 - www.clio.fr. Itinéraires culturels et thématiques avec conférenciers, notamment dans les Pouilles.
Intermèdes – ✆ 01 45 61 90 90 - www.intermedes.com. Différents circuits culturels de 5 à 7 j. avec conférencier sont proposés dans les Pouilles.
VO Italie – ✆ 01 42 80 22 83 - www.vo-italia.com. Voyages thématiques pour une découverte personnalisée de la culture et de l'art de vivre à l'italienne.
Arts et vie – ✆ 01 40 43 20 21 - www.artsetvie.com.

L'Italie en randonnée

Chemins du Sud – ✆ 04 90 09 06 06 - www.cheminsdusud.com. Circuits dans le sud de l'Italie, de 8 à 10 j.
Terres d'aventure – ✆ 01 70 82 90 00 (France), ✆ 02 543 95 60 (Belgique), ✆ 022 518 05 13 (Suisse) - www.terdav.com. Plusieurs circuits organisés dans les Pouilles ou en toute liberté.

Formalités

FORMALITÉS D'ENTRÉE

Papiers d'identité

Une carte d'identité en cours de validité pour les citoyens de l'Union européenne ou un passeport en cours de validité pour les Canadiens. Pour les mineurs, se renseigner auprès de la mairie ou du commissariat de police.

Véhicules

Permis de conduire à trois volets, ou permis de conduire international, et attestation d'assurance (carte verte).
Comme en France, il est obligatoire de disposer dans son véhicule, en cas d'accident, d'un triangle de signalisation et d'un gilet fluorescent. ➔ *« Voiture », p. 345.*

SANTÉ

Aucun vaccin particulier. Afin de bénéficier d'une assistance médicale en Italie, au même coût que dans votre pays d'origine, procurez-vous la **Carte Européenne d'Assurance Maladie** (CEAM). Elle est disponible sous 15 jours et valable un an.

En attendant de recevoir la carte, une attestation valable 3 mois vous sera délivrée en ligne.
Pour les accidents de voiture, les Suisses jouissent de la convention prévue par le formulaire ICH.
Il est recommandé de contracter une assurance rapatriement. Certaines cartes bancaires vous affilient d'office.

ANIMAUX DE COMPAGNIE

Vous devez posséder un passeport européen fourni et rempli par un vétérinaire. Il faut que votre animal de compagnie ait été vacciné contre la rage depuis plus d'un mois et moins de onze, qu'il soit tatoué et/ou porteur d'une puce électronique. Il est préférable de posséder un certificat de bonne santé de l'animal, établi 15 jours avant le départ.
Nombre d'établissements hôteliers et de terrains de camping n'admettent pas les animaux domestiques.
Pour plus d'informations, vous pouvez consulter le site Internet www.dogwelcome.it.

Voyage pour tous

TOURISME ET HANDICAP

De très nombreux restaurants, hôtels, agritourismes et cafés sont équipés de vastes toilettes, aisément accessibles. Avant de partir, pensez à consulter les sites des associations spécialisées : www.turismopertutti.it (en français), www.turismosenzabarriere.it (en français), www.handysuperabile.org (en italien uniquement).
Le site www.viaggiareinpuglia.com propose une rubrique dédiée aux voyageurs ayant un handicap sous la rubrique : *Laissez-vous inspirer/Les Pouilles pour tous.*
Pour vos déplacements en train, consultez le Bureau d'aide aux handicapés des chemins de fer italiens Trenitalia :
Ufficio Assistenza Persone a Mobilità Ridotta – ✆ (00 39) 06 47 30 8579 - SalaBlu.ROMA@rfi.it.

Téléphoner

Pour téléphoner de l'Europe vers Italie, composez le **00 39** + le numéro de votre correspondant avec le 0 pour les numéros fixes. Ceux qui commencent par le chiffre 3 correspondent à des portables.
À partir du Canada, composez le **011 39** + le numéro de votre correspondant.

Heure

Il n'y a pas de décalage horaire entre l'Italie et la France, la Belgique ou la Suisse.
L'heure d'été est par ailleurs appliquée à la même date. L'heure d'été est l'*ora legale*, l'heure d'hiver l'*ora solare*.

Calculez votre budget quotidien

Le prix à la journée a été calculé **pour une personne**, sur la base d'un séjour en haute saison.
Petit budget : hébergement dans un hôtel modeste, voire très modeste, et repas pris dans des pizzerias, comptez **50 à 60 €/j.**
Budget moyen : hébergement dans un hôtel mieux équipé, location d'une voiture, 2 restaurants par jour, comptez **120 à 140 €/j.**
Pour se faire plaisir : hébergement dans des hôtels de luxe, des agritourismes raffinés ou des résidences d'époque, location d'une voiture, les repas dans des restaurants gastronomiques : comptez au minimum **200 €/j.**

PRIX INDICATIFS DE BASE DE QUELQUES SERVICES OU ARTICLES	PRIX MOYEN
Un billet d'avion AR Paris-Brindisi	150 € à 300 € (selon anticipation)
Un billet de train Rome-Bari (aller simple - 4h)	à partir de 35 €
Une nuit en auberge de jeunesse en dortoir	à partir de 20 €
Une chambre double dans un B & B/hôtel modeste ou un agritourisme	70-90 €
Une chambre double dans un bon hôtel ou dans un B & B de charme	130-160 €
Une chambre double dans un hôtel de luxe	à partir de 200 €
Une *puccia* ou un sandwich	4-6 €
Une pizza et une boisson dans une pizzeria	10-15 €
Un repas dans une trattoria	15-25 €
Un repas léger au restaurant	25-35 €
Un repas complet dans un bon restaurant	40-60 €
Une bouteille de vin au restaurant	15-25 €
Une semaine de location de voiture catégorie A	250-300 €
Un litre d'essence	autour de 1,50 €
Un billet d'entrée dans un musée	4-10 €
Un café au comptoir	1 €
Un apéritif	6 à 8 €
Une bouteille d'eau	1,50 à 3 €
Deux boules de glace	3 à 4 €

Se loger

Les prix des chambres augmentent sensiblement (entre 20 et 50 % selon les lieux) en haute saison. Certains établissements proposent des forfaits « week-end » ou « séjour prolongé ». N'hésitez pas à loger loin des villes : vous bénéficierez souvent d'un service agréable et d'un bon rapport qualité-prix.

LES ADRESSES DU GUIDE

Vous trouverez notre sélection d'hébergements dans les pages « Nos adresses à… », à la fin de chaque chapitre. Les établissements sont classés par catégories de prix (*Tableau p. 339*). Les tarifs communiqués, prix minimum et maximum pour une chambre double, sont ceux pratiqués en moyenne saison.

« PENSIONE »

Petite structure familiale, la pension offre un confort de base (les chambres partagent souvent une salle de bains commune). Les hôteliers vous demanderont une confirmation par mail, parfois avec indication d'un numéro de carte bancaire.

« AGRITURISMO »

C'est ce qui correspond aux gîtes ruraux en France. Dans la plupart des cas, la formule prévoit

l'hébergement et la possibilité de goûter aux produits et spécialités de la ferme (huile, vin, miel, légumes et viande). Dans certaines structures, votre logement sera équipé d'un coin-cuisine, ce qui vous permettra d'être totalement autonome. Il existe également des gîtes qui ne proposent que le petit déjeuner.
En haute saison, certains gîtes privilégient les séjours à la semaine ou imposent une formule avec demi-pension ou pension complète assortie d'une durée minimale de séjour. Les *agriturismi* ne proposent généralement que des chambres doubles ; si vous voyagez seul(e), vous pouvez toujours essayer de négocier le prix.
Pour retrouver les adresses vous pouvez consulter les sites : www.agriturist.it, www.terranostra.it, www.turismoverde.it ou www.locatissimo.com.

BED AND BREAKFAST

Certains rivalisent avec les meilleurs hôtels et fonctionnent d'ailleurs comme tels. D'autres ressemblent davantage au logement chez l'habitant tel qu'on le conçoit en France. Dans ce dernier cas, il faut prévoir de régler en espèces. Consultez www.bbitalia.it.

MASSERIE ET DEMEURES DE CHARME

D'anciens bâtiments (hôtels particuliers, couvents, masserie, villas, châteaux, etc.) ont été rénovés et transformés en hôtels. Un vrai voyage dans le temps et la beauté. Adresses sur : www.bellavista-villas.com, www.cuendet.fr ou www.villasdumonde.fr

APPARTEMENTS

Pour louer un appartement, solution pratique et bon marché si on séjourne en ville en famille, on pourra surfer sur : www.airbnb.fr, www.interhome.fr, www.homelidays.com, www.locappart.com ou www.abritel.fr.

CAMPING-CARAVANING

Certains mettent à votre disposition des bungalows ou des mobil-homes.
Confederazione Italiana Campeggiatori - ✆ 055 88 23 91 - www.federcampeggio.it.

AUBERGES DE JEUNESSE

Il y a plusieurs auberges de jeunesse officielles, réservées aux seuls détenteurs de la carte internationale.
Associazione Italiana Alberghi per la Gioventù - AIG – www.aighostels.it.
Il existe parallèlement un grand nombre d'auberges de jeunesse privées, ouvertes à tous, proposant dortoirs ou chambres privatives.
Ostelli on Line – www.ostellionline.net.

MAISONS RELIGIEUSES

Le cadre est très simple mais soigné. Seul inconvénient, le « couvre-feu » : il faut être rentré vers 22h30. Pour toute information, contactez les offices de tourisme ou www.istituti-religiosi.org.

Se restaurer

Vous trouverez notre sélection de restaurants au fil des rubriques « Nos adresses à… » de la partie « Découvrir », classés par catégorie de prix (*Tableau ci-contre*) sur la base d'un repas à 2 ou 3 plats sans boissons.

VOCABULAIRE ET USAGE

Le petit déjeuner se dit *prima colazione*, le repas de midi *pranzo* et le dîner *cena*. Après les *antipasti* (hors-d'œuvre), un repas typique inclut un *primo* (pâtes, risotto) et/

NOS CATÉGORIES DE PRIX		
	Se loger	**Se restaurer**
Premier prix	jusqu'à 90 €	jusqu'à 20 €
Budget moyen	de 90 à 130 €	de 20 à 35 €
Pour se faire plaisir	de 130 à 160 €	de 35 à 50 €
Une folie	plus de 160 €	plus de 50 €

ou un *secondo* (viande ou poisson) sans accompagnement : celui-ci (*contorno*) se commande à part. Terminez sur une douceur (*dolce*).

Les restaurants sont généralement ouverts de 12h30 à 14h30 et de 19h30 à 23h.

L'ADDITION

Dans les restaurants, le couvert *(coperto)* est ajouté à l'addition (2-6 € selon l'établissement). En revanche, le service est généralement compris ; dans le cas contraire, vous trouverez le pourcentage (env. 10 %) indiqué dans le menu. On ne vous réclamera pas de **pourboire**, mais il est cependant d'usage de laisser quelques euros après un bon repas.

En général, dans les bars et les snacks, on paye d'abord sa consommation à la caisse, et ensuite, muni du ticket *(scontrino)*, on peut commander au comptoir auprès du serveur.

Attention ! Il est vivement conseillé de **réserver votre table,** en particulier le week-end et dans les localités balnéaires en haute saison.

Bon à savoir – Les cartes de crédit ne sont pas toujours acceptées dans les petits restaurants et dans les *trattorie* familiales.

RESTAURANTS, TRATTORIAS ET « OSTERIE »

Ces trois types d'établissements se distinguent à vrai dire difficilement : en règle générale, au restaurant, le service et le cadre sont soignés, dans une trattoria, de gestion familiale, on sert une cuisine plus simple, à des prix plus abordables, et il peut arriver que le serveur énonce à haute voix la liste des plats, mais la liste des prix doit être toujours disponible, demandez-la en cas de doute.

Le mot *osteria* est devenu un synonyme de *trattoria*, souvent utilisé dans la dénomination de l'établissement pour donner un peu de couleur locale. Rien à voir avec les *osterie* d'antan où les hommes âgés passaient leur après-midi devant un verre de vin !

Pour un déjeuner **sur le pouce**, optez pour un bar-cafétéria où vous trouverez des sandwichs ou des plats du jour.

Voir « Petite pause » dans « Nos adresses à… » de chaque destination.

BOISSONS

L'eau se consomme toujours en bouteille ; on demande de l'*acqua minerale non gassata* ou *naturale* (plate) ou *gassata* ou *frizzante* (gazeuse). Les vins se commandent à la carte, mais de nombreux établissements proposent du vin en pichet : demandez du *vino in caraffa* ou la cuvée du patron, le *vino della casa*. Quant à la bière, elle peut être servie en bouteille ou à la pression *(alla spina)*.

Sur place de A à Z

Achats

ARTISANAT

Dans chaque chapitre du guide figure une **sélection d'adresses** pour vous guider dans vos achats. *Voir aussi le chapitre Artisanat p. 327.*

Pouilles – Les sifflets en terre cuite *(fischietti)* de Rutigliano, les figurines en *cartapesta* (papier-mâché) de Lecce – les personnages et animaux liés à la Nativité sont particulièrement prisés) –, et les céramiques de Grottaglie.

Basilicate – Sifflets en terre cuite (les *cucù*) et santons de Matera, jarres, amphores et céramiques.

SPÉCIALITÉS CULINAIRES

Dans l'éventail des bons produits gastronomiques des deux régions, on notera : huiles d'olive, vin, taralli, olives, tomates séchées, *sottoli* et *sottaceti* (légumes conservés dans l'huile ou dans la saumure), fromages, pâtes, etc.

EXPÉDIER SES ACHATS

De nombreuses épiceries de luxe proposent leur propre service d'expédition. Pour un paquet prioritaire *(Pacco celere internazionale)* expédié dans l'Union européenne *(2 à 4 j.)*, comptez de 12 à 15 €/kg.

CHAUSSURES ET CONFECTION

Sachez que les tailles italiennes ne correspondent pas aux tailles françaises : retirez une taille pour obtenir la taille française (un 44 italien correspond à un 42 français). Pour les pointures de chaussures, c'est l'inverse : il faut ajouter une taille à l'italienne pour obtenir l'équivalente française.

Argent

L'euro est la monnaie de l'Italie.
Au moment de la rédaction de ce guide, un franc suisse valait 0,88 € (1 € = 1,135 CHF). Un dollar canadien valait 0,67 € (1 € = 1,48 CAD).
Les ressortissants de pays n'appartenant pas à l'UE peuvent changer de l'argent à la banque, à la poste (sauf les chèques de voyage) et dans les agences de change. Une commission est toujours perçue.

CARTES BANCAIRE

La carte bancaire n'est pas acceptée partout. Surtout dans les établissements les plus simples, vous devrez payer en espèces. Vous trouverez sur place un bon nombre de distributeurs. Pensez à vous renseigner auprès de votre banque pour connaître les frais appliqués sur les paiements et les retraits d'espèces à l'étranger et pensez à prendre avec vous les coordonnées téléphoniques permettant de faire opposition en cas de perte ou de vol de votre carte bancaire.

Cigarettes

L'interdiction de fumer dans les lieux publics, dont les hôtels, restaurants, bars, discothèques, est scrupuleusement respectée. Certains hôtels proposent néanmoins des chambres fumeurs. En cas d'infraction, l'amende peut monter à 275 € et doubler si l'on fume en présence d'une femme enceinte ou d'un enfant.

Contrefaçons

Aux abords des lieux touristiques et des gares, les étals de sacs, de lunettes et de vêtements imitant de grandes marques abondent. Il s'agit de contrefaçons ; l'achat et l'importation de ces articles sont passibles de lourdes amendes.

Courrier

Les timbres *(francobolli)* s'achètent dans les bureaux de poste et les bureaux de tabac : comptez 1 € pour envoyer une carte postale ou une lettre (20 g) en Europe. Les boîtes aux lettres sont rouges. Le site www.poste.it recense toutes les adresses des bureaux de poste (cliquez sur *Uffici postali*).

Électricité

Le voltage en Italie est le même qu'en France (220 V), mais l'écartement des prises varie. Vous aurez donc besoin d'un adaptateur.

Horaires d'ouverture

Pour les sites et musées, voir p. 344.

Les administrations et les établissements publics ferment entre 13h et 15h.

BANQUES

En règle générale, du lundi au vendredi, 8h30-13h30 et 15h-16h30/17h. Seules les plus importantes sont ouvertes le samedi matin. N'oubliez pas de prendre un ticket avec un numéro de passage.

POSTES

Les bureaux de poste sont ouverts de 8h30 à 13h50 (11h50 le samedi). Dans les grandes villes, certains bureaux sont ouverts l'après-midi jusqu'à 18h les jours ouvrables, et le samedi jusqu'à 14h.

COMMERCES

Dans le centre des villes, les grands magasins et les chaînes restent ouverts sans interruption de 10h à 20h. Les petits commerces adoptent généralement les horaires suivants : 9h-12h, 17h-20h. Pensez-y si vous souhaitez faire des achats dans une épicerie.

Les boutiques ferment le dimanche et aussi une demi-journée par semaine. Le dimanche, certains pâtissiers sont ouverts jusqu'à 13h. Dans les stations balnéaires, de nombreux établissements restent ouverts tard le soir.

Internet

La plupart des hôtels et beaucoup de restaurants offrent une connexion Wi-Fi gratuite. Les grandes villes disposent aussi de zone Wi-Fi en plein air.

Jours fériés

Attention à ne pas confondre un *giorno festivo*, jour férié, et un *giorno feriale*, jour ouvrable !

1er janvier – Jour de l'an *(Capodanno)*.
6 janvier – Épiphanie *(Epifania)*.
Pâques – *Pasqua*.
Lundi de Pâques – *Pasquetta*.
25 avril – Fête de la Libération *(Liberazione del 1945)*.
1er mai – Fête du Travail *(Festa del Lavoro)*.
15 août – Assomption *(Festa dell'Assunta)*.
1er novembre – Toussaint *(Ognissanti)*.
8 décembre – Immaculée Conception *(Immacolata Concezione)*.
25 décembre – Noël *(Natale)*.
26 décembre – Fête de saint Étienne *(Santo Stefano)*.

De plus, chaque ville chôme le jour de la fête de son saint patron *(Santo patrono)*.

La plupart des musées sont fermés les jours fériés et les 24 et 31 décembre ainsi que le 14 août, les horaires sont très réduits.

Loisirs

Pour plus de précisions, au-delà des quelques adresses locales listées ci-dessous, se renseigner auprès des offices de tourisme de chaque localité.

Voir aussi les tableaux « Types de séjour » p. 330.

CYCLOTOURISME

La **Ciclovia dell'Aquedotto Pugliese** est un itinéraire de presque 500 km qui parcourt trois régions (Campanie, Basilicate et Pouilles) en suivant le tracé de l'aqueduc des Pouilles. Au départ de Caposele, en Campanie, il traverse le Vulture, arrive à Minervino Murge et Gioia del Colle, puis continue en direction du sud-est vers Manduria, Casarano et Santa Maria di Leuca. *Rens. et tracé sur : www.aqp.bike/*
Pour la Basilicata, consultez : www.basilicataturistica.it/cicloturismo.

ŒNOTOURISME

La découverte de la culture locale passe par sa gastronomie, mais aussi par celle de ses bonnes caves. Des itinéraires dédiés au vin sillonnent le territoire des Pouilles et de la Basilicate, guidant les œnotouristes à travers des paysages remarquables. Nombreuses sont les occasions de faire des haltes pittoresques à la découverte des caves. Vous trouverez le détail de tous les parcours et les adresses concernées sur : www.lestradedelvinopuglia.it/
Pour la Basilicate, repérez quelques idées d'itinéraires sur : www.aptbasilicata.it, rubrique Paysage et nature/Itinéraires/La route du vin.

PARCS ET FORÊTS

Consultez aussi le site www.parks.it.

Basilicate

Créé en 2007, le **Parco Nazionale dell'Appennino Lucano Val d'Agri Lagonegrese** est le dernier né des parcs nationaux italiens (*p. 281*).
Il côtoie le **Parco Nazionale del Pollino** (*p. 266*).
Également des paysages superbes dans les **Parco Regionale Gallipoli Cognato-Piccole Dolomiti Lucane** (*p. 280*) et **Parco Regionale della Murgia Materana** (*p. 252*).

Pouilles

Le **parc national du Gargano** englobe la totalité du promontoire éponyme et s'étend jusqu'aux îles Tremiti. Il offre parmi les plus beaux paysages d'Italie (*p. 96*). *www.parcogargano.gov.it.*
Il abrite aussi la **Riserva Statale Foresta Umbra**, une luxuriante forêt de hêtres de très haute futaie (45 m) classée au patrimoine mondial par l'Unesco en 2017 (*p. 103*).
Le **parc national de l'Alta Murgia**, dans la province de Bari, présente d'intéressantes formations karstiques. *www.parcoaltamurgia.gov.it.*

PLAGES

De nombreuses plages ont obtenu le label « Pavillon bleu d'Europe », qui garantit la qualité des eaux de baignade. Consultez-les sur le site www.bandierablu.org.

Voir aussi les tableaux « Types de séjour » p. 330.

RANDONNÉE ÉQUESTRE

Le paysage vallonné et les vastes étendues campagnardes de ces régions se prêtent particulièrement au tourisme équestre. Nombreux sont les agritourismes qui proposent des balades à cheval. Pour toute information, contacter en Italie l'**Associazione Regionale del Turismo Equestre** (www.turismoequestre.com).

THERMALISME

Les deux principales localités thermales des Pouilles sont **Margherita di Savoia** (*p. 57 - www.termemargherita.it)* et **Santa Cesarea Terme** (*p. 213)*. En Basilicate, les soins thermaux sont proposés à **Latronico** *(à 30 km à l'ouest de Chiaromonte - www.termelucane.it)* et **Rapolla** (*p. 286 - www.termedirapolla.it)*.

Musées, monuments et sites

OFFICES DE TOURISME

Vous trouverez les adresses des offices de tourisme au début de chaque chapitre de la partie « Découvrir », signalées par un picto i.

HORAIRES

En général, les musées sont fermés le lundi et les j. fériés. La plupart cessent de vendre des billets une demi-heure ou une heure avant la fermeture. Les monuments archéologiques et les parcs ferment 1h avant le coucher du soleil, soit aux alentours de 18h, au printemps et à l'automne. Hors saison, certains monuments obéissent à des horaires restreints (ouverts le matin et fermés l'après-midi).

ÉGLISES

Elles sont généralement fermées de 12h à 16h. Les grandes basiliques sont ouvertes de 7h à 18h. Pour entrer dans les églises, le port du short est déconseillé (et parfois interdit), tout comme les minijupes et les tee-shirts décolletés sans manches. Les personnes ne suivant pas ces recommandations pourront se voir refuser l'entrée.
Il est préférable de programmer la visite le matin, car on peut alors bénéficier d'un meilleur éclairage naturel de l'intérieur. Quelques pièces de monnaie sont parfois nécessaires pour l'éclairage de certaines œuvres.

FERMETURES ALÉATOIRES

Il est fortement conseillé de téléphoner avant d'entreprendre un périple : le patrimoine italien est considérable et de nombreuses restaurations de monuments (qui peuvent parfois durer plusieurs années) ont sans cesse lieu un peu partout.
Notez que musées et églises risquent aussi d'être en totalité ou en partie fermés temporairement pour restauration ou manque de personnel.
Beaucoup de musées (surtout hors saison) ne sont ouverts qu'à la demi-journée, le matin ou l'après-midi ; ainsi, veillez à vous renseigner au préalable.
Attention : les jours fériés (*voir liste p. 342*), les monuments sont généralement fermés mais avec une grande variabilité ; se renseigner avant la visite.

PRIX D'ENTRÉE

Les musées nationaux sont gratuits pour les moins de 18 ans et pour tous le 1er dim. du mois. Pour les groupes constitués, il est généralement possible d'obtenir des conditions particulières relatives aux horaires ou aux tarifs, avec un accord préalable.
À l'occasion de la *Settimana dei Beni Culturali* (Semaine du patrimoine), dont la date est fixée d'une année à l'autre, certains monuments

et musées ouvrent leurs portes gratuitement.
Dans le cas où la visite d'un musée, d'une église ou de quelque autre monument ne peut se faire qu'en présence d'un gardien ou de la personne qui détient la clé, il est d'usage de laisser une offrande ou une rétribution.

Santé

PHARMACIES

Signalées par une croix verte, les pharmacies *(farmacie)* sont généralement ouvertes de 8h30 à 13h et de 16h à 19h30. Les jours de fermeture, on y trouve affichés les noms des médecins et de la pharmacie de garde.

Sécurité

Sur les lieux touristiques, les pickpockets sont à l'affût du touriste distrait et imprudent. Soyez vigilant. Ne laissez rien en évidence dans votre véhicule et pensez à faire une copie de vos documents d'identité en laissant les originaux à l'hôtel.

Téléphone

APPELS INTERNATIONAUX

Pour appeler l'Italie, voir « Téléphoner », p. 336.

D'Italie :
– vers la France : 00 + 33 + n° du correspondant sans le 0, sauf pour les portables ;
– vers la Belgique : 00 + 32 + n° de la zone sans le 0 + n° du correspondant ;
– vers le Luxembourg : 00 + 352 + n° de la zone sans le 0 + n° du correspondant ;
– vers la Suisse : 00 41 + n° de la zone sans le 0 + n° du correspondant.

APPELS LOCAUX

Pour appeler un numéro sur place, composer l'indicatif de la ville (commençant toujours par 0) + le numéro du correspondant.
La longueur des numéros de téléphone italiens varie de 5 à 8 chiffres selon les régions. Ceux des mobiles commencent par 3.

TÉLÉPHONES MOBILES

Si vous souhaitez utiliser votre téléphone mobile en Italie, renseignez-vous sur les conditions tarifaires auprès de votre opérateur et assurez-vous que la fonction « internationale » est bien activée. Lorsque vous êtes à l'étranger, n'oubliez pas que les communications sont payantes, tant à l'émission qu'à la réception.

URGENCES

Appel unique pour tout type d'urgence : 112
Urgences médicales : 118
ACI (Automobile Club d'Italie) : 803 116.
Secours en mer : 530.

Transports

EN VOITURE

Code de la route
Sur voie rapide et autoroute, il est obligatoire d'allumer les feux de croisement le jour.
Limitation de vitesse : 130 km/h sur autoroute (110 km/h sur certains tronçons), 90 km/h sur route principale, 70 km/h sur route secondaire, 50 km/h en agglomération. Nombreux radars sur les routes, notamment aux abords des petites agglomérations.
À l'arrière d'un véhicule, la lettre P en rouge sur fond blanc indique un *principiante* (débutant), ce qui est l'équivalent du A français.

Le port des ceinture de sécurité est obligatoire à l'avant et à l'arrière.

Signalisation

Contrairement à ce qui se fait en France, les départementales et les nationales sont signalisées par des panneaux bleus avec inscriptions en blanc, les autoroutes par des panneaux verts avec inscriptions en blanc.

Les curiosités touristiques sont signalées par des panneaux à fond jaune ou marron.

Les indications routières sont parfois déroutantes et les directions ne sont pas toujours balisées : soyez attentif, ne roulez pas trop vite, car les indications de sortie sont souvent signalées au dernier moment.

Péages

Sur les autoroutes, vous pouvez payer en espèces ou avec une carte bancaire. Dans ce cas, aux péages, empruntez, quand elles existent, les voies réservées aux paiements par Viacard, signalées en hauteur par des panonceaux appropriés et au sol par un marquage bleu.

Parking

Le stationnement est réglementé dans les grandes villes comme dans les petites. Repérez la couleur des lignes tracées au sol :

- lignes **jaunes** : stationnement réservé aux riverains,
- lignes **blanches** : zones de stationnement gratuit (rares).
- lignes **bleues** : stationnement payant (le plus souvent de 8h à 20h avec une pause le midi) ; utilisez l'horodateur ou achetez des cartes de stationnement à gratter (« *gratta e sosta* ») dans les bureaux de tabac, kiosques à journaux ou cafés.

Certaines zones bleues autorisent le stationnement pendant une durée limitée, il est donc utile de se munir d'un disque horaire. Pour le stationnement limité, reportez-vous aux panneaux : les deux marteaux croisés indiquent les jours ouvrables tandis que la croix désigne les dimanche et les jours fériés.

Si jamais vous étiez verbalisé, la contravention peut être réglée dans un bureau de police ou dans n'importe quel bureaux de poste.

Les parkings surveillés par des **gardiens** sont nombreux, notamment dans les stations balnéaires. Informez-vous sur les tarifs avant de vous garer.

ZTL

Dans de nombreuses villes, de grands panneaux « *Zona a traffico limitato riservata ai veicoli autorizzati* » ceinturent le centre historique. Évitez d'y pénétrer sous peine d'une lourde amende (caméras de surveillance), et se garer impérativement en dehors. Les hôtels de ces zones qui proposent des parkings à leurs hôtes s'occupent de déclarer les véhicules à la police ; lors de la réservation, il vous faut fournir votre numéro d'immatriculation.

Location

Les compagnies aériennes low cost et des voyagistes proposent une formule vol + voiture qu'on peut réserver par Internet.

Rentalcars.com compare tous les prix au départ de l'aéroport de votre choix.

EN TRAIN

Voir nos indications dans « Nos adresses à… » de la partie « Découvrir », rubrique Arriver/Partir.

EN BUS

Solution la plus économique, le bus est souvent le seul moyen de transport. Offices de tourisme et gares routières vous communiqueront les horaires et les trajets. *Voir aussi nos indications dans « Nos adresses à… » de la partie « Découvrir », rubrique Arriver/Partir.*

LISBONNE DANS LA POCHE
SE RESTAURER
FAIRE UNE PAUSE
SHOPPING
SORTIR
SÉVILLE
LISBONNE
BRUXELLES
PORTO
LES GRANDES VILLES FORMAT POCKET
LISBONNE . BRUXELLES . PORTO . BERLIN . AMSTERDAM . LONDRES .
NEW YORK . VENISE . ROME . BARCELONE . PARIS . MARSEILLE.
SÉVILLE . MADRID . FLORENCE . MILAN
MICHELIN
Une meilleure façon d'avancer

En famille

Le tableau suivant récapitule les musées, sites naturels ou loisirs destinés aux plus jeunes.
Si les musées ne proposent que rarement des activités à destination des plus jeunes, l'Italie offre quelques ressources tout spécialement appréciées des enfants et la perspective d'une bonne pizza, d'une glace ou d'une baignade à la plage la plus proche peut aider à supporter la visite d'un site ou d'un musée un peu fastidieuse.

SITES OU ACTIVITÉS À FAIRE EN FAMILLE			
Villes ou sites	**Nature**	**Monuments et musées**	**Loisirs et animations**
Alberobello		Trulli *(p. 136)*	
Altamura	Moulin Dibenedetto *(p. 70)*		Festival médiéval Federicus *(p. 70)*
Andria		Musée de la dragée *(p. 56)*	
Brindisi	Réserve naturelle de Torre Guaceto *(p. 179)*		
Brindisi di Montagna			Parco della Grancìa *(p. 279)*
Bari			Marché aux poissons *(p. 36)*, fabrication des orecchiette *(p. 32)*, baignades *(p. 42)*
Barletta		Colosso Eraclio *(p. 52)*, castello Svevo *(p. 55)*	
Grotte di Castellana	Grottes *(p. 82)*		
Castel del Monte		Château *(p. 63)*	
Castro Marina			Grotta Zinzulusa *(p. 214)*
Ceglie Messapica			Grotta di Montevicoli *(p. 153)*
Conversano	Réserve naturelle Laghi di Conversano *(p. 81)*		
Piccole Dolomite Lucane	Parco di Gallipoli Cognato *(p. 280)*		
Fasano	Zoosafari Fasanolandia *(p. 148)*		

Villes ou sites	Nature	Monuments et musées	Loisirs et animations
Gallipolli	Castello *(p. 222)* et le *frantoio (p. 223)*		Plages *(p. 225 et 230)*
Gargano	Foresta Umbra *(p. 103)*		Un repas sur un *trabucco (p. 100)*, visite des grottes en bateau *(p. 109)*, plages *(p. 109)*
Gravina in Puglia	Parco Nazionale dell'Alta Murgia *(p. 73)*	Gravina Sotterranea *(p. 72)*	
Maratea	Grotta delle Meraviglie *(p. 273)*		Plages *(p. 274)*, excursions en bateau *(p. 275)*
Margherita di Savoia		Museo Storico della Salina *(p. 57)*	
Matera		Palombaro Lungo *(p. 247)*	
Minervino Murge	Grotta di San Michele *(p. 60)*		
Molfetta			Marché aux poissons *(p. 43)*
Monopoli			Plages *(p. 89)*
Ostuni	Parco Naturale delle Dune Costiere *(p. 153)*		Plages *(p. 156)*
Otranto	Lacs Alimini *(p. 207)*		Plages *(p. 206)*
Polignano a Mare			Plages *(p. 84)*
Parco del Pollino		Ecomuseo à Rotonda *(p. 267)*	Volo dell'aquila *(p. 270)*
Route des ravines		Craco, ville fantôme *(p. 261)*	
Rutigliano		Musée du sifflet *(p. 80)*	
Ruvo di Puglia			Parc de Selva Reale *(p. 66)*
Santa Maria di Leuca	Grottes *(p. 218)*		Plages *(p. 218)*
Taranto		Museo Archeologico *(p. 165)*	Plages, excursions en bateau *(p. 167)*
Isole Tremiti			Plages, promenades en bateau, arrivée en hélicoptère au départ de Foggia *(p. 119 et 120)*

Mémo

Voici une liste non exhaustive des nombreuses fêtes scandant la vie des habitants des Pouilles et de la Basilicate. Certaines dates varient légèrement d'une année sur l'autre, il est conseillé de se les faire reconfirmer par les offices de tourisme concernés. *Voir aussi la rubrique Agenda dans « Nos adresses à… » de la partie « Découvrir ».*

Agenda

JANVIER

Castellana Grotte (Pouilles) – *Notte delle fanove* (11-12 janv.) : célébration de la fin de la peste grâce à l'intervention de la Madonna della Vetrana. www.grottedicastellana.it.
Novoli (Pouilles) – *Focara* (16 janv.) : un gigantesque bûcher de 30 m de haut est allumé en l'honneur de Saint'Antoine Abbé.
Rutigliano (Pouilles) – *Festa dei fischietti* (fête des sifflets, 17 janv.) : en l'honneur de saint Antoine.

FÉVRIER

Toute l'Italie – Carnaval de Mardi gras.

MARS

Conversano (Pouilles) – Bûcher de saint Joseph (19 mars) : grand feu de purification qui mêle traditions païennes et chrétiennes

AVRIL

Bitonto (Pouilles) – *Fiera di San Leone* (6 avr.) : traditionnel défilé historique.

SEMAINE SAINTE

San Marco in Lamis (Pouilles) – Procession des *fracchie*, le Vendredi saint.
Tarente (Pouilles) – Processions de l'*Addolorata* et des Mystères.

SEMAINE APRÈS PÂQUES

Carovigno (Pouilles) – *Festa della 'Nzegna* : processions et démonstrations de lancer de drapeaux. www.comune.carovigno.br.it.

MAI

Bari (Pouilles) – Fête de saint Nicolas (7-9 mai).
Lecce (Pouilles) – *Cortili Aperti* (3e ou 4e dim) : journée portes ouvertes pour découvrir des joyaux généralement non accessibles au public. www.leccenelsalento.it/cortili-aperti.

JUIN

Rotonda, Pietrapertosa (Basilicate) – *Sagra dell'Abete* (8-13 juin) : rite arborifère autour de l'union d'un hêtre et d'un sapin.
Accettura (Basilicate) – *Festa del Maggio* (Dim. de Pentecôte) : un chêne est abattu puis uni, sur la place du village, avec un houx.
Galatina (Pouilles) – Fête de saint Paul, patron des victimes de la tarentule (29 juin) : une bonne occasion de voir la danse de la *pizzica*.
Bari (Pouilles) – *Bari in Jazz* : concerts en plein air, avec des artistes internationaux.

JUILLET

Matera (Basilicate) – *Festa della Madonna della Bruna* (2 juil.) procession historique.
Gallipoli (Pouilles) – *Madonna del Canneto* (2 juil.) : émersion de la Madone dans le port et procession.
Gallipoli (Pouilles) – Fête de Santa Cristina (23-25 juil.) : décorations lumineuses, procession, mât de cocagne et feu d'artifice.

JUILLET-AOÛT

Brindisi (Pouilles) – Festival de blues. www.festivalblues.com.
Martina Franca (Pouilles) – Festival della Valle d'Itria : festival de musique classique. www.festivaldellavalleditria.it.
Salento (Pouilles) – *Notte della taranta* : festival itinérant de *pizzica*, musique traditionnelle mêlée à des rythmes pop et rock, se terminant par un grand concert de clôture à **Melpignano** fin août. www.lanottedellataranta.it.
Trani (Pouilles) – *Trani Film Festival* : festival de cinéma. www.tranifilmfestival.it.
Otranto (Pouilles) – *Festa dei Beati Martiri Idruntini* (13-15 août) : concerts, processions, feu d'artifice sur le port, foire culinaire et artisanale.
Torre Paduli (près de Ruffano, Pouilles) – *Festa di San Rocco* (15 août) : *Pizzica-scherma*, une variante de la *pizzica* qui mime un duel.
Ostuni (Pouilles) – *Festa di Sant'Oronzo* (25-27 août) : procession à cheval en souvenir des miracles accomplis par le saint patron de la ville.

SEPTEMBRE

Barletta (Pouilles) – *Disfida di Barletta* (1er dim. du mois) : « le défi de Barletta ».

OCTOBRE

Melfi (Basilicate) – Festival international de fauconnerie (dernier w.-end).

DÉCEMBRE

Lecce (Pouilles) – Marché aux figurines en *cartapesta* (papier mâché, 13-24 déc.).

Bibliographie

LITTÉRATURE

Le Soleil des Scorta, Laurent Gaudé, Actes Sud.
Le Christ s'est arrêté à Eboli, Carlo Levi, Gallimard.
Isabella Morra, André Pieyre de Mandiargues, Gallimard.
Prends garde, Milena Angus et Luciana Castellina, Liana Levi.
Les Raisons du doute, Gianrico Carofiglio, Seuil.

Filmographie

Nous indiquons ici une sélection de films ayant pour cadre les Pouilles et la Basilicate et généralement disponibles en DVD.
L'Évangile selon saint Matthieu, Pier Paolo Pasolini (1964) - Basilicate.
Le Christ s'est arrêté à Eboli, Francesco Rosi (1979) - Basilicate.
Le Rêve italien, Michele Placido (2010) - Pouilles.
Mon frère est fils unique, Daniele Luchetti (2007) - Pouilles.
L'Été où j'ai grandi, Gabriele Salvatores (2003) - Basilicate.
Galantuomini (2008), Edoardo Winspeare - Pouilles
Le Premier qui l'a dit, Ferzan Ozpetek (2009) - Pouilles.
Ne te retourne pas, Marina de Van (2009) - Pouilles.
Annalisa, Pippo Mezzapesa (2011) - Pouilles.

MICHELIN INNOVE SANS CESSE POUR UNE MEILLEURE MOBILITÉ PLUS SÛRE, PLUS ÉCONOME, PLUS PROPRE ET PLUS CONNECTÉE.
MICHELIN

Les pneus s'usent plus vite sur les petits trajets en ville...

VRAI !

La fréquence des freinages et des accélérations en ville use davantage vos pneus ! Dans les embouteillages, armez-vous de patience et conduisez en douceur.

La pression des pneus agit uniquement sur la sécurité...

FAUX !

Au-delà de la tenue de route et de la consommation de carburant, une sous pression de 0,5 Bar diminue de 8 000 km la durée de vie de vos pneus. Pensez à vérifier la pression environ une fois par mois, surtout avant un départ en vacances ou un long trajet.

Si vous êtes confrontés à des **conditions hivernales occasionnelles**, allant de la pluie soudaine, aux chutes de neige ou au verglas, vous pouvez opter pour **un seul type de pneu.**
?
VRAI !
Le pneu révolutionnaire ***MICHELIN CrossClimate*** vous garantit mobilité et praticité quels que soient les aléas climatiques. C'est le tout premier pneu été avec une certification hiver !

*Équiper ma voiture avec **2 pneus hiver** me garantit une sécurité maximum...*

?

FAUX !

En hiver, en dessous de 7°C notamment, pour une meilleure tenue de route, vos quatre pneus doivent être identiques et changés en même temps.

2 PNEUS HIVER SEULEMENT = la tenue de route de votre véhicule n'est pas optimale.

4 PNEUS HIVER = c'est le choix d'une **meilleure sécurité** dans les virages, en descente et en cas de freinage.

Si vous êtes régulièrement confrontés à la pluie, à la neige ou au verglas, optez pour un pneu de la gamme ***MICHELIN Alpin***. Cette gamme vous offre confort et précision de conduite pour affronter les obstacles de l'hiver.

MICHELIN S'ENGAGE

▶ MICHELIN EST LE **N°1 MONDIAL DES PNEUS ÉCONOMES EN ÉNERGIE** POUR LES VÉHICULES LÉGERS.

▶ POUR **SENSIBILISER LES PLUS JEUNES À LA SÉCURITÉ ROUTIÈRE,** MÊME EN DEUX-ROUES : DES ACTIONS DE TERRAIN ONT ÉTÉ ORGANISÉES DANS **16 PAYS** EN 2015.

QUIZZ

1 POURQUOI BIBENDUM, LE BONHOMME MICHELIN, EST BLANC ALORS QUE LE PNEU EST NOIR ?

Le personnage de Bibendum a été imaginé à partir d'une pile de pneus, en 1898, à une époque où le pneu était fabriqué avec du caoutchouc naturel, du coton et du soufre et où il est donc de couleur claire. Ce n'est qu'après la Première guerre mondiale que sa composition se complexifie et qu'apparaît le noir de carbone. Mais Bibendum, lui, restera blanc !

2 SAVEZ-VOUS DEPUIS QUAND LE GUIDE MICHELIN ACCOMPAGNE LES VOYAGEURS ?

Depuis 1900, il était dit alors que cet ouvrage paraissait avec le siècle, et qu'il durerait autant que lui. Et il fait encore référence aujourd'hui, avec de nouvelles éditions et la sélection sur le site MICHELIN Restaurants dans quelques pays.

3 DE QUAND DATE « BIB GOURMAND » DANS LE GUIDE MICHELIN ?

Cette appellation apparaît en 1997 mais dès 1954 le Guide MICHELIN signale les « repas soignés à prix modérés ». Aujourd'hui, on le retrouve sur le site et dans l'application mobile MICHELIN Restaurants.

Si vous voulez en savoir plus sur Michelin en vous amusant, visitez l'Aventure Michelin et sa boutique à Clermont-Ferrand, France :
www.laventuremichelin.com

MICHELIN
Une meilleure façon d'avancer

Notes

Notes

Notes

Notes

Notes

Notes

INDEX GÉNÉRAL

Bari : villes, curiosités et régions touristiques.
Frédéric II : noms historiques ou termes faisant l'objet d'une explication.
Les sites isolés (châteaux, abbayes, grottes...) sont répertoriés à leur propre nom.

A

B

N

O

P

R

S

T

U

V

W

X

Z

CARTES ET PLANS

CARTE GÉNÉRALE

CARTES DES RÉGIONS

PLANS DE VILLE

CARTES DES CIRCUITS

CARTES THÉMATIQUES

LÉGENDE DES CARTES ET PLANS

Curiosités et repères

- Itinéraire décrit, départ de la visite
- Église
- Mosquée
- Synagogue
- Monastère - Phare
- Fontaine
- Point de vue
- Château - Ruine ou site archéologique
- Barrage - Grotte
- Monument mégalithique
- Tour génoise - Moulin
- Temple - Vestiges gréco-romains
- Temple : bouddhique - hindou
- Autre lieu d'intérêt, sommet
- Distillerie
- Palais, villa, habitation
- Cimetière : chrétien - musulman - israélite
- Oliveraie - Orangeraie
- Mangrove
- Auberge de jeunesse
- Gravure rupestre
- Pierre runique
- Église en bois
- Église en bois debout
- Parc ou réserve national
- Bastide

Sports et loisirs

- Piscine de plein air - couverte
- Plage - Stade
- Port de plaisance - Voile
- Plongée - Surf
- Refuge - Promenade à pied
- Randonnée équestre
- Golf - Base de loisirs
- Parc d'attractions
- Parc animalier, zoo
- Parc floral, arboretum
- Parc ornithologique, réserve d'oiseaux
- Planche à voile, kitesurf
- Pêche en mer ou sportive
- Canyoning, rafting
- Aire de camping - Auberge
- Arènes
- Base de loisirs, base nautique ou canoë-kayak
- Canoë-kayak
- Promenade en bateau

Informations pratiques

- Information touristique
- Parking - Parking - relais
- Gare : ferroviaire - routière
- Voie ferrée
- Ligne de tramway
- Départ de fiacre
- Métro - RER
- Station de métro (Calgary, ...) (Montréal)
- Téléphérique, télécabine
- Funiculaire, voie à crémaillère
- Chemin de fer touristique
- Transport de voitures et passagers
- Transport de passagers
- File d'attente
- Observatoire
- Station-service - Magasin
- Poste - Téléphone
- Internet
- H Hôtel de ville
- B Banque, bureau de change
- J POL Palais de justice - Police
- GNR Gendarmerie
- T M Théâtre - Musée
- U Université
- Musée de plein air
- Hôpital
- Marché couvert
- Aéroport
- Parador, Pousada (Établissement hôtelier géré par l'État)
- A Chambre d'agriculture
- D Conseil provincial
- G Gouvernement du district, Délégation du Gouvernement Police cantonale
- L Gouvernement provincial (Landhaus)
- P Chef-lieu de province
- Station thermale
- Source thermale

Axes routiers, voirie

- Autoroute ou assimilée
- Échangeur : complet - partiel
- Route
- Rue piétonne
- Escalier - Sentier, piste

Topographie, limites

- Volcan actif - Récif corallien
- Marais - Désert
- Frontière - Parc naturel

Comprendre les symboles utilisés dans le guide

LES ÉTOILES

★★★ **Vaut le voyage** ★★ **Mérite un détour** ★ **Intéressant**

HÔTELS ET RESTAURANTS

9 ch.	Nombre de chambres		Wi-Fi
7,5 €	Prix du petit-déjeuner en sus		Piscine
50 €	Prix de la chambre double, petit-déjeuner compris	CC	Paiement par cartes de crédit
bc	Menu boisson comprise		Carte de crédit non acceptée
	Air conditionné dans les chambres	P	Parking réservé à la clientèle
	Restaurant dans l'hôtel	Tram	Station de tramway la plus proche
	Établissement servant de l'alcool (à l'étranger)	M	Station de métro la plus proche

SYMBOLES DANS LE TEXTE

	À faire en famille		Organisme de tourisme
	Pour approfondir		Astuce, conseil
	Promenade à pied		Adresse coup de cœur
	Randonnée à vélo	**A2 B**	Repère sur le plan
	Facilité d'accès pour les handicapés		

NOTE AU LECTEUR

Michelin a apporté le plus grand soin à la rédaction de ce guide et à sa vérification. Toutefois, les informations pratiques (formalités administratives, prix, adresses, numéros de téléphone, adresses Internet, etc.) doivent être considérées comme des indications du fait de l'évolution constante de ces données.
Il n'est pas totalement exclu que certaines d'entre elles ne soient plus, à la date de parution du guide, tout à fait exactes ou exhaustives. N'hésitez pas à nous signaler toute omission ou inexactitude que vous pourriez constater, ainsi qu'à nous faire part de vos avis et suggestions sur les adresses contenues dans ce guide.
Avant d'entamer toute démarche, formalités administratives ou douanières notamment, vous êtes invité à vous renseigner auprès des organismes officiels. Ces informations ne sauraient, de ce fait, engager notre responsabilité.

SUR LA ROUTE ET EN VILLE

a destra : à droite
a sinistra : à gauche
banchina : bas-côté
binario : quai (de gare)
corso : boulevard
discesa : descente
dogana : douane
fermata (d'autobus) : arrêt (d'autobus)
fiume : fleuve, rivière
frana : éboulement
ingresso : entrée
largo : rue très large
lavori in corso : travaux en cours
neve : neige
passaggio a livello : passage à niveau
passo : col
pericolo : danger
piazza : place
piazzale : esplanade
stazione : gare
stretto : étroit
uscita : sortie
viale : avenue
vietato : interdit

SITES ET CURIOSITÉS

abbazia : abbaye
affreschi : fresques
aperto : ouvert
basilica : basilique, église
cappella : chapelle
casa : maison
castello : château
cattedrale : cathédrale
certosa : chartreuse
chiesa : église
chiostro : cloître
chiuso : fermé
cinta muraria : mur d'enceinte
città : ville
città vecchia : vieille ville
collegiata : collégiale
convento : couvent
cortile : cour
dintorni : environs
duomo : cathédrale
fortezza : forteresse
funivia : téléphérique
giardini : jardins
gole : gorges
lago : lac
lungomare : promenade de bord de mer
mausoleo : mausolée, tombeau
mercato : marché
navata : nef
palazzo : palais
passeggiata : promenade
piano : étage
ponte : pont
priorato : prieuré
quadro : tableau
(in) restauro : (en cours de) restauration
rivolgersi a... : s'adresser à...
rocca : château médiéval, forteresse
rovine, ruderi : ruines
sagrestia : sacristie
scala : escalier
scavi : fouilles
seggiovia : télésiège
spiaggia : plage
teatro : théâtre
tesoro : trésor
torre : tour
traghetto : traversée de ferry
vista : vue

MOTS USUELS

oui, non : sì, no
monsieur : signore
madame, mademoiselle : signora
hier : ieri
aujourd'hui : oggi
demain : domani
matin : mattina
soir : sera
après-midi : pomeriggio
s'il vous plaît : per favore
merci : grazie
pardon : scusi
assez : basta
bonjour : buongiorno
bonsoir : buonasera
au revoir : arrivederci

beaucoup : molto
peu : poco
plus : più
moins : meno
cher : caro
combien ça coûte ? : quanto costa ?
grand : grande
petit : piccolo
la route pour… ? : la strada per… ?
où ? : dove ?
quand ? : quando ?
où est… ? : dov'è… ?
peut-on visiter ? : si può visitare ?
quelle heure est-il ? : che ore sono ? che ora è
je ne comprends pas : non capisco
tout, tous : tutto, tutti

LES JOURS DE LA SEMAINE

lundi : lunedì
mardi : martedì
mercredi : mercoledì
jeudi : giovedì
vendredi : venerdì
samedi : sabato
dimanche : domenica

LES MOIS

janvier : gennaio
février : febbraio
mars : marzo
avril : aprile
mai : maggio
juin : giugno
juillet : luglio
août : agosto
septembre : settembre
octobre : ottobre
novembre : novembre
décembre : dicembre

CHIFFRES ET NOMBRES

0 : zero
1 : uno
2 : due
3 : tre
4 : quattro
5 : cinque
6 : sei
7 : sette
8 : otto
9 : nove
10 : dieci
11 : undici
12 : dodici
13 : tredici
14 : quattordici
15 : quindici
16 : sedici
17 : diciassette
18 : diciotto
19 : diciannove
20 : venti
30 : trenta
40 : quaranta
50 : cinquanta
60 : sessanta
70 : settanta
80 : ottanta
90 : novanta
100 : cento
1000 : mille
2000 : duemila

Collection Le Guide Vert sous la responsabilité de Philippe Orain

Édition
Maura Marca, Catherine Girard

Rédaction
Gilles Guérard, Irène Lainey, Sophie Lhéraud, Maura Marca, Pierre Plantier, Francine van Hertsen

Cartographie
Iulia-Daniela Nedelcu, Karina-Andreea Gruia, Thierry Lemasson
Plans de ville : © MICHELIN et © 2006-2016 TomTom. All rights reserved.

Relecture
Maria-Ida Artusi-Tessier

Remerciements
Maria Gaspar, Carole Diascorn, Véronique Aissani, Léonie Piraudeau, Puglia Promozione et Agenzia di Promozione Territoriale della Basilicata.

Conception graphique
Christelle Le Déan, Sandro Borel (maquette intérieure)
Laurent Muller (couverture)

Régie publicitaire et partenariats
business-solutions@tp.michelin.com
Le contenu des pages de publicité insérées dans ce guide n'engage que la responsabilité des annonceurs.

Contacts
Michelin
Guides Touristiques
27 cours de l'Ile Seguin, 92650 Boulogne-Billancourt
Service consommateurs : tourisme@tp.michelin.com
voyages.michelin.fr

Parution 2018

Michelin Travel Partner
Société par actions simplifiée au capital de 11 288 880 EUR
27 cours de l'Île Seguin -
92100 Boulogne Billancourt (France)
R.C.S. Nanterre 433 677 721

Dépôt légal : 12-2017 – ISSN 0293-9436
Composition : Nord Compo, Villeneuve-d'Ascq
Imprimeur : Printer Trento, Trento (Italie)
Imprimé en Italie :12-2017

Usine certifiée 14001
Sur du papier issu de forêts gérées durablement (100 % PEFC)